Jost Hermand
Judentum und deutsche Kultur

Jost Hermand

Judentum und deutsche Kultur

Beispiele einer schmerzhaften Symbiose

1996
Böhlau Verlag Köln · Weimar · Wien

Die Deutsche Bibliothek – CIP-Einheitsaufnahme

Hermand, Jost:
Judentum und deutsche Kultur : Beispiele einer schmerzhaften Symbiose / Jost Hermand. –
Köln ; Weimar ; Wien : Böhlau, 1996
ISBN 3-412-11395-6

Umschlagabbildung:
Moritz D. Oppenheim: Lavater und Lessing besuchen Moses Mendelssohn, 1856
(© The Judah L. Magnes Museum, Berkeley California)

Satz: Offizin Wissenbach, Würzburg
Druck und Bindung: Pustet, Regensburg
Printed in Germany
ISBN 3-412-11395-6

Inhalt

Vorwort

Die Anlässe zu den 13 Beiträgen dieses Bandes waren recht unterschiedlich. Mal galt es, Kongreßvorträge zu entwerfen, mal Festschriftenessays zu liefern, mal Reden vor einem literarisch ungebildeten Publikum zu halten, mal wissenschaftlich-gelehrsame Aufsätze zu schreiben. Daß diese Beiträge dennoch, wie ich hoffe, nicht disparat auseinanderfallen, sondern eine innere Einheit bilden, geht vor allem auf folgende Einflüsse zurück. Während mir in den frühen fünfziger Jahren, als ich in Westdeutschland, genauer an der Philippsuniversität in Marburg, Geschichte, Germanistik, Kunstwissenschaft und Philosophie studierte, die sogenannte Judenfrage – aufgrund der allgemeinen Scheu vor einer durchgreifenden Vergangenheitsbewältigung – noch etwas gänzlich Unvertrautes war, wurde ich nach meiner im Jahr 1958 erfolgten Auswanderung in die Vereinigten Staaten geradezu tagtäglich mit ihr konfrontiert. Schließlich kam ich an der University of Wisconsin in Madison, wo ich nun – mit vielen Unterbrechungen – seit 38 Jahren unterrichte, sofort mit einer größeren Gruppe deutsch-jüdischer oder amerikanisch-jüdischer Intellektueller in Berührung, die mich – aus dem „judenreinen“ Deutschland kommend – erst einmal neugierig beargwöhnten.

Dabei merkte ich bald, daß es „die“ Juden als homogene Schicht überhaupt nicht gab, sondern die Angehörigen dieser Gruppe – zumeist Universitätslehrer – genau so unterschiedlich dachten wie die Intellektuellen anderer Länder. Neben orthodoxen oder zionistisch gesinnten Juden, die mir als „Deutschem“ – wegen der immer noch weitverbreiteten Kollektivschuldthese à la Morgenthau oder Vansittart – peinlichst aus dem Wege gingen, gab es in den USA ebensoviele, wenn nicht noch mehr liberale, ja linksliberale oder linke Juden, welche aus deutsch-jüdischen oder österreichisch-jüdischen Emigrantenfamilien stammten und unbedingt mit mir auf deutsch über die gräßlichen Geschehnisse der unmittelbaren Vergangenheit diskutieren wollten. Weniger die älteren, meist konservativ eingestellten Deutsch-Amerikaner als diese Vertriebenen wie George L. Mosse, Felix Pollak, Evelyn Torton Beck, Rudolf Kolisch, Egon Schwarz, Walter Sokel und Guy Stern, aber auch einige amerikanische Juden wie Harvey Goldberg, Russel A. Berman, Sander L. Gilman, Jack Zipes, Robert C.

Holub, Marc Bassin und Marc Silberman wurden daher meine Gesprächspartner oder gar engeren Freunde. Während viele der nichtjüdischen Amerikaner solche Themen – mit der ihnen eigenen Strategie der politischen Konfliktvermeidung – geflissentlich mieden und sich auf die üblichen Konversationsgegenstände des „Small Talk" beschränkten, interessierte diese Menschen, wie mich, vor allem die Frage, wie es in einem so zivilisierten, hochgebildeten Land wie Deutschland, in dem sich viele Juden bis 1933 relativ wohl gefühlt hatten, zum Nationalsozialismus und dann zu Auschwitz kommen konnte. Ja, manche gingen sogar noch einen Schritt weiter und fragten sich, welche Konsequenzen man daraus für ein zukünftiges Geschichtsverständnis ziehen solle, um solchen Gefahren in Zukunft wirksam entgegentreten zu können. Und zu diesen Kollegen, Freunden und Schülern gesellten sich im Laufe der siebziger und achtziger Jahre, als ich wieder häufiger nach Europa kam, weitere jüdische Gesprächspartner und Freunde wie Walter Grab aus Israel sowie Hans Mayer, Ernst Loewy, Julius H. Schoeps und Silvia Schlenstedt aus den beiden deutschen Teilstaaten, denen es um die gleichen Fragen und Probleme ging.

So unterschiedlich die Standpunkte dieser Menschen – aufgrund ihrer sozialen Herkunft und politischen Erfahrungen – im einzelnen auch waren, eine Frage beschäftigte sie alle: nämlich die nach den tieferen Ursachen des Scheiterns der sogenannten deutsch-jüdischen Symbiose. Im Gegensatz zu jenen an deutschen Fragen interessierten Zionisten in Israel, die sich in diesem Punkt gern auf Gershom Scholem berufen und diese Symbiose – im Lichte der Auschwitz-Greuel – vehement in Frage stellen, ja als Lug und Trug bezeichnen, mit der man den deutschen Juden lediglich Sand in die Augen gestreut habe, wiesen die Liberalen und Linken unter den nach 1933 aus rassischen Gründen Vertriebenen nach wie vor auf die positiven Auswirkungen jenes Assimilationsprozesses hin, durch den viele Juden – die engen Schranken des Ghettos verlassend – zu wichtigen Vertretern klassisch-romantischer Kultur, wissenschaftlicher Theoriebildung und politischen Gedankengutes in Deutschland geworden seien. Statt sich lediglich Leitvorstellungen wie gesellschaftlicher Abkapselung oder nationaler Identitätssuche zu verschreiben, hielten sie weiterhin an den aufklärerischen Idealen von „Freiheit, Gleichheit, Brüderlichkeit" fest, zu denen sich seit Lessing, Kant, Beethoven, Goethe und Schiller auch die Besten der Deutschen bekannt hätten. Daß viele Deutsche diese Ideale später zugunsten eines imperialistischen, ja rassistisch fundierten Chauvinismus verraten hätten, erfüllte sie zwar mit tiefer Trauer, ließ sie aber nicht an den Idealen der Aufklärung an sich zweifeln. Statt einen jüdischen Sonderweg einzuschlagen, versuchten einige von ihnen – in der Tradition eines Ludwig Börne, Heinrich Heine, Karl Marx, Ferdinand Lassalle, Berthold Auerbach, Karl Emil Franzos, Kurt Eisner, Gustav Landauer, Ernst Toller, Ernst Bloch, Lion Feuchtwanger oder Arnold Zweig – bis in die siebziger und achtziger Jahre an solchen Vorstellungen festzuhalten, weshalb sie jede völkisch-zionistische oder im engeren Sinne religiöse Definition des Judentums ablehnten. Als spezifisch „jüdisch" verstanden sie nur jene Liberalität, die alle Relikte der älteren Ghettoexistenz zu überwinden sucht und sich zu einem wahrhaft weltbürgerlichen Denken bekennt. Nach der Niederlage des Nationalsozialismus bemühten sich daher einige der exponierten Linken unter ihnen, in der frühen DDR eine Bleibe zu finden, während die Liberalen sich eher in demokratisch strukturierten Ländern wie Frankreich, England oder den USA nach neuen Existenzmöglichkeiten umsahen.

Diese liberalen und linken Juden haben mich gelehrt, bei der Auseinandersetzung mit der deutsch-jüdischen Geschichte nicht nur die fatalen „zwölf Jahre" des Dritten Reichs, sondern auch die ihnen vorangehenden Jahrhunderte einer sich allmählich herausbildenden deutsch-jüdischen Symbiose ins Auge zu fassen. Schließlich hat diese Symbiose in so unterschiedlichen Konstellationen wie Moses Mendelssohn und Gotthold Ephraim Lessing, Heinrich Heine und Julius Campe, Karl Marx und Friedrich Engels, Joseph Joachim und Johannes Brahms, Martin und Paula Buber, Sigmund Freud und Lou Andreas-Salomé, Rosa Luxemburg und Karl Liebknecht, Arnold Schönberg und Alban Berg, Bruno Walter und Hans Pfitzner, Kurt Tucholsky und Carl von Ossietzky, Hanns Eisler und Bertolt Brecht sowie Georg Lukács und Johannes R. Becher immer wieder zu dauerhaften Bindungen und gemeinsamen Hochleistungen geführt. Daß diese Symbiose nach 1933 in einer Tragödie endete, sprach für diese Juden nicht gegen die deutsch-jüdische Symbiose schlechthin, sondern lediglich gegen den Nationalsozialismus, der auf sie in der schlimmstmöglichen Weise – nämlich durch Vertreibung und Ausrottung – reagiert habe.

Vor allem jene Deutschen und Juden, denen es bis heute nicht nur um die jeweils eigene Sache, sondern auch um eine „dritte Sache" im Brechtschen Sinne geht, lassen sich daher von gewissen Rechtszionisten nicht verbieten, die Geschichte der deutschen Juden weiterhin als eine deutsch-jüdische und nicht nur als eine innerjüdische Angelegenheit aufzufassen. Diese Geschichte – mit all ihren geistigen und kulturellen Glanzleistungen sowie ihren schrecklichen, ja tragischen Verfehlungen – sollte deshalb in Zukunft alle Menschen etwas angehen, die sich überhaupt mit deutscher und damit zwangsläufig auch deutsch-jüdischer Geschichte beschäftigen. Daß dabei die Diskussionen über solche Themen oft einen gereizten, ja ausfallenden Ton annehmen, dürfte weder die historisch gebildeten Deutschen noch die historisch gebildeten Juden davon abhalten, immer wieder auf die Probleme und Folgen der deutsch-jüdischen Symbiose zurückzukommen, die für den Verlauf der neueren Geschichte in Mitteleuropa von kaum zu überschätzender Tragweite war. Schließlich hat es vor 1933 in Deutschland und Österreich nicht nur orthodox oder zionistisch eingestellte Juden gegeben. Im Gegenteil, während sich eine Minderheit der linksliberalen oder linken Opposition anschloß, hatten sich die meisten bereits völlig assimiliert, ja empfanden sich zum Teil – wegen ihrer an den Idealen der Aufklärung festhaltenden Gesinnung – als die „besseren Deutschen". Für diese Assimilationsjuden, die ein ungebrochenes Vertrauen in die Rechtsstaatlichkeit der Weimarer Republik bzw. der ersten österreichischen Republik besaßen, war das Dritte Reich eine besonders schreckliche Erfahrung. Während den Orthodoxen wenigstens ihr religiöser Glauben, den Zionisten ihr nationales Sendungsbewußtsein und den Linken ihre Hoffnung auf einen alle Menschen befreienden Weltkommunismus blieb, erlebten sie diesen Einschnitt als eine tiefe Verletzung, die im Laufe der Jahre und Jahrzehnte zwar langsam heilte, aber zumeist eine häßliche Narbe hinterließ. Und an dieser Narbe leiden viele von ihnen noch immer. Ja, manche fühlen sich bis heute aus Ländern vertrieben, in denen ihre Eltern und sie einmal im besten Sinne „zu Hause" waren. Und daher hören sie nicht auf, sich weiterhin als Deutsche *und* Juden zu empfinden, statt nur ihre jüdische Identität herauszustreichen.

Aufgrund all dieser Voraussetzungen und Entwicklungen hat sich eine Situation herausgebildet, die voller Widersprüche ist. Wohin man blickt, herrschen auf diesem Gebiet nicht nur viele Mißverständnisse, sondern auch nachhaltige Affekte und Gefühle der Befangenheit, die weitere Mißverständnisse heraufbeschwören. All dies mit *einem* Buch aus dem Wege räumen zu wollen, wäre ein hybrides Unterfangen. Dazu werden wesentlich mehr wissenschaftliche Studien und populäre Aufklärungsbemühungen nötig sein, um endlich eine historisch fundierte Verständnisbereitschaft in Gang zu setzen, welche einige der älteren Vorurteile beseitigen könnte. Schließlich ist nicht „den" Juden durch „die" Deutschen all das Leid angetan worden, das mit dem Synonym Auschwitz bezeichnet wird. Ein solches Denken beruht auf völkerpsychologischen Klischees, die wegen ihrer Tendenz zu einem volkhaften oder gar völkischen Denken äußerst problematisch sind. Wie in allen politischen Bereichen kamen auch hier wesentlich komplexere Tendenzen zusammen, die sich nicht monokausal auf eine platte Kollektivschuldthese zurückführen lassen. Damit sollen die wahren Schuldigen unter den Präfaschisten und den späteren Nationalsozialisten keineswegs weißgewaschen, sondern im Gegenteil endlich ins volle Rampenlicht der Geschichte gerückt werden. Und es gibt genug aufgeklärte Juden, die eine solche Sehweise voll und ganz unterstützen.

Allen, die mich zu Tagungen eingeladen haben, auf denen derartige Probleme diskutiert wurden – und das waren vor allem Walter Grab (Institut für Deutsche Geschichte an der Universität Tel-Aviv), Julius H. Schoeps (Steinheim-Institut für deutsch-jüdische Geschichte an der Universität Duisburg und Moses Mendelssohn Zentrum der Universität Potsdam), Silvia Schlenstedt (Akademie der Wissenschaften zu Berlin), Peter Uwe Hohendahl (Deutsche Abteilung der Cornell University), Burghard Dedner (Deutsches Seminar der Universität Marburg), Alexander Stephan (Deutsche Abteilung der University of Florida in Gainesville), Wolfgang Benz (Zentrum für Antisemitismusforschung der Technischen Hochschule Berlin), Paul Huys (Deutsches Seminar der Universität Gent), David R. Midgley (Deutsche Abteilung der Cambridge University), Klaus L. Berghahn (Deutsche Abteilung der University of Wisconsin-Madison) und Rudolph Stephan (Konferenz der Internationalen Arnold Schönberg Gesellschaft in Duisburg) – sei auch an dieser Stelle noch einmal herzlich gedankt. Ohne diese Begegnungen und die dabei aufgeworfenen Fragen wäre meine geistige und politische Entwicklung sicher in manchen Punkten anders verlaufen. Ihnen allen sei deshalb dieses Buch „respektvoll zugeeignet", wie es in jener Widmung an Sigmund Freud heißt, welche Arnold Zweig 1927 seinem *Caliban*, einer Schrift gegen den Antisemitismus, vorangestellt hat.

Madison, im September 1995 Jost Hermand

Unerwiderte Sympathie

Heinrich Heine und die Burschenschaft

Als Heine Anfang Oktober 1819 nach Bonn kam, um sich als stud. jur. immatrikulieren zu lassen, herrschte unter der Mehrheit der dortigen Studenten ein ausgesprochen „burschenschaftlicher" Ton, der den Neuankömmling sofort in seinen Bann zog.[1] Daher trug auch Heine bereits kurze Zeit später eine „rote Mütze", einen „Flauschrock" und „lange blonde Haare" (3, 418). Wie die anderen Bonner Studenten zog er am 18. Oktober zur Feier des Jahrestags der Völkerschlacht zu Leipzig auf den Kreuzberg und trat im November in die Burschenschaft Allemania ein, deren Vorsitzender Wolfgang Menzel war. Ja, am 26. November mußte er sich vor dem akademischen Gericht der Bonner Universität wegen seiner Teilnahme an der Oktoberfeier der Studenten sogar einem Verhör unterziehen.[2] Obendrein schrieb er neben dem eher ironisch gebrochenen Gedicht *Die Nacht auf dem Drachenfels* in seiner Bonner Zeit ein „oppositionelles Klagelied", das er *Deutschland. Ein Fragment* nannte und dem zum Teil ein „markiges Burschenschafterpathos" zugrunde liegt (1,242):[3]

Narren hör ich jene schelten,
Die dem Feind in wilder Schlacht
Kühn die Brust entgegenstellten,
Opfernd selbst sich dargebracht.

O der Schande! Jene darben,
Die das Vaterland befreit;
Ihrer Wunden heilige Narben
Deckt ein grobes Bettlerkleid!

Muttersöhnchen gehn in Seide,
Nennen sich des Volkes Kern,
Schurken tragen Ehrgeschmeide,
Söldner brüsten sich als Herrn.

Nur ein Spottbild auf die Ahnen
Ist das Volk im deutschen Kleid;
Und die alten Röcke mahnen
Schmerzlich an die alte Zeit:

Wo die Sitte und die Tugend
Prunklos gingen Hand in Hand;
Wo mit Ehrfurchtsscheu die Jugend
Vor dem Greisenalter stand;

Wo kein Jüngling seinem Mädchen
Modeseufzer vorgelügt;
Wo kein witziges Despötchen
Meineid in System gefügt;

Wo ein Handschlag mehr als Eide
Und Notarienakte war;
Wo ein Mann im Eisenkleide,
Und ein Herz im Manne war.

„Heine und die Burschenschaft", fragt man sich nach der Aufzählung dieser Fakten und Verse verwundert, wie reimt sich das eigentlich aufeinander? Schließlich war Heine damals mit seinen 22 Jahren – jedenfalls in den Augen der anderen Studenten – bereits ein „bemoostes", wenn nicht „urbemoostes" Haupt, aber kein junger Bursch mehr. Er hatte schon eine mehrjährige kaufmännische Lehre hinter sich, war also nach der relativ „heilen Welt" des Gymnasiums sofort mit der bitteren Realität des Geschäftslebens konfronticrt worden. Obendrein stammte er aus einer rheinisch-jüdischen Familie, der Napoleon als der „Messias des Judentums" erschienen war und die sich unter der französischen Herrschaft recht wohl gefühlt hatte.[4] Aufgrund dieser Erfahrungen und der daran geknüpften Desillusionierungen besaß demnach der junge Heine bereits ein leicht ironisch-distanziertes Verhältnis zur politischen Wirklichkeit seiner Zeit und verfügte zudem über eine gewisse „Lebensweisheit". Er war daher, als er nach Bonn kam, schon gesellschaftlich versiert, kosmopolitisch-gebildet, neurasthenisch-reizbar, allergisch gegen Nikotin und übermäßigen Alkoholgenuß – das heißt in fast allem das genaue Gegenteil jener jungen Burschenschafter, deren Hauptqualität darin bestand, jung, ungeschliffen, rauflustig, moralisch unbedingt und fanatisch deutschtümelnd zu sein. Wurde nicht in diesen Kreisen unentwegt gegen Frankreich und Napoleon vom Leder gezogen? Traten nicht die Burschenschafter gern mit gewaltigen Bierkrügen und langen Pfeifen auf – und legten sie nicht auch sonst eine Rauheit an den Tag, die ihrem Idol, dem ungeschlachten Turnvater Jahn, alle Ehre machte? Ja, hatten sie nicht am 18. Oktober 1817 beim Wartburgfest eine Reihe „undeutscher" Schriften den Flammen übergeben und im Frühjahr 1819 den Kotzebue-Mörder Karl Ludwig Sand auf den Schild gehoben? Etwas vergröbert gesagt, waren also die Burschenschafter Tyrannenfresser und leidenschaftliche Patrioten, aber keine witzig-ironischen Liberalen. Sie traten nicht als gesittete Aufklärer oder Kosmopoliten, sondern als wütende Franzosen- und zum Teil auch Judenhasser auf, welche ständig gegen den „welschen Tand" wetterten. Kurz: sie gebärdeten sich wie blinde Fanatiker – und nichts haßte schon der junge Heine mehr als blinden Fanatismus. Wenn sich Heine trotz dieser „schröcklichen" Begleiterscheinungen in Bonn dennoch der Allgemeinen Deutschen Burschenschaft, der Allgemeinheit oder Allemannia anschloß, wie sich die aufsässigen Studentenverbindungen damals nannten, so muß das triftige Ursachen gehabt haben. Und bei näherem Zusehen lassen sich hierfür fünf solcher Gründe festmachen:

Erstens war die Bonner Burschenschaft wesentlich gemäßigter als die in Jena oder Gießen, wo die „Schwarzen" und die „Unbedingten" unter Karl Follen den Ton angaben. In Bonn, wo die Universität erst im Oktober 1818 gegründet worden war, gab es keine festgefahrenen landsmannschaftlichen Unsitten. Hier herrschte ein wesentlich „freiheitlicherer" Geist, in dem zum Teil die republikanischen Tendenzen der Französischen Revolution, der cisrhenanischen Freiheitsbewegungen und der Rheinbundära weiterwirkten. Hier stand also eher das National-Demokratische als das Christlich-Germanische im Vordergrund. Hier wollte man erst einmal das studentische Leben reformieren, das heißt die Duelle, den Kneipzwang und den Terror gegenüber Studienanfängern abschaffen, und nicht gleich alle Fürsten umbringen und Deutschland in 33 Gaue einteilen.

Zweitens konnte es nicht ausbleiben, daß sich ein Außenseiter wie Heine in einer solchen Situation auf die Seite der anderen Außenseiter stellen würde. Schließlich war die Allgemeine deutsche Burschenschaft nach dem Wiener Kongreß von 1815 die einzige Bewegung in Deutschland, die sich der allgemeinen Restauration des Ancien régime entgegenzustellen versuchte. Womit hätte also ein kritischer Student wie Heine sonst sympathisieren sollen, wenn nicht mir ihr? „It was the only revolution around", hätte man später gesagt. Obendrein sah sich die Burschenschaft im Herbst 1819 einem immer stärkeren Druck ausgesetzt, da am 20. September dieses Jahres, also wenige Tage vor Heines Ankunft in Bonn, der Deutsche Bundestag den sogenannten Karlsbader Beschlüssen zugestimmt hatte, nach denen jedes Bekenntnis zu einem gesamtdeutschen Staat in allen Ländern des ehemaligen Römischen Reiches als Majestätsbeleidigung geahndet werden sollte. Ja, die Wohnungen der Professoren Arndt und der Gebrüder Welcker waren bereits am 7. Juli 1819, als die Sympathisantenhetze ihren ersten Höhepunkt erlebte, nach inkriminierenden Schriften durchsucht worden. Zur Sicherung dieser Maßnahmen hatte der preußische Staat sogar ein Batallion Infanterie nach Bonn verlegt und einen neuen, unnachsichtigen Universitätsrichter eingesetzt. Ab Herbst 1819 wurden außerdem alle Vorlesungen und studentischen Aktivitäten systematisch bespitzelt. Im September 1820 verlor schließlich Arndt, der Abgott der meisten Studenten, wegen mehrfacher „Widersetzlichkeit" seine Venia legendi. Ähnliche Vorfälle ereigneten sich an anderen Universitäten, vor allem in Jena, Gießen und Heidelberg, aber auch in Berlin. Die Bonner Allgemeinheit, die erst am 7. Juni 1820 offiziell verboten wurde, stand also bereits im Winter 1819/20 unter gewaltigem Druck. Was hätte deshalb Heine als „aufrechter Student" anderes tun sollen, als sie zu unterstützen, um nicht in „Verschiß" zu geraten?

Drittens drängte es den jungen Heine nach seiner gescheiterten kaufmännischen Laufbahn ohnehin weniger zu dem von der Familie verordneten Jurastudium als zu den Literatur-, Geistes- und Geschichtswissenschaften – und die befanden sich in Bonn völlig in den Händen der mit der Burschenschaft sympathisierenden Professoren und Studenten. Heines Bekenntnis zur Burschenschaft ist daher zugleich ein Bekenntnis zu Romantik, Literatur und Zeitbezogenheit. Aus diesem Grunde belegte er in Bonn neben den obligaten juristischen Vorlesungen vor allem die *Erläuterungen von Tacitus' „Germania"* sowie die *Geschichte des deutschen Volks und Reichs* bei Ernst Moritz Arndt, dem Mitbegründer der Bonner Burschenschaft, der wegen seiner Äußerungen gegen „Pfaffen" und „Junker" bei den Behörden im Verdacht eines „Jakobiners" stand.[6] Außerdem besuchte Heine, und zwar mit „größtem Fleiß", wie ihm attestiert wurde, die *Urgeschichte der Teutschen und ihrer Sprache* bei Johann Gottlieb

Radlof, die auch August Heinrich Hoffmann von Fallersleben belegte, das *Germanische Staatsrecht des Mittelalters* bei Karl Dietrich Hüllmann, sympathisierte mit den „altdeutschen" Forschungen des Philologen und Kunsthistorikers Helferich Bernhard Hundeshagen und belegte die *Geschichte der deutschen Sprache und Poesie* sowie die *Historische und kritische Auslegung des Liedes der Nibelungen* bei August Wilhelm Schlegel, um sich neben den burschenschaftlichen Ideen auch den Geist der „romantischen" Poesie anzueignen.[7] Aber diese beiden Richtungen waren damals noch nicht säuberlich zu trennen, sondern gingen mehr oder minder ineinander über, da sie die gleiche Vorliebe für Volkhaftes, Vaterländisches und zugleich Altes, ja Altertümliches teilten.

Viertens schloß sich Heine der studentischen Allgemeinheit an, weil sie gegen den ausgetrockneten rationalistischen Akademismus protestierte und sich zu Werten wie Leben, Jugend, Gemüt, Seele oder auch Inspiration bekannte. Wie die Burschenschafter verwahrte sich auch Heine gegen eine Wissenschaft, die sich als Selbstzweck verstand, und wollte im Studium der Alten zugleich sich selbst und seine Wünsche wiedererkennen. Während die Universitätsverwaltung lediglich das Training zukünftiger Staatsdiener im Auge hatte, versuchten er und seine Gesinnungsgenossen jenem „Geist der Zeit" auf die Spur zu kommen, der auch den Titel zu Arndts politischem Hauptwerk abgegeben hatte, dessen vierter und schärfster Band im September 1818 erschienen war. Ihr Hauptzorn galt darum all jenen, die entweder einem blinden Fachidiotismus frönten oder lediglich an ihre zukünftige Karriere dachten.

Fünftens sah Heine in dem studentisch-burschenschaftlichen Verlangen nach Leben, nach Relevanz, nach Freiheit und Einheit zugleich ein Mittel, seine eigene Herkunft zu verdrängen. Diese Bewegung erfüllte also zugleich seine nur schwer zu unterdrückende Sehnsucht nach Assimilation oder gar Integration. Indem sich Heine der Burschenschaft anschloß, konnte er sich vorübergehend der Illusion hingeben, von seinen Lehrern und Mitstudenten als einer der ihren und nicht als Jude angesehen zu werden.

Dieser Gesinnung blieb Heine auch dann treu, als er im Herbst 1820 an die Göttinger Universität überwechselte. Er wanderte zu diesem Zweck zu Fuß durch Westfalen und den Teutoburger Wald, besuchte unterwegs Studienfreunde wie Fritz von Beughem und Christian Sethe sowie den Altertumsforscher Gottlieb Wundermann und nahm in Göttingen sofort Kontakte zur dortigen Allgemeinheit auf. Allerdings enttäuschte ihn die Göttinger Burschenschaft sehr, da sie nur wenige Mitglieder hatte und zudem alles Aufrührerische strikt von sich wies. In Göttingen studierten damals weitgehend karrierebetonte Studenten, die eher für ihre Examina „ochsten" als sich für die Geschichte der Poesie ihres „Vaterlands" zu interessieren. So erbitterte es Heine gewaltig, wie wenige Studenten außer ihm die *Anleitung zur Kenntnis, zum sicheren Verstehen und zur richtigen Beurteilung der altdeutschen Dichtung* bei George Friederich Benecke belegten. „Denkt Euch", schrieb er am 29. Oktober 1820 an seine Bonner Freunde Friedrich Steinmann und Johann Baptist Rousseau, „Hofrat Benecke ist hier der einzige, welcher über die altdeutsche Literatur liest, und nur ‚horribile dictu!' 9 (sage neun) Zuhörer hat. Unter diese gehört meine Wenigkeit. Wenn Hundeshagen nächsten Sommer über die Nibelungen lesen wird, so möchte mich dieses wahrscheinlich nach Bonn zurückziehen."[8] Die gleichen Klagen finden sich in einem Brief vom 9. November an Fritz von Beughem, wo es unter anderem heißt: „Unter 1.300 Studenten, worunter doch gewiß 1.000 Deutsche, sind nur 9, die für die Sprache, das innere Leben und für die geistigen Reliquien ihrer Väter Interesse haben. O Deutschland! Land der Eichen und des Stumpfsinns."[9]

Zu einem Bruch mit dieser Gesinnung kam es erst im Dezember des gleichen Jahres, als Heine mit der Göttinger Burschenschaft einen Zusammenstoß gehabt haben muß, der zu seinem Ausschluß führte. An diesem Vorfall ist viel herumgerätselt worden. An der Duellaffäre mit dem Studenten Wibel kann es nicht gelegen haben, da Heine in dieser Angelegenheit den Standpunkt der Burschenschaft gegen die Praxis der Landsmannschaften vertrat.[10] Auch das Faktum der „Unkeuschheit", das uns nur mündlich überliefert ist, war sicher kein Grund.[11] An sich können es nur antisemitische Tendenzen gewesen sein, die zu Heines Rausschmiß aus der Göttinger Burschenschaft geführt haben.[12] Schließlich war am 29. September 1820 auf dem geheimen Burschentag in Dresden eine Verfassung für die gesamte Burschenschaft beschlossen worden, die den „christlich-deutschen" Charakter dieser Vereinigung erneut unterstrich und festlegte, daß Juden, die „kein Vaterland haben und für unseres kein Interesse haben können, nicht aufnahmefähig, außer wenn erwiesen ist, daß sie sich christlich-deutsch für unser Volk ausbilden wollen".[13] Als daher Heine im März 1821 zur Fortsetzung seines Studiums an die Berliner Universität ging, nahm er zur dortigen Arminia, die ebenfalls judenfeindlich eingestellt war,[14] keine Kontakte auf. Im Gegenteil. Statt sich wie in Bonn und Göttingen vor allem am Studentenleben zu beteiligen, wandte sich Heine in der „Großstadt" Berlin vornehmlich dem Theater- und Gesellschaftsleben zu und suchte seine Freunde lieber unter jungen Schriftstellern.

Wie stark jedoch der Ausschluß aus der Burschenschaft in seinem Innern als Trauma weitergewirkt haben muß, läßt sich mit einer Fülle privater und öffentlicher Dokumente belegen. Im Sommer und Herbst 1821 verhielt sich Heine noch relativ zurückhaltend. Aber ab Januar 1822 machte er in seinen *Briefen aus Berlin* für den *Rheinisch-Westfälischen Anzeiger* seinem Unmut zum erstenmal Luft. Hier zog er plötzlich unbarmherzig über jene „sentimentalen Barbiergesellen", „ehrgeizigen Laufjungen" und „hochherzigen Schneider" her, die mit „Flausch" und „roter Mütze" Unter den Linden paradierten, während alle „anständigen Burschen" über solche archaischen Relikte nur noch lächeln könnten (2, 14 f.). Ebenso überspannt fand Heine in diesen *Briefen* die Begeisterung für jenen Theodor Körner, der im Jahre 1813 in superpatriotischer Verblendung einige „schale, flache, poesielose Verse" gegen die Franzosen abgesondert habe (2, 55). Ja, als ihn auf einer Opernredoute, wo er mit ein paar französischen Brocken zu flirten versuchte, plötzlich ein Burschenschafter mit „urteutonischem Bierbaß" andonnerte: „Auf einer teutschen Mummerei soll der Teutsche teutsch sprechen!" (2, 47), packte Heine plötzlich die Wut gegen all jene „winzigen, breitschwatzenden Freiheitshelden in ihrer aschgrauen Armseligkeit" (2, 55), die sich immer noch einbildeten, daß „das Vortrefflichste und Köstlichste, was die Erde trägt", ein „Deutscher" sei (2, 15), und bekannte sich erstmals in aller Offenheit zu einer konsequenten Liberalisierung des burschenschaftlichen Nationalismus, die in dem Austruf gipfelte: „O deutscher Jüngling, wie finde ich dich und deine Worte läppisch in solchen Momenten, wo meine Seele die ganze Welt umfaßt, wo ich Russen und Türken jauchzend umarmen würde, und wo ich weinend hinsinken möchte an die Bruderbrust des gefesselten Afrikaners! Ich liebe Deutschland und die Deutschen; aber ich liebe nicht minder die Bewohner des übrigen Teils der Erde, deren Zahl vierzig mal größer ist, als die der Deutschen. Die Liebe gibt dem Menschen seinen Wert. Gottlob! ich bin also vierzig mal mehr wert als jene, die sich nicht aus dem Sumpfe der Nationalselbstsucht hervorwinden können, und die nur Deutschland und die Deutschen lieben" (2, 47).

Ja, in einem Brief an seinen früheren Bonner Studienfreund Christian Sethe vom 14. April 1822, der sicher auch mit burschenschaftlichen Idealen sympathisiert hatte, ließ sich Heine in einem Augenblick tiefster Verzweiflung sogar zu der Äußerung hinreißen: „Alles, was deutsch ist, ist mir zuwider; und Du bist leider ein Deutscher. Alles Deutsche wirkt auf mich wie ein Brechpulver. Die deutsche Sprache zerreißt meine Ohren. Die eigenen Gedichte ekeln mich zuweilen an, wenn ich sehe, daß sie auf deutsch geschrieben sind."[15] Es nimmt daher kein Wunder, daß Heine am 24. Dezember 1822 ausgerechnet jenem Karl Immermann seine Freundschaft antrug, der sich bereits 1817 in seiner Broschüre *Ein Wort der Beherzigung* von liberal-humanistischer Warte aus gegen den chauvinistischen Ausschließlichkeitsanspruch vieler Burschenschafter, vor allem der Häupter der Hallenser Teutonia, ausgesprochen hatte. Schon in dieser Schrift, welche beim Wartburgfest den Flammen überantwortet worden war, findet sich der Satz, daß man allein durch „Rock und Haar" noch längst kein „Deutscher an Gesinnung und Tat" werde.[16] Zur gleichen Zeit, das heißt im Dezember 1822, arbeitete Heine an seinem Essay *Über Polen,* in dem er sich – wie Immermann – in aller Offenheit über das „Lange-Haartum" der deutschen Burschenschafter lustig machte (2, 72).

Ähnliche Äußerungen finden sich kurz darauf in Heines Werken und Briefen geradezu auf Schritt und Tritt. So schrieb er am 2. Februar 1823 an seinen Schwager Moritz Embden: „Obschon ich aber in England ein Radikaler und in Italien ein Carbonari bin, so gehöre ich doch nicht zu den Demagogen in Deutschland, aus dem ganz zufälligen und geringfügigen Grunde, daß bei einem Sieg der letzteren einige tausend jüdische Hälse, und just die besten, abgeschnitten werden."[17] Mit gleicher Akzentsetzung, das heißt ebenfalls mit deutlichem Bezug auf den Antisemitismus führender Burschenschafter, erklärte Heine am 23. August 1823 in einem Brief an Moses Moser: „Wär ich ein Deutscher – und ich bin kein Deutscher, siehe Rühs, Fries an vielen Orten."[18] Auch als Heine im Januar 1824 nach Göttingen zurückkehrte, um dort für das juristische Staatsexamen zu „ochsen", verzichtete er nicht darauf, sich zu seinen gewandelten Anschauungen zu bekennen. Statt erneut Kontakte zu ehemaligen Burschenschaftern aufzunehmen, verkehrte er in den folgenden Monaten lieber mit Mitgliedern der Landsmannschaft Guestphalia und mokierte sich obendrein in seinem *Klagelied eines altdeutschen Jünglings* über einen angeblich christlich-hochherzigen Burschenschafter, der sich von leichten Mädchen verführen läßt. Aus der gleichen Zeit stammt sein Gedicht *Zu Halle auf dem Markt*, in dem Heine auf die drakonische Unterdrückung der dortigen Burschenschaft anspielt und dabei die „Verwandlung des Hallischen Löwentrotzes in Erschrockenheit und betende Ergebung" ironisiert.[19] Ja, gegen Jahresende schrieb Heine schließlich seine weltberühmte *Harzreise*, in der er noch einmal massiv gegen die ehemaligen Burschenschafter ausholte. Wer erinnerte sich nicht an das köstlich parodierte studentische Saufgelage auf dem Brocken, bei dem Heine über einen „Greifswalder" Jahn-Anhänger herzieht, der noch aus „jenen Zeiten" stamme, „als die Läuse gute Tage hatten und die Friseure zu verhungern fürchteten"? „Er trug herabhängendes langes Haar", heißt es hier pointiert, „ein ritterliches Barett, einen schwarzen, altdeutschen Rock, ein schmutziges Hemd, das zugleich das Amt einer Weste versah, und darunter ein Medaillon mit einem Haarbüschel von Blüchers Schimmel." Obendrein brüstet sich dieser Greifswalder ständig damit, an einem „Nationalgedichte zur Verherrlichung Hermanns und der Hermannsschlacht" zu arbeiten (2, 149). Die gleiche Erbitterung über den maßlos verengten Nationalismus dieser Kreise kommt an jener Stelle der *Harzreise* zum Durchbruch, wo Heine beim Durchblättern des Brockenbuchs auf die „altdeutschen Revolutionsdilettanten mit ihren Turngemeinplätzen" zu sprechen kommt (2, 155).

Hand in Hand mit dieser Abwendung von seinen früheren burschenschaftlichen Idealen setzten sich bei Heine in den gleichen Jahren mindestens zwei neue Nationalitätskonzepte durch: zum einen das Konzept einer steigenden Liberalisierung des burschenschaftlichen Nationalismus im Sinne der Herderschen Vorstellung von der Eigenart eines jeden Volkes im Rahmen einer größeren Völkerfamilie; zum anderen die Tendenz zu einer mehr oder minder radikalen Abwendung von allem Deutschen zugunsten einer Hinwendung zu den von diesen Deutschen unterdrückten Minderheiten, das heißt vornehmlich den Polen und den Juden. Heines Interesse für die Polen geht zweifellos auf jene Freundschaft zurück, die er im Winter 1820/21 mit Eugeniusz Breza, einem Mitglied der verbotenen Polonia, in Berlin schloß, der im Frühjahr 1822 aus Berlin ausgewiesen wurde und im Herbst des gleichen Jahres Heine zu sich nach Posen und Gnesen einlud. Daher werden in Heines Schrift *Über Polen*, die im folgenden Jahr erschien, die Polen – trotz mancher leisen Kritik – weitgehend als im echten Sinne nationalbegeistert und freiheitsliebend sowie als Muster von Liebenswürdigkeit und edlem Betragen hingestellt (2, 72 ff.). Noch intensiver als diese Vorliebe für alles Polnische wurde jedoch zu diesem Zeitpunkt Heines Interesse für „Jüdisches“, das bei ihm bis dahin kaum vorhanden war und sich erst in dieser Zeit voll entwickelte. Aus diesem Grunde trat er am 4. August 1822 als ordentliches Mitglied dem Verein für Kultur und Wissenschaft der Juden bei, nahm fast regelmäßig an dessen Sitzungen teil und verkehrte mehr und mehr bei jüdischen Familien. Am stärksten wurde diese Hinwendung zum Jüdischen, als am 18. August 1822 die judenfreundlichen Bestimmungen des Edikts von 1812 in Preußen wieder aufgehoben wurden und zugleich der staatliche Bekehrungsverein eine neue Propagandawelle entfaltete. In diesen Monaten pries Heine von den Christen nur noch Männer wie Ernst Christian August Keller, die nicht davon abließen, auch dem „wurmartig zertretenen Mauschel“ endlich auf die „Menschenbank“ hinaufzuhelfen.[20] Ja, sein „Leiden an Deutschland“ wurde plötzlich so stark, daß sich sogar die Schmerzen seiner Liebesgedichte aus dieser Zeit eher auf die herzlosen Deutschen als auf die herzlose Amalie zurückführen lassen. Demzufolge faßte Heine gerade in den Jahren 1822/23 wiederholt Auswanderungspläne. Zuerst waren es die Vereinigten Staaten mit ihrer „washingtonschen“ Freiheit, nach denen er sich sehnte (2, 72), dann wollte er mehrfach nach Paris aufbrechen.[21] Jedenfalls war es nicht mehr die gloriose mittelalterliche Vergangenheit des deutschen Reiches, die ihn literarisch und wissenschaftlich am meisten beschäftigte, sondern eher die weniger gloriose Vergangenheit des Judentums in Deutschland, welche er 1824 im ersten Kapitel seines Romanfragments *Rabbi von Bacherach* zu schildern versuchte.

Dennoch wäre es einseitig, in all diesen Haßentladungen und Ausbrüchen ins Kosmopolitische oder Jüdische einen absoluten Bruch mit Heines deutsch-burschenschaftlicher Vergangenheit zu sehen. So säuberlich vollziehen sich solche Wandlungsprozesse nicht. Schon im Herbst 1823 hatte Heine wieder ein gewisses geistiges und seelisches Äquilibrium erreicht, das ihm ermöglichte, alle auf ihn einstürmenden Ideologien in einem wesentlich abgeklärteren Lichte zu betrachten. Er sah immer schärfer, was an den verschiedenen Bewegungen alt und was neu, was reaktionär und was im echten Sinne freiheitlich war – und versuchte aufgrund dieser Einsicht, einen nach beiden Seiten kritischen Kurs zu steuern, das heißt weder einer rückhaltslosen Verklärung der germanischdeutschen noch der jüdischen Vergangenheit anheimzufallen. Man darf also nicht nur seine Urteile gegen die reaktionären Tendenzen der Altdeutschen, sondern muß auch die gegen die reaktionären Tendenzen innerhalb des Judentums ins Auge fassen. Aufgrund dieser Haltung schrieb Heine am 23. August 1823 an Moses Moser: „Daß ich für die Rechte der Juden und ihre bürgerliche Gleichstellung enthusiastisch sein werde, das gestehe ich, und in schlimmen Zeiten, die unausbleiblich sind, wird der germanische Pöbel meine Stimme hören, daß es in deutschen Bierstuben und Palästen widerhallt. Doch der geborene Feind aller positiven Religionen wird nie für diejenige Religion sich zum Champion aufwerfen, die zuerst jene Menschenmäkelei aufgebracht, die uns jetzt so viel Schmerzen verursacht."[22] In dieser Briefstelle äußert sich eine dialektisierende Optik, die weit über jede unkritische Schwarz-Weiß-Betrachtung ideologischer Fragen hinausgeht, indem sie allen religiösen oder nationalen Verengungen das Postulat des Liberalen, Menschheitlichen, Universalen entgegenzusetzen versucht.

Und mit dieser Optik trat Heine in der Folgezeit, in der er sich bemühte, in dem ungeliebten Deutschland dennoch geistig, literarisch und gesellschaftlich Fuß zu fassen, auch an die burschenschaftlichen Tendenzen heran. Er gab sich immer größere Mühe, einen deutlichen Trennungsstrich zwischen den freiheitlichen Grundtendenzen und den nationalistischen Verzerrungen dieser Bewegung zu ziehen. Er wanderte weder aus noch kroch er bei den Reaktionären unter, sondern versuchte selbst im Rahmen der gegebenen Verhältnisse der Metternichschen Restaurationsära einen selbständig-kritischen Kurs zu steuern. Wie viele der einsichtsvolleren unter den späteren Historikern der Burschenschaft wie auch der deutschen Romantik trennte Heine mehr und mehr zwischen einer durchaus gerechtfertigten Sehnsucht nach nationaler Einheit und einem chauvinistischen Dünkel, also zwischen „vorwärtsweisenden", ja geradezu „jakobinischen" Tendenzen,[23] bei denen das Verlangen nach einer „Verfassung mit Volksvertretung", der „Abschaffung sozialer Mißstände" und einer größeren „Presse- und Meinungsfreiheit" im Vordergrund stand, sowie „nationalistischen" Bestrebungen, die sich vor allem in „Antirationalismus", „Fremdenhaß" und „asketischer Entsagung" äußerten,[24] kurz: zwischen freiheitlich-revolutionären Gesinnungen und einer Verengung des nationalen Prinzips auf eine „ausschließlich reaktionäre Doktrin".[25] Schließlich sollte bei allen Urteilen über die Deutsche Burschenschaft nicht vergessen werden, daß sich selbst das Konzept der „Teutschheit" anfänglich gegen die undeutsche, undemokratische, das heißt rein dynastische Politik der Fürsten wandte und demnach in dem Haß auf alles „Französische" auch ein bürgerlicher Klassenhaß gegen den französisch parlierenden Adel mitschwang, ja daß die Vorstellung der Revolution, der Rückumwälzung zu freiheitlich-germanischen Urzeiten in manchem eine Parallele zu den Rückumwälzungsvorstellungen der Französischen Revolution zu römisch-republikanischen Urzeiten darstellte.[26]

Erste Ansätze zu einer Optik dieser Art, wenn auch noch nicht auf die Burschenschaft angewandt, finden sich bei Heine erstaunlich früh, da ihm sein gesellschaftliches Außenseitertum schon als Zwanzigjähriger eine ironische Gebrochenheit und damit eine tiefere Einsicht in die politischen wie auch religiösen Wandlungsprozesse ermöglichte. So setzte er sich bereits in seinem Romantik-Aufsatz von 1820 für eine steigende Anerkennung der großen Kunstleistungen des Mittelalters ein und wandte sich damit gegen eine einseitige Verdammung dieses „dunklen" Zeitalters durch die Aufklärung, kritisierte aber zugleich all jene aufs schärfste, die sich von einer solchen Aufwertung des Mittelalters eine Wiederkehr des Ancien régime, das heißt eine Machtstärkung der „Priester" und „Ritter" versprachen (1, 401). Ebenso sinnvoll fand Heine eine eingehende Beschäftigung mit dem germanisch-heroischen Geist des *Nibelungenliedes*, ohne aus einer solchen Beschäftigung sofort eine Legitimation zum Tyrannenmord abzuleiten, wie es in einem Brief vom 7. März 1824 an Rudolf Christiani heißt, in dem sich Heine über den Rummel mit der sogenannten Befreiungsschlacht im Teutoburger Walde lustig machte und alle „Alt-Deutschen", die ihm für solche Lästerungen den „Dolch ins undeutsche Herz stoßen" wollten, auf den wahren Geist des *Nibelungenliedes* verwies.[27] „Edle schwarze Narren", schrieb er im folgenden, „ich kann nicht mit Euch harmonieren, weil meine Narrheit eine Kappe von anderer Farbe hat, wir stehen in diesem Leben ernsthaft geschieden, aber dort oben sitzen wir brüderlich vereint und singen: ‚Was ist des Deutschen Vaterland'." Ja, Heine beteuerte in diesem Brief sogar: „Ich weiß, daß ich eine der deutschesten Bestien bin, ich weiß nur zu gut, daß mir das Deutsche das ist, was dem Fische das Wasser ist, daß ich aus diesem Lebenselemente nicht heraus kann, und daß ich – um das Fischgleichnis beizubehalten – zum Stockfisch vertrocknen muß, wenn ich – um das wäßrige Gleichnis beizubehalten – aus dem Wasser des Deutschtümlichen herausspringe."

Und so machte denn Heine, eingedenk seines nicht zu verleugnenden Herkommens, weiterhin Kompromisse, suchte nach Vermittlungen, akzentuierte das „Sowohl" wie das „Als auch" – und wandte sich gegen all jene, die sich einfach in irgendeinen Winkel verkrochen und dort privatistisch schmollten, statt sich im Kampf zwischen dem Alten und dem Neuen ständig zu neuen Entscheidungen durchzuringen. Wohl den besten Ausdruck findet diese dialektisierende Optik der Geschichte in seiner Schrift *Nordsee III* von 1826, wo er die unvermeidliche Verschränkung des revolutionären mit dem gegenrevolutionären Prinzips auf den verschiedensten Ebenen des politischen, religiösen und kulturellen Lebens darzustellen versuchte.[28] Heine vertrat dabei eine Reihe von Ansichten, die er vor allem seinen Lehrern Sartorius und Hegel verdankte, die in Forschung und Lehre ständig auf den dialektischen Widerspruch zwischen dem Alten und dem Neuen sowie die Notwendigkeit neuer Synthesen hingewiesen hatten. Georg Sartorius war ein Göttinger Historiker, der den Höhepunkt der neuzeitlichen Geschichte – von bürgerlich-liberaler Warte aus – in der Französischen Revolution erblickte und deshalb sowohl die romantische Mittelalterverherrlichung als auch die burschenschaftliche Deutschtümelei einer scharfen Kritik unterzog.[29] In dem Streit zwischen den Studenten und den staatlichen Behörden versuchte er im Jahr 1820 in seinem Buch *Über die Gefahren, welche Deutschland bedrohen, und die Mittel, ihnen mit Glück zu begegnen,* das zu den „bedeutendsten Äußerungen der liberalen Opposition" nach den Karlsbader Beschlüssen gehört,[30] zwischen der Burschenschaft und dem Staat eine vermittelnde Position zu beziehen. Um einer weiteren Radikalisierung der studentischen Opposition vorzubeugen, wandte sich Sartorius in dieser Schrift gegen die übermäßigen Privilegien des Adels, die staatliche Bevormundung der Presse, den fürstlichen Absolutismus, die mangelnde nationale Einheit, die Unterdrückung der Juden usw., formulierte jedoch seine Kritik nie abstrakt, sondern ging stets von den historischen Gegebenheiten aus. In vielen Einzelpunkten hat Heine dem sicher beigestimmt. Doch noch tiefer muß ihn der Einfluß Hegels in den Bann gezogen haben, der sich zwar nach den Karlsbader Beschlüssen immer stärker den Anschein eines konservativen preußischen Staatsphilosophen zu geben versuchte, aber ebensosehr als ehemaliger Kosmopolit und entschiedener Gegner der nationalistischen Verengung der Burschenschaft sowie ihrer antifranzösischen und antijüdischen Ressentiments bekannt war. Seine dialektisierende Sicht aller historischen Phänomene, nach der die gesamte Weltgeschichte ein Schlachtfeld miteinander konkurrierender „Ideen" ist, wie es später im *Buch Le Grand* heißt, mußte schon den Heine der frühen zwanziger Jahre in der Erkenntnis seiner eigenen Widersprüchlichkeit, ja „Zerrissenheit" bestärken.[31] Mit einer solchen Optik war es für ihn ohne weiteres möglich, selbst höchst ambivalente oder zumindest janusköpfige Erscheinungen wie Napoleon, Lord Byron, Walter Scott wie auch die Deutsche Burschenschaft als ein Ensemble alter und neuer Komponenten zu verstehen und ihnen damit historisch gerecht zu werden. Dementsprechend stellte Heine die Burschenschaft, jedenfalls so lange er in Deutschland blieb, nicht nur als etwas Lächerliches, sondern auch als eine der wenigen kritischen Bewegungen hin, die – neben den immer spärlicher werdenden Altliberalen – überhaupt noch gegen die allgemeine Friedhofsruhe der Reaktion aufbegehrte (und dafür von den staatlichen Behörden unbarmherzig verfolgt wurde).

Die Gegner der Burschenschafter blieben deshalb auch die Gegner Heines, an denen er weiterhin sein Mütchen kühlte. Zu diesen Leuten gehörte beispielsweise der Berliner Rechtswissenschaftler Theodor Anton Heinrich Schmalz, der allgemein als der „Initiator der Demagogenverfolgung" galt.[32] Schmalz war ein konsequenter Vertreter des Status quo, der in Erbmonarchie und Adelsvorherrschaft die einzigen Garanten von Zucht und Ordnung sah. Heine stellte ihn darum im *Buch Le Grand* als jenen komischen Heros hin, der mit seiner Schrift *Berichtigung einer Stelle in der Centurinischen Chronik für das Jahr 1808* sein preußisches „Vaterland" im Jahr 1815 vor der drohenden „Schwarzmäntel- und Rotmäntelgefahr" gerettet habe (2, 272). Ebenso scharf griff Heine Carl Christoph Albert von Kamptz, den Direktor des preußischen Polizeiministeriums, an, in dem die Burschenschafter „einen ihrer größten Gegner sahen" und dessen *Codex der Gendarmerie* sie beim Wartburgfest in die Flammen geworfen hatten.[33] Auch die Ironisierung des Berliner Philosophen Saul Ascher (2, 126 ff.), dessen Schrift über die *Germanomanie* von den Burschenschaftern ebenfalls verbrannt worden war,[34] als eines trockenen Rationalisten, der kein Fünkchen Gefühl besitze, muß im gleichen Zusammenhang verstanden werden. Eine ähnliche Zielsetzung hat manchmal Heines Kritik an Goethe, der von den Burschenschaftern wegen seiner kritischen Einstellung gegenüber den Befreiungskriegen scharf abgelehnt wurde – und der diese Ablehnung damit vergalt, indem er den Jenaer Studenten, die sich als „Masse konsolidiert" hätten, 1819 mit der Einführung einer strengen „Disziplin" drohte.[35] Auch für Heine war darum Goethe in diesen Jahren „ein großer Mann in einem seidnen Rock", also ein „Fürstendiener", wie es schon in den *Briefen aus Berlin* heißt, der durch sein „feines, weltkluges Betragen" in „hohem Maße die Affektation unserer Großen" genieße (2, 35). Allerdings nahm Heine gegen Mitte der zwanziger Jahre bei seiner Goethe-Kritik immer wieder Rücksicht auf den Goethe-Kult des Berliner Varnhagen-Kreises und ließ sich nur selten zu hämischen Seitenhieben hinreißen.[36] Offener wurde er erst in seiner lobenden Rezension der *Deutschen Literatur* des burschenschaftlichen Goethe-Hassers Wolfgang Menzel von 1828, wo Heine gegen Ende Goethe als alternden Tyrannen hinstellte, der unter den „Honoratioren eines Provinzialstädtchens ein ehrsam bürgerliches Leben" führe und „bis aufs Kleinlichste alle Philistertugenden zu erfüllen strebe" (1, 456). Hier erscheint Goethe als Vertreter von „Kunst und Altertum", dem Heine und Menzel im Zeichen von „Natur und Jugend" mit einer längst überfälligen Insurrektion auf den Leib zu rücken versuchten (1, 455).

Ebenso engagiert drückte sich Heine stets dann aus, wenn es um spezifisch burschenschaftliche Reformideale und ihre Unterdrückung durch die Mächte der Reaktion ging. So wies er in seinen *Briefen aus Berlin* auf die grausame Unterdrückung der Burschenschaft Armina hin, die 1822 durch staatliche Massenrelegationen und Einkerkerungen liquidiert wurde (2, 15 ff.). Nicht minder scharf äußerte sich Heine in der *Harzreise* über das Weiterbestehen der alten Landsmannschaften, die lediglich ihre Duelle im Kopf hätten und deren uraltes Gesetzbuch, welches „Comment" hieße, in den „legibus barbarorum" eine ehrende Erwähnung verdiene. Und auch mit den von den Studenten allgemein gehaßten „Philistern", die in Göttingen so häufig seien „wie Kot am Meer", sprang er nicht viel glimpflicher um (2, 104).

Den von den Burschenschaftern verehrten Idolen trat Heine dagegen in den zwanziger Jahren weiterhin freundlich entgegen. So wies er in den *Briefen aus Berlin* positiv auf Friedrich Schleiermacher hin, der offen mit den Befreiungskriegen sowie der Burschenschaft sympathisiert hatte und dafür zeitweilig unter Stadtarrest gestellt wurde (2, 37). Im gleichen Sinne machte Heine auf Wilhelm Leberecht de Wette aufmerksam (2, 37 f.), der am 23. April 1819 an die Mutter Sands einen Trostbrief geschrieben hatte, in dem er zwar dessen Tat als einen Irrtum, aber doch als einen Irrtum aus Überzeugung bezeichnet hatte und daraufhin am 9. Juli 1819 von der *Allgemeinen Preußischen Staats-Zeitung* als einer der Väter des deutschen „Jakobinismus" angegriffen worden war, ja schließlich sogar sein Professorenamt verlor. Ebenso freundliche Worte fand Heine für Carl Maria von Weber, der allgemein als Komponist von *Lützows wilder, verwegener Jagd* galt und in Berlin von der bürgerlichen und studentischen Opposition wegen seiner deutschtümelnden Gesinnung gegen die mit dem Ritter Spontini sympathisierende Hofpartei ausgespielt wurde (2, 29). Heine wies an dieser Stelle sogar auf den „sinnigen Ernst" auf dem Antlitz dieses Mannes hin, der „uns so anzieht" wie der Ernst auf den „Gesichtern altdeutscher Meister" (2, 32). Nicht minder begeistert äußerte er sich in diesen Jahren über die burschenschaftlich-studentischen Lieder von Arndt, vor allem in den Vertonungen Albert Methfessels (2, 149). Überhaupt findet sich bis 1830 in Heines Schriften kein schmähendes Wort gegen Arndt oder andere führende „Demagogen", über die er sich erst nach der Französischen Julirevolution allmählich kritischer äußerte (3, 97).

Ja, Heine ließ sich in diesen Jahren nicht einmal von seiner Vorliebe für die germanische Vorzeit und das deutsche Mittelalter – den beiden Hauptgegenständen des burschenschaftlich-romantischen Interesses – abbringen. Es gab sogar Momente, in denen er davon träumte, einmal Altgermanist zu werden, um das „Katheder besteigen" zu können und „der unmündigen Jugend die Vorzeit im Licht der Wahrheit" zu zeigen, wie es in einem Brief an Ernst Christian August Keller vom 1. September 1822 heißt.[37] (Ähnliche Träume hegte damals Hoffmann von Fallersleben, der sie sogar verwirklichte, jedoch im Zuge weiterer Demagogenverfolgungen seine altgermanistische Professur wieder verlor). Demzufolge schwärmte Heine in den zwanziger Jahren nicht nur für die Minnelieder und Epen des hohen Mittelalters, sondern begeisterte sich ebensosehr für die Reliquien der germanischen Vorzeit. Man denke an den Anfang der *Briefe aus Berlin*, wo er von einer Fußwanderung durch Westfalen und den Teutoburger Wald berichtet, um sich mit den germanischen „Altertümern" vertraut zu machen. „Ich höre noch immer", heißt es hier, „wie die alten Eichenwälder mich umrauschen, wie jedes Blatt mir zuflüstert: Hier wohnten die alten Sachsen, die am spätesten Glauben und Germanentum einbüßten. Ich höre noch immer, wie ein alter Stein mir zuruft: Wandrer, steh, hier hat Armin den Varus geschlagen!" (2, 9). Nach seiner

Ankunft in Berlin soll Heine an einer größeren wissenschaftlichen Arbeit über „Das historische Staatsrecht des germanischen Mittelalters" gearbeitet haben.[38] Als er im September 1822 nach Posen kam, suchte er dort sofort den Altertumsforscher Maximilian Schottky auf, der damals eine der größten Sammlungen mittelalterlicher Texte besaß, die er in den verschiedensten Archiven abgeschrieben und wohl auch gestohlen hatte, und der eine Zeitschrift unter dem vieldeutigen Titel *Vorzeit und Gegenwart* herausgab.[39] Allerdings wies Heine in seiner Schrift *Über Polen* auf diesen Mann mit der ihm immer eigentümlicher werdenden dialektisierenden Sehweise hin und bemerkte, „daß gegenwärtig das Studium altdeutscher Kunst- und Geschichtsdenkmale im allgemeinen übel akkreditiert ist; eben weil es vor mehreren Jahren als Mode getrieben wurde, weil der Schneider-Patriotismus sich damit breit machte, und weil unberufene Freunde ihm mehr geschadet, als die bittersten Feinde. Möge bald die Zeit kommen, wo man auch dem Mittelalter sein Recht widerfahren läßt, wo kein alberner Apostel seichter Aufklärung ein Inventarium der Schattenpartien des großen Gemäldes verfertigt, um seiner lieben Lichtzeit dadurch ein Kompliment zu machen" (2, 709).

Doch auch das war noch nicht Heines letztes Wort in Sachen Romantik oder Burschenschaft. Je tiefgründiger nämlich seine dialektisierende Optik wurde, desto materialistischer wurde sie, wodurch neben reinen Ideenspekulationen schließlich auch die gesellschaftlichen Grundbedingungen aller menschlichen Verhaltensweisen ins Zentrum seiner geschichtsphilosophischen Überlegungen rückten. Heine näherte sich dabei gegen Ende der zwanziger Jahre allmählich einem radikaldemokratischen Liberalismus, der seine Übersiedlung nach Paris im Jahre 1831 geradezu unvermeidlich machte. Der Gesichtskreis der deutschtümelnden, ja selbst der freiheitlich orientierten Burschenschafter mußte ihm aus diesem Grunde immer fremder, ja geradezu archaisch erscheinen. Lediglich mit Männern wie Robert Wesselhoeft und Gustav Kolb, die sich wie er von burschenschaftlichen Positionen zu bürgerlich-liberalen Ansichten gemausert hatten, unterhielt Heine auch in diesen Jahren noch enge Kontakte.[40] Vor allem unter dem Einfluß der Französischen Julirevolution und des von Heine begeistert akzeptierten saint-simonistischen Frühsozialismus empfand er den „beschränkten Teutomanismus" der deutschen Burschenschafter ab 1830/31 als etwas ausgesprochen Hinterwäldlerisches, ja Gespenstisches (4, 88). Heine gab deshalb in Paris sowohl seine Neigungen zur Erforschung der jüdischen als auch der deutsch-germanischen „Vorgeschichte" auf und stellte sich immer stärker in den Dienst jenes aktuellen Befreiungskampfes der Menschheit, der in einer „Brüderschaft" aller Menschen gipfeln sollte (4, 88). In den frühen dreißiger Jahren waren daher für Heine nicht mehr die Metternichianer und die Burschenschafter die politischen Hauptparteien, sondern die Ultras und die Liberalen, die Chauvinisten und die Kosmopoliten, die Reichen und die Armen. Über Hermann den Cherusker, über Maßmann, über Menzel riß deshalb Heine bis zur Börne-*Denkschrift* und zum *Wintermärchen* nur noch faule Witze – was ihn als frivolen, ehrvergessenen und sein Vaterland schmähenden „Französling" zu einem der Hauptfeinde aller blinden Nationalisten in Deutschland werden ließ.

Soweit scheint alles klar und logisch zu verlaufen. Und doch sollte man sich bei der Analyse aller Äußerungen, die Heine über Deutschland und die Deutschen machte, nicht von vordergründigen Losungen blenden lassen. Besonders das, was der späte Heine in dieser Hinsicht von sich gab, ist wesentlich subtiler, gebrochener, ironischer, vielschichtiger als das, was seine Gegner in Deutschland darin sahen. Jedenfalls bleibt bei ihm immer ein Rest an Widersprüchlichkeit, an gefühlsmäßig erfahrenem Schmerz erhalten, der sich einer rein rationalistischen Deutung weitgehend entzieht. So schrieb etwa Heine in seiner *Lutetia* auf die Frage, warum er eigentlich nie Franzose, sondern stets Deutscher geblieben sei, daß man eben sein Herkommen und seine Bildung nicht einfach von sich abschütteln könne. Ja, er konfrontierte hier seine deutschtümelnden Feinde mit dem provozierenden Bekenntnis: „Ich habe auch nicht eine Borste meines Deutschtums, keine einzige Schelle an meiner deutschen Kappe eingebüßt, und ich habe noch immer das Recht, daran die schwarz-rotgoldne Kokarde [die Kokarde der Lützower Jäger und der Burschenschafter] zu heften. Ich darf immer noch zu Maßmann sagen: ‚Wir deutschen Esel!'" (5, 479). Ja, noch 1854, also zwei Jahre vor Heines Tod, beschlich ihn bei der Niederschrift eines neuen Vorworts zur französischen Ausgabe seiner *Reisebilder* eine geradezu nostalgische Sehnsucht nach dem Deutschland der frühen zwanziger Jahre, als – inmitten der allgemeinen Reaktion – nur in den „Tavernen der Universitäten" ein „Flügelschlag der Begeisterung" und damit ein „freier Wind" geweht habe, weil hier die „Traditionen der wahren Humanität" nie völlig erloschen seien (2, 682).

Es nimmt darum kein Wunder, daß die Erinnerung an die Burschenschaft auch in der weiteren deutschen Geschichte eine höchst kontroverse Rolle gespielt hat. Bei der Beurteilung dieses Phänomens, das neben unleugbar chauvinistischen auch ebenso unleugbar freiheitliche Züge aufweist, zeigte es sich oft besonders deutlich, wer zu einer eindimensionalen und wer zu einer dialektisierenden Sicht der Geschichte neigte. Ein hohenzollernhöriger Historiograph wie Heinrich von Treitschke sah in den Burschenschaftern lediglich „Sansculotten der Revolution", in Karl Follen einen „romantischen Republikaner" sowie in Arndt und Schleiermacher gefährlichen Demagogen, welche die studentische Jugend ihrer Zeit bewußt irregeleitet hätten.[41] Die späteren völkischen und nationalsozialistischen Autoren, die keine solche dynastischen Skrupel hatten, stilisierten dagegen die burschenschaftliche Bewegung eindeutig in Präfaschistische, indem sie vor allem die germanophile Komponente herausstrichen. Im Gegensatz dazu sah Friedrich Engels als Linker in der burschenschaftlichen Revolte wie schon im vorhergehenden Befreiungskampf einen „halben Insurrektionskrieg" gegen die Fürsten, das heißt die erste bedeutsame politische Massenbewegung in Deutschland seit den Bauernaufständen des frühen 16. Jahrhunderts.[42]

Wie dialektisch verschlungen all diese Elemente bei den einzelnen Burschenschaftern sowie der studentischen Revolte insgesamt oft waren, hat erst die Forschung der letzten 15 bis 20 Jahre herausgestellt. Und zwar kam ihr dabei zum Teil jene Optik zugute, mit der bereits Heine an dieses Phänomen herangegangen ist, also weder allein die positiven noch allein die negativen Züge dieser Bewegung zu betonen. Daß Heine zu einer solchen Sehweise bereits zu einem Zeitpunkt fähig war, als im Hinblick auf die Burschenschaft lediglich ein entschiedenes Pro oder ein ebenso entschiedenes Contra im Vordergrund stand, hängt einerseits mit seiner jüdischen Skepsis gegenüber allen nationalen Fanatisierungen, andererseits mit seinem ebenso starken Assimilationsbedürfnis zusammen, das in diesen Jahren noch völlig im Zeichen des Deutsch-Romantischen stand. Als angleichungsbereiter, aber ungetaufter Jude, der seine Herkunft vor den meisten seiner Kommilitonen sicher peinlichst verbergen mußte, wollte er unbedingt einer der ihren sein, sah sich jedoch außerstande, die gleichen „arteigenen" Nationalgefühle wie sie zu empfinden. Daran hat er zweifellos gelitten; aber dieser Schmerz befähigte ihn zugleich, die Einseitigkeit dieser überschäumenden Vaterlandsliebe wesentlich früher zu durchschauen als die anderen.[43]

„Was ist des Deutschen Vaterland?"

Ludwig Börne contra Wolfgang Menzel

Alle wahrhaft großen Kontroversen gehen weit über ihren aktuellen Anlaß oder irgendwelche persönlichen Animositäten hinaus. So auch die Fehde zwischen Börne und Menzel. Genau betrachtet, hat diese Kontroverse, die durch das von Menzel befürwortete Verbot des „Jungen Deutschland" ausgelöst wurde, politische und gesellschaftliche Voraussetzungen, die weit bis in die Jugendjahre dieser zwei höchst streitbaren Publizisten zurückreichen. Wer sich also bei der Beurteilung dieser Debatte nicht vorschnell den parteiisch gestimmten Urteilen der Zeit zwischen 1835 und 1837 anschließen will, muß notwendig mit einem historischen Rückblick beginnen.

Die Jugend- und Werdejahre Börnes und Menzels, die 1786 bzw. 1798 geboren wurden, standen weitgehend im Zeichen der durch die napoleonische Liquidierung des alten Römischen Reichs deutscher Nation ausgelösten politischen Krise, die bei den Intellektuellen dieses immer lockerer werdenden Staatenbundes nicht nur deutschtümelnde Reaktionen, sondern auch kosmopolitische Hoffnungen beförderte. Während der junge Börne, damals noch Löb Baruch, als Sohn eines wohlhabenden jüdischen Frankfurter Geschäftsmannes die Franzosenherrschaft, welche den Juden erstmals das volle Bürgerrecht brachte, durchaus begrüßte, sich von der jüdischen Orthodoxie zusehends distanzierte, einer Freimaurerloge beitrat und schließlich in Frankfurt beamteter Polizeiaktuarius wurde – wuchs der junge Menzel im Schoße einer wohlhabenden preußisch-protestantischen Familie in Schlesien auf, schloß sich unter der französischen Fremdherrschaft der national-gesinnten Turnerbewegung an, trieb „altdeutsche" Studien und hoffte im Sinne der burschenschaftlichen Ideale „Sittlichkeit, Frömmigkeit und Patriosismus" auf die Wiedergeburt einer großen, starken, freiheitlichen deutschen Nation.[1] Börnes Hauptwerk aus dieser Zeit sind demzufolge seine *Freimütigen Bemerkungen über die Sättigkeits- und Schutzordnung für die Judenschaft in Frankfurt* (1808), Menzels erste Schrift ist die *Wahrhaftige, treue Erzählung von den harten Kämpfen und endlichen Siegen der guten Sache des Turnens in einer Schule der deutschen Stadt Breslau* (1818).

Das sieht von vornherein nach einem Konfrontationskurs aus. Hier der junge deutsche Jude, der sich für die bürgerliche Emanzipation der bisher Unterdrückten einsetzt, dort der junge Nationalist, dessen höchster Traum das endlich geeinigte Deutschland ist. Daß diese beiden Gesinnungen nicht schon in den Jahren zwischen 1815 und 1820 – von vereinzelten Hep-Hep-Krawallen einmal abgesehen – hart aufeinanderstießen, hängt mit dem allgemeinen Rückschlag *sämtlicher* politischer Hoffnungen, ob nun der liberalen oder der nationalen, nach dem Wiener Kongreß zusammen, der zu einer Wiederherstellung des Ancien régime und damit der dynastischen Kleinstaaterei mit all ihren repressiven Begleiterscheinungen führte. Durch diese Entwicklung, für die sich später der Begriff „Metternichsche Restauration" durchsetzte, geriet sowohl das bürgerliche Emanzipationsverlangen als auch die nationale Sehnsucht der Befreiungskrieger und Burschenschafter in die Schußlinie der staatlichen Polizei und der mit ihr kooperierenden Zensurbehörden. So wurde Börne bereits im März 1815 als Jude aus seiner Frankfurter Beamtenstelle entfernt und in die Rolle eines freischaffenden Publizisten gedrängt, der sich in der Folgezeit vor allem als Zeitschriftenherausgeber und Literaturrezensent einen Namen machte. Menzel studierte erst in Jena, wurde dort als Burschenschafter vertrieben, ging daraufhin nach Bonn, wo er sich wiederum als „Demagoge" betätigte und Vorlesungen bei Ernst Moritz Arndt belegte, bis dieser 1820 Berufsverbot erhielt. Anschließend lebte Menzel vier Jahre im Schweizer Exil, führte in Aarau an der dortigen Kantonsschule den Turnunterricht ein, setzte im Kreise anderer deutschpatriotischer Flüchtlinge seine altdeutschen Studien fort, schloß sich Joseph Görres an, begann Rezensionen zu schreiben und kehrte schließlich 1824 nach Deutschland zurück, wo er ab 1825 in Stuttgart das *Literaturblatt* des Cottaschen *Morgenblattes* herausgab.

Sowohl Börnes als auch Menzels Lebenslauf haben für das Schicksal vieler junger Intellektueller dieser Jahre einen geradezu paradigmatischen Charakter. Beide begannen im Bereich des Politischen, wurden jedoch durch den repressiven Charakter der Zeit nach 1815, der seinen schärfsten Ausdruck in den 1819 erlassenen Karlsbader Beschlüssen erlebte, mehr und mehr ins Literarische abgedrängt, da sich dieser Bereich in den zwanziger Jahren als einer der wenigen erwies, auf dem sich überhaupt noch ideologische und damit indirekt politische Debatten austragen ließen. Diese Entwicklung hatte zwei Konsequenzen: einerseits beförderte sie eine allgemeine „Verbiedermeierlichung" der Literatur, die zu einem modischen Vordringen des Idyllischen, Sentimentalen, wenn nicht gar Verkitschten beitrug, andererseits bewirkte sie eine deutliche Gereiztheit der aus dem offiziellen bis offiziösen Literaturbetrieb Ausgeschlossenen, das heißt all jener Aufsässigen und Aufmüpfigen, welche die Literatur nach 1819 zum Ersatzvehikel ihrer frustrierten politischen und gesellschaftlichen Hoffnungen machten. Daher sind die zwanziger Jahre in der Literatur nicht nur eine Zeit der Teetischpoesie, der Damenalmanache, des Mimilismus, kurz: der „Bagatell-Literatur", wie Heine sie nannte,[2] sondern auch eine Zeit der großen Literaturfehden, in denen sich all jene durch die Karlsbader Beschlüsse verdrängten Leidenschaften austoben konnten, für die es keine andere „Öffentlichkeit" als die des Literarischen gab.

Und zwar herrschte hierbei zwischen den Burschenschaftern und den Liberalen, solange beide zu den von den herrschenden Mächten Unterdrückten gehörten, lange Zeit ein Waffenstillstand, wenn nicht gar eine geheime Waffenbrüderschaft. Überhaupt gab es auf diesem Gebiet – im Gegensatz zu später – damals noch die seltsamsten Allianzen. So machte etwa der junge Heine in Bonn zwischen den burschenschaftlichen und den liberalen Hoffnungen noch keinen Unterschied, saß mit Menzel und Hoffmann von Fallersleben in den gleichen Arndtschen Vorlesungen über Tacitus' *De Germania*[3] und wechselte erst in Göttingen ins liberale Lager über, ohne dabei sein „Deutschtum" im geringsten zu verleugnen. Auch Börne lebte sich in den zwanziger Jahren – bei allem Liberalismus – zusehends in die deutsche und christlichen Gedankenwelt hinein und kehrte selbst nach seinem ersten Frankreichaufenthalt von 1822/23 als „Deutscher" zurück. Und so kam es sowohl zwischen Heine und Menzel als auch zwischen Börne und Menzel nach 1825 zu vielen Kontakten und Annäherungsversuchen, die nicht nur literaturtaktische Ursachen hatten, sondern auch in ihrer gemeinsamen Frontstellung gegen den restaurativen Charakter dieser Jahre begründet waren.

Wohl die auffälligste Übereinstimmung dieser drei Autoren äußerte sich in ihrer mehr oder minder offenen Frontstellung gegen den alten Goethe, den sie – aus liberaler Perspektive betrachtet – als einen „Fürstendiener" verurteilten. Während Heine in diesem Punkt, wohl aus

Rücksichtnahme auf den liberalen und doch goethefreundlichen Varnhagen-Kreis in Berlin, seine Abneigung gegen Goethe nur höchst verschleiert zu erkennen gab,[4] avancierten Börne und Menzel – neben christlichen Goethe-Gegnern wie Pustkuchen und Hengstenberg – in den zwanziger Jahren schnell zu den schärfsten Goethe-Gegnern schlechthin. Börne akzentuierte in seiner Kritik vornehmlich das Herzlose, Aristokratische, Zeitverachtende des großen Weimaraners, dem er 1825 in der Gestalt Jean Pauls mit bewegten Worten das Gegenbild eines wahrhaft weitherzigen und mitfühlenden Autors entgegensetzte. Menzel legte hingegen 1828 im zweiten Bande seiner *Deutschen Literatur* den Hauptnachdruck seiner Goethe-Kritik vor allem auf die antinationale Gesinnung dieses im Hinblick auf das Poetische sonst so begnadeten Dichters.[5] Und Heine war der erste, der in seiner lobenden Rezension dieses Buches gerade die Goethe-Kritik mit gebührender Schärfe hervorhob, ja ausdrücklich beteuerte, daß jede moderne, sprich: liberale Literatur, die sich nicht mehr mit dem Schein des Poetischen zufrieden gebe, mit „der Insurrektion gegen Goethe“ beginnen müsse.[6]

Doch nicht nur ihre Abneigung gegen den alten Goethe brachte Börne, Heine und Menzel zusammen. Was Heine und Börne an Menzels *Deutscher Literatur* schätzten, war zugleich die Frische ihres Stils und ihre unverhohlende Parteilichkeit, mit der sich Menzel als erster deutscher Literaturhistoriker „ganz radikal in den Dienst politischer Tagesinteressen stellte“.[7] Schließlich herrschte in diesem Buch – trotz der burschenschaftlich-nationalistischen Zuspitzung mancher Ideen – noch ein durchaus freiheitsbetonter Geist. Menzel war damals noch kein engstirniger Chauvinist, sondern noch im weitesten Sinne „liberal“. Er bekannte sich zu diesem Zeitpunkt noch zur Emanzipation der Juden, vertrat als Abgeordneter im württembergischen Landtag einen spezifisch „bürgerlichen“ Kurs und ließ es auch an der nötigen Civilcourage nicht fehlen. An Börne schätzte er hauptsächlich den aufrechten Patrioten, an Heine den blendenden Stil – und nahm selbst manche ihrer ihm „unliebsam“ erscheinenden Eigenschaften in Kauf. Heine schrieb darum später, daß er und Menzel gegen Ende der zwanziger Jahre in Stuttgart recht „gute Freunde“ gewesen seien.[8] Und auch bei Börne findet sich vor der großen Kontroverse von 1835/37 kaum ein wirklich abfälliges Wort über Menzel.

Dennoch kam zwischen diesen Dreien kein freundschaftlicher Ton auf. So weit ging die Waffenbrüderschaft nun doch nicht. Was Börne, Heine und Menzel schon vor 1830 trennte, war ihr höchst verschiedenartiges Verhältnis „Deutschland" gegenüber. Menzel vertrat in diesem Punkt, obwohl er es kaum offen aussprechen konnte, weiterhin burschenschaftlich-nationalistische Ideale. Börne näherte sich zur gleichen Zeit zwar auch einem deutsch-gestimmten Patriotismus an, ordnete jedoch diesen stets dem älteren, aufgeklärten, von Herder herkommenden Ideal der Gleichrangigkeit aller Nationen im Rahmen einer großen Völkerfamilie unter. Und Heine tendierte, nach seiner frühen burschenschaftlichen Phase, seit Mitte der zwanziger Jahre immer stärker zu einem menschheitlich-gefärbten Emanzipationskonzept, das zwar im Bereich des Kulturellen keineswegs sein nationales Fundament verleugnete, aber politisch die fortschreitende Liberalität über alles stellte. Gegen betont „Völkisches" entwickelte er daher eine steigende Aversion. Allerdings ging Heine hierbei nie so weit, auch Menzel in seine Kritik des Deutschtümelnden einzubeziehen. Was sich bei ihm in dieser Hinsicht an Wut anstaute, ließ er lieber an einem Turner und Teutomanen wie Hans Ferdinand Maßmann aus, der seit der *Reise von München nach Genua* zu einem seiner beliebtesten Prügelknaben wurde,[9] auf den er immer dann einschlug, wenn ihn der Unmut gegen den forcierten Nationalismus seiner „lieben Landsleute" übermannte.

Eine grundsätzliche Veränderung dieser ideologischen Konstellation und damit der Frage nach dem wahren „Vaterland" trat erst nach der Pariser Julirevolution von 1830 ein. Erst dieses Ereignis spaltete die Gruppe der Widersacher des Metternichschen Systems, die bis dahin eine relativ amorphe Masse gebildet hatte, plötzlich in zwei Lager. Während die ehemaligen Befreiungskrieger und Burschenschafter, in deren Seele noch immer der alte Frankreichhaß weiterschwelte, von den revolutionären Vorgängen in Paris nur höchst widerwillig Notiz nahmen, ja sich durch die dort vorfallenden „Ausschreitungen" lediglich in ihren Ressentiments gegen die „zügellosen" Franzosen bestätigt fühlten, begrüßten Börne und Heine die Pariser Julirevolution als ein weithin leuchtendes Fanal der Befreiung aller bisher unterdrückten Völker. Börne brach darum schon im Herbst 1830 nach Paris auf, um den revolutionären Umwälzungen so nah wie nur möglich zu sein. Heine folgte ein Jahr später. Obwohl beide, die auf einen „Sieg des Volkes" gesetzt hatten, von dem sich in Paris etablierenden Bürgerkönigtum Louis-Philippes enttäuscht waren, blieben sie dennoch in den folgenden Jahren weiterhin in dieser „Hauptstadt des 19. Jahrhunderts", wie sie Walter Benjamin später nannte. Börne berichtete über seine dort gemachten Erfahrungen in seinen *Briefen aus Paris,* die 1831, 1833 und 1834 in drei Sammlungen herauskamen, Heine in seiner Schrift *Französische Zustände* von 1833. Trotz der Bemühungen der verschiedenen deutschen Bundesstaaten, diese Bücher durch Zensureingriffe, Verbote oder Beschlagnahmen „unschädlich" zu machen, gingen gerade diese Schriften bei den am politischen Geschehen interessierten bürgerlichen Liberalen schnell von Hand zu Hand und trugen zu einem politisierten Klima bei, in dem wieder viel von „Freiheit" die Rede war.

Durch diese beiden Publikationen rückten also Börne und Heine, die den Liberalen selbstverständlich schon vorher bekannt waren, plötzlich ins Zentrum aller sich an der Julirevolution entzündenden politischen Hoffnungen. Die liberale Belletristik, die sich nach 1830 in Deutschland entwickelte, sah demzufolge in diesen beiden Autoren die wichtigsten Vorbilder einer bürgerlich-liberalen und zugleich witzig-populären Schreibweise, die sie anstachelte, sich ebenfalls in aller Offenheit und Keckheit für eine Beförderung des „emanzipatorischen" Prinzips einzusetzen. Dies waren jene Autoren, die man später unter der Bezeichnung „Das junge Deutschland" zusammengefaßt hat.[10] Fast alle Vertreter dieser Richtung empfanden sich als Repräsentanten einer Avantgarde des neuen Zeitalters, als Progonen einer literarischen Moderne, als Vorläufer einer klassenlosen Bürgergesellschaft, kurz: als „Männer der Bewegung", wie sie sich selber gern hinstellten, die ihre Hauptaufgabe in einer fortschreitenden Verfreiheitlichung des Geisteslebens und einer Avantgardisierung der Literatur sahen. Im Punkte „Vaterland", und nur der soll uns hier interessieren, waren allerdings die Jungdeutschen bei weitem nicht so „deutsch" eingestellt, wie ihr Name zu suggerieren scheint, ja machten aus ihrer tiefen Abneigung gegen die „Teutomanie" der älteren Befreiungskrieger, Jahnschen Turner, Burschenschafter, Arminsjünger und Hermannssöhne, denen sie politische Rückständigkeit, ästhetisches Banausentum und stocksteife Frustriertheit vorwarfen, kein Hehl. Statt wie diese Schichten das vordringlichste politische Ziel in einem starken Nationalstaat zu sehen, traten sie zumeist für eine Freundschaft mit allen sich emanzipierenden Völkern ein, das heißt begeisterten sich für den Freiheitskampf der Polen gegen die Russen und die „revolutionären Umtriebe" in Paris. Dementsprechend erklärte 1832 einer der Redner auf dem Hambacher Fest: „Lieber Freiheit ohne Einheit, als Einheit ohne Freiheit. Hoch leben die Franken, der Deutschen Brüder, hoch leben die Polen, der Deutschen Verbündete.“[11] Allerdings kam es dabei im liberalen Lager schon in diesen Jahren zu einer allmählichen Aufspaltung in den eher patriotisch-republikanisch gesinnten Flügel der Börneaner und den eher saint-simonistisch-kosmopolitisch gesinnten Flügel der Heineaner, der sich für ein Verschwinden aller „Nationalität“ einsetzte und schon gegen Mitte der dreißiger Jahre die „dereinstige Universalrepublik“ auf seine Fahnen schrieb.[12]

All das mußte den Zorn der alten Burschenschafter selbstverständlich bis zur Weißglut reizen. Obwohl viele von ihnen, wie etwa Menzel, mit den bestehenden Mächten bereits weitgehende Kompromisse geschlossen hatten, waren sie doch im geheimen ihren alten Idealen eines deutschen Nationalstaats sowie einer bis zum Pietismus, zu Klopstock und Arndt zurückreichenden Gesinnung treu geblieben, deren Hauptwerte Tugenden wie kleinbürgerliche Bescheidenheit, christliche Frömmigkeit und entsagungsbereite Mannhaftigkeit bildeten. Was jedoch bei preußischen Reformern wie Stein, Gneisenau und Hardenberg oder Künstlern wie Arndt, Kleist und C. D. Friedrich – bei aller nationalen Gesinnung – noch vom Geist der Aufklärung durchweht war,[13] hatte nach den Karlsbader Beschlüssen in den Seelen und Hirnen der früheren Befreiungskrieger und Burschenschafter einen unleugbar regressiven, wenn nicht gar reaktionären Charakter angenommen. Diese Kreise fühlten sich deshalb 1830 durch den Enthusiasmus der deutschen Liberalen für die Pariser Julirevolution besonders irritiert und entschieden sich, lieber die deutschen Fürstenhäuser zu unterstützen als sich in den Dienst der französisch gefärbten Freiheitsideen zu stellen. Auf diese Weise wurden sie zu wichtigen Wegbereitern jener national-liberalen Lösung der deutschen Einheitssehnsucht, die sich 1871 im Spiegelsaal zu Versailles zwar endlich erfüllte, aber falsch erfüllte, indem sie nicht vom Volke herrührte, sondern durch einen höchst geschickten politischen Coup Bismarcks zustande kam.[14]

Zu den lautesten und einflußreichsten Sprechern dieser Gegenreaktion zwischen 1830 und 1835 gehörte Wolfgang Menzel, der als Herausgeber des Stuttgarter *Literaturblatts* eine zentrale Rolle im literarischen Getriebe spielte und 1835 maßgeblich zur staatlichen Unterdrückung des Jungen Deutschland beitrug. Verbote von „Staat und Kirche“ gefährdenden

Schriften hatte es selbstverständlich schon vorher gegeben. Börne, Heine, Gutzkow, Wienbarg, Laube, Glaßbrenner, ja fast alle liberalen Autoren hatten Zeit ihres Lebens mit Zensur und Verboten zu rechnen. Doch der Schlag, zu dem Menzel 1835 ausholte, ging weit über alle bisherigen Einzelverdächtigungen hinaus und stellte erstmals eine gesamte Literaturrichtung an den Pranger, womit er dem Bundestag endlich den erwünschten Anlaß lieferte, seinen Verbotsbeschluß gegen das Junge Deutschland zu erlassen. Das große Finale bildeten hierbei Menzels Aufsätze gegen Gutzkows *Wally* in der *Allgemeinen Zeitung* und sein Aufsatz *Unmoralische Literatur*, der sich gegen Wienbargs *Ästhetische Feldzüge* wandte und im *Literaturblatt* herauskam, während er Börne und Heine zu diesem Zeitpunkt noch schonend überging.[15] Im Herbst 1835 stellte Menzel erst einmal Gutzkow als das „Haupt des ‚Jungen Deutschland'" hin. Während sich die deutsche Jugend früher stets durch „ritterliche Tugend", „edlen Feuergeist" und „sittliche Begeisterung" ausgezeichnet und auf eine Erneuerung aus den Tiefen „unserer Nationaltugenden" gehofft habe, habe Guthow, wie Menzel behauptete, nur eine Rotte „frecher Gotteslästerer und Nuditätenmaler" hinter sich, die den Eindruck erwecke, als käme sie eben entnervt und geschwächt aus dem „Bordell" herangewankt, wie es in seinen *Drei Abfertigungen des Dr. Gutzkow* heißt.[16]

Die gleichen Angriffe wiederholte Menzel in seinem Aufsatz *Unmoralische Literatur*, wo er die neue, aus Frankreich importierte „saint-simonistische" Freiheitslehre als die lüsterne Gesinnung von „Freigelassenen" und nicht von wahrhaft freien Männern hinstellte.[17] Im Sinne ältester Klischees warf er hier den Franzosen vor, verweichlicht, unsittlich und oberflächlich zu sein, um so auch ihre Bewunderer mit den gleichen Stereotypen brandmarken zu können. Ja, am Schluß ließ Menzel sogar durchblicken, daß das „Junge Deutschland" eigentlich ein „Junges Palästina" sei, also die „Franzosensucht" und der „tückisch ohnmächtige Deutschen- und Christenhaß" auch „dem Judaismus zur Last" gelegt werden könnten.[18] Und zwar blieb Menzel auch hier wiederum höchst allgemein, das heißt erwähnte weder Börne noch Heine, ja nicht einmal den Verleger Zacharias Loewenthal, welcher erst 1857 den Namen Carl Friedrich Loening annahm, der nicht nur Gutzkows *Wally*, sondern auch einige der Hauptwerke Laubes und Wienbargs herausgebracht hatte.

Zur Erklärung dieser Schmähsucht hat man oft Menzels Konkurrenzneid verantwortlich gemacht.[19] Ein solcher Hinweis ist sicher berechtigt.

Schließlich wußte Menzel, daß Gutzkow und Wienbarg im Frühwinter des Jahres 1835 mit dem ersten Heft ihrer *Deutschen Revue* herauskommen wollten, um neben Menzels Stuttgarter *Literaturblatt* endlich ein zweites Zentralorgan der literarischen Kritik zu begründen.[20] Doch Menzel war nicht nur ein Opportunist oder Karrieremacher, sondern zugleich ein Mann von Gesinnung. Als altem Burschenschafter ging es ihm in diesen Dingen zugleich um die „Ehre der deutschen Nation". So gesehen, hat seine Literaturkritik durchaus einen idealistischen Zug. Da er jedoch diesen Idealismus, nämlich den Traum einer endlich vereinten deutschen Nation, angesichts der immer noch weiterwirkenden Karlsbader Beschlüsse weitgehend verheimlichen mußte, konnte er seine Ideale nicht positiv, das heißt national-demokratisch, sondern nur negativ, das heißt als Ausgrenzung aller fremdländischen Einflüsse, vor allem der französischen, artikulieren und verbreiten. Auf diese Weise wurde er zusehends zum Opfer seiner eigenen Gallophobie, ja rutschte zeitweilig sogar in die Niederungen des Antisemitismus ab, wie die Rassentheorie seines Buchs *Geist der Geschichte* von 1835 belegt, wo er den Germanen einen wesentlich höheren Rang als den „semitischen Völkern" einräumt.[21] Und in dieser Form empfanden die Fürsten und ihre Handlanger Menzels Deutschtümelei schließlich doch harmloser als jene revolutionären Ideen, die seit der Pariser Julirevolution auch nach Deutschland hinüberdrangen, weshalb sie einem Mann wie Menzel in seinen Attacken einfach freie Hand ließen, während sie den Börneanern und Heineanern mit immer schärferen Edikten entgegentraten.

Dem entspricht, daß Menzel bei seinen Angriffen gegen die Jungdeutschen als guter Taktiker selten das Liberale, Aufmüpfige oder gar Revolutionäre ihrer Schriften hervorhob, sondern diese Richtung nach bewährter „Stänker- und Weismacher"-Art lediglich als unmoralisch, atheistisch, französelnd oder auch jüdisch diffamierte, um so von ihren eigentlichen Zielen abzulenken.[22] Selbstverständlich sahen die Jungdeutschen diesen Angriffen nicht gelassen zu, sondern setzten sich bereits vor dem offiziellen Verbot energisch zur Wehr. Von den Schriften, die noch während des offen ausgetragenen Streits erschienen, seien in diesem Zusammenhang lediglich Wienbargs Aufsatz *Menzel und die junge Literatur*, in dem er Gutzkows *Wally* gegen Menzels Angriffe in Schutz nahm, und die Essays *Verteidigung gegen Menzel und Berichtigung einiger Urteile im Publikum* sowie *Appellation an den gesunden Menschenverstand. Letztes Wort in einer literari-*

schen Streitfrage erwähnt, in denen Gutzkow das Wort in eigener Sache ergriff.[23] Doch das am 10. Dezember 1835 erlassene Bundestagsverbot des „Jungen Deutschland", in dem als die Hauptvertreter dieser Richtung Heine, Gutzkow, Laube, Wienbarg und Mundt genannt werden, während Börnes Name seltsamerweise nicht fällt, setzte solchen Selbstverteidigungen erst einmal ein Ende.[24] Der einzige, der nach diesem Zeitpunkt noch einmal scharf zurückschlug, war Heine in der Vorrede zum dritten Teil seines *Salon* von 1837, die im gleichen Jahr unter dem Titel *Über den Denunzianten* auch als gesonderte Broschüre erschien, in der er Menzel als Pseudochristen und Pseudogermanen lächerlich zu machen suchte. In bester und zugleich perfidester Ad-hominem-Taktik wird hier Menzel als ein Mann angegriffen, dem es sowohl an christlicher Nächstenliebe als auch an altgermanischen Tugenden wie Scham, Treue und Tapferkeit mangele, ja der sich, obwohl er wie ein „Kalmuck" aussehe, ständig als „Vorkämpe des Germanismus" aufspiele. Kurz: hier wird Menzel auf eine Art und Weise abgeschlachtet, wie es in dieser Süffisanz nur Heine vermochte.[25]

Doch wo bleibt bei all dem Börne? Im Herbst 1835, als die Fehde zwischen Menzel und Gutzkow in vollem Gange war, versuchte Menzel den wegen seines aufrechten Patriotismus und seiner christlichen Gesinnung weithin angesehenen Börne noch aus seiner Attacke gegen das „Junge Deutschland" auszunehmen. So betonte er am 5. November 1835 in einem Brief an denselben, daß er sich ihm in „unwandelbarer Liebe" verbunden fühle und ihn daher warne, sich von Gutzkow und Wienbarg für die geplante *Deutsche Revue* mißbrauchen zu lassen. „Gutzkow und Wienbarg", schrieb er warnend an Börne, „sind die charakterlosesten Schurken, die je die Sonne beschienen hat. Ihre Moral ist die schmutzigste, ihre Politik die zweideutigste. Wenn sie die Liberalen kompromittiert haben, werden sie zuverlässig als Renegaten endigen. Alles war erstaunt, Sie mit diesen ehrlosen Buben in Verbindung zu sehen. Halten Sie diese moralische und politische Besudelung von sich."[26] Börne schrieb daraufhin am 12. November, also noch vor dem Verbot, an Menzel, daß er Gutzkows und Wienbargs Angebot zur Mitarbeit an der geplanten *Deutschen Revue* bereits abgelehnt habe, weil er sich weigere, sich weiterhin den „Launen der Zensur" zu unterwerfen. Außerdem betonte er in diesem Brief, daß er Menzels „Abscheu vor solchen sittenlosen und glaubensschänderischen Schriften" wie Gutzkows *Wally* völlig teile, aber diese Abscheu nicht auf

„die Person des Verfassers" übertrage. Auch von Heines „Diatriben gegen das Christentum" distanzierte sich Börne schärfstens. Dennoch riet er Menzel davon ab, aus einer rein literarischen Fehde eine große Staatsaktion zu machen und versuchte, ihn an seine liberale Vergangenheit zu erinnern. In diesem Sinne schrieb er sogar beschwichtigend über Gutzkow: „Er und einige seiner Kameraden schreiben doch mit einer gewissen Lebendigkeit, die in der deutschen Literatur früher fremd war. Das haben diese jungen Leute von Ihnen, von Heine, und etwas auch von mir gelernt. Sollten wir uns darüber nicht freuen? Daß es nur nicht an Bewegung fehle, darauf kömmt es an, dann wird das rechte Ziel immer erreicht, von einem oder dem anderen." Ja, Börne legte Menzel sogar noch einen Beitrag zum *Literaturblatt* über *Goethes Briefwechsel mit einem Kinde* bei und versicherte ihn ausdrücklich seiner weiteren „Verehrung".[27]

Den kritischen Aufsatz über *Goethes Briefwechsel mit einem Kinde* rückte Menzel am 14. und 16. Dezember im Stuttgarter *Literaturblatt* ein. Am 17. Dezember schrieb er an Börne, daß er nach wie vor eine tiefe Sympathie für ihn hege, und ließ sogar einen gewissen Philosemitismus durchblicken, um so den Empfänger für seine eigenen Pläne günstig zu stimmen. Und zwar bestanden diese darin, Börne, der sich mehrfach offen gegen Heines „Immoralismus" ausgesprochen hatte, in der großen Kontroverse gegen die Jungdeutschen auf seine Seite zu ziehen. Wie sehr ihn Menzel dabei an seiner Ehre zu packen versuchte, belegt vor allem folgende Stelle: „Die Stellung, welche Sie Heine gegenüber eingenommen haben, und Ihr Plan, die Ehre der deutschen Literatur, die zugleich unsere Nationalehre ist, in Paris aufrecht zu erhalten, bestätigt auf eine so erfreuliche Weise, was ich immer Großes und Gutes von Ihnen gedacht und gesagt, daß ich nur den Wunsch hinzufügen kann, es möge zwischen uns immer klar bleiben. Unsere Ansichten variieren in einigen Punkten, doch sicher in keinem Punkt der Ehre. Trotz Ihres Zorns verraten Sie beinahe auf jeder Seite Ihrer Schriften, daß Sie mit ganzer Seele an Deutschland und seiner Ehre hängen. Ihr Unwillen ist doch nur der gekränkter Liebe. Es wäre mir unerträglich, wenn ein französisches Interesse oder auch nur ein französischer Geschmack sich zwischen uns stellte. Sie sind ein Deutscher, hier ist Ihre Sprache, Ihre Ehre, Ihr Ruhm. Sie verlieren wie Antäus Ihre Kraft, sowie Sie, d.h. Ihr Geist, diesen Boden verläßt. Zeigen Sie nicht bloß und Eingeweihten und negativ, sondern für das Volk und positiv, daß Sie Deutschland lieben, und die Achtung, die Ihnen jeder edle Deutsche zollt, wird unendlich zunehmen, während Sie kaum etwas für Frankreich und Frankreich gar nichts für Sie tun kann."[28]

Als jedoch Börne die Nachricht vom Verbot des „Jungen Deutschland" erhielt, schlug er sich – trotz der Menzelschen Sirenenklänge – sofort auf die Seite der Angegriffenen. Dafür spricht ein Brieffragment an Ferdinand Gustav Kühne, in dem es heißt: „Wir alle sind dabei beteiligt, das ganze Deutschland, die gesamte deutsche Jugend wird in den Fünfen geschädigt, mißhandelt, gekreuzigt; darum sollen und müssen wir alle, in denen noch ein Tropfen Jugendblut ist, uns ihnen anschließen, auf daß der Bund eines ‚Jungen Deutschland' immer weiter und weiter greife!"[29] Um diesem Gesinnungswandel auch öffentlich Ausdruck zu verleihen, publizierte Börne schon im Januar 1836 im ersten Heft seiner in Paris gegründeten Zeitschrift *La Balance. Revue allemande et française* den Aufsatz *La Gallophobie de M. Menzel*, in dem er dessen Attacken gegen die Jungdeutschen als eine „polémique violente, injuste et insensée" bezeichnete, und rückte im Märzheft der gleichen Zeitschrift einen Beitrag unter dem Titel *Wally la sceptique* ein, wo er zwar Gutzkow gegen das vom Bundestag verhängte Verbot seiner Schriften in Schutz nahm, jedoch die in dem Roman *Wally die Zweiflerin* geäußerten erotischen und atheistischen Ansichten als „geschmacklos" verwarf. Mit anderen Worten: Börne bezog in diesen beiden Aufsätzen eine Position, mit der er seine Stellung als „deutscher Patriot in Paris" unterstreichen wollte, ohne sich hierbei in ein gesellschaftspolitisches Abseits zu begeben. Ebenso aktiv blieb Börne in der Folgezeit auf politischem Gebiet, das heißt traf sich in Paris weiterhin regelmäßig mit jenen deutschen Flüchtlingen, die seine deutschpatriotische und zugleich republikanische Gesinnung teilten.

Menzel, der davon schnell Wind bekam, reihte nun auch Börne in die Liste seiner Feinde ein. Das belegt sein Aufsatz *Herr Börne und der deutsche Patriotismus*, den er am 11. April 1836 im Stuttgarter *Literaturblatt* veröffentlichte und in dem er Börne vorwarf, sich durch seine letzten Publikationen eindeutig als ein Mietling der Franzosen ausgewiesen zu haben. Von Paris, der Hauptstadt unserer Erzfeinde, über ihn, also über „Deutschland", herzufallen, stellte Menzel hier als einen der übelsten Akte nationaler Nestbeschmutzung hin. Damit werde nicht nur das Andenken der gefallenen Befreiungskrieger, sondern auch die deutsche Ehre schlechthin in den Dreck gezogen. Obendrein bleibe es unklar, fuhr

Menzel fort, für welche „Republik" sich Börne eigentlich einsetze: die „Tugendrepublik des seligen Maximilian Robespierre" oder die „Laster-republik des neuetablierten jüdischen Hauses Heine und Compagnie"?[30] Wer sich so „vaterlandslos" verhalte, hieß es weiter, bei dem stelle sich notwendig der Verdacht ein, daß er nicht „deutschem Boden" entsprossen sei, sondern jenem „Volke" angehöre, „was einst in flachen Kosmopolitismus hineingezwungen ward".[31] Und Menzel schloß mit dem vernichtenden Urteil, durch das er Börne ein für allemal aus dem deutschen Literaturbetrieb auszuschalten hoffte: „Seit Herr Börne in Paris lebt, französisch schreibt, uns nur noch vor einem französischem Publikum beschimpft, und wenn seine ‚Balance' auch nur zwei Sous kostet, diese zwei Sous für die Beschimpfung seines Vaterlandes aus französischen Händen annimmt, seitdem hat Herr Börne das unschätzbare Recht, uns wie ein Cato tadeln zu dürfen, verloren.[32] Und im Gefühl seines Sieges über diese „gottlosen Vaterlandsfeinde" ließ Menzel am 29. Juni 1836 im *Literaturblatt* sogar noch einen Artikel über das *Ende des jungen Deutschland* folgen, in dem er einen vorläufigen Schlußstrich unter diese „abscheuliche" Affäre zog.

Während die meisten Jungdeutschen – aufgrund der Verbote und Verfolgungen – nicht in der Lage waren, noch einmal öffentlich gegen Menzel aufzutreten, ließen Heine und Börne diesen Fall nicht einfach auf sich beruhen. Wie wir gehört haben, fertigte Heine den Stuttgarter „Literaturpapst" Menzel in seinem kurzen, aber bissigen Pamphlet *Über den Denunzianten* ab. Börne entschloß sich dagegen im Sommer 1836, all diesen Anschuldigungen und staatlichen Maßnahmen mit einer wesentlich umfangreicheren Schrift entgegenzutreten. Das läßt schon sein Brief vom 16. Mai 1836 an Karl Theodor Welcker ahnen, wo es unter anderem heißt: „Sie haben mich entstellt, verstümmelt, sie haben mir Dinge angelogen, an die ich nicht einmal gedacht, und was ich gesagt, haben sie verschwiegen. Meine besten Absichten haben sie mit Lakaienwitz besudelt. Der Jesuit Menzel, der in Wien vergeblich um eine Anstellung gebettelt, schreibt gegen mich, um sich in Berlin einzuschmeicheln. Wie würde es mich, wie würde es manchen im Vaterlande erquicken, so von Zeit zu Zeit eine Fackel unter die Nachtbuben zu schleudern."[33] Und Börne schrieb diese „Fackel", nannte sie *Menzel, der Franzosenfresser*, konnte sogar noch – trotz schwerer körperlicher Leiden – ihre Drucklegung betreuen und verschied am 12. Februar 1837, etwa sechs Wochen nach ihrem Erscheinen.

Diese Schrift gilt mit Recht als eine der großen deutschen Polemiken und wurde selbst von Heine, dem der Patriotismus und Republikanismus Börnes, geschweige dessen christliche Gesinnung, nicht gerade sympathisch waren, später höchst anerkennend als Börnes „Schwanengesang" bezeichnet.[34] Was Börne in dieser Polemik versuchte, war vor allem die Entlarvung der Menzelschen Strategien und Taktiken, das heißt nicht einfach offen gegen den Liberalismus aufzutreten, sondern sich statt dessen zum Beschützer von Religion und Moral aufzuwerfen. Um solchen Schachzügen entgegenzutreten, spricht Börne in diesem Pamphlet – im Gegensatz zu Menzel – nicht einfach von *den* Franzosen und *den* Deutschen, als ob es sich hierbei im Hinblick auf die Hochschätzung oder Verachtung von Moral und Religion um zwei verschiedene Menschenrassen handele, sondern zieht stets einen klaren Trennungsstrich zwischen den fortschrittlichen und den reaktionären Bevölkerungsschichten in beiden Ländern. Börne verteidigt sich daher besonders scharf gegen den Vorwurf, unter der „Maske der Freiheit" in Deutschland „lediglich Franzosentum" verbreiten zu wollen und den Deutschen „alles Deutsche gehässig, verächtlich, lächerlich, alles Französische aber wünschenswert zu machen".[35] Wer so von ihm denke, erklärt Börne, sei von einem Nationalismus geblendet, der sich auf der untersten Ebene jenes „Turnerpatriotismus" bewegte, der in „Arminius und Blücher" noch immer Brüder und in allen Franzosen lediglich nichtswürdige Kreaturen erblicke.[36] Doch nicht nur das. Wer einer solchen Gesinnung anhänge, tendiere wie Menzel zu einem Antisemitismus, der sich zu seiner Legitimation lediglich auf sein „Deutschsein" stütze. Da ihm Menzel, dieser Teutschheitsnarr, weder Unsittlichkeit noch Glaubenslosigkeit vorwerfen könne, stelle er ihn nicht nur als einen Franzosenfreund, sondern zugleich als einen jener „Baruch"-Typen hin, der den „herrlich deutschen Rosengarten mit schmutzig-gelben Augen" betrachte, und rufe ihm obendrein das schmähliche „Mach Mores!" hinterher.[37] Ja, Menzel gehe in diesem Punkt sogar noch einen Schritt weiter, indem er einfach jeden Deutschen, der eine gewisse „Anhänglichkeit für Frankreich" an den Tag lege, einfach zum „Juden" abstempele.[38]

Anstatt auf solche Verleumdungen wie Heine mit ähnlich rassistischen Gegenverleumdungen zu antworten und den stolzen „Germanen" Menzel als einen mickrigen „Kalmücken" bloßzustellen, entwirft Börne in diesem Pamphlet lieber die Vision eines zukünftigen Europas, in dem es einmal keine nationale Selbstsucht mehr geben werde. Die Zukunft, heißt es hier, gehöre weder Deutschland noch Frankreich, sondern der „Menschheit". Zu wahrer „Freundschaft" und „ewigem Frieden" werde es erst dann kommen, wenn sich diese „Menschheit" eines Tages zur Idee eines Weltstaates durchringe.[39] Denn nur in einem solchen, universal konzipierten Staat, schreibt Börne in bester aufklärerischer Tradition, könnten sich die bisher getrennten Nationen endlich zu einer großen Völkerfamilie vereinigen, in der zwar jedes Volk seine nationale und kulturelle Eigenart beibehält, sich jedoch von jedem engstirnigen Chauvinismus nachdrücklich distanziert.[40]

Diese Schrift, die in Paris bei Théophile Barrois fils erschien, wurde in Deutschland sofort nach ihrem Erscheinen verboten. Gleichwohl gelang es, Hunderte von Exemplaren dieses Buchs nach Deutschland einzuschmuggeln, die „dort von Hand zu Hand wanderten" und „sich mit Flammenzügen in die Herzen der Liberalen" eingruben, wie einer der Zeitgenossen berichtet.[41] Neben den *Briefen aus Paris* wurde somit das Pamphlet *Menzel, der Franzosenfresser* von vielen als Börnes politisches Vermächtnis, ja als sein Testament angesehen, das noch weit in den Vormärz hineinwirkte. Und doch blieb der Sieger in diesem Streit letztlich Menzel. Nicht Börnes kosmopolitisch gefärbte Vaterlandsidee setzte sich im 19. Jahrhundert in Deutschland durch, sondern jener halb chauvinistische, halb realpolitische Kurs, der sich immer wieder am Franzosenhaß, am Antisemitismus und an der Deutschtümelei entzündete – und sich als lange gehegter Traum endlich in jenem Bismarck-Reich erfüllte, das aus einer nochmaligen kriegerischen Auseinandersetzung mit Frankreich hervorging. Während die Aufklärer und Jungdeutschen wie auch die Besten der Befreiungskrieger und Burschenschafter den Hauptakzent ihrer politischen Zukunftshoffnungen stets auf den nationaldemokratischen Aspekt gelegt hatten, erwies sich das 1871 gegründete „Zweite Deutsche Reich" weitgehend als ein chauvinistischer und zugleich autoritär geführter Staat, der zwar nicht ganz den Vorstellungen entsprach, für welche der junge Menzel eingetreten war, zu dem aber er und seine Gesinnungsgenossen – durch ihre Deutschtümelei und zugleich ihre kompromißbereite Haltung den herrschenden Dynastien gegenüber – schon in den dreißiger und vierziger Jahren eine nicht zu übersehende Vorarbeit geleistet hatten.[42]

Zweierlei Geschichtsauffassung

Heines *Rabbi von Bacherach*

Heine war ein Meister der Irritation. Fast jedes seiner Werke löste daher sofort nach seinem Erscheinen eine gerade unübersehbare Fülle an Rezensionen, Polemiken und Gegenschriften aus, in denen selbst in der heftigsten Kritik eine kaum verhohlene Faszination durchschimmert.[1] Um so befremdlicher ist es, daß Heines Erzählung *Der Rabbi von Bacherach*, in der er sich in aller Offenheit mit der Geschichte seines „Volkes" auseinandersetzte und sich vehement gegen die antisemitische Pogromhaltung des „christlichen Pöbels" wandte, lange Zeit viel weniger Aufmerksamkeit auf sich gezogen hat als seine *Reisebilder*, sein *Buch der Lieder* oder sein *Wintermärchen*. Woran liegt das? Schließlich ist diese Erzählung, die mit einem höchst einfühlsamen, religiös-gefärbten Stimmungsbild einer jüdischen Gemeinde am Rhein beginnt, auf das eine humoristische, ja fast ironische Schilderung des Frankfurter Ghettos folgt, in der plötzlich die Figur eines sein Judentum verleugnenden sephardischen Renegaten in den Vordergrund tritt, so provokant wie nur möglich. Aber vielleicht war dieser Gegensatz zu überpointiert, zu kraß, um die zeitgenössischen Leser zu klaren Stellungnahmen herauszufordern. Und so kam es, daß sich nicht nur Juden, sondern auch Christen durch diese Geschichte verwirrt, wenn nicht gar verunsichert fühlten. Ja, manche fragten sich, wem denn in dieser Erzählung eigentlich Heines Vorliebe gehöre: dem frommen, aber feigen Rabbi Abraham aus Bacherach oder dem freigeistigen, aber etwas oberflächlichen Don Isaak, der am Judentum nur noch die gute Küche zu schätzen weiß, während ihm die religiösen Vorschriften dieses Volkes wie ein mittelalterlicher Spuk vorkommen. Schließen sich diese beiden Figuren, die von Heine mit gleicher Sympathie gezeichnet werden, nicht wechseltig aus? Wie kann man einerseits für eine jüdisch-orthodoxe Haltung eintreten und sich andererseits darüber lustig machen? Fühlte sich Heine vom Inhalt dieser Erzählung tatsächlich betroffen oder behandelte er ihn mit ironisierender Distanz? Oder geht es hier letztlich um zwei grundsätzlich verschiedene Geschichten, die überhaupt keinen inneren Bezug zueinander haben?

Um mit diesen Widersprüchen fertig zu werden, ist man bei interpretatorischen Bemühungen bisher meist von der komplexen Entstehungsgeschichte des *Rabbi von Bacherach* ausgegangen. Schließlich ist seit langem bekannt, daß der erste Teil dieser Erzählung noch während seiner Studienzeit in Göttingen, also 1824/25, und der zweite Teil in Paris, um 1840 niedergeschrieben wurde.[2] Demzufolge hat man versucht, alle diese Diskrepanzen auf den offensichtlichen Wandel in Heines politischen, religiösen und kulturellen Anschauungen zwischen diesen beiden Zeitpunkten zurückzuführen. Dabei kam man häufig zu der Folgerung, daß es Heine nicht gelungen sei, diese Widersprüche in einer neuen Synthese aufzuheben, weshalb das Ganze den Eindruck eines Fragments erwecke. Letztlich sei also diese Novelle gar keine Novelle, liest man immer wieder, sondern eine Folge unzusammenhängender Bruchstücke, mit denen Heine dem vierten Band seines *Salon* lediglich die erforderliche Seitenzahl geben wollte.

Kein Zweifel, diese These ist nicht ganz von der Hand zu weisen. Die Intentionen des ersten und des zweiten Teils sind – bei oberflächlicher Lektüre – tatsächlich recht verschieden. In den noch in Göttingen geschriebenen Partien herrscht ein deutlich romantisierender Ton vor, der sich bis zum Ausdruck der Wehmut und des Schmerzes steigert. Trotz seiner Wut gegen die deutschen Antisemiten bemühte sich Heine hierbei, nicht in einen kritisch-programmatischen Ton zu verfallen, sondern versuchte den Ton jener historischen Romane zu imitieren, die durch Walter Scott und die deutsche Spätromantik zu einem Modegenre geworden waren. Um dabei nicht ins unverbindliche Fabulieren zu geraten, studierte zu diesem Zeitpunkt eine Reihe höchst detaillierter Quellenwerke zur Geschichte der deutschen Juden im 15. Jahrhundert, um seiner Erzählung die nötige Authentizität und zugleich das erforderliche Lokalkolorit zu geben. Es sollte ein Werk werden, das nicht auf „eitel Ruhmgier" gerichtet sei, wie er am 25. Oktober an Moses Moser schrieb, sondern einer „ewigen Lampe im Dome Gottes" gleiche.

Doch trotz dieser hochgespannten Intentionen kam die Niederschrift des Ganzen nicht recht vom Fleck. Ja, nach wenigen Monaten gab Heine das *Rabbi*-Projekt wieder auf. Für diesen Entschluß waren sicher mehrere Gründe verantwortlich: erstens stand Heine in Göttingen kurz vorm Rigorosum, hoffte also noch auf eine juristische Karriere und wollte sich diese Chance nicht durch eine öffentliche Bloßstellung als „Jude" verderben; zweitens erkannte er bereits damals, daß ihm der spätromantische Ton, den er im *Rabbi von Bacherach* angeschlagen hatte, als Autor doch nicht so zusagte wie der witzelnde Ton der *Harzreise*, die zur gleichen Zeit entstand; und drittens trat er am 28. Juni 1825 in der Nähe Göttingens geheim zum Protestantismus über und setzte damit einen ersten Schlußstrich unter sein Interesse am Judentum. Allerdings warf Heine die bereits fertigen Partien seines *Rabbi* keineswegs weg. Schließlich sah er bereits kurze Zeit später ein, wie wenig ihm die Taufe bei seinen „christlichen Mitbrüdern" geholfen hatte. Für kurze Zeit erwog er sogar den Gedanken, das *Rabbi*-Fragment dem zweiten Band der *Reisebilder* einzuverleiben, da er ohnehin in der „christlichen Welt" nicht mehr viel zu verlieren habe. Danach hören wir von diesem Werk nur noch einmal in einem Brief vom 2. August 1832 aus Paris, in dem er seinem Freund Friedrich Merckel schrieb, daß er den *Rabbi von Bacherach* in den zweiten Band seines *Salon* „hineinschmeißen" wolle. Doch auch diesen Plan führte Heine nicht aus.

Erst im Jahr 1840 taucht dieses Werk erneut in Heines Korrespondenz auf. Er gedenke den *Rabbi von Bacherach*, dieses „mittelalterliche Sittengemälde", das er „vor etwa 15 Jahren geschrieben" habe, wie er seinem Verleger Julius Campe erklärte, als „zeitgemäße Materialzutat" in den vierten Band des *Salon* aufnehmen.[3] Heine brauchte also schon wieder eine „Zutat", um die erforderliche Bogenzahl zu erreichen, und entschied sich diesmal wirklich für den *Rabbi*. Daß er dieses Werk im Sommer 1840 plötzlich als „zeitgemäß" empfand, hängt mit der Tatsache zusammen, daß in diesem Jahr der französische Konsul in Damaskus die dortigen Juden beschuldigt hatte, einen Kapuzinerpater ermordet und sein Blut anläßlich des Passahfestes getrunken zu haben. Darauf war es zu einer gerichtlichen Folterung der wegen Ritualmords angeklagten Juden gekommen, gegen welche die französische Regierung in Paris keinerlei Schritte unternommen hatte, was Heine zutiefst erbitterte.[4] Und so wagte er es, seinen lange unterdrückten *Rabbi von Bacherach*, von dem er wegen der in ihm enthaltenen „ketzerischsten Ansichten" lange Zeit befürchtet hatte, daß er „sowohl bei Juden wie Christen viel Zetergeschrei hervorrufen" würde,[5] endlich mit einem neugeschriebenen Schlußabschnitt ans Licht der Öffentlichkeit zu bringen.

Während die Zeitgenossen, wie gesagt, angesichts der offensichtlichen Diskrepanzen innerhalb dieses Werks erst einmal sprachlos waren, hat die Deutung des *Rabbi* bei späteren Generationen immer wieder zu neuen Kontroversen geführt. Die Deutsch-Nationalen empfanden diese Schrift als ein offenes Bekenntnis zum Judentum, mit dem Heine eindeutig aus dem deutschen Volk ausgeschert sei und sich als „jüdelnder Fremdling" bloßgestellt habe.[6] Die germanistischen Schulmeister behaupteten, daß Heine das „Talent eines Erzählers" völlig abgehe[7] und daher diese Erzählung überhaupt keine poetische Stimmigkeit, geschweige denn einen sinnvollen Schluß habe, wie sich das für eine gutgebaute Novelle gehöre. Die Liberalen, denen der betont freigeistige Schluß durchaus zusagte, stießen sich an den von ihnen als „frömmelnd" empfundenen Anfangspassagen. Und die orthodoxen Juden lobten lediglich den Anfangsteil des Ganz während sie über den Schluß lieber den Schleier des Schweigens breiteten.

Der Kritik dieser vier Gruppen können folgende Argumente entgegengesetzt werden. Zur nationalistischen Kritik läßt sich sagen, daß sich Heine in seinem *Rabbi von Bacherach* nirgends gegen das Deutsche schlechthin, sondern lediglich gegen seine christliche Ausprägung, und zwar in ihrer borniertesten, pöbelhaftesten, in Pogrome übergehenden Form wendet. Der genretheoretischen Kritik läßt sich entgegenhalten, daß Heine weder in diesem Werk noch in irgendeiner anderen Prosaschrift die Absicht hatte, ein formal geschlossenes Kunstwerk zu schreiben. Er war kein einseitiger Ästhet, dem es in seinen Werken – wie in den Dichtungen der von ihm immer wieder problematisierten „Kunstperiode" – primär um eine formale Abrundung ging. Im Gegenteil, er wollte im Sinne der Hegelschen These vom „Ende der Kunst" an die Stelle guterzählter Geschichten ein kritisches Reflektieren setzen. Und zu der liberalen wie othodoxen Kritik des *Rabbi von Bacherach* läßt sich sagen, daß es Heine in dieser Geschichte weder um eine eindeutige Parteinahme für das eine noch für das andere Lager geht, ja er jede eindeutige Schwarz-Weiß-Malerei bewußt vermeidet und diese zwei Haltungen als die beiden Hauptformen des historisch gewordenen Judentums darzustellen versucht.

Doch selbst, wenn man die Berechtigung solcher Gegenargumente anerkennt, bleibt der tiefere Widerspruch dieser Geschichte dennoch weiterbestehen. Es bedarf also noch wesentlich besserer und differenzierterer Argumente, um die verschiedenen Diskrepanzen tatsächlich „aufzuheben". Und zwar muß man dabei noch einmal auf Heines Judentum im allgemeinen und auf das Befremdliche seines *Rabbi von Bacherach* im besondern eingehen. Nur so ließe sich vielleicht der tiefere Sinn dieser eklatanten Widersprüche entschlüsseln und damit der geistige Rang dieser Geschichte herausstellen.

In den Jahren 1824/25 läßt sich Heines Verhältnis zum Judentum folgendermaßen charakterisieren. Nach seiner Kindheit im Düsseldorfer Elternhaus, die im Zeichen eines deutlichen Zwiespalts zwischen „jüdisch-religiösem Brauchtum" und „freigeistiger Denkart" stand,[8] geriet Heine als junger Student immer stärker in den Sog der Assimilation und engagierte sich in der Bonner Burschenschaft sogar als Deutschnationaler, wurde jedoch kurz darauf in Göttingen wegen seines Judeseins aus der Burschenschaft ausgestoßen. Während seiner Berliner Studiensemester schloß sich daher Heine nicht den dortigen Burschenschaftern an, sondern begann bereits, sich über sie lustig zu machen. Statt dessen wurde er in Berlin 1823 Mitglied des Vereins für Kultur und Wissenschaft der Juden, dem auch Eduard Gans und sein Freund Moses Moser angehörten. Wie andere Mitglieder dieses Vereins scheint er sich in dieser Zeit sogar mit Auswanderungsplänen – erst nach den Vereinigten Staaten und dann nach Paris – getragen zu haben, um den antisemitisch eingestellten Deutschen ein für allemal den Rücken zu kehren.

Und auf der Grundlage dieser Gesinnung entstand schließlich der Plan zu seinem *Rabbi von Bacherach*. Die von ihm geplante Geschichte des frommen Rabbi Abraham und des abtrünnigen Gelehrten Isaak Abarbanel sollte im Frühjahr 1489 spielen und mit einer Progromdrohung beginnen. Aufgrund dieser Ausgangssituation müssen Rabbi Abraham und seine Frau Sara Bacherach fluchtartig verlassen und ins Frankfurter Ghetto fliehen, wo Abraham, der als junger Student in Spanien studiert hatte, seinen früheren Freund Isaak Abarbanel wiedertrifft. In dieser Arbeitsphase war das Ganze noch ganz auf den Ton der Anklage und des Schmerzes über die an den Juden begangenen Grausamkeiten gestimmt, sollte also ein Roman über das Leben und Martyrium der Juden im spätmittelalterlichen Deutschland werden. Heine bemühte sich dabei einerseits um eine möglichst genaue Schilderung der jüdischen Sitten und Gebräuche, während er andererseits in der Bildersprache, den Traumeinlagen, der nächtlichen Fahrt auf dem Rhein, den Anspielungen auf Ritter, Zwerge, Nixen und verwunschene Prinzessinnen auch beliebte Stilmittel der romantischen Mittelalterschwärmerei aufgriff. Ja, an manchen Stellen vermischte er das Jüdische sogar mit dem Romantischen, indem er die murmelnden Geräusche des Rheins mit den Melodien der jüdischen *Agade* gleichsetzte.

An solchen Stellen wird deutlich, wie sehr sich Heine bemühte, einen Ton anzuschlagen, der poetisch und zugleich populär, romantisch und zugleich antichristlich, engagiert und zugleich ästhetisierend ist. Manches kam ihm hierbei sicher aus dem Herzen. Anderes wirkt dagegen deutlich angelesen. Man spürt, daß es sich bei dieser Geschichte nicht um einen Heine vertrauten Erzählgegenstand handelt, sondern er sich diesen Stoff erst durch ein mühsames Studium aneignen mußte. Obwohl also Heine diese Geschichte auch als Privatperson schrieb, verfaßte er sie zugleich als Vertreter einer Weltanschauung, die ihm in ihrer religiösen Ausprägung eher fernlag. Aber er fühlte sich verpflichtet zu dieser Aufgabe, und zwar nicht nur wegen der Versicherung seinen Freunden im Berliner Verein für Kultur und Wissenschaft der Juden gegenüber, einen Roman über die mittelalterlichen Judenverfolgungen zu schreiben, sondern auch wegen der judenfeindlichen Ausschreitungen im Sommer und Herbst 1819, als überall Hep-Hep-Rufe erklangen, jüdische Geschäfte geplündert und Synagogen in Brand gesteckt wurden.

Allerdings reichten solche Intentionen nicht aus, dieses romantisierende und zugleich „düstere Märtyrerlied" zu Ende zu schreiben. Daß Heine diese Geschichte schließlich liegenließ, hat neben den bereits erwähnten persönlichen Gründen, vor allem der bevorstehenden Taufe, sicher auch ästhetische Gründe, nämlich im *Rabbi*-Fragment einen Ton angeschlagen zu haben, der ihm in seiner romantisch-mittelalterlichen Art viel zu historisierend erschien und letztlich nicht in die Grundtendenz seines nach Ichhaftigkeit und unmittelbarem Gegenwartsbezug drängenden Liberalismus paßte. Er vertröstete zwar seinen Freund Moser brieflich bis zum Januar 1826, daß er eines Tages den *Rabbi* doch noch fertig schreiben werde. Doch dieser Tag kam vorerst nicht. Nicht nur die Einsicht, daß er dieses Werk als sein „uneigenützigstes",[9] das heißt nobelstes, aber auch unpersönlichstes konzipiert hatte, sondern auch die Absicht, in der deutsch-christlichen Gesellschaft endlich beruflich Fuß zu fassen, stellten sich der weiteren Arbeit an dieser Geschichte entgegen.

Als Heine dieses „Fragment" 1840 dennoch wieder aus der Schublade holte, sah er sich einer geradezu unmöglichen Aufgabe gegenüber. Auf die Frage, ob zu diesem Zeitpunkt bereits zwei oder nur ein Kapitel vorlagen, sei hier nicht eingegangen. Folgendes läßt sich dagegen mit einiger Sicherheit sagen. In den 1840 geschriebenen oder überarbeiteten Passagen herrscht ein völlig neuer Ton, dem nicht nur das im poetischen Sinne Romantische, sondern auch das Bemühen um eine beschwörende Verlebendigung altjüdischer Gläubigkeit fehlt. Aufgrund der zehn Jahre, die Heine inzwischen in Paris verbracht hatte, durch seine Bekanntschaft mit dem Saint-Simonismus und der sich daraus ergebenden Abneigung gegen alles „Nazarenische" innerhalb der jüdisch-christlichen Tradition, die sich bereits in seiner *Geschichte der Religion und Philosophie in Deutschland* manifestiert und dann in seiner *Denkschrift* über Ludwig Börne ihren Höhepunkt fand, war bei ihm eine steigende Distanz zu allem eingetreten, was mit Juden und Judentum zusammenhing.

In den Abschnitten, die in Frankfurt spielen, also zu Beginn des zweiten Teils, herrscht demzufolge ein ausgesprochen heiterer Ton. Jedenfalls ist von den Klagen des „düsteren Märtyrerlieds" nichts mehr zu hören. Schon die ersten beiden Juden, denen Abraham und Sara begegnen, die Türhüter Jäckel und Nasenstern, haben deutlich komische Züge, das heißt lassen jene feierliche Verklärung des mittelalterlichen Judentums vermissen, die im ersten Kapitel vorgeherrscht hatte. Auch die übrigen Ghettobewohner werden eher realistisch als verklärend geschildert. So läßt in der Synagogenszene bei den Männern nach einiger Zeit „die Andacht etwas nach". Einige machen es sich „bequem", andere „flüstern mit einem Nachbarn über weltliche Angelegenheiten".[10] Ebenso unfromm verhalten sich die Frauen auf der Galerie der Synagoge, deren Andacht noch schnellere „Rückschritte" macht. Statt auf den Vorsänger zu hören, wird hier vor allem „geplaudert, geruddelt und gelacht".[11] Besonders die mit viel Witz gezeichnete Schnapper-Elle, die Eigentümerin einer Garküche, macht unter den dort versammelten Frauen durch ihr aufgeputztes Äußeres und aufdringliches Benehmen viel Aufsehen.

Noch lauter geht es in der folgenden Szene zu, als sich Abraham und Sara auf der Straße unters Volk mischen und plötzlich Don Isaak Arbarbanel begegnen, der als draufgängerischer Galan der schönen Sara sofort die schmeichelhaftesten Komplimente macht. Er, den Heine 1824/25 als „spanischen Juden" konzipiert hatte, der sich „aus Luxusübermut taufen läßt", wird in diesen Abschnitten zu Heines Sprachrohr jenes „hellenischen" Geistes, mit dem er in der Börne-*Denkschrift* gegen die „Nazarener" jeglicher Couleur aufgetreten war. „Ja, ich bin Heide", erklärt Don Isaak dem entsetzten Rabbi Abraham, „und ebenso zuwider wie die trüben, qualsüchtigen Nazarener sind mir die dürren, freudlosen Hebräer".[12] Auf die Frage, warum es ihn überhaupt noch zu den Juden ziehe, antwortet Isaak, daß daran einzig und allein der „holde Duft" der jüdischen Küche verantwortlich sei. „Der Verkehr mit dem Volke Gottes ist sonst nicht meine Liebhaberei", erklärt er, „und wahrlich nicht um hier zu beten, sondern um zu essen besuche ich die Judengasse."[13] Vor soviel witzelnder Direktheit streckt Rabbi Abraham erst einmal die Waffen. Doch auch Heine weiß offenbar nicht weiter und bricht kurz nach diesem Wortwechsel die Erzählung einfach ab.

Wie paßt ein so ironischer Schlußabschnitt zu dem düster-anklagenden Ton des ersten Teils, um auf die zentrale Frage fast aller Interpreten dieser Geschichte zurückzukommen, die auf diesen Widerspruch meist befremdet oder verwirrt reagiert haben? Doch was erwarten diese Kritiker eigentlich von Heine: eine einseitig oder zumindest nostalgisch gefärbte Ghettogeschichte oder eine ebenso einseitige Emanzipations-, wenn nicht gar Assimilationsgeschichte, bei welcher der Hauptnachdruck auf dem Freigeistig-Gottesleugnerischen liegt? Zugegeben, beide Möglichkeiten hätten Heine offen gestanden. Aber eine einseitig verklärende Ghettogeschichte zu schreiben, wie es im späteren 19. Jahrhundert unter deutschschreibenden Juden durchaus gang und gäbe wurde, hätte sowohl seinem eigenen Assimilationsdrang als auch seinen betont liberalen, ja rebellischen Ansichten zutiefst widersprochen. Für eine solche Aufgabe war er weder religiös noch romantisch genug gestimmt. Doch ebenso unmöglich war es ihm, eine einseitige Emanzipations- oder Assimilationsgeschichte zu schreiben, die sich geistig auf die „überlegene" Kultur des Westens hinbewegt. Wohlgemerkt, es gab zu seiner Zeit schon solche Geschichten. Die erste dieser Geschichten, und zwar *Der Sadduzäer von Amsterdam* (1834) von Karl Gutzkow, erschien sogar schon vor Heines *Rabbi*. In ihr geht es um das Schicksal jenes Uriel Acosta, der sich in Amsterdam gegen die Orthodoxie der dortigen Rabbiner aufzulehnen versucht, jedoch aus Rücksicht auf die von ihm innigst geliebte schöne Judith zweimal widerruft. Er nimmt sogar die infamsten Strafen und Mißhandlungen der strenggläubigen Juden auf sich, bis er erkennt, daß Judith einen anderen liebt, worauf er erst sie und dann sich selbst erschießt. In dieser Geschichte gibt es, wie in jeder „richtigen" Novelle, einen klaren Anfang und einen klaren Schluß. Aber um welchen Preis wird diese innere Geschlossenheit erkauft: erstens durch eine kolportagehafte Schwarz-Weiß-Malerei, die nur orthodoxe Widerlinge und freigeistige Edelmenschen kennt, und zweitens durch ein lineares Geschichtsbild, daß lediglich die Entwicklung zum Freidenkerischen gutheißt und alle älteren Formen der Gläubigkeit als dogmatisch verteufelt.

Doch so einfach stellten sich für Heine diese Probleme nicht. Als guter Dialektiker sah er von Anfang an, daß es für die Juden in der Diaspora – im Gegensatz zu den Vertretern anderer Völker – nicht nur *eine* Identität geben kann, ob nun die streng jüdische oder die übernommene der sie umgebenden Gesellschaft, sondern daß man als Jude immer der Eine und der Andere sein muß. In diesem Sinne ist der *Rabbi von Bacherach* eine der aufschlußreichsten Geschichten des vorzionistischen Judentums schlechthin, das noch ohne Hoffnung auf ein neues Erez Israel in ständigem Widerspruch mit sich selbst lebte, da es sowohl seinen alten Glauben beibehalten als sich auch dem auf Emanzipation drängenden westlichen Liberalismus anschließen wollte. Und Heine erkannte diesen Widerspruch schärfer als die meisten seiner jüdischen oder nichtjüdischen Zeitgenossen, die entweder das eine oder das andere Extrem befürworteten. Er wußte, daß durch den Rationalismus und Kosmopolitismus der Aufklärung ein Prozeß in Gang gekommen war, der für alle bisherigen Völker, Kulturen und Religionen nicht nur einen Gewinn, sondern auch einen Verlust bedeutete, nämlich einen Verlust an nationaler und menschlicher Identität. Als guter Hegelianer sah er, daß sich das Alte nicht einfach als „schlecht“ und das Neue nicht einfach als „gut“ bezeichnen läßt, sondern jeder sogenannte Fortschritt zugleich einen Rückschritt auf anderen Gebieten verursachte. Daher ist sein Don Isaak zwar seinem Rabbi Abraham an geistiger Wendigkeit weit überlegen, hat aber weniger von jenem Ernst, jener Innigkeit, die den letzteren auszeichnet. Heine wußte nur allzu genau, daß eine Dialektik der Verfreiheitlichung nicht nur zur Emanzipation, sondern auch zur Veräußerlichung des Menschen beitragen kann. Aus diesem Grund ließ er sich nicht einfach zu einem flachen Emanzipationsoptimismus verführen, sondern befürwortete sowohl das im guten Sinne Alte als auch das im guten Sinne Neue, anstatt lediglich das Neue gegen das Alte schlechthin auszuspielen. Eingedenk der langen und qualvollen Geschichte des Judentums wäre es ihm wie ein Verrat erschienen, die Leiden seines Volks einfach zu vergessen und aus der Welt des Ghettos bedenkenlos in die befreite, saekularisierte Welt der modernen Aufklärung überzuwechseln und sich in die Arme einer wohltätigen Amnese zu werfen.

So betrachtet, ist Heines *Rabbi von Bacherach* die Geschichte des in der Diaspora verfolgten und sich emanzipierenden Judentums par excellence. Sie spielt zwar im Jahr 1489, aber sie spielt zugleich in den folgenden Jahrhunderten, wenn nicht gar in Heines eigener Zeit. Sie zeigt nur allzu deutlich, daß die Juden in der Diaspora bereits seit Jahrhunderten der Ungleichzeitigkeit von Unterdrückung und Emanzipation ausgesetzt waren und deshalb ihre Geschichte immer wieder aufs Neue durchleben mußten. So lesen wir zwar, daß im Jahr 1489 in Deutschland mehrere Judenpogrome stattfanden, während sich in Spanien die Juden noch ihrer seit altersher verbrieften Duldung erfreuten. Aber einem historisch bewußten Leser fällt dabei sofort ein, daß die Juden schon drei Jahre später aus Spanien vertrieben wurden und daß es in Deutschland noch im Jahr 1819 zu erneuten Judenprogromen kam, ja daß 1840, im Jahr der Niederschrift des letzten Teils dieser Geschichte, in Damaskus abermals barbarische Judenverfolgungen ausbrachen, denen später noch schlimmere Judenpogrome folgen sollten.

Auch Heine lebte daher als Jude im 19. und zugleich im 15. Jahrhundert – und konnte deshalb sowohl mit Rabbi Abraham als auch mit Don Isaak sympathisieren. In der Figur des einen drückte er seinen Schmerz über die erlittene Unbill dem jüdischen Volke gegenüber aus, mit der Figur des anderen bekannte er sich zu einem über allen Nationalegoismen stehenden Kosmopolitismus, für den die Menschlichkeit etwas Höheres ist als bloß die Befolgung altüberlieferter Riten. Als bewußt jüdischer Dichter, der diese Geschichte mit dem Gefühl der persönlichen Betroffenheit schrieb, war er sowohl der Eine als auch der Andere und offenbarte in dieser doppelten Identität einen wesentlich größeren Reichtum an Humanität, als wenn er sich auf irgendeine ideologische Einseitigkeit festgelegt hätte.

Und so ist der *Rabbi von Bacherach* die Geschichte jenes Judentums, dessen Geschichte – in der Dialektik von Bewahrung und Emanzipation – zu Heines Zeit noch keineswegs abgeschlossen war und sich daher nur als ein historisch unabgeschlossenes Fragment darstellen ließ. In dieser Erzählung kann es keinen Schluß geben, da die in ihr geschilderten Juden in einer gesellschaftlichen Umwelt leben, die sich noch nicht zur

Duldung ihrer Eigenart entschlossen hat. Demzufolge hielt Heine – trotz seines betonten Emanzipationsstrebens – unbeirrt an seiner jüdischen Eigenart fest. Er war der Überzeugung, daß die Juden erst dann auf ihre Eigenart verzichten können, wenn auch die sie umgebende Gesellschaft auf alle nationalen, rassischen oder religiösen Eigenarten, wenn nicht gar Dominanzansprüche verzichtet und sich zu einem wahrhaft aufgeklärten Kosmopolitismus durchringt.[14]

Eine Geschichte aus dem Osten

Der Pojaz von Karl Emil Franzos

I

Wer sich heute noch an Karl Emil Franzos erinnert, muß schon sehr spezielle Gründe dafür haben. Selbst bei vielen Literaturwissenschaftlern weckt dieser Name keine Assoziationen mehr. Den Kenntnisreicheren unter ihnen fällt höchstens ein, daß Franzos mit Ferdinand von Saar und Marie von Ebner-Eschenbach zu jenen altmodischen und bereits angestaubten Novellisten im Gefolge des bürgerlichen Realismus gehört, die bis tief in die neunziger Jahren hinein am Erzählstil eines Paul Heyse festzuhalten versuchten. Wer sich dagegen nach den Titeln seiner Erzählungen und Romane erkundigt, begegnet fast immer einem ironischen Achselzucken. Ab und zu trifft man noch auf jemanden, der einmal aus bloßer Neugier die Zeitschrift *Deutsche Dichtung* in der Hand gehabt hat, die Franzos zwischen 1886 und 1904 redigierte. Doch dieses Blatt, das sich auf der Linie Storm-Meyer-Heyse bewegt, bietet „modernistisch" eingestellten Germanisten wenig Neues. Also legen sie es schnell wieder beiseite. Die einzigen, die bei diesem Namen aufhorchen, sind die Büchner-Spezialisten. Schließlich war es Franzos, der im Jahr 1879, inmitten des nationalistischen Gründerrausches und der aufgedonnerten Meiningerei, als makartisierende Dramatiker wie Albert Lindner, Adolf Wilbrandt und Heinrich Kruse den Ton angaben, die erste Büchner-Ausgabe veranstaltete, welche den Erstdruck des *Woyzeck* und den vollen Wortlaut des *Hessischen Landboten* enthält. Ja, Franzos scheute nicht davor zurück, den *Hessischen Landboten* im Vorwort als die „erste sozialistische Flugschrift" Deutschlands hinzustellen und Büchner als einen volksverbundenen „Demokraten" zu preisen, der nicht nur für die „geistigen Güter der Gebildeten", sondern auch für die „materiellen der Armen und Unwissenden" eingetreten sei.[1] Wer hat sich um 1880, vor dem Durchbruch des Naturalismus, sonst mit Äußerungen dieser Art hervorgewagt?

Doch nicht allein die Büchner-Edition sowie das mutige Eintreten für Heine, Börne und Herwegh, auch seine eigenen Werke verdienen vollste Achtung und Anerkennung. Das gilt vor allem für das große Reisewerk *Aus Halb-Asien* (1876) und die Novellensammlung *Die Juden von Barnow* (1877), zwei höchst streitbare und kontroverse Werke, in denen ein Wespennest von Problemen angestochen wird: die Mißstände in der Donaumonarchie, die Judenfrage, die Unterdrückung nationaler Minderheiten, der Panslawismus und die Galizienmisere. Beide gaben den Lesern von damals erste Einblicke in jenen halbasiatischen Bereich Galiziens und der Bukowina, wo neben der „Sonne der Kultur", wie Franzos behauptete, der Zustand „tiefsten Dunkels" und „dumpfer Rohheit" herrschte.[2] Ihr Autor wurde daher nicht müde, unablässig auf die Rückständigkeit dieser Gegenden hinzuweisen und für wahre Bildung und echte Fortschrittlichkeit einzutreten. Doch nicht nur das streitbare Engagement, auch die Farbigkeit der Schilderung und die novellistisch zugespitzte Dramatik machen den Rang dieser Bücher aus. Wer sich ohne Vorurteile von ihnen gefangennehmen läßt, versteht, warum diese Werke einmal „Bestseller" im besten Sinne des Wortes waren. Beide erlebten schon kurz nach ihrem Erscheinen eine Auflage nach der anderen. *Aus Halb-Asien* wurde in sechzehn Sprachen, *Die Juden von Barnow* in zwölf Sprachen übersetzt. Und so stieg Franzos fast über Nacht zu einem weithin bekannten Schriftsteller auf, dessen Stimme in der politischen und literarischen Meinungsbildung einiges Gewicht hatte.

Aufgrund dieser Tatsachen wird man neugierig, liest auch anderes und stößt schließlich auf sein bestes Werk, den Roman *Der Pojaz* (1905), ein gefühlsmäßig aufwühlendes Buch, das alle in *Halb-Asien* und den *Juden von Barnow* angepackten Probleme in äußerster Zuspitzung und hoher dichterischer Vollendung bringt. Wie kommt es, daß diese „Geschichte aus dem Osten", wie Franzos sie im Untertitel nennt, dennoch so unbekannt geblieben ist? Hängt das mit ihrem späten Erscheinungsdatum zusammen? Warum wurde gerade dieser Roman, der sich inhaltlich und stilistisch von den *Juden von Barnow* kaum unterscheidet, erst so spät veröffentlicht? All das sind Fragen, die sich nicht leicht beantworten lassen. Überhaupt ist dieses Werk entstehungsgeschichtlich ein merkwürdiges Unikum. Franzos erwähnt es zum erstenmal gegen Ende der siebziger Jahre, arbeitete mit großen Unterbrechungen daran und schloß es endlich im Juli 1893 ab. Doch statt es gleich zu publizieren, ließ er das Ganze

– von einem russischen Vorabdruck einmal abgesehen, der 1894/95 in der Petersburger Zeitschrift *Woschod* erschien – bis zu seinem Tode im Januar 1904 in der Schublade liegen. Und so wurde der *Pojaz* erst 1905 von Ottilie Franzos, seiner Witwe, herausgegeben, deren kurzes Vorwort jedoch keinerlei Aufschluß darüber gibt, warum Franzos dieses Manuskript so lange zurückgehalten hat.

Liest man dieses Werk etwas genauer, so entpuppt es sich trotz des galizischen Ghettomilieus als ein typischer Bildungs- und Entwicklungsroman, dessen Held einer jener reinen, aber tolpatschigen Toren ist, der alles daran setzt, sich aus der provinziellen und religiös-sektiererischen Stickluft seiner Heimat zum Gefühl wahrer Menschenwürde durchzuringen. Franzos kleidet das in die Geschichte des in jeder Hinsicht benachteiligten Judenjungen Sender Glatteis ein, der fern der „modernen Bildung“ unter den „ärmsten Menschen der Erde“ in Barnow, im ostgalizisch-podolischen Ghetto heranwächst, wo nicht nur der Wille der österreichischen und polnischen „Machthaber“, sondern auch der „fromme Wahn“ der Juden jeden Ansatz zur Ausbildung seiner eigenen Persönlichkeit von vornherein unmöglich machen.[3] Um diese Situation noch dramatisch zu schürzen, stammt der kleine Sender von einem im Straßengraben umgekommenen „Schnorrer“ ab, der von der störrischen und häßlichen Rosel Kurländer als ihr eigener Sohn großgezogen wird. Nach alter Ghettotradition möchte sie ihn zu einem fleißigen und frommen Handwerker erziehen. Doch schon der zehnjährige Sender zeigt alle Anzeichen, daß er zu einem „Pojaz“, also Bajazzo geboren ist. Bereits in der Schule wird er als Außenseiter grausam mißhandelt und schließlich mit dreizehn Jahren bei einem Fuhrmann in die Lehre gegeben. Durch diese Tätigkeit kommt er eines Tages bis nach Czernowitz (heute Cernovcy), wo er das entscheidende Erlebnis seines Lebens hat: einen Theaterbesuch. Obwohl es sich nur um ein sentimentales Rührstück, um Salomon Mosenthals *Deborah* (1849) handelt, ist er von der höheren Wirklichkeit dieser Sphäre so überwältigt, daß er sofort Schauspieler werden möchte. Doch der Direktor dieser Wanderbühne, ein verständnisvoller, assimilierter Jude namens Adolf Nadler, rät ihm, erst einmal richtig Deutsch zu lernen, bevor er das Wagnis einer so unsicheren Existenz auf sich nimmt. Wie soll er jedoch im orthodoxen Barnow – wo jeder, der nur ein Wort deutsch lesen kann, sofort als Abtrünniger gilt – an eine Fibel oder einen Dramentext herankommen?

Der erste, der ihm ein deutsches Buch in die Hand drückt, und zwar die *Gedichte* (1849) des jüdischen Vormärzlers Moritz Hartmann, ist der Trainsoldat Heinrich Wild, den man als rebellischen Studenten nach der gescheiterten Achtundvierziger Revolution in eine galizische Strafkompanie gesteckt hat. Kurze Zeit später besticht Sender den ruthenischen Pförtner Fedko, ihn heimlich in die unbenutzte Bibliothek des dortigen Dominikanerklosters einzulassen, wo er manchen Winterabend mit halb erfrorenen Füßen, aber glühenden Wangen Lessings *Nathan* zu buchstabieren und dann zu lesen beginnt, um endlich seinen jiddischen Jargon zu überwinden. Als ihn seine Mutter und der Marschallik Itzig Türkischgelb verheiraten wollen, weigert er sich, so gut er kann, und schreibt heimlich einen Hilfebrief an Nadler. Dieser rät ihm jedoch abermals, noch etwas zu warten, und schickt ihm einige Bücher zum Selbstunterricht, mit denen sich Sender nachts – bei kleingedrehter Lampe – mühsam weiterzubilden versucht. Als Rabbi Manasse Kirschenkuchen davon hört, will er ihn sofort in den Dorfbann tun. Das einzige, was Sender davor bewahrt, ist ein furchtbarer Blutsturz, in dem sich die beginnende Schwindsucht anmeldet, die er sich in der eisigen Klosterbibliothek zugezogen hat. Da sein Bildungshunger jedoch nicht zu stillen ist, liest er anschließend mit dem ehrwürdigen Pater Marian, der im Verdacht der Abtrünnigkeit steht, Schillers *Räuber* und Shakespeares *Kaufmann von Venedig*. Und dann kommt der entscheidende Moment: Nadler lädt ihn nach Czernowitz ein. Sender flieht, wirft den Kaftan weg, läßt sich die Wangenlöckchen abrasieren und wird damit „ein Deutsch". Am Dnjester halten ihn jedoch große Überschwemmungen für ein paar Tage fest. Die Mitglieder einer Schmierenbühne, die das gleiche Schicksal mit ihm teilen, erkennen sofort sein großes Talent und versuchen ihn zu überreden, bei ihnen den Shylock zu spielen. Doch bevor er sich dazu entscheiden kann, holt ihn Rosel Kurländer ein. Sender erfährt, daß sie nur seine Stiefmutter ist, die ihm ihr ganzes Leben geopfert hat. Gebrochenen Herzens kehrt er mit ihr heim, brütet stumm vor sich hin und rettet ihr schließlich in einer bedrohlichen Situation das Leben, wobei er sich selbst schwere Verletzungen zuzieht. Seitdem gilt er im Dorf als „gute Seele", die ihre Schuld beglichen hat, und man erlaubt ihm sogar nach Lemberg (heute Lwiw) zu fahren, um dort den großen Bogumil Dawison als Shylock zu sehen. Im Anschluß an dieses Erlebnis wird er zum dritten Mal von furchtbaren Blutstürzen heimgesucht. Er läßt sich nach Barnow zurückbringen und stirbt dort im Vorgefühl der nahen Befreiung.

Aber die baren Fakten sagen in diesem Fall nur die Hälfte. Entscheidend ist der aufrüttelnde Ton, der die Lektüre dieses Buchs so unvergeßlich macht. Mit rein ästhetischen Kriterien läßt sich diese Wirkung nicht begreifen. Der *Pojaz* ist kein Kunstobjekt, sondern ein „Dokument des Herzens", das in die Ahnenreihe so unterschiedlicher Bücher wie der *Konfessionen* Rousseaus, des *Anton Reiser* von Moritz oder einiger Dostojewski-Romane gehört. Viele Intellektuelle sind heute nur allzu leicht geneigt, solche Werke als überspannt oder sentimental abzutun. Doch Bücher wie diese sind eben nicht für die Skeptiker, Geistreichen und Smarten geschrieben, welche bei jedem echten Gefühlsausbruch höhnisch die Luft aus der Nase lassen, sondern für jene Leser, denen es ein Bedürfnis ist, wirklich gepackt, erschüttert oder erhoben zu werden.

Um so verwunderter ist man, warum Franzos diesen Roman, mit dem er zweifellos eine große Breitenwirkung erzielen wollte, nicht sofort veröffentlicht hat. Erschien ihm das Ganze noch nicht ausgereift genug? Wohl kaum – denn sonst würde seine Witwe nicht im Vorwort behaupten: „Er hielt sein Werk keiner Änderung mehr bedürftig und hat auch tatsächlich seit dem Jahr 1893 nichts mehr hinzu- und nichts mehr hinweggetan".[4] Fand er etwa keinen Verleger dafür? Auch daran kann es nicht gelegen haben. Erstens wäre es für Franzos ein leichtes gewesen, den *Pojaz* in seiner eigenen Zeitschrift, der *Deutschen Dichtung*, herauszubringen, in der sich so manche Erstdrucke seiner Werke finden. Zweitens gehörte er zu den Mitbesitzern des Concordia-Verlages und war damit absolut ungebunden, was den Druck seiner Manuskripte betraf. Drittens hätte sich jeder andere Verlag – bei seinen Erfolgen und Auflagenhöhen – darum gerissen, ein neues, größeres Werk von Franzos auf den Markt zu bringen. Schließlich war er nicht irgendwer, sondern ein Autor von Bestsellern, der mit großen Verlegern, wie Cotta, in gutem Einvernehmen stand!

Waren es also rein persönliche Gründe? Hielt Franzos dieses Werk für zu privat, zu autobiographisch? Schließlich hängt der *Pojaz* bei näherem Zusehen sehr eng mit seiner eigenen Entwicklung zusammen, was sich an Hand vieler Details nachweisen läßt. Barnow ist ohne Zweifel das Czortkow (heute Cortkov) seiner Jugend in Ostgalizien. Auch sein erster Lehrer hieß Heinrich Wild und diente als Trainsoldat in einer Strafkompanie. Nach dem Tode Wilds besuchte der kleine Franzos zeitweilig eine Dominikanerschule. Wie Sender Glatteis wurde er schon als Kind von den Christen als Jude, von den Juden als „Abtrünniger" behandelt. Sein erstes Bühnenerlebnis war die *Deborah* von Mosenthal, die ihn so ergriff, daß er wie der kleine Sender die Aufführung wegen „Ruhestörung" verlassen mußte. Doch trotz all dieser autobiographischen Elemente kann es nicht die Scham vor der Selbstentblößung gewesen sein, die Franzos davon abhielt, dieses Buch der Öffentlichkeit zu übergeben. Dagegen spricht schon die Novelle *Das Christusbild* (1868), in der er mit kaum verhüllter Selbstbezogenheit die Tragödie seiner ersten Liebe beschreibt. Ähnliches gilt für seine *Juden von Barnow,* die voller selbsterlebter Züge stecken. Franzos ist überhaupt ein typischer Bekenntnisautor, dem das Verschleiern und Vertuschen völlig fern liegt. Warum hätte er sonst Autoren wie Meyer, Heyse, Spielhagen, Fontane und andere aufgefordert, etwas über den persönlichen Anlaß ihres ersten Werks zu schreiben? Als er genug Beiträge dieser Art zusammenhatte, ließ er sie 1895 in der hochinteressanten Anthologie *Die Geschichte des Erstlingswerks* erscheinen. Was er in diesem Buch über seine eigene Werdezeit berichtet, gehört zu den wichtigsten autobiographischen Quellen, die wir über Franzos besitzen.[5] Doch auch im Vorwort zum *Pojaz* entwirft er noch einmal ein breites Gemälde seiner Jugend in Czortkow und hebt vor allem hervor, wie mühsam es in dieser Umgebung war, sich zum „Geist der Humanität" durchzukämpfen.[6] Nach diesen Angaben scheint es sein Jugendtraum gewesen zu sein, Professor der Altphilologie in Wien zu werden. Als sich diese Hoffnung – wegen der offenkundigen Judenbenachteiligung – nicht verwirklichen ließ, studierte er Jura, betätigte sich 1870/71 als deutschnationaler Burschenschafter und zog sich damit den Verdacht der Polizei und der Behörden zu. Aus diesem Grunde schwenkte er schließlich ins Journalistische um, zumal er einen ständig wachsenden Hang zum „Schreiben" in sich verspürte.

Daß Franzos den *Pojaz* nicht selbst veröffentlicht hat, kann also weder ästhetische noch verlegerische oder persönlich-psychologische Gründe haben. Wie so oft bleibt damit als entscheidender Grund nur das Ideologische übrig. Waren ihm etwa seine politischen und religiösen Überzeugungen plötzlich zu riskant geworden? Ist also das Zurückhalten dieses Manuskripts ein Symptom für eine konservativere Altershaltung? Hatte er nicht mehr die Kraft, unentwegt als Bannerträger einer utopischen Humanität aufzutreten? Oder sind an diesem Verstummen auch bestimmte Zeitumstände beteiligt, die seine Witwe als „dunkle Mächte" bezeichnet?[7]

II

Doch bevor sich diese Fragen beantworten lassen, muß erst ein kurzer Rückblick auf die Geschichte der deutschen Ghettonovelle geworfen werden, in der Franzos eine so maßgebliche Rolle spielt. Die ersten Vertreter dieses Genres finden sich unter den Jungdeutschen, die im Rahmen ihres Emanzipationsprogramms auch die „Judenfrage" auf die Tagesordnung setzten. Dafür sprechen sowohl Heinrich Heines *Rabbi von Bacherach* (1824-1840) als auch Karl Gutzkows *Sadduzäer von Amsterdam* (1834) und Hermann Schiffs *Simon Abeles* (1842), in denen ein positives Bekenntnis zum Judentum und zugleich ein Losringen von der religiösen Orthodoxie zum Ausdruck kommen. Aber diese Werke blieben Einzelfälle. Zu einem breit ausgeführten Thema wurde das Judenproblem erst in der Literatur des bürgerlichen Realismus, als man sich intensiv mit der Welt des modernen Kommerzlebens auseinanderzusetzen begann. In den Romanen nach 1848 begegnet man deshalb allenthalben dem „bösen" und dem „guten" Juden, dem Typ des Schacherers und des rührenden Familienvaters. Bei den christlichen Autoren überwiegt dabei oft die negative Perspektive, der sich selbst die Nationalliberalen nicht entziehen konnten. Wohl die bekanntesten Beispiele dafür sind der Veitel Itzig in Freytags *Soll und Haben* (1855) und der Samuel Freudenstein in Raabes *Hungerpastor* (1864). In beiden Romanen, die fatalerweise zu großen Bucherfolgen wurden, wird jener Judentyp geschildert, der sich schnell zu einem Klischee des Popularbewußtseins entwickelte und breite Kreise mit antisemitischen Gefühlen infizierte. Man denke an jene raffgierigen Händler- und Wuchertypen im Bereich der regionalistischen Trivialliteratur, die ständig ihren Namen wechseln, weder Familiensinn noch bürgerliche Geschäftsmoral besitzen, mit der größten Skrupellosigkeit über Leichen gehen oder sich als wurzellose Intellektuelle erweisen, denen jedes Mittel recht ist, sofern es ihre egoistischen oder kraß materiellen Wünsche befriedigt. Wenn man dagegen christlich-deutsche Kaufleute und Handwerker schildert, wird der Akzent stets auf Gemüt, Innigkeit, Heimatsinn, Strebsamkeit und moralische Integrität gelegt, also Werte, von denen Musterknaben wie Freytags Anton Wohlfahrt und Raabes Hans Unwirrsch ein geradezu unerträgliches Übermaß besitzen.

Wie hätten sich jüdische Autoren gegen solche Angriffe wehren sollen? Durch Proteste – würde man heute sagen. Doch das erschien ihnen in einer so vergifteten Atmosphäre zu riskant. Sie wählten lieber einen leichteren Weg, indem sie sich all jene Tugenden anzueignen versuchten, die von den christlichen Autoren als typisch „deutsch" oder typisch „bürgerlich" hingestellt wurden. Demzufolge entstanden in den fünfziger Jahren eine Unzahl von „Ghettonovellen mit Gemüt", welche sich von den deutsch-christlichen Dorf- und Kleinstadtgeschichten lediglich in einigen kulturhistorischen Äußerlichkeiten unterscheiden, während sie in sozialer und moralischer Hinsicht den Werken Freytags oder Raabes relativ ähnlich sind.[8]

Der eigentliche Begründer dieses Novellentyps war Leopold Kompert mit seinen vielgelesenen Sammelbänden *Aus dem Ghetto* (1848), *Böhmische Juden* (1851), *Neue Geschichten aus dem Ghetto* (1860) und *Geschichten einer Gasse* (1865), wo es sich meist um Dorfgeschichten handelt, in denen der Geist Berthold Auerbachs auf die böhmische „Gasse" übertragen wird. Hier wie dort scheint es nur ein Ideal zu geben: die Tugend. Kompert versucht deshalb alles, seine Juden so fleißig und bürgerlich respektabel wie nur möglich zu schildern, damit sie jedem guten Kaufmann als Vorbild dienen können. Auch ihr Familienleben ist von einer solchen Innigkeit, daß es selbst den Vergleich mit Raabe nicht zu scheuen braucht. Kurzum, seine Gestalten entsprechen in allem den Wunschbildern des bürgerlichen Realismus und erregten darum bei ihrem Erscheinen keinerlei Anstoß, sondern wurden willig aufgenommen. Sogar auf religiösem Sektor geht Kompert ausgesprochen „versöhnlerisch" vor, indem er die völlige Assimilation des Judentums in den deutschen Volkskörper als das erstrebenswerte Fernziel hinstellt. Bei ihm ist das Jüdische manchmal nur noch ein kulturhistorisches Relikt, das gewisse romantisch-nostalgische Gefühle auslösen soll. Seine Konfliktsituationen sind daher weitgehend moralischer Natur, während er allen politischen, sozialen oder religiösen Spannungen mehr oder weniger aus dem Wege geht. Wohl das aufschlußreichste Dokument dieser Gesinnung ist das Vorwort zu den *Geschichten einer Gasse,* wo es unter anderem heißt: „Und wenn man mich nun fragt: Hat das deutsche Volk in seinem ausgleichenden Gerechtigkeitsgefühle dieses ‚Gasse' nicht geschlossen? hat es nicht im Schoße seiner Städte und Weiler Raum geschafft, damit es den Bewohnern jener dumpfen Gegenden an Luft, Licht und Sonnenschein nicht gebreche? so sage ich hierauf: Eben dem deutschen Volke schrieb ich zu Dank, und wenn jemals eine Stimme der Anerkennung oder gerechten Tadels mich tief ergriffen hat, so war es jene, die mir jüngst nachrühmte, ich hätte die Welt der ‚Gasse' für die deutsche Literatur erobert. Ja! ich wiederhole es, dem deutschen Volke sollen diese Geschichten erzählen, was diese ‚Gasse' einst an Freud und Leid, an Drangsal und Aufrichtung umschloß; ihre Gestalten und Naturen, so treu wiedergegeben, als ich es vermochte, sollen dartun, unter welchen Kämpfen und Wehen das Licht des Morgens nach so langer Nacht für sie angebrochen ist. Sie sollen erklären, warum der Born des Familiensinnes und der Zusammengehörigkeit noch immer so voll und unerschöpft fließt, und wie es gerade dieser geheimnisvolle Zug war, der das deutsche Volk, diesen treuesten Hüter und Pfleger der Familie, aus der sein Schönstes und Größtes entsprang, bestimmen konnte, offen, herzlich und brüderlich die Arme für diejenigen zu öffnen, die gleich ihm am lohenden Feuer des heimatlichen Herdes ihren liebsten Platz haben. Der Poet darf es vielleicht sagen, was der Politiker ironisch lächelnd ablehnen wird: dieser Zug innerer Verwandtschaft war am Ende der entscheidende Moment! In dieser Beziehung glaube auch ich, die sonst viel mißbrauchte Bezeichnung ‚kulturhistorisch' für diese Geschichten in Anspruch nehmen zu dürfen."[9]

An die hier vertretene Gesinnung schloß sich bald eine weitverbreitete Schule von Ghettoautoren an, die gleichen oder ähnlichen Vorstellungen huldigte. Daher begegnet man in den sechziger und siebziger Jahren im Bereich dieses Genres immer wieder einer sentimentalen Verklärung des jüdischen Familienlebens mit all jener Herdnähe und Gefühligkeit, in welcher sich ein spezifisch kleinbürgerliches Empfinden manifestiert. Der *Gartenlauben*-Jude entsteht, der wie die christlichen Kannegießer und Krähwinkelianer jenen „Stillen im Lande" gleicht, die sich vor der Welt der Kanaille in ihren vier Wänden abzuschließen versuchen. Selbst die Begeisterung für die kulturhistorischen Elemente teilen diese Autoren mit ihren christlichen Zwillingsbrüdern. Während sich Freytag und Riehl mit positivistisch-liebevoller Emsigkeit in die deutsche Vergangenheit versenken, entdeckt man auf jüdischer Seite die noch unbekannten, farbigen, ja geradezu exotischen Reize des Ghettos für die deutsche Literatur.

So liefert etwa Aaron Bernstein in seinen Ghettonovellen *Mendel Gibbor* (1860) und *Vögele der Maggid* (1863) ein breites kulturhistorisches Gemälde aus dem Judenviertel des frühen 19. Jahrhunderts, und zwar mit allen Details ihrer vom Christlichen abweichenden Sitten und Gebräuche. Soziales und Kritisches bleibt dabei, wie bei Kompert, weitgehend am Rande. Um so stärker betont Bernstein das goldene Gemüt, die Familienliebe und die allgemeine Hilfsbereitschaft dieser Kreise. Deshalb haben diese Novellen zwar Charme, aber kaum Dramatik. Es sind eher idyllisch-behagliche Kleinstadtgeschichten als Erzählungen, die sich mit der Tragik des jüdischen Schicksal befassen. Ähnliches gilt für den Sammelband *Aus dem jüdischen Volksleben* (1869) von Eduard Kulke, der Leopold Kompert, dem „Großmeister der Ghettogeschichte", gewidmet ist. Auch er begnügt sich mit den üblichen Themen der Novellentradition: ein alter Mann wird wieder jung, ein Mädchen stirbt an gebrochenem Herzen oder ein „verlorener" Sohn kehrt plötzlich wieder heim. Von der tieferen Problematik der „jüdischen Frage" ist hier wenig zu spüren. Als Ersatz dafür wird der Leser, wie bei Bernstein, mit bereits vorgeprägten kulturhistorischen Topoi abgespeist. Ebenso „verklärt" wirken die *Bilder aus dem jüdischen Familienleben* (1887) von Salomon Mosenthal, die manchmal fast ans Süßliche grenzen, was in Titeln wie *Raschelchen* oder *Schlemihlchen* zum Ausdruck kommt. Auch Mosenthal behandelt weitgehend Konflikte, die eher die Tränendrüse oder den Lachmuskel als das soziale Gewissen in Bewegung setzen. Noch oberflächlicher verfährt Leopold von Sacher-Masoch in seinen *Polnischen Judengeschichten* (1886) mit den von ihm aufgegriffenen Problemen. Wiederum handelt es sich lediglich um kulturgeschichtliche Novelletten oder Genrebilder, die meist in kleinbürgerliche Idyllen münden, deren Grundstimmung sich durchaus mit Raabes Grunzenow-Glück vergleichen läßt.

III

Einer der wenigen, der diese Klischees durchbricht, ist Karl Emil Franzos. Das hängt zum Teil damit zusammen, daß seine Ghettogeschichten weitgehend im ostgalizischen Podolien spielen, wo die Juden selbst in diesen Jahren noch in feindlicher Umgebung und hoffnungsloser Abseitslage lebten, während in Österreich und im reichsdeutschen Gebiet die Ghettoschranken schon gefallen waren. Was für Kompert oder Sacher-Masoch bereits den Charakter einer romantisierten Historie hat, wird in seinen Geschichten noch als bittere Wirklichkeit erfahren. Aus diesem Grund tritt Franzos von vornherein viel schärfer, viel direkter, viel bekenntnishafter auf. Für ihn ist das Ghetto nicht die schreckliche, aber „heilig" gehaltene Vergangenheit, an die man sich teils mit Grausen, teils mit stolzer Wehleidigkeit erinnert, sondern etwas ganz Reales. Anstatt also die jüdische Vergangenheit poetisch zu verklären oder ins Kulturgeschichtliche auszuweichen, zeigt er das Ghetto in seiner nackten Erbärmlichkeit. Franzos will weder verschleiern noch beschönigen, sondern sich seiner eigenen Problematik bewußt werden, die mit dem jüdischen Schicksal untrennbar verbunden ist. Während die meisten lediglich den Druck von außen schildern, weist er mit unerbittlicher Schärfe auch auf das selbstgeschaffene Ghetto, das heißt die innerjüdische Unterdrückung und Knechtung hin. Was früher als soziale Notwehr durchaus gerechtfertigt war, erscheint ihm im Zeitalter der bürgerlichen Emanzipation als hoffnungslos veraltet, ja geradezu archaisch oder halbasiatisch. Deshalb werden die Rabbiner in seinen Werken mindestens ebenso scharf attackiert wie die polnischen Großgrundbesitzer oder die Bürokraten der k.u.k. Provinzialverwaltung.

Schon seine *Juden von Barnow* (1877) sind voller Kritik an der religiösen Rückständigkeit der podolischen Ghettobewohner. Franzos konnte dabei zum Teil an den *Bajazzo* (1863) von Moritz Rappaport und die *Polnischen Juden* (1867) von Leo Herzberg-Fränkel anknüpfen, in denen der Konflikt zwischen dem orthodoxen und dem freigläubigen Judentum bereits eine gewisse Rolle spielt. Was jedoch dort immer wieder überdeckt oder ausgeglichen wird, klafft bei Franzos in zwei radikal geschiedene Gruppen auseinander. Sein Barnow hat nichts Idyllisches, sondern ist ein „ödes schmutziges Nest in einem gottverlassenen Winkel der Erde", wo es schwerfallen würde, unter all dem Grind und Elend das ewig lächelnde „goldene Gemüt Bernsteins zu finden.[10] Die Barnower sind keine menschenfreundlichen Moses-Mendelssohn-Typen, ja nicht einmal nüchterne Mignadim, sondern intolerante Schwärmer und Fanatiker, also galizische Chassidim welche die *Kabbala* über den *Talmud* stellen und voller Hochmut auf alle Andersdenkenden hinunterblicken. Wer hier nur einen Jota von den anerkannten Glaubensregeln abweicht, wird sofort mit dem Gemeindebann belegt oder als Abtrünniger verstoßen. Wie so viele Fanatiker sperren sie sich gegen jede Form der Aufklärung und geben sich einem verzückten Aberglauben hin, der sich ständig zu aberwitzigen Visionen steigert.

Während die Romantiker des Judentums in dieser Mystik einen Beweis für die religiöse Erwähltheit ihres Volkes sahen, stellt Franzos diesen Wunderglauben vornehmlich als provinziellen Primitivismus hin. So ist der Wunderrabbi von Sadagora (heute Sadgora), der von den Chassidim zutiefst verehrt wurde, für ihn lediglich ein „Verfechter des alten, finsteren Glaubens" und damit ein „Feind des Lichts".[11] Ebenso scharf verurteilt er die von den örtlichen Rabbinern streng überwachten Sittlichkeitsgebote. Was hier als „Religion" ausgeben werde, behauptet er, habe längst jede innere Verwandlungskraft eingebüßt und sei zu einem pedantischen Regelzwang erstarrt. Und zwar demonstriert Franzos diese These vor allem an der jüdischen Liebes- und Ehemoral, nach der es den Eltern völlig frei stand, ihre Kinder gegen deren eigenen Willen zu verheiraten. Er schildert daher in seinen frühen Novellen immer wieder, wie sich die Orthodoxen ausschließlich an die Paragraphen des Gesetzes halten und jede individuelle Neigung von kleinauf zu unterdrücken suchen. So verflucht etwa der reiche Moses Freudenthal im *Shylock von Barnow* seine einzige Tochter, weil sie mit einem Christen in die Fremde zieht. Als sie später reumütig zurückkehrt, läßt er sie ungerührt auf seiner eigenen Schwelle verrecken. In der Geschichte *Der wilde Starost und die schöne Jütta* quälen die aufgebrachten Juden eine abtrünnige Glaubensgenossin so lange, bis sie sich das Leben nimmt. Das *Kind der Sühne* ist als Parodie auf den Wunderrabbi von Sadagora, den „großen" Reb Srolce, angelegt. Die junge *Esterka Regina* wird von ihren Eltern gezwungen, auf ihre Liebe zu einem getauften Juden zu verzichten und einen Rechtgläubigen zu heiraten, wodurch man sie in die seelische Vereinsamung und schließlich in den Tod treibt. In der Novelle *Ohne Inschrift* handelt es sich um die schöne Lea, die nachts von einer Gruppe von Gemeindefanatikern überfallen und „geschoren" wird, weil sie sich nach der Hochzeit nicht ihre Haare abgeschnitten hat, wie es der chassidische Brauch verlangt. Auch sie stirbt an dieser grausamen Behandlung. Schon diese wenigen Beispiele zeigen, wie kritisch Franzos in seinen Geschichten vorgeht. Er will das östliche Judentum weder „verherrlichen" noch „verhöhnen", sondern es so zeigen, wie es wirklich ist.[12] Daß das Resultat dieses Strebens nicht gerade ermunternd wirkt, liegt weniger an ihm als an den dargestellten Verhältnissen.

Bei einer so objektiven und doch aufklärerischen Haltung fragt man sich unwillkürlich, an wen sich Franzos mit diesen Novellen eigentlich wendet? Will er damit seine Glaubensgenossen in Galizien ermahnen, sich endlich aus den selbstauferlegten Banden zu befreien und zum wahren „Menschsein" vorzudringen? Doch denen war es ja gar nicht erlaubt, ein deutsches Buch zur Hand zu nehmen. Also muß Franzos bei der Niederschrift seiner *Juden von Barnow* wohl eher an die Leser im Westen gedacht haben. Dafür sprechen die vielen kulturhistorischen Erläuterungen einzelner jüdischer Sitten und Gebräuche, die für östliche Leser überflüssig gewesen wären. Denn wie Kompert und seine Nachfolger verwendet auch Franzos ständig Worte wie Thora, Sabbath, Schul, Gutort, Schnorrer, Marschallik, Kadisch, Cherem, Kalle oder Maggid, die er den „Westlern" jeweils erklärt. Doch neben ihrer kulturgeschichtlichen Funktion sollen diese Begriffe zugleich die archaische Glaubens- und Lebensweise der galizischen Juden dokumentieren, gegen die Franzos so energisch zu Felde zieht.

Was er weltanschaulich dagegensetzt, sind vor allem die Gedanken der westlichen Aufklärung: also Emanzipation, Toleranz und bildungsmäßige Vervollkommnung des Menschen im Sinne einer fortschreitenden Humanität, um so alle Völker, Rassen und Religionen im Laufe der Zeit einem gemeinsamen Ziele zuzuführen. Im ständigen Kampf gegen jede kulturfeindliche Absonderung und jeden Glaubenshochmut will Franzos die „halbasiatischen" Völker durch allmähliche „Annäherung an die europäischen Sitten" endlich auf jene Bewußtseinsebene heben, wo sie den Fatalismus ihrer Messiashoffnung durch ein Programm der Selbsttätigkeit und Selbstentwicklung ersetzen und somit ihr Geschick endlich in ihre eigenen Hände nehmen können. Er geht dabei bis zum Josephinismus zurück, der den Juden in Galizien zum erstenmal eine gewisse Respektabilität versprochen hatte. Aus demselben Grunde hält er wie sein Vater und Großvater an Leitbildern wie Moses Mendelssohn und Lessings *Nathan*, aber auch an Börne und Heine wie überhaupt den Ideen des Jungen Deutschlands und der Vormärzler fest. Auch die Schriften von David Friedländer müssen ihn nachhaltig beeinflußt haben, der in seinem Buch *Über die Verbesserung der Israeliten im Königreich Polen* (1819) die

Ideale der Aufklärung als die einzigen Waffen gegen „Vorurteile und Aberglaube“ bezeichnet hatte. Statt weiterhin den „spitzfindigen Spekulationen“ der Rabbiner nachzuhängen oder an die religiösen Lehren der „Chassidim“ zu glauben, wird schon bei ihm eine durchgreifende „Reform der gesamten Judenheit“ gefordert, die sich an den Ideen des „Fortschritts“ und der „Freiheit des Geistes“ orientiert.[13]

Und so setzt sich auch Franzos ständig für das Ideal des Kultur- oder Assimilationsjuden ein. Wie Friedländer wendet er sich scharf gegen das hartnäckige Festhalten am Jiddischen, an der Ghettoorthodoxie und Rabbinergerichtsbarkeit, die ihn an die finstersten Zeiten des Mittelalters erinnern. Worin er das Heil des Judentums sieht, ist nicht der langerwartete Messias, sondern die deutsche Kultur. Aufgrund dieser Prämisse ist in seinen Werken immer wieder von jenem edlen Land im „Westen“ die Rede, wo „Bildung und Duldung“ zu Hause sind. Schon in *Halb-Asien* tritt Franzos energisch für eine planmäßige „Verbreitung deutscher Kultur“ im Osten ein, während er den slawischen Nationalismus höchst negativ beurteilt, da sich die „unterlegene“ Kultur dieser Völker nur repressiv auswirken könne. Selbstverständlich ist dieses Konzept weniger politisch als idealistisch-kulturell gemeint. „An Germanisation denke ich dabei wahrlich nicht“, schreibt er einmal mit wünschenswerter Deutlichkeit.[14] Überhaupt stellt sich Franzos diesen Vorgang als einen rein geistigen Akt vor. Um zum Bewußtsein einer höheren Menschenwürde zu gelangen, soll sich nach seiner Meinung der Jude endlich mit „eigener Hand die Binde von den Augen reißen“.[15] Statt sich wie seine podolisch-bukowinischen Glaubensgenossen allein an die Lehren der Chassidim zu klammern, träumt er von einem Weltreich der Liebe, in dem sich alle Menschen vom Gedanken der Humanität leiten lassen. So heißt es einmal in den *Juden von Barnow:* „Bis in unsere Tage hat die Lüge fortgeklungen, daß nur der Glaube selig macht, die Liebe aber blind. Laßt uns endlich die Wahrheit begreifen, daß nur die Liebe selig macht, der Glaube aber blind, und laßt uns dafür kämpfen, allerorts, allimmer, mit ganzem Herzen und mit ganzer Kraft“.[16] Doch trotz dieser Wendung zur „Humanität“ hat es Franzos stets abgelehnt, seine jüdische Religionszugehörigkeit aufzugeben. Auch in diesem Punkte hielt er sich an die Ringparabel des *Nathan.* Er wollte nicht einfach das Judentum wie ein ekliges Gebrest abstreifen, sondern blieb ein Jude aus „Pflicht“ und ein Deutscher aus „Überzeugung“, wie es in der *Geschichte des Erstlingswerks* heißt.[17]

Und dies ist auch das weltanschauliche Konzept, das ihm bei seinem *Pojaz* vorschwebte, wo es sich um einen Entwicklungsroman handelt, in dem er seinen „Weg als Deutscher und Jude“ nachzuzeichnen versucht.

IV

Der erste Plan zu diesem Werk scheint ihm im Jahr 1878 gekommen zu sein. Damals war jedoch das Ganze noch als Novelle im Stil der *Juden von Barnow* geplant, deren Held zum Schluß „jammervoll im Ghettoelend“ untergeht. So heißt es in einem seiner Briefe: „Er muß sogar heiraten, Jahre hinsiechen, *geistig* verkommen. Kurz, ich lasse ihn den richtigen elendigen Besiegten des Ghetto sein, während er im Roman nach einem kurzen Glückstraum geistig ein Sieger, physisch ein Besiegter, zu Grunde geht.“[18] Anfänglich wollte also Franzos bloß eine Ghettogeschichte schreiben, und zwar mit jener regionalistischen Ausschnitthaftigkeit und moralisch bestimmten Psychologie, die der Kompert-Schule ihr Gepräge geben. Was darüber hinausgeht, sind lediglich die „starke Silhouette“ sowie ein dramatisch zugespitzter Konflikt, der im Sinne der gründerzeitlichen Novellentheorie notwendig nach einem „tragischen“ Ende verlangt.[19] Wenn Franzos dieses Konzept im Laufe der Jahre durch einen Romanplan ersetzt, so hängt das sicher mit der immer stärkeren Überwindung seiner galizischen Vergangenheit zusammen. Durch den intensiven Kontakt mit der „westlichen“ Welt, wird sein Gesichtskreis plötzlich so groß, daß ihm die östjüdische Ghettoatmosphäre nicht mehr als das Zentrum seines Weltgefühls erscheint. Statt also weiterhin novellistische Ausnahmefälle zu gestalten, die in ihrer eigenen Misere ersticken, wählte er jetzt das Genre des Bildungs- und Entwicklungsromans, das dieser Stufe seines eigenen Lebensganges am weitesten entgegen kam. Er schreibt darüber im Vorwort zum *Pojaz:* „Die Novelle schildert einen eng begrenzten, und zwar nicht bloß durch den Raum, sondern auch das Problem begrenzten Ausschnitt aus einem bestimmten Leben; der Roman aber soll, sofern er diesen Namen verdient, ein Spiegelbild dieses gesamten bestimmten Lebens sein.“[20]

Schon aus diesen wenigen Worten wird klar, wie bewußt sich Franzos in die deutsche Romantradition einzuordnen versuchte. Man braucht nur an den *Anton Reiser* von Karl Philipp Moritz zu denken, dessen Jugend ebenfalls im Zeichen häuslicher Enge und fanatischer Frömmigkeit steht, die ihn so bedrücken, daß er eines Tages einfach zu Haus wegläuft, um sich der Ackermannschen Schauspieltruppe anzuschließen. Ähnliches gilt für *Wilhelm Meisters theatralische Sendung,* ja für jeden deutschen Bildungs- und Entwicklungsroman, dessen Protagonist nach alter aufklärerischer Tradition das Theater zum Instrument der Bildung erwählt und sich damit einen eigenen künstlerischen Seelen- oder Wirkungsraum zu eröffnen sucht. Das bedeutet nicht, daß sich der Pojaz in allen Punkten direkt neben den *Wilhelm Meister* stellen läßt. Allerdings braucht er diesen Vergleich nicht unbedingt zu scheuen. Er ist zwar als Roman nicht so vielschichtig, aber dafür um so dramatischer, aufwühlender. Daß der arme Judenjunge Sender in dem Augenblick scheitert, wo der begüterte deutsche Kaufmannssohn Wilhelm sein Leben „meistert" und eine Adlige heiratet, hinterläßt bei heutigen Lesern zweifellos einen tieferen Eindruck. Schließlich ist uns jene selbstsichere Variante des bürgerlichen Subjektivismus, wie sie Goethes Meister vertritt, inzwischen wesentlich ferner gerückt als das Leben des unterdrückten und geschundenen Glatteis, der von Anfang an keine rechte Chance hat.

Trotz aller Ghettomisere erweckt daher der *Pojaz* durchaus den Eindruck einer „heldischen" Geschichte. Einer der „ärmsten Menschen der Erde" bäumt sich hier gegen die überwältigende „Macht der Verhältnisse" auf, welche ihn innerlich und äußerlich zu verkrüppeln droht. Wohin er auch blickt, sieht er sich von der „starren, düsteren Glaubenswelt" der Chassidim umgeben, die bereits das Lesen eines deutschen Briefes als „Todsünde" empfinden und jeden Abtrünnigen sofort als „unheilig" verketzern. „Lieber unglücklich werden, als kein frommer Jud' mehr sein können", lautet die Maxime dieser Leute. Dafür spricht, daß ihn der Rabbi zur Ehe mit einem verwachsenen Mädchen zwingen will, nur weil ihre Seele die „frömmste" im ganzen Dorfe sei. Gegen diese Kurzsichtigkeit, Grausamkeit und Beschränktheit setzt der junge Sender seinen *Nathan*-Traum, nämlich Schauspieler zu werden, um von der Bühne herunter Toleranz zu predigen oder wenigstens jüdische Charaktere spielen zu können. Er möchte seinen Glaubensgenossen ein Beispiel geben, daß man selbst dann eine „Leuchte in Israel" sein kann, wenn man nicht an die *Kabbala,* sondern an die Aufklärung glaubt. Auch er hat einen „Glauben", aber den an das „Deutsche", an die großen Ideale der Humanität, des Idealismus, der Klassik, der Jungdeutschen und Vormärzler, denen es in erster Linie um ein lebenswertes Diesseits und nicht um eine fragliche Unsterblichkeit gegangen sei.

Daß Franzos seinen Sender – einer jiddischen Variante von Alexander – am Schluß an Schwindsucht sterben läßt, bedeutet keine Zurücknahme dieses weltanschaulichen Optimismus. Denn gerade im physischen Untergang beweist ja der Pojaz auf idealistische Weise seine weltanschauliche Überlegenheit. Mag auch sein Körper verfallen, will Franzos damit sagen, die Idee hat wenigstens einmal gesiegt und läßt sich fortan nicht mehr ganz unterdrücken. Und so erweist sich Glatteis trotz seiner Blutstürze doch stärker als der Rabbi mit seinem Gemeindebann, weil er der „Geistigere" ist, in dem sich der Fortschritt der Menschheit manifestiert. Daß sich dieser Triumph unter so ungünstigen Verhältnissen vollzieht, wird die meisten Leser und Leserinnen nicht ungerührt lassen. Mitgerissen von seinen eigenen Gefühlen steigert sich Franzos in diesen Szenen in eine Dramatik hinein, bei der man zwischen seelischem Affekt und bewußter Provokation kaum noch unterscheiden kann.

Allerdings liegt dem Ganzen ein merklicher Widerspruch zugrunde. Denn bei einer derart „idealistischen" Position fragt man sich unwillkürlich, weshalb Franzos trotzdem an der Glaubensgemeinschaft des Judentums festzuhalten versuchte. Warum vollzog er nicht den Schritt zum absolut emanzipierten Individuum, zum aufgeklärten Weltbürger? Dafür ließen sich mancherlei Gründe anführen, die letztlich alle mit der Frage zusammenhängen, warum Franzos den *Pojaz* bis zu seinem Tode in der Schublade zurückbehalten hat. Meines Erachtens läßt sich diese bittere Entscheidung nur vor dem Hintergrund des verstärkten Antisemitismus der neunziger Jahre verstehen. Schließlich wissen wir aus der Geschichte, daß sich in diesem Zeitraum der politische Horizont für viele europäische Juden merklich verdüsterte. 1891 begannen die grausamen Ausschreitungen gegen die Juden in Rußland, die Franzos dazu bewogen, in Berlin dem Deutschen Zentralkomitee für die russischen Juden beizutreten, das sich für die finanzielle Unterstützung der zahllosen Ostflüchtlinge einsetzte. Zu ähnlichen Pogromen kam es in anderen östlichen Ländern, was zum Teil mit dem Erstarken der panslawistischen Bewegung zusammenhängt. In Frankreich wurde eine solche antisemitische Welle durch die ganz Europa erregende Dreyfus-Affäre (1894) ausgelöst. In Deutschland entfaltete sich in diesen Jahren die Propaganda des Alldeutschen Verbandes und anderer antisemitischen Parteien, wodurch der Judenhaß eines Stoecker, Treitschke, Dühring oder Ahlwardt allmählich zu einer Massenhysterie anschwoll.

Mußten Franzos in einer solchen Situation nicht notwendig Zweifel an seinen idealistischen Humanitätsvorstellungen kommen? Waren die Juden wirklich bei den Deutschen am besten aufgehoben? Hatten nicht die imperialistischen, kapitalistischen und nationalistischen Tendenzen die noblen Konzepte der Aufklärung längst in den Hintergrund gedrängt? Unter solchen Umständen weiterhin vom „Land der Dichter und Denker“ zu schwärmen, grenzte daher fast ans Blasphemische. Während sich der Gegensatz zwischen Deutschen und Juden im Laufe des 19. Jahrhunderts allmählich zu verringern schien, standen die Zeichen der Zeit für die in der Diaspora lebenden Juden plötzlich wieder auf Sturm. In einer solchen Situation mit einem Roman wie dem *Pojaz* herauszukommen, wäre also unklug, wenn nicht gefährlich gewesen. Die Alldeutschen hätten diesen Roman sicher als ein antisemitisches Werk ausgeschlachtet und zugleich eine Rechtfertigung ihrer Expansionsgelüste nach Osten darin gefunden. Und den bedrängten Juden in Galizien, welchen Franzos zutiefst helfen wollte, wäre er mit einer solchen Publikation zwangsläufig in den Rücken gefallen. Obendrein waren viele von ihnen immer weniger geneigt, sich auf irgendwelche Assimilations- oder Versöhnungskonzepte einzulassen. Sie hörten lieber auf jene Propaganda, die Theodor Herzl entfaltete und die 1897 zum ersten Zionistenkongreß in Basel führte.

Franzos ließ darum seinen mit Herzblut geschriebenen *Pojaz* erst einmal liegen. Dieser Entschluß muß ihm nicht leicht gefallen sein. Welcher Autor verzichtet schon gern auf den Erfolg eines Werkes, das ihm als sein bestes erscheint? Daß Franzos zu einer solchen Entscheidung fähig war, spricht für die Größe seiner Gesinnung, seines wahren und nicht opportunistischen Idealismus. Das „Jüdische“ war für ihn fortan weitgehend tabu. Anstatt einen Trivialroman wie Jakob Wassermanns *Juden von Zirndorf* (1897) auf den Markt zu werfen, in dem die Judenfrage auf höchst unerquickliche Weise mit lebenssüchtiger Dekadenz und abgeschmacktem Jugendstil verbunden wird, schrieb Franzos in den neunziger Jahren vor allem bürgerliche Liebes- und Gesellschaftsnovellen mit leicht pessimistischen Zügen, die sich stilistisch zwischen den Erzählungen von Ferdinand von Saar und Arthur Schnitzler bewegen.

Die einzige Geschichte, in der Franzos noch einmal zu ostjüdischen

Problemen zurückkehrte, ist sein *Leib Weihnachtskuchen und sein Kind* (1896), deren Hauptgestalten die goldrote, schöne Miriam und der häßliche, einsilbige Ruthene Janko sind. Durch die Unversöhnlichkeit der Gegensätze kommt es, wie es kommen muß. Die frommen Eltern zwingen die schöne Miriam, ein „ehrlich jüdisch Kind" zu bleiben und den siebzigjährigen Reb David, einen reichen Mühlenbesitzer zu heiraten. Sie fügt sich diesem Gebot, worauf sie von Janko am Hochzeitstag ermordet wird. Auf den ersten Blick sieht das wie eine typische Barnow-Novelle aus. Doch bei genauerem Zusehen erweist sich das Ganze als wesentlich diffiziler. So wirkt etwa Miriams Vater, der alte Leib, trotz mancher patriarchalisch-tyrannischen Züge, wie ein nobler Traditionalist, der nicht ohne Sympathie gezeichnet ist. Überhaupt liest sich diese Geschichte, mag auch der Schluß noch so grausig sein, fast wie eine leise Entschuldigung dem alten, östlichen Judentum gegenüber. Franzos weist zwar selbst hier wiederholt auf die allgemeine Rückständigkeit der galizischen Zustände hin, betont jedoch zugleich die tiefe Weisheit dieser Menschen. Unter einer solchen Perspektive betrachtet, ist gerade der *Leib Weihnachtskuchen* ein deutlicher Beleg dafür, warum er den *Pojaz* nicht veröffentlicht hat.

Und so erschien dieser Roman erst ein Jahr nach seinem Tode zu einem höchst ungünstigen Zeitpunkt. Schließlich war die Kluft zwischen den Deutschen und den Ostjuden seit 1893 eher größer als kleiner geworden. Die einen ließen sich durch die wilhelminische Propaganda zu einer Politik der Stärke aufputschen, die anderen setzten ihre Hoffnung mehr und mehr auf den Zionismus. Kein Wunder, daß der *Pojaz* unter solchen Umständen relativ unbeachtet blieb. Für viele war dieser Roman ein unbequemes, wenn nicht gar peinliches Buch. Die national gesinnten Deutschen fanden in zu jüdisch, die Zionisten zu deutsch. Daß hier jemand die Möglichkeit eines „dritten Weges" anvisierte, verstieß gegen alle gängigen Klischees und Alternativen. Wie verzweifelt in dieser „Geschichte aus dem Osten" um die Aufhebung dieses Gegensatzes gerungen wurde, sprach letztlich nur jene liberalen deutschen Juden an, die weiterhin an eine auf den Idealen der Aufklärung beruhende deutsch-jüdische Symbiose glaubten. Sie schenkten daher ihren Söhnen vor dem Ersten Weltkrieg zur Bar-Mitzwah oder zur Konfirmation entweder Gustav Freytags *Soll und Haben* oder den *Pojaz* von Franzos und ermahnten sie, keine „Schacherjuden", sondern „Gelehrte" zu werden.

Allerdings mußten diese Schichten bereits in der Weimarer Republik, welche den Juden erstmals die volle Gleichberechtigung auf allen Gebieten garantierte, erleben, wie illusorisch ihre von einem deutsch-jüdischen Bildungsbewußtsein getragenen Hoffnungen auf eine totale Assimilation waren. Mochten sie noch so stolz auf ihre schwer errungene Bürgerlichkeit, ihr Taufchristentum, ihre deutsch-humanistische Bildung oder ihren Frontdienst im Ersten Weltkrieg sein: selbst sie wurden von den völkisch gesinnten Kreisen und dann von den Nationalsozialisten immer erbitterter als Fremdlinge hingestellt, die es aus rassischen Gründen aus dem deutschen Volkskörper „auszumerzen" gelte.

So gesehen, war das Wunschbild des *Pojaz* zwar ein edelmütiger, aber letztlich illusorischer Ausdruck jener weiterhin auf eine deutsch-jüdische Symbiose vertrauenden Schichten, welche nach dem Ausbruch der Weltwirtschaftskrise und der Machübergabe an Adolf Hitler gegen die von der NSDAP fanatisierten Massen keine Chancen mehr hatten. Nur gut, daß Franzose wenigstens die tragische Ironie erspart blieb, selbst noch mitzuerleben, wie aus den von ihm so verehrten „Deutschen" nach 1933 die von aller Welt gehaßten Totengräber der gesamten ost- und mitteleuropäischen Judenbevölkerung wurden.[21]

Deutsch-jüdische Zerrissenheit

Gustav Mahlers *1. Symphonie*

Als Mahlers *1. Symphonie* 1889 in Budapest ihre Uraufführung erlebte, war der Erfolg nicht gerade überwältigend. Ein großer Teil des Publikums stand der scheinbaren Formlosigkeit und kühnen Harmonik dieses Werks völlig verständnislos gegenüber und riet dem neunundzwanzigjährigen Komponisten, sich lieber auf seine Kapellmeistertätigkeit zu beschränken als solche Monströsitäten in die Welt zu setzen. Aber Mahler gab sich nicht geschlagen, sondern versuchte bei folgenden Aufführungen dieses Werks das Interesse der Zuhörer durch ein suggestives Programm zu erwecken. Statt einfach „1. Symphonie in D-Dur" zu schreiben, hieß es jetzt: „1. Symphonie. ‚Titan'. I. Abteilung: Aus den Tagen der Jugend. Jugend-, Frucht- und Dornenstücke. 1. Frühling und kein Ende. 2. Bluminenkapitel. 3. Mit vollen Segeln. II. Abteilung: Commedia umana. 4. Gestrandet. Ein Totenmarsch in Callots Manier. 5. Dall'inferno al Paradiso." Doch leider war auch diese Mühe vergebens. Denn bei einem Titel wie „Titan" dachten die meisten eher an Goethes *Prometheus* oder Beethovens *Sinfonia eroica* als an das, was wirklich dahinter stand, nämlich Jean Pauls *Titan*-Roman. Gerade dieses Werk stieß daher immer wieder auf Ablehnung. Denn was hatte ein grotesker Trauermarsch oder ein ironisch persiflierter Kirchweihländler mit dem „Titanischen" zu tun? War ein solcher Widerspruch nicht eine bewußte Extravaganz – vor allem für jene, die sich dabei nicht an Jean Paul erinnert fühlten? Eine besonders scharfe Kritik erfuhr der Mahlersche „Titan", als er 1894 beim Musikfest des Allgemeinen Deutschen Musikvereins in Weimar aufgeführt wurde. Zu den wenigen Begeisterten, die sich damals nicht durch die abfällige Kritik in ihrem Urteil beeinflussen ließen, gehörte der achtzehnjährige Bruno Walter. Doch selbst er erlebte die innere Zerrissenheit dieses Werks nicht im Sinne Jean Pauls, sondern bezeichnete das Ganze noch in seiner Mahler-Biographie von 1937 als Mahlers „Werther".[1]

Die *1. Symphonie* stand darum lange unter einem ungünstigen Stern.

Der Titel „Titan“ schien diesem provokanten Opus eher abträglich als förderlich zu sein. Mahler verzichtete deshalb nach 1900 auf alle programmatischen Erklärungen und begnügte sich wieder mit dem schlichten Titel „1. Symphonie“. Einer der Hauptgründe dafür mag seine tiefe Abneigung gegen den verbreiteten Verismus innerhalb der Musik dieser Jahre gewesen sein, deren Repräsentanten unter einem Programm weniger einen Seelenvorgang als eine epische Illustration verstanden. So konnte sich Mahler trotz aller Hochachtung für Richard Strauss mit Werken wie dem *Till Eulenspiegel* oder dem *Don Quixote* nicht recht anfreunden. Das Klirren zerspringender Teller oder das Geblöke einer Schafherde musikalisch nachzuahmen, empfand er als „Realismusrummel“, wie er im Dezember 1896 an Max Marschalk schrieb. Um nicht in diese Richtung eingereiht zu werden, vollzog Mahler um die Jahrhundertwende in seinen eigenen Werken eine deutliche Wendung vom Rhapsodischen zum deklamatorisch Monumentalen. Dafür spricht unter anderem, daß er in seiner *1. Symphonie* plötzlich auf das „Bluminenkapitel“ verzichtete, um sich der traditionellen Viersätzigkeit anzupassen. Dennoch gab er seine frühe Neigung zum Programmatischen nicht völlig auf. Allerdings verschob sich dabei das Programmatische immer stärker in die Bereiche rein ideeller Konzeptionen. Statt etwas zu beschreiben, wollte er jetzt nur noch „Erlebnisvorgänge“ darstellen. Dementsprechend erklärte er am 17. Februar 1897 in einem Brief an Arthur Seidl: „Nur wenn ich erlebe, ‚tondichte‘ ich.“ Selbst im Hinblick auf seinen „Titan“ ließ er fortan bloß noch die Darstellung unmittelbarer Erlebnisse gelten. So wie Beethovens Symphonien lediglich ein „inneres“, aber kein äußeres Programm hätten, schrieb er am 20. März 1896 an Marschalk, sei auch seine *1. Symphonie* rein aus der Seele geschöpft.

Leider sind diese Äußerungen von manchen seiner Anhänger, deren musikalisches Stilideal bereits im Zeichen des um 1900 verbreiteten Bach-, Beethoven- und Bruckner-Kults stand, viel zu wörtlich genommen worden. Hinweise auf Außermusikalisches schienen den Formanbetern dieses Zeitraums wie Sünden wider den heiligen Geist der Musik. So sprach etwa Paul Stefan in seinem Mahler-Buch von 1910 im Hinblick auf den Titel „Titan“ von einem „Sichanbequemen an die Forderung des Tages“, das in diesem Werk zu einer seltsamen Verwirrung geführt habe. Um „endlich das Gerede einzudämmen, die früheren Werke Mahlers seien Programmusik“, hob er lediglich das „streng Symphonische" hervor.[2] Auch Richard Specht stellte in seiner Mahler-Monographie von 1913 die programmatische Absicht der *1. Symphonie* als eine Fehlentscheidung hin, da sich beim „Titanischen" niemand an Jean Paul erinnert fühle. Weder das jugendliche Feuer Albanos aus dem *Titan* noch die romantische Verträumtheit Walts aus den *Flegeljahren* hätten etwas mit diesem Werk zu tun. „Nein", heißt es bei ihm, „in dieser stürmisch losfahrenden, von Sonne und Liebe, Qual und Verachtung, Trotz und Sieg in dem wilden Ungestüm der Jugend erzählenden ersten Symphonie ist nichts von Schwindscher oder Jean-Paulscher Jugend."[3] Eine ähnliche Meinung vertrat Natalie Bauer-Lechner 1923 in ihren *Erinnerungen an Gustav Mahler.* Sie behauptete, Mahler habe den Titel „Titan" nur darum gestrichen, weil er fatalerweise an den längst veralteten Jean Paul erinnere. Nichts Sentimentales oder Witzelndes im Sinne Jean Pauls, schrieb sie, sondern das Leben und Leiden eines „kraftvoll-heldenhaften Menschen" ständen im Vordergrund dieses Werks.[4] Selbst Paul Bekker, der vor dem Ersten Weltkrieg in seinen Beethoven-Studien noch deutlich zu einer tondichterischen Hörweise tendiert hatte, lehnte 1921 in seinem Buch *Mahlers Symphonien* alle programmatischen Erwägungen von vornherein ab. Was ihn jetzt interessierte, waren vornehmlich „Aufbau, thematische Gestaltung und innere Entwicklung". Daher charakterisierte er die literarischen Anspielungen als unnötige „Wegmarken", die nur für Mahlers intime Freunde, aber nicht für seine immer größer werdende Hörergemeinde von Bedeutung seien. „Diesen wird vielleicht auch der frühere Untertitel des Werks ‚Titan' verständlich sein", heißt es hier im Hinblick auf die *1. Symphonie,* „für uns Spätere hätte Enträtselung solcher Beischriften bestenfalls Kuriositätsreiz." Das Entscheidende sah Bekker jetzt in der „reinen Symphonik". Das Inhaltliche umschrieb er dagegen lediglich mit der nichtssagenden Phrase, daß es in diesem Werk um die „beglückende Befreiung durch ein schöpferisches Naturerleben" gehe.[5]

Bei diesem Standpunkt ist die spätere Mahler-Forschung mehr oder minder stehengeblieben. Völlig totgeschwiegen wird Jean Paul in Donald Mitchells *Gustav Mahler. The Early Years* (1958) und Heinrich Kraliks *Gustav Mahler* (1968). Hans Ferdinand Redlich ging zwar in seiner Studie *Bruckner and Mahler* (1955) auf den Titel „Titan" ein, bezeichnete ihn jedoch als irreführend, da man bei einem solchen Wort eher an einen prometheischen Kraftakt als an einen halbwegs vergessenen Jean Paul-Roman denke.[6] Noch negativer drückte sich Kurt Blaukopf aus, der in seinem

Buch *Gustav Mahler oder Der Zeitgenosse der Zukunft* (1969) schrieb: „Wer auch nur ein paar Seiten von Jean Pauls Werk gelesen hat, muß zu der Überzeugung gelangen, daß von dem Manierismus Jean Pauls nichts in die 1. Symphonie Mahlers eingegangen ist."[7] Ebenso entschieden distanzierte sich Alphons Silbermann in seinem *Mahler-Lexikon* (1986) von einer solchen Parallelisierung.[8] Lediglich Bruno Walter setzte sich etwas genauer mit dem „Inhalt" von Mahlers *1. Symphonie* auseinander. Sie rein programmatisch zu deuten, also ausschließlich auf Jean Paul zu beziehen, fand allerdings auch er „absurd", wie es in seinem Mahler-Buch von 1937 heißt.[9] Erst als alter Mann erinnerte er sich, und zwar in seinen Begleitworten zu einer Neuaufnahme dieser Symphonie, an den engen Zusammenhang dieses Werkes mit dem Jean Paulschen *Titan*.[10] Und auch Constantin Floros ging jüngst noch einmal auf diesen Aspekt ein.[11]

Nach all diesen Zitaten und beiläufigen Äußerungen hat man zwangsläufig den Eindruck, als sei der Einfluß Jean Pauls auf den jungen Mahler ein recht peripherer gewesen, der für das Verständnis seiner *1. Symphonie* nicht unbedingt erforderlich ist. Doch warum sollte Mahler, der in allen anderen geistigen und künstlerischen Fragen so kompromißlos verfuhr, gerade bei der Titelgebung dieses Werks ins Unverbindliche ausgewichen sein? Um zur Lösung dieses Problems beizutragen, kommt man wohl kaum umhin, sich etwas eingehender als bisher mit Mahlers Werdezeit und zugleich seinem Konzept des „Programmatischen" auseinanderzusetzen.

Beginnen wir mit einem Blick auf die Jahre vor der Entstehung dieser Symphonie, in denen Mahlers Leben von Einsamkeit und Verbitterung gezeichnet war. Sein Vater war ein jüdischer Fuhrmann und später Branntweinschankwirt, der seiner Familie erst in Kalischt und dann in Iglau ein halbwegs erträgliches Leben zu ermöglichen suchte. Von Mahlers 11 Geschwistern überlebten nur 5 das frühe Kindesalter, während sich einer seiner Brüder das Leben nahm. Auch beide Eltern starben früh. Der neunzehnjährige Mahler verdingte sich daher als Hauslehrer, sorgte gewissenhaft für seine jüngeren Geschwister und führte im übrigen ein hartes, entsagungsvolles Leben. Anschließend wirkte er in Hall und Iglau als Kapellmeister an kleinen Sommertheatern und Schmierenbühnen, sparte so gut er konnte, ruinierte dabei seine Gesundheit und versuchte sich in seiner knapp bemessenen Freizeit autodidaktisch weiterzubilden. Sein einziger menschlicher Kontakt waren einige Jugendfreunde. Ansonsten vertiefte er sich in seine Bücher, die er im Januar 1895 in einem Brief an seinen „Urfreund" Friedrich Löhr als seine „wahren Brüder und Väter und Geliebten" bezeichnete.

Schon diese kurzen Hinweise erinnern deutlich an Jean Pauls Jugend: hier wie dort die gleichen mühsamen Anfänge, der gleiche Bücherenthusiasmus und der gleiche autodidaktische Werdegang. Ja, selbst den unübersehbaren Provinzialismus und das enge Verhältnis zu den Geschwistern haben beide gemeinsam. Wie wir wissen, versuchte Jean Paul aus dieser von Armut und Entbehrung gezeichneten Jugend wenigstens in seinen Schriften in eine Welt des seelischen Reichtums auszuweichen, in der es keinerlei Mangel zu geben scheint. Neben empfindsamen und idealistischen Überspanntheiten schreckte er dabei auch vor skurrilen und grotesken Partien nicht zurück, wodurch oft die seltsamsten Brechungen entstehen. Und so haben viele seiner Werke eine „Tönevielfalt", wie man um 1800 gesagt hätte, die ihnen einen Zug ins Schwerverständliche, wenn nicht gar „Unleserliche" geben.

Daß der junge Mahler der Komplexität dieser dichterischen Welt geistig gewachsen war, beweisen jene Briefe, in denen er sich mit Romantikern wie Clemens Brentano, Achim von Arnim, den Schlegels und den Brüdern Boisserée auseinandersetzte. Und zwar tat er dies nicht nur beiläufig, sondern mit eingehendem Verständnis für den spezifisch deutsch-romantischen Charakter dieser Autoren. Die gleiche Tendenz zur Überwindung seiner kleinbürgerlichen, böhmisch-jüdischen Herkunft liegt seinen frühen Opernfragmenten nach Texten von Uhland und Grillparzer, seinem Bechstein-Oratorium sowie seinen *Wunderhorn*-Liedern zugrunde.

Eine Lektüre der Jean Paulschen Hauptwerke kann also beim frühen Mahler mit Sicherheit vorausgesetzt werden, obwohl er nur selten darauf zu sprechen kommt. Bewußt oder unbewußt wird dabei die innere Verwandtschaft – die äußere Enge und zugleich seelische Weite – der ausschlaggebende Faktor gewesen sein. Besonders Mahlers Briefstil ist bis 1895 voller Reminiszenzen an Jean Paul. So schrieb er am 17. Juni 1879 an Josef Steiner: „Die höchste Glut der freudigsten Lebenskraft und die verzehrendste Todessehnsucht: beide thronen abwechselnd in meinem Herzen." Wenige Sätze später heißt es: „Da lacht die Sonne mich an – weg ist das Eis von meinem Herzen, ich sehe den blauen Himmel wieder und die schwankende Blume, und mein Hohnlachen löst sich in das Weinen der Liebe auf." Julius Epstein gegenüber entschuldigte er sich 1885, daß er aus dem „sanften Adagio" seiner Gefühle häufig „durch die Dissonanzen seines Zornes in ein wildes Finale hineinmoduliere". In einem Brief an Friedrich Löhr erklärte er am 29. August 1895: „Über alles hin webt in uns die ewige Liebe – wie die Strahlen in einem Brennpunkt zusammenfließen." In all diesen Metaphern äußert sich ein seelischer Aufflug aus materieller Enge und Begrenztheit, der trotz seiner Gefühlsintensität wie bei Jean Paul oft ins Ironische oder Sarkastische umschlägt, wodurch jene Siebenkäs'sche „Zerrissenheit" entsteht, deren Dualismus sich erst im Unendlichen aufzulösen scheint.

Neben solchen jugendlich-enthusiastischen Gefühlsparaphrasen finden sich jedoch beim frühen Mahler auch einige direkte Hinweise auf Jean Paul. Besonders aufschlußreich in dieser Hinsicht sind die Briefe an Friedrich Löhr, mit dem er sich wie Walt mit Vult in den *Flegeljahren* verbunden fühlte. Ihm berichtete er im Juli 1883 von einer Pilgerfahrt nach dem Jean Paulschen Wunsiedel, deren Bedeutung er dem Freund offenbar nicht näher zu erläutern brauchte. Im Februar 1887 schrieb er an den inzwischen verheirateten Fritz: „Ich denke die ganze Zeit zu Euch hin und vergegenwärtige mir Eure Jean-Paulsche Klause." Am 1. Januar 1885 schickte er ihm einen Neujahrsbrief, in dem in typisch Jean-Paulscher Manier vom „Weltenregisseur" die Rede ist. In einem Schreiben an Oskar Eichberg heißt es am 30. März 1895: „Ich bin jetzt 34 Jahre alt und habe mir à la Quintus Fixlein schon eine kleine Bibliothek zusammengeschrieben." Über die innere Bindung an Jean Paul kann also kein Zweifel bestehen. Ja, diese Bindung wird von Friedrich Löhr in seinen Anmerkungen zu Mahlers *Briefen*, die 1925 erschienen, ausdrücklich bestätigt.[12] Und zwar wies Löhr dabei besonders auf die Entstehungszeit der *1. Symphonie* hin, die er als eine Phase von „nicht überbotener Seelenbewegung" in Mahlers Leben charakterisierte, „deren Höchstes er in heiliger Verschwiegenheit bewahrt hat".[13] Damit meinte er vor allem die Jahre von 1884 bis 1888, also die Zeit von Mahlers ersten größeren Anstellungen in Kassel, Prag und Leipzig sowie seiner unglücklichen Liebe zu Johanna Richter, welche ihn in ihrer seelischen Unbedingtheit bis an den Rand der Selbstaufgabe drängte.[14]

Doch warum hat ihn in dieser Situation gerade Jean Paul so angezogen? und nicht Goethe, Stifter oder Keller? Höchstwahrscheinlich war es die scheinbare Widersprüchlichkeit des Kauzig-Humoristischen und

Seraphisch-Gefühlvollen, das Nebeneinander von Ironie, jugendlichem Auftrumpfen, wildester Schwermut und zugleich Zweifeln an den selbstgesteckten Idealen. Die Werke Jean Pauls waren für Mahler eine Seelenlandschaft, die ihn vor jeder Einseitigkeit bewahrten, ihn also weder zum oberflächlichen Zyniker noch zum sentimentalen Stimmungskomponisten werden ließen. Er verfiel daher nicht in irgendwelche bequemen Harmonisierungstendenzen, sondern bewahrte sich eine innere Offenheit, die sogar Ausbrüche ins Krude und Groteske ermöglichte. So bezeichnete er seine *Wunderhorn*-Gesänge, ja selbst seine schmerzlich empfundenden *Lieder eines fahrenden Gesellen* (1884) in einem Brief vom Dezember 1896 an Max Marschalk als „Humoresken", um damit die ständigen Digressionen aus dem gefühlsmäßig Überschwenglichen ins Ironische zu rechtfertigen. Ein anderer Jean-Paulscher Grundzug ist die von Mahler in diesen Jahren scharf herausgestellte Gegensätzlichkeit der einzelnen Motive. An sich liegt dieser Tendenz das gründerzeitliche Stilprinzip der „Konfrontation" zugrunde,[15] das Mahler zum Teil von Bruckner übernahm. Während jedoch Bruckner mit solchen abrupten Gegensätzen eindeutig ins Monumentale tendierte, neigte Mahler mehr zum Kleinteiligen. Seine Kontraste haben nichts Frescoartiges, sondern bestimmen selbst die kleinsten Phrasierungen. Ähnlich den vielgestaltigen Metaphernspielen und geistreichen Abschweifungen bei Jean Paul tauchen daher in den Werken des jungen Mahler ständig neue Ideen und Klangfarben auf, die sich erst nach mehrmaligem Hören voll erschließen.

Dieser seelische Reichtum und zugleich diese technische Finesse sind das spezifisch Jean-Paulsche des Mahlerschen *Titan,* der zu den originellsten Erstlingswerken der gesamten Musikliteratur gehört. So wie Jean Paul in seinem *Titan* das eigene Ich in Gestalten wie Albano, Schoppe und Roquairol zerlegt, steht im Mahlerschen *Titan* das Edelste neben dem Kauzigsten, das Seraphische neben dem Sarkastischen, das innig Gefühlte neben dem Schauspielerhaften. Der Reichtum der Stimmungen, nicht die symphonische Geschlossenheit machen den Rang dieses Werkes aus. Die programmatischen Überschriften der einzelnen Sätze spielen dabei nicht nur auf den Jean-Paulschen *Titan*, sondern auf Jean Paul im allgemeinen an, und zwar im Hinblick auf jene deutsch-romantische Gefühlsstimmung, in die sich der junge Mahler so verzweifelt hineinzusteigern versuchte.

Schon die 1. Abteilung, „Jugend-, Frucht- und Dornenstücke" überschrieben, verweist weniger auf den *Titan* als auf den Roman *Blumen-, Frucht- und Dornenstücke; oder Ehestand, Tod und Hochzeit des Armenadvokaten F. St. Siebenkäs* und damit Jean Pauls Aufenthalt in Hof, der Mahlers Werdezeit in den böhmischen Kleinstädten entspricht. Der Versuch, sich aus der Gedrücktheit dieser Enge aufzuschwingen, ist daher keine „Wanderburschenromantik der böhmischen Landstraße", wie Richard Specht behauptet,[16] sondern hat wesentlich existentiellere Züge. Das „Bluminen-Kapitel", das später weggefallen ist, verdankt seine Wortbildung zweifellos der Jean-Paulschen *Herbst-Blumine.* Auch der dritte Satz hat trotz seiner „böhmischen" Elemente wenig mit Folkorismus zu tun. Was Mahler hier ausdrücken will, ist das Hineingestoßensein in eine Welt des Derben, Bäuerlichen und Platten, in der selbst das Heiligste, die Kirchweihe, zum Anlaß derber Belustigungen wird. Vorbilder dafür sind in den Jean-Paulschen Werken geradezu Legion.

Daß Mahler die 2. Ateilung „Commedia umana" genannt hat, hängt höchstwahrscheinlich mit dem Jean-Paulschen Begriff der „komischen Passion" zusammen. Besonders kraß tritt diese Doppeldeutigkeit in dem „Totenmarsch in Callots Manier" zutage, der durch seine forcierte Banalität einen höchst realistischen und doch gespensterhaften Eindruck erweckt. Mahler charakterisierte die Stimmung dieses Satzes in einem Brief vom 20. März 1896 in Max Marchalk als „ironisch brütende Schwüle". Aufgrund dieser Neigung zum Grotesken hat man Mahler oft als „Kreislers Wiedergeburt auf der Ebene des irdischen Lebens" bezeichnet, wie es bei Paul Stefan heißt.[17] Wenn man jedoch bedenkt, wie unbekannt Ernst Theodor Amadeus Hoffmann während der siebziger und achtziger Jahre in Deutschland war, wirkt diese These etwas fragwürdig. Zudem enthalten die Briefe Mahlers keinerlei Belege für solche Identifikationen, während Anspielungen auf Jean Paul immer wieder auftauchen. Bruno Walter hat daher diesen Satz wesentlich zutreffender mit der selbstmörderischen Stimmung Roquairols in der 32. Jobelperiode des Jean-Paulschen *Titan* verglichen.[18] Als weiteres Vergleichswerk böte sich der *Siebenkäs* an, wo an zentraler Stelle auf höchst ironische Weise ein Scheintoter zu Grabe getragen wird. Auch an eine Travestie des Trauermarsches von Beethovens *Sinfonia eroica* ließe sich denken, da es bei Mahler nicht um einen titanischen Übermenschen, sondern eher um eine gequälte Kreatur geht, die auf alle äußeren

Demütigungen mit Rückzügen ins Seelische oder sarkastischen Seitenhieben antwortet.

So viel zu der These, daß in Mahlers *1. Symphonie* der Einfluß Jean Pauls wohl doch eine größere Rolle spielt, als viele Musikwissenschaftler bisher angenommen haben. Doch ein Nachweis solcher Beeinflussungen bliebe letztlich oberflächlich, wenn nicht zugleich nach den tieferen Gründen dieser inneren Identifikationen oder Homologien gefragt würde. Sicher haben hierbei auch die bereits erwähnten Ähnlichkeiten der sozialen Herkunft sowie der Versuch, sich auf eine möglichst genialische, wenn auch gebrochene Weise darüber hinwegzusetzen, eine Rolle gespielt. Und auch die jugendliche Unsicherheit, das Hin- und Hergerissensein zwischen idealistischer Überspanntheit und tiefster Wehmut, haben zu der nicht zu leugnenden Affinität Mahlers zu Jean Paul beigetragen. Aber letztlich muß im Hinblick auf Mahlers „Zerrissenheit" auch seine österreichisch-jüdische Doppelexistenz zur Erklärung herangezogen werden. Denn erst sie machte ihn für die Werke Jean Pauls, die in den siebziger und achtziger Jahren des vorigen Jahrhunderts kaum noch jemanden interessierten, in einem tieferen Sinne aufnahmebereit. In diesem Punkte müßte also eine wesentlich tiefere Sonde angesetzt werden, um der besonderen Art seines musikalischen Stils, der weitgehend auf Gegensätzlichkeiten beruht, wirklich auf die Spur zu kommen. Dazu sollen im folgende erste Erklärungsansätze geboten werden.

Wie wir wissen, stammte Mahler aus Iglau, einer deutschsprachigen Stadt im damaligen Böhmen, wo er in eine Welt hineinwuchs, in der sich den meisten Juden, falls sie höhere Aspirationen hatten, die Assimilation in die deutsche Kultur als die einzige geistige und gesellschaftliche Aufstiegschance anbot. Und auch der junge Mahler wählte diesen Weg, voller Vertrauen von der liberalen Bourgeoisie Österreichs und Deutschlands als ein vollgültiger Bildungsbürger, wenn nicht gar ein musikalisches Genie anerkannt zu werden. Dies gelang ihm auch relativ schnell. Schließlich wurde er schon 1883, also mit 23 Jahren, für drei Jahre als zweiter Kapellmeister an das Königlich Preußische Theater in Kassel verpflichtet. Doch eine solche frühe Anstellung an einem angesehenen Opernhaus mußte selbstverständlich auch Neider auf den Plan rufen. Und diese stellten sich auch schnell genug ein. Kein Wunder daher, daß Mahler schon nach kurzer Zeit in Kassel in aller Offenheit als „Jude" angegriffen wurde. Schließlich waren die achtziger Jahre in Deutschland eine Zeit des besonders virulenten Antisemitismus, der vor allem durch die Schriften Adolf Stoeckers, Eugen Dührings, Paul de Lagardes, Heinrich von Treitschkes, aber auch Richard Wagners immer wieder neu angefacht wurde.

Besonders unrühmlich verhielt sich in dieser Hinsicht jenes Kasseler „Volksblatt für wirtschaftlich-soziale Neugestaltung", das sich *Reichsgeldmonopol* nannte und unter dem Titelmotto erschien: „Die Judenfrage ist eine soziale Frage. – Ans Vaterland ans teure, schließ dich an, / Das halte fest mit deinem ganzen Herzen." In ihm wurde Mahler am 2. Mai 1885, also mitten während der Entstehungszeit seiner *Lieder eines fahrenden Gesellen* und der Planungsskizzen zur *1. Symphonie,* als ein hergelaufener „Jude" angegriffen, dem man in Kassel viel zu viel Ehre erweise und sogar unter Hintansetzung des ersten Kapellmeisters Wilhelm Treiber die Leitung eines großen Musikfestes übertragen habe, das in einer Aufführung des Oratoriums *Paulus* von Felix Mendelssohn-Bartholdy gipfelte. Ja, am 25. Mai erschien in diesem Blatt sogar noch ein zweiter Angriff gegen Mahler und die gesamte jüdische „Mischpoche", der in seinen antisemitischen Ausfällen noch schärfer war.[19] Und da auch die von Mahler damals angebetete Johanna Richter, eine der Sopranistinnen am Kasseler Theater, seine Liebe nicht erwiderte, er sich also von allen Seiten abgestoßen, angegriffen, ja angepöbelt sah, reichte er schließlich im Herbst dieses Jahres seine Entlassung ein und ließ sich vom Prager Theater engagieren.

Daß unter solchen Bedingungen seine *Lieder eines fahrenden Gesellen* sowie die Entwürfe zur *1. Symphonie,* in denen Mahler durch eine prononcierte Naturliebe und sein Bekenntnis zur Romantik seine Deutschheit unter Beweis stellen wollte, einen Zug ins Zwiespältige bekamen, konnte kaum ausbleiben. Was sich also oberflächlich – wegen des ständigen Tönewechsels – als Jean-Paulisieren beschreiben läßt, ist zugleich Ausdruck einer inneren Zerrissenheit, die mit Mahlers geistiger, seelischer und kultureller Ortlosigkeit zwischen Deutschen und Juden zusammenhängt. Obwohl er sich von der jüdischen Welt weitgehend abgewandt hatte und sich nichts sehnlicher als eine volle Anerkennung von seiten des deutschen und österreichischen Bildungsbürgertums erhoffte, dieses ihn jedoch nur sehr ungnädig akzeptierte, ja ihm in Momenten des Konkurrenzneides oder nationaler Hochgefühle seine Außenseiterposition nur allzu deutlich merken ließ, sah er sich immer wieder auf sich selbst zurückgeworfen. Und dies erzeugte in seinem Inneren jenen herzzerreißenden Zwiespalt aus Anpassung und Trotz, den er lieber auf Jean-Paulisierende Art in poetische Metaphern einkleidete, als ihn auf gesellschaftlich-konkrete Weise aus seiner Unerwünschtheit als Jude abzuleiten und sich damit als Nichtakzeptierter bloßzustellen.

Die gleiche Konsequenz zog Mahler in seinem öffentlichen Leben. Anstatt sich rückhaltslos zu seinem Judentum zu bekennen, nur noch mit „israelitischen" Glaubensgenossen zu verkehren und sich aus Wut über die Deutschen oder die Österreicher in den neunziger Jahren der zionistischen Bewegung anzuschließen, ließ er nicht davon ab, weiterhin als deutsch-österreichischer Dirigent und Komponist mit einem deutlich hervorgekehrten Assimilationsstreben aufzutreten. Obwohl er in Iglau in einer relativ orthodoxen Gemeinde großgeworden war, hat er nach dieser Zeit nie wieder eine Synagoge betreten und sich in den neunziger Jahren, als er Wiener Hofoperndirektor werden sollte, ohne allzu viele Bedenken katholisch taufen lassen. Außerdem heiratete er eine Nichtjüdin und ist auf einem katholischen Friedhof beerdigt worden. Doch selbst diese Entscheidungen haben ihm in den Augen der Antisemiten nicht viel geholfen. Schließlich begannen diese Gruppen bereits in diesen Jahren, das Jüdischsein nicht mehr als eine Glaubenssache, sondern als eine Frage der rassischen Herkunft zu betrachten. Demzufolge mußte Mahler erfahren, daß durch den Taufakt zwar einige bürokratische Schwierigkeiten wegfielen, das Judesein ihm jedoch weiterhin wie ein nichtabzuwaschender Makel anhaftete.

Mahler wurde daher nicht nur in Kassel, sondern in allen weiteren Stationen seiner Karriere von antisemitisch eingestellten Gruppen oder auch nur böswilligen Neidern pausenlos als „Artfremder" angegriffen. So unterstellte ihm etwa die Presse in Budapest, wo er von 1888 bis 1891 an der Königlich-Ungarischen Oper als Kapellmeister tätig war, „daß er sich nur für die jüdische Bourgeoisie in der Stadt interessiere".[20] Ja, als Mahler 1897 seine Stelle als Kapellmeister an der Wiener Hofoper antrat, wandte sich nicht nur Cosima Wagner, sondern ein geradezu unübersehbarer Chor erregter Antisemiten gegen die Berufung „eines Juden" zum Chef des „ersten Opernhauses der Welt".[21] In Wien selber, wo im gleichen Jahr der bekannte Antisemit Karl Lueger sein Amt als Oberbürgermeister der Stadt antrat, war es vor allem ein Blatt wie die *Reichspost*, das in übelster Weise über Mahler herfiel und ihm bereits am

14. April dieses Jahres beschuldigte, daß er am Dirigentenpult lediglich „mauschele". In das gleiche Horn stieß die in Wien erscheinende *Deutsche Zeitung*, die Mahler bis zu seinem Rücktritt als Operndirektor im Jahr 1907 unentwegt mit „antisemitischer Häme" überschüttete.[22] Sogar in den musikwissenschaftlichen Publikationen der gleichen Jahre, von denen man eine größere Objektivität erwarten würde, wurden auf antisemitischer Seite ständig Adjektive wie „abartig, unkünstlerisch, verseucht, dekadent, undeutsch, verjudet, verbrecherisch usw." gebraucht,[23] wenn es um Mahlers Symphonien oder seine Orchesterlieder ging.

Bekanntermaßen hat Mahler auf diese Angriffe nur selten öffentlich reagiert. Doch dafür sprechen seine Kompositionen eine um so deutlichere Sprache. In ihnen, wie schon in seiner *1. Symphonie*, bleibt es weiterhin bei jenem auffälligen Zwiespalt zwischen tiefsten Depressionen und empfindsam-idealistischen Aufschwüngen, der sich weder in den Werken eines Erfolgskomponisten wie Richard Strauss noch in denen weniger erfolgreicher Komponisten wie Max Reger oder Hans Pfitzner findet. Während in den Werken dieser drei Musiker um die Jahrhundertwende bei Strauss eine impressionistisch glitzernde Farbenpracht, bei Reger ein formalistisch orientiertes Fugen- und Variationsprinzip und bei Pfitzner eine deutsch-romantische Grundstimmung vorherrscht, die ihren Kompositionen – bei aller Verschiedenheit – eine durchgehende Stimmigkeit gibt, merkt man in den Werken Mahlers stets den „Bruch". Hier wird nichts vereinheitlicht, sondern jene Jean-Paulsche Vieltönigkeit beibehalten, in die Mahler alles hineinlegen konnte, was ihn auf den verschiedenen Stationen seines deutsch-jüdischen Leidenswegs zutiefst bewegte. In ihnen stehen daher betont deutschtümelnde Partien neben nichtendenwollenden Trauermärschen, ekstatische Visionen neben Ländlermotiven, musikalisch nachgeahmte Vogelstimmen neben kaum zu überbietenden Sarkasmen sowie trotzig-rebellische Klänge neben Abschnitten, in denen eine geradezu religiös gestimmte Erlösungssehnsucht zum Durchbruch kommt.

Alle deutschen Musikliebhaber und -liebhaberinnen, denen es beim Hören von Musik um 1900 in erster Linie um seelische Einfühlung, ja totale Identifikationen ging, fühlten sich deshalb von Mahlers Musik weitgehend abgestoßen, obwohl sie ihn zum Teil als „genialischen" Operndirigenten bewunderten. Sie sahen in seinen Symphonien lediglich eine geschickt arrangierte „Kapellmeistermusik", die nichts wirklich

Authentisches habe, sondern sich weitgehend mit Anspielungen, Zitaten oder gar Plagiaten begnüge. Und eine solche Musik bezeichneten diese Schichten gern als typisch „jüdisch". Da es den Juden an einer „arteigenen" Musiktradition fehle, liest man in ihren Schriften immer wieder, seien sie notwendig auf oberflächliche Aneignungen oder Imitationen angewiesen. Was also die deutschbewußten Hörer und Hörerinnen an Mahlers Werken vermißten, war vor allem eine einheitliche Grundhaltung. Während sie im Hinblick auf Tonpoeme oder Opern auch Farbig-Realistisches duldeten, erwarteten sie von Symphonien fast etwas Sakrales oder zumindest Absolutes, das sich an Vorbildern wie Beethoven, Brahms oder Bruckner orientiert. Mahlers Symphonien empfanden sie deshalb wie rhapsodische Potpourris, denen jeder innere Zusammenhang fehle.

Diese Uneinheitlichkeit ist bis heute der Hauptgegenstand vieler Mahler-Interpretationen geblieben. Sie als spezifisch „modern" zu deuten, wie das häufig geschehen ist, wäre ebenso pauschalisierend, wie sie wegen ihrer intertextuellen Rückbezüge und eklatanten Formbrüche zum Inbegriff postmoderner Kompositionsweisen zu erheben. Mit derart vagen Umschreibungen würde alles historisch oder gesellschaftlich Konkrete aus ihnen zwangsläufig eliminiert. Auch die Herausarbeitung der Jean-Paulschen Vieltönigkeit reicht keineswegs aus, um dieser Musik wirklich gerecht zu werden, wie wir gesehen haben. Letztlich stammen ihre kreativen Impulse aus wesentlich tieferen Schichten. Und in diesen herrschte weitgehend jene deutsch-jüdische Zerrissenheit, die sich zwar in Mahlers Kompositionen nicht politisch-programmatisch, aber doch künstlerisch deutlich genug äußert. Trotz aller forcierten Assimilationsbemühungen blieben daher seine Symphonien die Werke eines Außenseiters. Zum Beweis dieser These haben sich viele auf den von seiner Frau Alma überlieferten Ausspruch Mahlers berufen: „Ich bin dreifach heimatlos: als Böhme unter den Österreichern, als Österreicher unter den Deutschen und als Jude in der ganzen Welt."[24] Doch eines solchen Belegs hätte es kaum bedurft. Für diese These spricht auch seine Musik, und zwar schon die seiner *1. Symphonie*.

Wohl die bekanntesten Interpretationsmuster für diese „Zerrissenheit" finden sich bei Theodor W. Adorno, der in seinem langen Mahler-Essay im Hinblick auf dessen Symphonien vor allem den „Ton des Traumatischen" und die „Gebrochenheit" des Ausdrucks herausgearbeitet hat.[25]

Allerdings blieb er dabei, was das Weltanschauliche betrifft, sehr allgemein. So wird etwa die Tatsache, daß Mahler Jude war, nur am Rande erwähnt. Was Adorno an Mahlers Werken interessierte, war vor allem dreierlei: erstens Mahlers „Revolte" gegen die „bürgerliche Musik", bei der er sogar die Verwendung „plebejischer Elemente" nicht verschmäht habe; zweitens das „Epische", ja fast „Romanhafte" der Mahlerschen Musik; sowie drittens ihre formale und seelische Komplexität, die jeden Ausweg ins „Einheitsstiftende" vermeide.[26] Eine solche Sehweise sollte nicht kommentarlos hingenommen werden. So scheint mir der Begriff „Revolte" im Hinblick auf Mahlers Werke allzu hochgegriffen; dazu sind sie – trotz ihrer Vieltönigkeit – viel zu assimilationsbereit. Der Hinweis auf das „Epische" oder „Romanhafte" kommt dem Wesen dieser Musik schon näher. Und auch der für Mahlers Symphonien charakteristische Mangel an „einheitsstiftenden" Elementen wird von Adorno mit überzeugenden musikalischen Beispielen belegt. Allerdings geschieht das meist recht kunstimmanent. Dabei gebe es gerade bei Mahler im Bezug auf sein Judentum und seinen Assimilationsdrang soviel mehr zu sagen. Möge dieser Aufsatz mit seiner Interpretation der tieferen Ursachen von Mahlers Jean-Paulisieren in seiner *1. Symphonie* einen der ersten Fingerzeige dazu liefern.[27]

Das Vorbild Zola

Heinrich Mann und die Dreyfus-Affäre

Daß sich ausgerechnet ein aus reichstem Patriziermilieu stammender Jungreaktionär wie Heinrich Mann einmal leidenschaftlich zu dem aus armen Verhältnissen aufgestiegenen Sozialkritiker Émile Zola bekennen würde, war 1898 noch nicht vorherzusehen. Als der bereits achtundfünfzigjährige, weltberühmte Zola in diesem Jahr in der Zeitung *L'aurore* seinen Aufschrei *J'accuse* veröffentlichte, mit dem er sich vehement in die seit 1894 schwelende Dreyfus-Affäre einmischte und sich im Zeichen der „vérité" gegen die korrupte, antisemitisch eingestellte französische Militär- und Justizbürokratie wandte, zählte Heinrich Mann erst siebenundzwanzig Jahre. Er hatte zwar schon 1894 – unter dem Titel *In einer Familie* – einen psychologisch nicht unbeachtlichen Roman publiziert und sich damit ebenfalls unter die Schriftsteller begeben, aber nichts hätte ihm zu diesem Zeitpunkt ferner gelegen, als sich im Namen der Menschenrechte öffentlich für einen fälschlich des Vaterlandsverrats angeklagten jüdischen Offizier einzusetzen. Im Gegenteil, nicht dem mit sozialistischen Ideen symphatisierenden Radikaldemokraten Zola galt damals seine Verehrung, sondern eher Autoren, die eindeutig zum konservativen Lager gehörten und selbst vor antisemitischen Ausfällen nicht zurückschreckten.

Welcher Weltanschauung Heinrich Mann in den späten neunziger Jahren huldigte, geht am besten aus seinen sechsundvierzig Beiträgen zu der eindeutig reaktionären Zeitschrift *Das Zwanzigste Jahrhundert* hervor, die er 1895–96 für kurze Zeit sogar selbst redigierte.[1] In diesen Essays und Statements, die sich mit einem breiten Spektrum von Themen beschäftigen, bekannte er sich mit romantisch-antikapitalistischer und zugleich romantisch-antisozialistischer Tendenz zu einer betont undemokratischen Staatsvorstellung, bei der wieder die angestammten Werte des Volkhaften, Heimatlichen und Rassebewußten im Vordergrund stehen würden. Wie Friedrich Lienhard, der diese Zeitschrift kurze Zeit vorher herausgegeben hatte und um 1900 mit seiner „Los von Berlin"-Parole zu einem Hauptsprecher des konservativ-militanten Flügels der Heimatkunstbewegung werden sollte, sah Heinrich Mann in seinen Beiträgen zu diesem Blatt die maßgebliche Ursache der gegenwärtigen Misere, durch die sich alles „immer finsterer gestalte“,[2] in jenem Materialismus, der im Zuge der schnell umsichgreifende Industrialisierung und Verstädterung entstanden sei und keine anderen Werte als die des Egoismus, der Bereicherung und der Genußsucht neben sich anerkenne. Und in einer solchen Welt müsse der traditionsbewußte, anständige Deutsche, der noch an nationalen und christlichen Werten hänge, wie Mann immer wieder versicherte, von dem artfremden und gesinnungslosen Juden zwangsläufig an den Rand gedrückt, übers Ohr gehauen und schließlich zur Strecke gebracht werden.

Wie viele Antisemiten dieser Jahre erblickte also Mann zu diesem Zeitpunkt nicht im Kapitalismus, sondern allein im Judentum – als seiner skrupellosesten Manifestation – den eigentlichen Grund der gegenwärtigen Entartungen. Und zwar gelte das nicht nur für die Politik und das Geschäftsleben, sondern auch für die alles manipulierende Presse, die Literatur, das Theater, ja das gesamte Kulturleben. „Wenn der Materialismus, dessen Sterbekunst wir heute auszuhalten haben“, schrieb er im August 1895 unter dem Titel *Jüdischen Glaubens* in der Zeitschrift *Das Zwanzigste Jahrhundert*, „einen Vermittler gefunden hat, der ihn in das für ihn schwer zugängliche deutsche Geistesleben einführte, so ist das am offenkundigsten die jüdische Bildungsschicht gewesen. Sie hat nicht aufgehört, die alten Vorurteile, die in unserem Volk dem moralischen und wirtschaftlichen Anarchismus hinderlich waren, der ihr Lebenselement ist, niederzumähen, und bis heute, wo Jedermann ihn verleugnete, behauptet sie in ihrer Presse diesen Materialismus. Wir sagen nicht, daß sie es aus bloßer Berechnung tat und tut; sie kann gar nicht anders. Der jüdische Gedanke hat von jeher eine leere und dünne Geistigkeit gehabt, ohne den Inhalt des Gemüts, das der Germane in jede seiner Auffassungen gießt.“[3]

In diesen Jahren wird also der Jude von Heinrich Mann noch ausschließlich als gefährlicher Parasit am deutschen Volkskörper, mit anderen Worten: als glaubens- und vaterlandsloser Verursacher allen Unheils hingestellt. „Er ist der ‚Typus des Mitbürgers‘“, heißt es im gleichen Aufsatz, „der mit einem Haufen schmutziger Wäsche von Osten bei uns eingefallen ist. In Wien schien sich ihm die Kerkertür ein wenig zu weit zu öffnen, so entschließt er sich, den schon erworbenen Ruf höherer Begabung bei den ‚Glaubensgenossen' in Berlin zu verwerten. Durch einige diskrete Hilfeleistungen, die ihm zugleich ein wenig, nicht für die Öffentlichkeit Bestimmtes über die Größe des Weltmarkts in die Hände liefern, weiß er sich unentbehrlich zu machen. Man beteiligt ihn einigemal an, wenigstens in Betreff des Erfolges, zweifelhaften ‚Operationen'. Und plötzlich kann er seinen Gönnern die Zähne zeigen. Er ist jetzt selbst eine Macht geworden und befindet sich auf der Höhe, wo der Diebstahl diesen Namen verliert, weil er sich nach Millionen berechnet." Doch nicht genug damit. Heinrich Mann fuhr im gleichen Aufsatz ebenso tiradenhaft fort: „Und hat nicht wirklich dieser Mann auf tausend vernichtete Existenzen seine Macht aufgerichtet wie eine unheilvolle Bestie, die einfach weil sie da ist, den Tod um sich her verbreiten muß! Aber was allein den Menschen vom Tier unterscheidet, ihn von seiner Tierheit befreien kann, das ist der Ausgleich und die Milderung des Kampfes ums Dasein. Jede andere ‚Kultur' ist hinfällig, so lange man die wilden Tiere im ‚freien Spiel der Kräfte' duldet, anstatt sie auszurotten oder in Käfige zu sperren!"[4]

Ein sinnvolles, auf gegenseitiger Achtung beruhendes Zusammenleben zwischen Deutschen und Juden erschien daher dem jungen Heinrich Mann undenkbar. Da der Jude alles in einem höheren Sinne Deutschbewußte auszulöschen versuche, um sein durch nichts behindertes materialistisches Herrschaftssystem aufzurichten, bleibe also dem Deutschen – innerhalb dieser Sicht der Verhältnisse – nur der Weg des kämpferischen Widerstands. „Jeder vom nationalen und sozialen Gewissen Geleitete wird daher Antisemit sein" müssen, lautete dementsprechend das ideologische Resümee dieses von nationalistischen Haßgefühlen nur so strotzenden Aufsatzes.[5]

Während sich Émile Zola zur gleichen Zeit anschickte, in seinen *Les quatre Évangiles* das Ideal eines Staats der sozialen Gerechtigkeit aufzurichten, und auf seiten der Verteidiger der Wahrheit für den zu Unrecht eingekerkerten Juden Dreyfus eintrat, huldigte also der junge Heinrich Mann in aller Offenheit der protofaschistischen Idee einer völkischen Regeneration Deutschlands, die er durch eine Zwangsaussiedlung der Juden nach Übersee[6] sowie eine Stärkung der „gesunden Kernmasse des Volkes", nämlich des bürgerlichen Mittelstands und der deutschbewußten Bauernschichten, herbeizuführen hoffte.[7] Für all jene Ideen, für die er sich später einen Namen machte, das heißt Friedensliebe, Verteidigung der Menschenrechte, Schutz der Juden und Durchsetzung der Demokratie in Deutschland, war in einer solchen Weltsicht kein Platz. Im Rahmen dieser Ideologie verteidigte Mann sogar die kriegerischen Aktionen des deutschen Reiches zur Eroberung weiterer Kolonien und zur Stärkung eines völkischen Zusammengehörigkeitsgefühls. Daher mußte er Zola in diesen Jahren zwangsläufig ablehnen, während ihm französische Autoren wie Charles Maurras, Léon Daudet und Paul Bourget, die sich 1898, dem Jahr des berühmten *J'accuse*-Artikels von Zola, für Nationalismus, Rassenreinheit, Judenfeindlichkeit, Katholizismus, Monarchismus und Stärkung der Familie einsetzten, als durchaus artverwandt erschienen.

In literarischer Form bekannte sich Heinrich Mann zu vielen dieser Ideen vor allem in seinem Roman *Im Schlaraffenland*, der im Jahr 1900 herauskam. In ihm geht es um die einflußreiche Rolle, welche Juden wie die Türkheimers im Berliner Finanz-, Gesellschafts- und Kulturleben spielen. Ihr Machtbereich ist bereits so groß, daß in dieser Welt für Nichtjuden fast kein Platz mehr zu bestehen scheint. Dies muß besonders der junge Andreas Zumsee erfahren, der als jugendlich-attraktiver Journalist aus den Rheinlanden in die Fänge der Türkheimers gerät und schließlich, nachdem sie ihm seine moralische Unschuld, seine bürgerliche Integrität und seinen deutschen Idealismus geraubt haben, ebenfalls zum Zyniker wird. Ja, am Schluß läßt er sich sogar mit einem Schweigegeld abfinden, um so die zweifelhafte „Ehre" Madame Türkheimers und ihres ebenso kompromittierten Gemahls zu retten.

Aber nicht nur die Türkheimers sind in diesem Roman ein widerliches Geschmeiß, das nur auf Profit, Sozialprestige und sexuellen Kitzel aus ist; auch ihre jüdischen Handlanger werden als ebenso fragwürdige Typen, wenn nicht gar eindeutige Schurken hingestellt. Einer dieser Gauner ist Blosch, der zu den „verrufensten Spekulanten an der Börse" gehört und dem Türkheimer das Geschäftliche überläßt.[8] Nicht minder problematisch wirkt ein gewisser Goldherz, der als einer der bekanntesten jüdischen Verteidiger Berlins Türkheimer in juristischen Fragen berät. Eine ähnliche Rolle spielt der Financier Ratibohr, mit dem Adele Türkheimer, die trotz ihrer Leibesfülle – unter Zuhilfenahme raffinierter Kosmetikkünste – noch immer das Ansehen einer „verblühenden Schönheit" genießt, eine ebenso kurzlebige Affäre hat wie mit dem jungen Zumsee, bevor sich dieser an die Mätresse ihres Mannes, die kleine Agnes Matzke, heranmacht.

Von gleicher Wichtigkeit wie diese Handlangerclique aus den oberen Rängen von Wirtschaft und Justiz ist in diesem Roman der Kreis der jüdischen Journalisten, der im Berliner *Nachtkurier*, mit dem auf das Rudolf Mosse gehörende *Berliner Tageblatt* angespielt wird, für eine den Juden im allgemeinen und den Türkheimers im besonderen günstige Stimmung sorgt. Als die „miesesten" Typen dieser Journaille werden dabei ihr Besitzer Jekuser, ihr Chefredakteur Dr. Bediener sowie ihr Redakteur für Judenfragen Kaflisch hingestellt, dessen Name offensichtlich von dem Wort Kalbfleisch abgeleitet ist. Sogar ein Zionist, namens Liebling, taucht unter den Freunden und Bekannten der Türkheimers auf, der jedoch als hartgesottener Zyniker seinen jüdisch-gesinnten „Idealismus" nur zur Verschleierung höchst unlauterer Machinationen mißbraucht.

Auch die Türkheimers geben sich von Zeit das Air einer idealistischen Begeisterung für große Ideen und treten zugleich als Förderer einer ihren Interessen dienenden „Hochkultur" auf. So unterstützen sie einen Hausdichter, der sich seit fünfzig Jahren über die Vorteile einer bürgerlichen Revolution verbreitet, die allen Menschen die gleichen, durch nichts eingeschränkten wirtschaftlichen und gesellschaftlichen Aufstiegschancen eröffnet. Auch der aus dem polnischen Inowrazlaw stammende Regisseur Kapeller, der es in Berlin ironischerweise bis zum Direktor des „Deutschen Volksballetts" gebracht hat, hält sich häufig in ihrem Dunstkreis auf. Andreas Zumsee spielt in diesem Milieu die Rolle eines Spaßmachers, eines „Pulcinello", der nicht nur im Bett Madame Türkheimers, sondern auch im Bereich des Literatur- und Theaterlebens alle an ihn gestellten Anforderungen erfüllt. Doch dazu bedarf es keiner besonderen Kraftaufwendungen. Schließlich wollen diese Kreise in der „Liebe" nur etwas Vordergründiges und empfinden auch die Kunst nur als ein gesellschaftliches Aushängeschild oder bestenfalls als einen schönen Schein, mit dem sie ihre unschönen Geschäfte verbrämen. Sogar die von Andreas Zumsee anfangs so hochgeschätzte Literatur ist für sie nur ein gesellschaftlicher Vorwand, den man sich zunutze macht, an dem man sich ergötzt, über den man lacht oder über den man, wenn man sich wie Fontanes Jenny Treibel einer besonders sentimentalen Stelle erinnert, ein paar geheuchelte Tränen vergießt, um sich als „mitfühlend" auszugeben. Daher empfindet diese Gesellschaft sogar das revolutionäre

Proletarierdrama *Rache* eines ungenannten naturalistischen Dramatikers, in dem ein Fabrikbesitzer und seine Frau ihre Lohnsklaven und -sklavinnen nicht nur materiell, sondern auch sexuell aufs schamloseste ausbeuten, bis diese nach Rache schreien und zur Revolte übergehen, lediglich als eine apart-bizarre, das heißt aus dem Rahmen fallende Sensation. Ja, in diesen Abschnitten wird – auf eine peinlich-paradoxe Weise – deutlich, daß Heinrich Mann die Abneigung dieser Schichten gegen einen Naturalismus im Sinne von Zolas *Germinal* oder Hauptmanns *Die Weber* durchaus teilt.[9]

Mit anderen Worten: Heinrich Manns Roman *Im Schlaraffenland* ist in seiner antikapitalistischen Kritik bei näherem Zusehen und genauerer Kenntnis der ihm zugrunde liegenden Ideologie nicht das Produkt einer im damaligen Sinn linken, sondern eher einer im damaligen Sinn rechten Polemik. Der Materialismus, der alles zum instrumentalisierten Objekt, zur „Ware" erniedrigt, wird in ihm nicht als Ergebnis eines skrupellosen, nur auf Profit bedachten marktwirtschaftlichen Systems, sondern eines spezifisch semitischen Ungeists der Niedrigkeit, Lüsternheit und Schachergesinnung hingestellt, dem selbst die alten Glaubenswerte des jüdischen Volks nichts mehr bedeuten. Diese Juden sind keine Moses-Mendelssohn-Juden, keine auf moralische Respektabilität bedachten deutsch-jüdischen Bildungsbürger mehr, sondern gerissene Börsenjobber und Bankpräsidenten im Sinne jenes Gerson von Bleichröder, der aufgrund seines gewaltigen Vermögens und seiner engen Beziehungen zu Bismarck schon seit den siebziger Jahren eine beliebte Zielscheibe antisemitischer Pressekampagnen und Witzblätter war. Im Gegensatz zu solchen eng umrissenen Personalsatiren geht es in Heinrich Manns Roman um das Bild einer total „verjudeten" Großstadtkultur, um damit auf jene Gefahren hinzuweisen, die sich im Zuge einer systematischen „Entgermanisierung" des deutschen Wesens einstellen könnten. Er stellt das Jüdische nicht etwas Anderes, Spezifisches, Fremdartiges dar, das außerhalb der deutschen Kultur steht, sondern versucht zu zeigen, daß der jüdische Ungeist bereits eine untrennbare Allianz mit den herrschenden Tendenzen des Liberalismus, Materialismus, Kapitalismus und Sozialismus eingegangen ist und von dort her – unter der Maske einer allgemeinen Emanzipation und Demokratisierung – Gesamtdeutschland in ein total entseeltes, seiner angestammten Werte beraubtes und damit entwürdigtes Land zu verwandeln droht.

Wieviel Wilhelm Heinrich Riehl, wieviel Friedrich Nietzsche, wieviel Paul de Lagarde, wieviel Julius Langbehn in diesen Anschauungen steckt, ließe sich im einzelnen leicht nachweisen. Was jedoch im Zusammenhang der Dreyfus-Affäre mehr interessiert, ist die Frage, wie es Heinrich Mann gelang, sich aus dem ideologischen Sumpf dieser deutschnationalen und präfaschistischen Gesinnungen zu befreien. Daß ihm dies nach dem Erscheinen des Romans *Im Schlaraffenland* nicht auf Anhieb gelang, sollte man ihm nicht verübeln. Auch sein Bruder Thomas und andere Autoren dieser Zeit, wie etwa Arnold Zweig,[10] brauchten lange Jahre der Umbesinnung, um sich aus dem konservativen Kulturpessimismus um 1900 in etwas lichtere Höhen des aufgeklärten Geistes durchzuringen. Heinrich Mann bedurfte dazu eines recht problematischen Umwegs, und zwar der Hingabe an einen überschwenglichen Lebenskult, der – etwas vergröbernd gesprochen – in seinen erotisierten Partien im Zeichen des Jugendstils und seiner Künstlerproblematik im Zeichen Nietzsches steht. Wohl das beste Beispiel für die eine Sehweise ist der sensualistisch aufgeladene, an d'Annunzio erinnernde Roman *Die Göttinnen oder Die drei Romane der Herzogin von Assy* (1903), für die andere die psychologisch zugespitzte Novelle *Pippo Spano* (1905).

Aus Abneigung gegen das in seinen Augen materialistisch-versumpfte Deutschland lebte Heinrich Mann in diesen Jahren vorwiegend in Italien oder Südfrankreich, wodurch sich sein Bild des wilhelminischen Kaiserreichs immer stärker „verfinsterte". Demzufolge begann er um 1910 schließlich seinen satirischen Roman *Der Untertan* zu konzipieren, der in seiner Kritik an Deutschland noch umfassender und grundsätzlicher werden sollte als sein Roman *Im Schlaraffenland.* Geblendet von dem nicht unproblematischen Konzept der „deutschen Misere", das nur wenig Spielraum für progressive Elemente erlaubt,[11] fand er in diesen Jahren Italien und Frankreich, also Länder einer südlichen Schönheit und Klarheit, welche er auch in seine literarischen Werke einbezog, immer ansprechender. Im Hinblick auf Italien ist dafür der Roman *Die kleine Stadt* (1909) repräsentativ, in dem Heinrich Mann zu zeigen versuchte, wie stark in diesem Land – im Gegensatz zum elitären Gehabe der deutschen Kulturbourgeoisie – selbst die sogenannte hohe Kunst, in diesem Fall eine Opernaufführung, auf wahrhaft demokratische Weise mit dem Volksleben verbunden ist. Im Hinblick auf Frankreich legte er hingegen den Hauptnachdruck auf die geistigen Wegbereiter der durch die Aufklärung des 18. Jahrhunderts in Gang gesetzten Entwicklungen, wobei er sich nicht nur über Rousseau, Voltaire und Laclos ausführlich äußerte, sondern auch dazu überging, die Bedeutung der wichtigsten französischen Autoren des 19. Jahrhunderts, wie Stendhal, Hugo und Flaubert, herauszustreichen. Und im Rahmen dieser Aufarbeitung der liberaldemokratischen Traditionen Frankreichs, die er auch für seine eigenen politischen und kulturellen Anschauungen als wegweisend empfand, begann er schließlich selbst Émile Zola für sich zu entdecken.[12]

Was Heinrich Mann an den ihm bis dahin verhaßten Zola anzog, war um 1910 vor allem zweierlei: erstens der Versuch Zolas, in seinem zwanzigbändigen Romanzyklus *Les Rougon-Macquart* (1871–93) ein kritisches, wenn nicht vernichtendes Bild der Ära Napoleons III. zu entwerfen, wovon sich Mann wertvolle Fingerzeige für seinen eigenen Plan eines mehrteiligen kritischen Romans über das wilhelminische Reich versprach, und zweitens das mutige Auftreten Zolas anläßlich der Dreyfus-Affäre, das nicht nur Manns Urteil über die Rolle der Juden in der modernen Gesellschaft revidierte, sondern ihm zugleich für jeden progressiv engagierten Schriftsteller vorbildlich erschien. Und progressiv wollte er, nachdem er sich jahrelang einem antiquierten Volkstumskonzept hingegeben und dann einem aristokratisch-nietzeanischen Außenseitertum gehuldigt hatte, in Zukunft sein, um den Deutschen vor Augen zu führen, mit welcher Entschiedenheit die italienischen und besonders die französischen Autoren bei der Herausbildung eines demokratischen Geistes für die Sache der Menschenrechte eingetreten seien. Kurz, Heinrich Mann wollte wie Heinrich Heine, den er trotz seines jugendlichen Antisemitismus stets hochgeschätzt hatte, in Deutschland endlich „Französische Zustände" schaffen. Das entscheidende Dokument dafür ist sein Essay *Geist und Tat* von 1910, welcher in Deutschland von der gesamten jüngeren expressionistischen Generation als Fanal eines Durchbruchs zu einer antiwilhelminischen Politisierung der Literatur aufgefaßt wurde.

Wie so oft in diesen Jahren ging Mann hierbei von dem grundsätzlichen Unterschied zwischen Deutschland und Frankreich aus. Zugegeben, in beiden dieser Länder habe es in den letzten 150 Jahren bedeutende Schriftsteller gegeben. Aber die deutschen Autoren hätten „das Leben des Volks", wie er betonte, „immer nur als Symbol für ihre eigenen hohen Erlebnisse" genommen und sich „nie in die Kämpfe dort unten eingemischt", ja sich als Verräter des Volks nur allzu oft an „die

Herrenkaste herangemacht" und so nicht nur das Volk, sondern auch den „Geist" verraten.[13] „Zur Abschaffung ungerechter Gewalt", schrieb er in polemischer Überspitzung, habe sich in diesem Land „keine Hand bewegt".[14] In Frankreich hätten sich dagegen die entscheidenden Schriftsteller „von Rousseau bis Zola" nie von den breiten Massen abgetrennt, sondern seien mit ihrer Unterstützung stets „der bestehenden Gewalt" entgegengetreten[15]. In diesem Land sei der Geist kein Phantom geblieben, sondern habe sich immer in die Tat, und zwar die politische Tat umgesetzt.

Wie verzweifelt mußte daher Heinrich Mann sein, als sich in den ersten Augusttagen des Jahres 1914 nicht nur die von chauvinistischen Parolen verblendeten Volksmassen, sondern auch die Hauptvertreter der Sozialdemokratie sowie die überwältigende Mehrheit der Professoren und Schriftsteller, also die von ihm so hoch geschätzten „Geistigen", hinter „ihren" Kaiser stellten und den Beginn des Ersten Weltkriegs als einen heroischen Erweckungsakt begrüßten. Daß sich auch sein Bruder Thomas mit seiner Schrift *Friedrich und die große Koalition* (1915) sofort an der Kriegspropaganda beteiligte, empörte ihn besonders. Deshalb entschloß sich Heinrich Mann, diesem maßlos anschwellenden Hurrapatriotismus mit einem besonders aufreizenden Essay entgegenzutreten und wählte dafür als überragende Leitfigur jenen Émile Zola, den er bereits in dem Essay *Geist und Tat* (1910) als einen der bedeutendsten französischen Schriftsteller herausgestrichen hatte. Er tat dies nicht nur, weil Zola plötzlich zu den von allen vaterlandsgläubigen Deutschen gehaßten Franzosen gehörte, sondern auch weil sich Zola in der Dreyfus-Affäre, neben Anatol France, als einer der wenigen bedeutenden Autoren gegen die herrschende Zeitstimmung gestellt und in seinem *J'accuse*-Artikel einen literarischen Aktivismus an den Tag gelegt hatte, der bei Freund und Feind noch immer als das berühmteste Beispiel eines politisch engagierten Schriftstellertums galt. Und Mann publizierte diesen Essay im November 1915 in den von seinem Freund René Schickele herausgegebenen *Weißen Blättern*, die sich als eine der wenigen deutschsprachigen Zeitschriften dieser Jahre in den Dienst des Pazifismus und der deutsch-französischen Verständigung stellten.

Bei genauerer Betrachtung enthält dieser Essay nicht nur eine detaillierte Charakterisierung Zolas, sondern auch eine Fülle autobiographischer Elemente und zugleich eine innere Auseinandersetzung mit den

Befürwortern des Krieges, vor allem seinem Bruder Thomas. Auf den ersten Seiten beginnt Heinrich Mann – scheinbar harmlos – mit einer Beschreibung von Zolas Jugend. Darauf geht er, ebenfalls noch „unpolitisch", auf die frühen literarischen Versuche Zolas ein, die in ihrer Preziosität seinen eigenen Erstlingen zu gleichen scheinen. Doch dann, bei der Beschreibung des Plans zu den *Rougon-Macquart,* wird plötzlich die Hauptabsicht dieses Essays deutlich, nämlich Zola und sich selbst als unerbittliche Gegner ihres jeweiligen Kaiserreichs und zugleich Befürworter einer auch die unterdrückten und ausgebeuteten Massen ins Auge fassenden republikanischen Gesinnung hinzustellen. Statt sich wie Flaubert aus Ekel vor der sich zusehends verhäßlichenden Welt des kapitalistischen Kommerzlebens in den Bereich eines schönheitstrunkenen Ästhetizismus zurückzuziehen, sei Zola von diesem Zeitpunkt an, lesen wir hier, unablässig für eine kommende Demokratie eingetreten. Wie kaum ein anderer habe er sich keine Ruhe gegönnt, sondern mit seinen Schriften immer wieder in den Tageskampf eingegriffen, um an die Stelle des autoritären Militarismus und imperialen Wahns jenes „verjüngte Leben" zu setzen, das „Frieden", das „Wahrheit", das „Optimismus", das „Demokratie", das „Sozialismus" heiße.[16] Zola habe begriffen, daß man als Geistiger „handeln" müsse, um sich dieses Ehrentitels würdig zu erweisen.

Und in diesem Zusammenhang widmete Heinrich Mann über ein Viertel seines Zola-Essays, das er unter den Titel *Tat* stellte, der Dreyfus-Affäre. In diesem Fall sei Zola nicht davor zurückgeschreckt, schrieb er, angesichts der allgemeinen Verblendung sogar seine eigene Sicherheit, ja sein eigenes Leben in die Schanze zu schlagen, indem er der „antisemitischen Schmutzpresse", welche das „Hirn der Öffentlichkeit" zerrüttet habe,[17] um sie für einen militanten Nationalismus zu gewinnen, mit der „Leidenschaft" eines zum letzten entschlossenen Intellektuellen entgegengetreten sei.[18] Statt ein „geistiger Mitläufer" zu werden und angesichts der Anklagen vor Gericht klein beizugeben,[19] habe er durch seine moralische Entschiedenheit einen allgemeinen Stimmungsumschwung herbeigeführt und somit schließlich zum Freispruch des unschuldig verurteilten Dreyfus beigetragen.

Mit diesem Essay hatte Heinrich Mann einen Punkt in seiner ideologischen Entwicklung erreicht, der in einem diametralen Gegensatz zu seinen politischen und literarischen Anfängen der neunziger Jahre steht.

Es schimmern zwar auch in dieser Schrift – vor allem in ihrem aristokratischen Konzept der „Geistigen" – noch immer einige nietzscheanische Konzepte durch, aber letztlich stellt das Ganze ein rückhaltloses Bekenntnis zu einer radikaldemokratischen Position dar, die allen imperialen, militaristischen und kapitalistischen Tendenzen des eigenen Zeitalters den Kampf ansagt. Und sie tut das unter ausdrücklicher Berufung auf den bekannten *J'accuse*-Artikel Zolas, der in seiner politischen Unerschrockenheit als leitbildlich herausgestrichen wird. Daß dabei die antinationale Tendenz stärker in den Vordergrund tritt als die Bekämpfung des Antisemitismus, ist im Hinblick auf ihre Entstehungszeit, nämlich das Jahr 1915, als in den mörderischen Schlachten des Ersten Weltkriegs Hunderttausende deutscher und französischer Soldaten ihr Leben lassen mußten, durchaus verständlich. Doch hierbei spielen sicher auch andere Gründe eine Rolle. Schließlich hatte sich die überwältigende Mehrheit der deutschen Juden, selbst der Zionisten unter ihnen,[20] im August 1914 – im Vertrauen auf die Unverbrüchlichkeit der deutsch-jüdischen Symbiose – ebenso geschlossen hinter „ihren" Kaiser Wilhelm II. gestellt wie die Mehrheit der nichtjüdischen Bevölkerung. Die Juden konnte also Heinrich Mann, selbst wenn er es gewollt hätte, zu diesem Zeitpunkt noch nicht als eine unterdrückte oder pazifistisch gestimmte Minderheit charakterisieren.

Wie groß die Empörung vieler deutscher Schriftsteller über diesen Essay war, läßt sich denken. Sich angesichts des „heroischen" Kampfs gegen Frankreich ausgerechnet auf Zola zu berufen und sein mutiges Auftreten in der Dreyfus-Affäre als vorbildlich hinzustellen, galt allgemein als Skandal. Vor allem Thomas Mann, mit dem Heinrich Mann nach dessen Schrift *Friedrich und die große Koalition* gebrochen hatte, war zutiefst empört über dieses antideutsche Bekenntnis zu einem „Revolutionsfranzosen", der überhaupt keinen Sinn für die höheren Werte der „Kultur" aufgewiesen, sondern sich lediglich in den niederen Sphären der „Zivilisation" herumgetummelt habe.[21] Thomas Mann nannte diesen Typ bekannterweise den „Zivilisationsliteraten" und schreckte selbst vor Termini wie „Boulevard-Moralist", „poetischer Volksverführer", „Inquisitionsdemagoge", „Freiheitspfaffe", „Busen-Rhetor", „Menschlichkeitsschmeichler", „Humanitätsprinzipienreiter", „Rhetorbourgeois" oder „Revolutionsschulmeister" nicht zurück,[22] um seinen Widerwillen gegen einen in die Gefilde der Literatur verirrten Handlungsgehilfen so scharf wie möglich ausdrücken. Ja, er setzte sich hin uns schrieb in den nächsten zwei Jahren seine *Betrachtungen eines Unpolitischen*, worin er mit dem Zola-Essay seines Bruders aufs schärfste ins Gericht ging und sich voller Emphase zu einem Dichtertum bekannte, daß jede Berührung mit dem tagespolitischen Geschehen peinlichst meidet und sich völlig auf die „dichterischen" Bereiche des Seelischen, Romantischen, Musikalischen, kurz: im deutschen Sinn Hochkulturellen beschränkt.[23]

Doch durch die Niederlage Deutschlands im Ersten Weltkrieg trat plötzlich ein drastischer Umschwung ein. Während Thomas Manns *Betrachtungen eines Unpolitischen*, die im Oktober 1918 erschienen, zu diesem Zeitpunkt mehrheitlich als das verbohrte Produkt eines zutiefst Konservativen abgelehnt wurden, erzielte Heinrich Mann mit der unbarmherzigen Abrechnung des Zweiten Kaiserreichs in seinem Roman *Der Untertan*, der zwei Monate später, also kurz nach der Novemberrevolution, erstmals auf den Markt kommen konnte, einen Riesenerfolg. Doch dieser Erfolg sollte sich als ein Pyrrhus-Sieg erweisen. Da sich die nationalkonservativen Kräfte auch nach der Verabschiedung der Weimarer Verfassung keineswegs geschlagen fühlten und ihrem Haß auf alles Republikanische weiterhin ungehemmt Ausdruck verliehen, blieb die von Heinrich Mann so sehnlichst herbeigewünschte Republik von Anfang an gefährdet und wurde schließlich, nach dem Beginn der Weltwirtschaftskrise von 1929, von jenen Nationalsozialisten überrannt, welche es mit ihren chauvinistischen Parolen ebenso geschickt verstanden, die breiten Massen für sich zu gewinnen wie Kaiser Wilhelm II. in den ersten Augusttagen des Jahres 1914.

Im Gegensatz zu Wilhelm II. stützten sich allerdings die ultrarechten Feinde der Weimarer Republik, welche als erster deutscher Staat den deutschen Juden durch nichts eingeschränkte politische und gesellschaftliche Rechte eingeräumt hatte, von Anfang an neben nationalistischen Parolen auch auf ebenso wirksame antisemitische Klischees. Und im Zuge dieser Entwicklung sah sich schließlich Heinrich Mann genötigt, nochmals auf die bereits durch die Dreyfus-Affäre ausgelöste Antisemitismus-Welle der neunziger Jahre und ihre mögliche Überwindung durch ein an Zola geschultes Handeln zurückzukommen. Dafür sprechen seine mit aufklärerischer Absicht geschriebenen Essays *Entdeckung Zolas* (1927) und *Der Antisemitismus und seine Heilung* (1928). In ihnen wird der Judenhaß als das Resultat eines nationalen „Minderwertigkeitskomplexes" hingestellt, der erst dann verschwinden werde, wie es mit kosmopolitischer Gesinnung heißt, wenn sich die Deutschen „samt ihren Juden“ in eine „über die Landesgrenzen hinweg umfassende, bei weitem wichtigere kulturelle Gesamtheit einreihen“ würden.[24] Als sich diese Hoffnungen am 30. Januar 1933 mit der Machtübergabe an Adolf Hitler zerschlugen, war Heinrich Mann einer der ersten, der ins Exil ging und bereits 1933 in Prag den Sammelband *Gegen die Phrase vom jüdischen Schädling* und in Amsterdam den Essayband *Der Haß* publizierte, in dem er den antijüdischen Drohungen der deutschen Faschisten mit dem Beitrag *Ihr ordinärer Antisemitismus* entgegentrat. Ähnliche Themen griff er in seinen Aufsätzen *Die Deutschen und ihre Juden* und *Nachwort zum Pogrom* auf, die 1935 bzw. 1939 erschienen.

Wer würde als unbefangener Leser bei der Lektüre dieser Essays vermuten, daß ihr Autor seine literarische Laufbahn in den neunziger Jahren des vorigen Jahrhunderts als rabiater Antisemit angefangen hat? Doch ein solcher Hinweis, so peinlich er in manchem ist, sollte das Bild Heinrich Manns nicht trüben oder gar verzerren. Im Gegenteil, seine politische und ideologische Entwicklung ist ein tröstlicher Beweis dafür, daß sich den Ideen der Aufklärung zuwendende Menschen durch das Studium der Geschichte dazulernen und sich wandeln können. Während Heinrich Mann in seinen Anfängen das Auftreten Zolas in der Dreyfus-Affäre als der unwürdige Akt eines mit allem „Niederen“ paktierenden Zivilisationsliteraten erschienen war, erblickte er darin – nach vielen Umwegen – schließlich die einem wahrhaft Geistigen einzig angemessene Haltung. Und erst diese Erkenntnis riß ihn aus seinem patrizischen Milieu und seiner aus dem National-Konservativen ins Nietzscheanisch-Aristokratische übergehenden Gesinnung heraus und ließ ihn einen Weg einschlagen, auf dem er zu einem der bedeutendsten Verteidiger der Menschenrechte, einschließlich der jüdischen, unter den deutschen Schriftstellern des 20. Jahrhunderts werden sollte.

Wenn also Zola unter den deutschen Schriftstellern eine Wirkung zeitigte, dann ist Heinrich Mann wohl das bekannteste und überzeugendste Beispiel dafür. Er wies diesem aus dem Dunstkreis völkisch-reaktionärer Verbissenheit à la Friedrich Lienhard und einem ebenso reaktionären Höhenmenschen-Ästhetizismus à la Friedrich Nietzsche stammenden Autor den Weg, der zu einem radikaldemokratischen Engagement führte, das sich schon in der unmittelbaren Vorkriegszeit, aber dann noch verstärkt während der Weimarer Republik und im antifaschistischen Exil in Frankreich, immer stärker von den Menschen angeblich „edlerer" Abstammung und angeblich „höherer" Geistesgaben den durch die politischen, ökonomischen und sozialen Zustände Entwürdigten und Entrechteten zuwandte. Und so wurde auch Heinrich Mann, wie Zola, zwar kein Poet, aber dafür ein Tribun. Ihm dies zu verübeln, wie das manche ästhetisierenden Snobs noch immer tun, zeugt nicht von geistiger Überlegenheit, sondern von politischer Verblendung. Poeten hat Deutschland wahrlich genug gehabt, aus der Literatur sich emporwindende Tribunen dagegen nur wenige. Daß Heinrich Mann zu den Besten unter ihnen gehört, sollten ihm ähnlich gesinnte Menschen nie vergessen.[25]

Literarischer Buberismus

Arnold Zweigs *Ritualmord in Ungarn*

Durch den Welterfolg des Romans *Der Streit um den Sergeanten Grischa* (1928) sind die Frühwerke Arnold Zweigs weitgehend in Vergessenheit geraten. Wer erinnert sich heute noch, von einigen Zweig-Freunden und -Forschern abgesehen, an seine frühen *Sonette* (1910), den Roman *Aufzeichnungen über eine Familie Klopfer* (1911) oder das Drama *Abigail und Nabal* (1913), auf denen sich bereits in den frühen zwanziger Jahren der Staub der Antiquariate anzusammeln begann? Lediglich seine *Novellen um Claudia* (1912) galten – wegen ihres hypersensiblen Ästhetizismus – noch eine Zeitlang als aparte Seitenstücke zu Thomas Manns frühen Erzählungen. Aber selbst dieser Zyklus wurde von den Vertretern der Neuen Sachlichkeit, falls sie sich überhaupt noch an ihn erinnerten, schon in den mittzwanziger Jahren als „Schmock“ empfunden. Einige dieser Urteile sind sicher nicht ganz aus der Luft gegriffen. Zwar haben auch diese Werke ihren klar umrissenen Stellenwert: ob nun in der Biographie Zweigs oder der Entstehung einer spezifisch zionistischen Mentalität, aber zu den bedeutenderen Leistungen der deutschen Literatur gehören sie nicht. Und auch Arnold Zweig brauchte viele Jahre der Einkehr und Umkehr, in denen er sich von den Werken seiner Frühzeit abzusetzen versuchte, bis er 1927 – nach langjährigen Produktionshemmungen – endlich fähig war, seinen *Grischa* in einem Zuge herunterzudiktieren.[1]

Eins seiner Frühwerke bildet jedoch in mancher Hinsicht eine Ausnahme, indem es die Zeit vor dem Ersten Weltkrieg mit der Anfangsphase der Weimarer Republik verknüpft. Ich meine damit das Tendenzdrama *Ritualmord in Ungarn*, das Zweig 1913 niederschrieb, das 1914 in Druck erschien und 1915 von Paul Wiegler mit dem Kleist-Preis ausgezeichnet wurde,[2] aber wegen der Kriegssituation, das heißt der Rücksichtnahme auf den Bündnispartner Österreich-Ungarn, erst 1919 uraufgeführt werden konnte. Obwohl dieses Werk in seiner vehementen Auseinandersetzung mit den Ritualmordanschuldigungen der achtziger Jahre des 19. Jahrhunderts, die vor allem in Rußland und Ungarn zu vielbeachteten Prozessen geführt hatten, ein typisches Vorkriegsstück ist und sich inmitten der expressionistischen Dramen dieser Jahre etwas seltsam ausnimmt, erzielte es dennoch mehr als einen bloßen Achtungserfolg. Das lag zum Teil an der vorzüglichen Besetzung der ersten Inszenierungen. Bei der Wiener Uraufführung vom 19. Oktober 1919 spielte Elisabeth Bergner den vierzehnjährigen Moritz Scharf, die jüdische Hauptfigur dieses Stücks. Bei der Frankfurter Inszenierung, die am 28. des gleichen Monats Premiere hatte, verkörperte Heinrich George den Untersuchungsrichter Bary, den zentralen Gegenspieler der des Ritualmordes angeklagten Juden dieses Dramas. Ja, in Berlin stellte Heinz Herald, und hinter ihm Max Reinhardt, bei der Premiere dieses Stücks im Deutschen Theater am 25. Januar 1920 Ernst Deutsch als den kleinen Moritz und Emil Jannings als den Untersuchungsrichter Bary auf die Bühne.[3]

Die Rezensionen dieser Aufführungen waren recht unterschiedlich, aber zum größten Teil positiv. Wie schon 1914, anläßlich der ersten Buchausgabe dieses Stücks, die noch *Ritualmord in Ungarn* hieß, während dasselbe Stück jetzt als *Die Sendung Semaels* auf den Bühnen erschien, überwogen dabei eindeutig die jüdischen Stimmen, welche auf die Schärfe der in ihm ausgesprochenen Anklage höchst erregt reagierten.[4] Während es jedoch 1914 – neben den Rezensenten des *Berliner Tageblatts* und der *Sozialistischen Monatshefte* – ausschließlich die Rezensenten der *Jüdischen Rundschau*, der *Deutschen Israelitischen Zeitung*, der *Freien Jüdischen Lehrerstimme*, der *Jüdischen Presse* und des *Liberalen Judentums* waren, die sich mit Zweigs *Ritualmord in Ungarn* auseinandergesetzt hatten,[5] griffen jetzt auch wesentlich prominentere Rezensenten in die Debatte über dieses Drama ein, deren Besprechungen – neben den bereits genannten Blättern – in weitverbreiteten Zeitungen und Zeitschriften wie der *Vossischen Zeitung*, der *B.Z. am Abend*, der *Neuen Freien Presse*, der *Frankfurter Zeitung*, der *Berliner Börsen-Zeitung*, dem *Kunstwart*, dem *Tagebuch*, der *Weltbühne*, der *Neuen Schaubühne*, der *Deutschen Bühne*, dem *Literarischen Echo* und *Westermanns Monatsheften* erschienen.[6] Einige der deutsch-jüdischen Kritiker – so Alfred Kerr, Alfred Polgar und Julius Bab – machten aus ihrer inneren Anteilnahme an dem behandelten Stoff kein Hehl und erklärten, daß der Autor dieses Stücks als Dramatiker „sehr packend", ja fast ein „Genie" sei. Andere, wie Max Hermann-Neisse und Siegfried Jacobsohn, äußerten sich zwar ebenso angetan, meldeten aber einen entschiedenen Widerspruch gegen die betont „zionistische“ Schlußpointe des Ganzen an. Lediglich an jüdischen Themen weniger interessierte Kritiker besprachen dagegen dieses Stück äußerst kühl. So bescheinigte etwa Bernhard Diebold am 30. Oktober 1919 in der *Frankfurter Zeitung* dem Autor einen durchaus anerkennenswerten „guten Willen“, fand aber das Stück selber letztlich „mißlungen“.[7]

Nach diesen drei Erstaufführungen wurde es schnell ruhig um *Die Sendung Semaels*. Die meisten deutsch-jüdischen Kritiker schwenkten im Laufe der zwanziger Jahre – im Vertrauen auf die demokratische Rechtsstaatlichkeit der neuen Republik – ins Lager eines illusionären Liberalismus ab und interessierten sich für jüdische Themen nur noch am Rande. Demzufolge geriet Zweigs *Ritualmord in Ungarn* mehr und mehr in jene Werkgruppe, die sich am besten als „unbequeme Literatur“ charakterisieren läßt.[8] Von den Nichtjuden unter den Kritikern wurde dieses Werk aufgrund seiner zionistischen Gesinnung ohnehin gemieden. Aber auch unter den deutsch-jüdischen Kritikern galt es wegen seiner massiven Parteilichkeit zusehends als „peinliches“ Werk, mit dem sie sich – vor allem in der Öffentlichkeit – lieber nicht identifizieren wollten. Und an dieser Situation änderte sich auch in der Folgezeit, weder in den Jahren des Exils nach 1933 noch in den Jahren nach 1945, nichts. Neuerdings wird der *Ritualmord in Ungarn* zwar manchmal – im Rahmen anderer Zusammenhänge – am Rande erwähnt,[9] eine ausführliche Interpretation hat er jedoch nie erfahren. Woran liegt diese totale Nichtbeachtung: an den dramaturgischen Schwächen des Ganzen, über die man notfalls – im Hinblick auf die angesprochene Thematik – hinwegsehen könnte, oder auch an der Problematik jenes höchst eigenwilligen Zionismus, der diesem Stück zugrunde liegt und der manchen der deutsch-jüdischen Kritiker schon 1919/20 nicht ganz geheuer war? Um was handelte es sich bei diesem Stück eigentlich: um das Drama eines westlich-liberalen Assimilationsjuden, der sich gegen den zu Pogromen steigernden Antisemitismus zur Wehr setzt, oder um das Drama eines zutiefst im Religiösen verankerten Zionisten, der in diesem Antisemitismus nur ein notwendiges Fegefeuer sieht, durch das alle Juden hindurchschreiten müssen, um würdig zu werden, wieder nach Jerusalem zurückzukehren?

Aufgrund dieser inneren Widersprüche behauptete Bernhard Diebold schon 1919 in kritischer Hellsicht, daß dieses Drama letztlich aus zwei Dramen bestehe, die nur wenig miteinander gemeinsam hätten: „Das eine heißt ‚Die Sendung Semaels' und handelt außerhalb von Zeit und Raum irgendwo in der Unendlichkeit, wo Gott-Elohim mit Satan-Semael über das Schicksal Israels verhandelt und die Erzväter Gericht halten über die Seelen, das andere Stück aber durchbricht mit der Überzahl seiner Seelen unablässig die Geisterhandlung des Rahmenstücks und heißt ‚Ritualmord in Ungarn'."[10] Und mit dieser Sehweise stand Diebold keineswegs allein. Schon Franz Kafka schrieb am 28. Oktober 1916 nach der Lektüre des *Ritualmords in Ungarn* an Felice Bauer in durchaus anerkennender, aber auch kritischer Perspektive: „Letzthin habe ich ‚Ritualmord in Ungarn', eine Tragödie von Zweig gelesen; sie ist in den überirdischen Szenen so angestrengt und schwächlich, wie ich es nach dem, was ich von Zweig kannte, erwartet habe. Die irdischen Szenen dagegen haben ein bezwingendes Lebens, es stammt wohl zum großen Teil aus den großartigen Akten des Prozesses."[11]

Um diesem Doppelcharakter gerecht zu werden, muß man zwangsläufig etwas genauer auf die widersprüchliche Konzeption sowie die Text- und Titeländerungen dieses Stücks eingehen, ohne welche seine Grundintentionen notwendig dunkel blieben. Erstmals angeregt wurde Zweig zu diesem Drama durch die Akten des berühmten Ritualmordprozesses von Tisza Eszlar aus den Jahren 1882/83, der fast das gleiche weltweite Aufsehen erregt hatte wie im Jahr 1894 die bekannte Dreyfus-Affäre.[12] Über den konkreten Anlaß zur Abfassung dieses Stücks wissen wir nur wenig. Und selbst dieses wenige ist zum Teil widersprüchlich. So hat Beatrice Zweig in ihren *Erinnerungen* später behauptet, daß das literarische „Vorbild" zu Zweigs *Ritualmord in Ungarn* eine „Kriminalgeschichte sei, die er 1913 in einem Münchner Antiquariat gefunden" habe.[13] Eberhard Hilscher erklärte dagegen, daß sich Zweig – nach mündlicher Mitteilung – bei der Konzeption dieses Stücks auf „eine Sammlung von Gerichtsreportagen eines gewissen Frankfurter" gestützt habe.[14] Doch sei dem, wie es wolle. Eines steht jedoch unumstößlich fest, nämlich daß sich Zweig in den „irdischen" Szenen sehr eng an den tatsächlichen Prozeßverlauf gehalten hat, der allgemein bekannt war und obendrein seit 1892 in Form des Buches *Der Prozeß von Tisza Eszlar* von Paul Nathan gedruckt vorlag. Ebenso wichtig für die Entstehung dieses Stücks war die Tatsache, daß 1913 in Kiew ein neuer, viel beachteter Ritualmordprozeß, der sogenannte Beilis-Prozeß, stattfand, der nicht nur Zweig, sondern auch andere deutsche Juden zutiefst erregte – also die dramatische

Gestaltung eines Ritualmordprozesses zugleich einen höchst aktuellen Charakter hatte.

Außerdem wissen wir aus Briefen, daß Zweig von diesem Stoff so ergriffen wurde, daß die Niederschrift des Ganzen mit ähnlich eruptiver Gewalt erfolgte wie später das Diktat des *Grischa*-Romans.[15] Er selbst beschrieb den auslösenden Impuls und den Entstehungsprozeß in einem Brief vom 21. Januar 1914, also drei Wochen nach Abschluß dieses Werkes, folgendermaßen: „Meine neue Tragödie werde ich Ihnen senden, sobald sie kopiert ist. Ich habe jetzt die genügende Distanz zu ihr, um zu sehen, daß sie vielleicht nicht Nabals Höhe [also die literarische Bedeutsamkeit seiner ersten jüdischen Tragödie ‚Abigail und Nabal'] hat, daß sie dafür aber die Geschlossenheit einer Eruption besitzt, die man künstlerisch bewältigt hat. Ich habe am 15. Dezember den Stoff kennengelernt, am 20. sein dramatisches Wesen erfaßt, am 22. mit der Niederschrift begonnen und am 28. als beendet weggelegt – ein Beweis, wie tief der Beilis-Prozeß, von dem ich keinen Bericht zuende lesen konnte, mein innerstes Judentum empört hat. Ich weiß auch, wie sie von der Bühne herab schreien wird."[16] „Seit den ‚Aufzeichnungen über eine Familie Klopfer'", heißt es in einem anderen Brief dieser Zeit, „habe ich nichts Großes mehr so rapide geschrieben. Meine Tragödie spielt 1882/83, heißt ‚Ritualmord in Ungarn', beginnt und endet im Himmel und bringt Dämonen und Heilige mitten zwischen die realistischsten Szenen."[17]

Beginnen wir mit der Interpretation der „realistischsten" Szenen. Sie schließen sich fast alle eng an den tatsächlichen Prozeßverlauf an und sind streckenweise von geradezu dokumentarischer Art.[18] Tisza Eszlar hatte um 1880 etwa 2700 Einwohner, von denen 25 Familien Juden waren, die um eine kleine Synagoge herum wohnten. Wie in Zweigs Stück hieß der Synagogendiener Salomon Scharf. Sein Sohn trug den Namen Moritz. Auch die im Stück auftretenden Ungarn, wie Frau Solymosi und ihre Tochter Esther, sind authentisch. Die Figur des Istoczy ist nach Győző Istóczy, einem bekannten antisemitischen Demagogen und Abgeordneten modelliert, der seit den siebziger Jahren gegen die „panjüdische Verschwörung" vom Leder zog und den Zuzug von Juden aus Galizien nach Ungarn verhindern wollte. Onody entspricht Géza Onody, einem verarmten Landadligen aus Tisza Eszlar, der aufgrund finanzieller Schwierigkeiten Teile seines Landes an die Juden Simon und György Pöhm verpachten mußte und sich im Parlament als wütender

Antisemit auf die Seite Istóczys stellte. Die gleiche Realistik zeichnet die verschiedenen Juristen, das heißt den Untersuchungsrichter Jószef Bary, den Staatsanwalt Ede Szeyfferth, den Gerichtspräsidenten Ferenc Korniss und den Verteidiger Dr. Károly Eötvös aus, die sich in den Jahren 1882/83 tatsächlich in der im Stück beschriebenen Weise verhalten haben. Auch die einzelnen Handlungsstränge sowie der Prozeßverlauf entsprechen fast durchgehend der in den dokumentarischen Berichten dargestellten Wirklichkeit. Nach dem Mord an Esther Solymosi, für den noch am gleichen Tag die Juden verantwortlich gemacht wurden, kam es in Tisza Eszlar zu einer Pogromstimmung, die fast zu einer Ermordung aller Juden geführt hätte, falls man sie nicht sofort ins Gefängnis geworfen hätte. Nicht minder authentisch sind die folgenden Verhöre und Folterungen sowie die dem jungen Moritz abgepreßte Zeugenaussage, daß er selbst gesehen habe, wie sein Vater die junge Esther in der Synagoge „geschächtet" habe.

Erst gegen Ende weicht Zweig plötzlich vom realen Verlauf der Ereignisse ab. Das gilt vor allem für die Figur des Moritz Scharf. Diesem Jungen hatte der Untersuchungsrichter Bary – nach langen Folterungen – versprochen, ihn nach Budapest zu bringen und als gebildeten Christen aufzuziehen, falls er seinen eigenen Vater des Ritualmordes an Esther Solymosi beschuldigen würde. Moritz hatte sich von den gleisnerischen Versprechungen Barys blenden lassen und war im folgenden Prozeß tatsächlich als Kronzeuge der Anklage aufgetreten, bis einer der liberalen Verteidiger bei einem Ortstermin in der Synagoge nachweisen konnte, daß sich der angebliche Tatort durch das von Moritz entdeckte Schlüsselloch gar nicht beobachten lasse. Hierauf mußte der Staatsanwalt die Anklage zwangsläufig zurücknehmen und alle Juden freisprechen. Bei Zweig kann der junge Moritz diesen Schock nicht verwinden und ersticht sich kurz darauf. In Wirklichkeit zog jedoch die Familie Scharf, wie die meisten Juden von Tisza Eszlar, anschließend nach Budapest und schickte ihren Sohn Moritz nach Amsterdam weiter, wo er als Diamantenschleifer ausgebildet wurde. Während Moritz in Wirklichkeit, wenn auch gedemütigt, so doch mit heiler Haut davonkam, gab Zweig dem Ende seines Stücks durch den Freitod seines Protagonisten einen höchst dramatischen, das Tragische streifenden Abschluß.

Soweit die geradezu dokumentarische Widerspiegelung des Prozeßverlaufs in Zweigs *Ritualmord in Ungarn*. In all diesen Szenen ist Zweig so realistisch, wie er es damals vermochte, und bemühte sich, mit seiner wahrheitsgetreuen Schilderung der grausamen Verdächtigungen, Demütigungen, Verfolgungen und Folterungen unschuldiger, wehrloser Menschen auf das Schicksal aller noch in Ost- und Südosteuropa unter entwürdigenden Bedingungen lebenden Juden hinzuweisen. Er wollte zeigen, daß unter solchen Verhältnissen begabte Kinder wie Moritz Scharf ihre einzige Chance darin sahen, dieser Misere so schnell wie möglich zu entrinnen, und – falls man ihnen die Ausflucht des Wohlstandes und der Bildung vorgaukelte – nicht davor zurückschreckten, selbst ihren Vater des Mordes an Christenkindern zu beschuldigen. Daß Zweig für diesen Jungen so viel Verständnis aufbringt, ja dessen Handlungsweise auf den durchaus gerechtfertigten Versuch zurückführt, aus dem hier geschilderten Elend herauszukommen, wirkt letztlich viel provozierender, als wenn dieses Stück auf eine moralische Verdammung des jungen Moritz hinausgelaufen wäre. Nicht Moritz und die anderen Juden sind in ihm die Angeklagten, sondern die herrschende Gesellschaft, welche die Juden zu einem unwürdigen Ghettodasein verurteilt.

Auf der Ebene dieser Vorgänge ist also das Ganze ein Tendenzdrama gegen den Antisemitismus, wie es sich schärfer und realistischer kaum vorstellen läßt. Als liberal gestimmter westlicher Assimilationsjude gab sich Zweig in solchen Szenen der Hoffnung hin, durch die bekannte journalistische Enthüllungstechnik, das heißt den „Skandal der Tatsachen“, an das Gewissen seiner Leser und Zuschauer zu appellieren. Im Gefolge Lessings wollte er verhärtete Vorurteilsstrukturen abbauen und damit zu einer fortschreitenden Humanisierung der Gesamtgesellschaft beitragen. Juden noch immer des Ritualmordes anzuklagen, empfand er als ebenso mittelalterlich, als ob man sie der Hostienschändung oder Brunnenvergiftung bezichtigen würde.[19] Zweig gab hierbei seiner Empörung einen so „krassen“ Ausdruck, daß man sich in manchen Szenen fast an vormärzliche oder naturalistische Dramen erinnert fühlt. Vor allem Büchner, dessen 100. Geburtstag im Jahr 1913 eine wahre Büchner-Welle auslöste, scheint ihn tief beeindruckt zu haben, wie wir noch seinem Erinnerungsbuch *Die Zeit ist reif* entnehmen können.[20] Wohl den größten Eindruck machte der Realismus in Büchners *Wozzeck* auf ihn, wie dieses Stückfragment in der Fassung von Karl Emil Franzos damals noch hieß. Doch auch inhaltlich war Zweig von diesem Drama geradezu gebannt, das offenbar in einer Gerichtsszene kulminieren sollte, in der sich die scheinbar Schuldigen (Wozzeck) als die Unschuldigen und die Ankläger (Arzt, Hauptmann) als die wahrhaft Schuldigen herausstellen.[21] Wie wir wissen, ließ Zweig auch später von dieser Liebe für Büchner nicht ab, veranstaltete nach dem Ersten Weltkrieg die erste „linke" Büchner-Ausgabe und bezeichnete ihn in seinen letzten Jahren mehrfach als den „ersten Sozialisten unter den deutschen Klassikern".[22]

Doch die Judenfrage rein dokumentarisch abzuhandeln, scheint Zweig in seinem Drama *Ritualmord in Ungarn* von Anfang an nicht befriedigt zu haben. Er wollte zwar auch tendenziös auftreten, wofür sich das Thema des Ritualmordverdachts, das bereits Heine in seinem *Rabbi von Bacherach*, der ersten deutsch-jüdischen Ghettonovelle, in exemplarischer Form gestaltet hatte, als besonders paradigmatisch anbot, aber er wollte diesen Stoff zugleich ins Höhere, Symbolische, Tragische oder Läuternde erheben. Aus diesem Grunde hielt er sich bei Konzeptionsfragen nicht nur an Büchner, der aufgrund seiner materialistischen Weltanschauung solche Aufschwünge ins „Höhere" strikt vermieden hatte, sondern zog auch andere dramatische Modelle heran, um durch die Einfügung symbolisch überhöhter Szenen dem Ganzen den Charakter des dichterisch Bedeutsamen zu geben. Während er sich in seinem Drama *Abigail und Nabal* (1913) – im Sinne der „neuklassischen" Forderungen eines Paul Ernst und Samuel Lublinski – als Tragiker deutlich in die „Nachfolge Hebbels" gestellt hatte,[23] versuchte Zweig das Stück *Ritualmord in Ungarn* zu poetisieren und damit sinnträchtiger zu machen, indem er es auf die Ebene früherer Läuterungsstücke erhob. Als Modell bot sich dabei selbstverständlich Goethes *Faust* an, der bei fast allen Läuterungsdramen des späten 19. und frühen 20. Jahrhunderts – bewußt oder unbewußt – Pate gestanden hat. Statt also lediglich auf der „realistischen" Ebene der häßlichen Wirklichkeit, das heißt der Ritualmordanschuldigungen, zu bleiben, gab Zweig seinem Drama von Anfang an eine Rahmenhandlung, in der sich Gott, die Stimme des Elohim, und Semael, der jüdische Teufel, als Widersacher entgegenstehen, obwohl schon nach der ersten Szene – wie in Goethes *Faust* – klar vorherzusehen ist, daß Gott beim Kampf um die Seele des jungen Moritz, aufgrund seiner größeren Machtvollkommenheit, zwangsläufig den Sieg davontragen wird.

Doch selbst dieser Rahmen, so anspruchsvoll er ist, genügte Zweig keineswegs. Schließlich wollte er nicht nur seinen literarischen Ehrgeiz befriedigen, sondern zugleich seine eigenen Weltanschauungskämpfe in dieses Drama einbringen. Als deutscher Jude, der zur Zeit der Niederschrift dieses Stücks noch Student der Literaturwissenschaft an der Münchner Universität war und an einer germanistischen Doktorarbeit über einen obskuren Aufklärer namens Paul Jakob Rudnik saß, fühlte er sich einerseits voll integriert, lebte aber andererseits in einer Umwelt, die sich zwar nicht mit den bedrückenden Verhältnissen der Juden Ost- und Südosteuropas vergleichen ließ, ihm jedoch durch mehr oder minder subtile Anspielungen, wenn nicht gar demütigende Vorhaltungen seinen jüdischen Außenseiterstatus immer wieder zu Bewußtsein brachte. Aus diesem Grunde ließ sich Zweig nicht nur von den Schätzen der deutschen Kultur beeindrucken, so sehr ihn diese auch faszinierten, sondern behielt zugleich die kulturelle Tradition der Juden im Auge, um nicht vor sich selbst sowie bereits zionistisch denkender Juden als Abtrünniger oder gar Verräter dazustehen. Von überragender Wichtigkeit waren ihm bei dieser weltanschaulichen Orientierungssuche die Schriften Martin Bubers, vor allem Bücher wie *Die Geschichten des Rabbi Nachman* (1906), *Die Legende des Baalschem* (1908) und *Drei Reden über das Judentum* (1911), deren Bedeutung für die deutschen Juden er in den Jahren von 1912 bis 1914 immer wieder nachdrücklich unterstrich und die auch auf sein Drama *Ritualmord in Ungarn*, vor allem auf die im Überirdischen spielenden Szenen, einen so großen Einfluß ausübten, daß Zweig dieses Drama ursprünglich „Martin und Paula Buber" widmen wollte.[24]

Die Wirkung Bubers, der hier im einzelnen nicht nachgegangen werden kann,[25] wirkte sich auf vielen Ebenen von Zweigs Denken aus. Von entscheidender Bedeutung für die Entstehung seines *Ritualmords in Ungarn* sind vor allem die zwölf Monate zwischen Dezember 1912 und Dezember 1913, in denen der geistige Austausch zwischen Zweig und Buber immer intensiver wurde. Für die tiefe Verehrung, die der junge Zweig dem elf Jahre älteren Buber entgegenbrachte, zeugt bereits ein Brief vom 16. Dezember 1912, indem er ihm beteuerte: „[Ich muß Ihnen] sagen, daß Ihre drei Bücher mich wieder mit der ganzen Intensität geistiger Erlebnisse den jüdischen Problemen zugeworfen haben, nachdem der hoffnungslos verfraste Ton der Zionisten wie der anderen Parteien, das grenzenlos widerliche Zanken um Personen [...] mich ganz in allgemein künstlerische und geistige Sphären gejagt hatte. Dafür, daß ich mich wieder an das Judenproblem geben konnte, habe ich Ihnen zunächst aufrichtig zu danken."[26] Ja, am 2. Oktober 1913, also wenige Wochen vor der

Niederschrift des *Ritualmords in Ungarn*, schrieb Zweig an Buber noch nachdrücklicher: „Für den Augenblick bin ich sehr theoretisch, sehr essayistisch, sehr jüdisch gestimmt. Das große Erlebnis des Baalschem zunächst einmal irgendwie zur Handlung zu gestalten ist mein Drang."[27] Wie ernst es ihm dabei zumute war, geht auch aus anderen Briefen dieser Zeit hervor. So schrieb er Ende September 1913, also ebenfalls kurz vor der Konzeption des *Ritualmords in Ungarn*, an seine Freundin Helene Weyl: „Ich bitte Sie dringend, lesen Sie die Buberschen Bücher ‚Die Legende des Baalschem' und die ‚Geschichten des Rabbi Nachman', vor allem aber Bubers Einleitung dazu; Sie werden in Ihnen ein Judentum finden von einer Größe und Innigkeit, wie es niemand in Europa weiß."[28]

Dem braucht wohl nichts hinzugefügt zu werden. Was allerdings erklärt werden muß, ist die Frage, welche Aspekte des Buberschen Denkens es waren, die Zweig so angezogen haben, und wie er diese Aspekte in seinem Drama *Ritualmord in Ungarn* dichterisch umgesetzt hat. Womit sich Zweig in den Buberschen Schriften identifizierte, waren vor allem folgende Ansichten: erstens nicht davor zurückzuschrecken, sich in aller Offenheit zu seinem Judentum zu bekennen und aus dieser „Selbstbejahung" eine neue Stärke zu gewinnen;[29] zweitens sich von allen orthodoxen und kommerziellen Aspekten des Judentums zu distanzieren und sich zur Stützung des neugewonnenen Selbstbewußtseins in die alten jüdischen Sagen und Legenden zu versenken; drittens dabei an die Weisheiten des ostjüdischen Chassidismus anzuknüpfen, wie sie in den Geschichten des Baalschem und des Rabbi Nachman überliefert sind; viertens das Jüdische wieder als etwas Volkshaftes und nicht als bloße Gesetzesbefolgung aufzufassen; und fünftens aus all diesen ins Mythische reichenden Kräften den Glauben an die Wiederkehr des Messias und die endgültige Rückführung des jüdischen Volkes nach Palästina zu schöpfen. Buber glaubte fest, daß jedem Juden, der sich nicht von den gleisnerischen Hoffnungen der Orthodoxie oder des Kommerzlebens blenden lasse, „an jedem Orte und zu jeder Zeit", wie er behauptete, die Kraft gegeben sei, sich wieder mit seinem „Gott zu vereinigen", ja daß jeder Jude „in jedem Punkte und in jeder Tätigkeit", wenn er sich wieder auf sein ureigenstes Wesen besinne, einen neuen Zugang zum „Absoluten" finden könne.[30] Er war geradezu von der Idee besessen, daß die Juden das „mythenzeugende" Volk schlechthin seien,[31] das zwar auch eine genau festgelegte Religion besitze, aus dessen Tiefen sich jedoch – wie in den

Geheimlehren der *Kabbala* und den mystischen Erkenntnissen des Chassidismus – immer wieder der Mythos gegen alle orthodoxen Erstarrungen durchzusetzen versuche. Vor allem in der „chassidischen Lehre" sah Buber „das Stärkste und Eigenste, was die Diaspora geschaffen hat".[32] „Sie ist die Verkündung der Wiedergeburt", schrieb er, „sie ist die letzte Gestalt des jüdischen Mythos, die wir kennen. Es wird keine Erneuerung des Judentums möglich sein, die nicht ihre Elemente in sich trüge."[33] Und als ihre bedeutendste Ausformung stellte Buber jenen Rabbi Israel ben Elieser hin, den man Baalschem genannt habe.

Diese Gedanken, die Martin Buber in den Vorworten zu den *Geschichten des Rabbi Nachman* und der *Legende des Baalschem* mit dichterischer Kraft auf wenigen Seiten zusammenzufassen suchte, mußten den jungen Zweig, der in diesen Jahren einen unorthodoxen Ausweg aus seinen eigenen Widersprüchen zwischen assimilierender Bewunderung der deutschen Kultur und angestrengter Bewahrung der besten Elemente des Judentums suchte, aufs tiefste bewegen. In ihnen fand er eine ins Mystisch-Mythische tendierende Religionsauffassung, die ihn nicht auf einen bestimmten positiv-gesetzten Glauben verpflichtete, sondern ihn eher in eine gehobene, auserwählte Stimmung versetzte und zugleich zu Schriften beflügelte, in die sich sowohl sein jüdisches als auch sein poetisches Gefühl ergießen konnte. Dafür spricht einerseits seine „jüdische Tragödie" *Abigail und Nabal*, andererseits sein Essay *Die Demokratie und die Seele der Juden*, die Zweig im Jahr 1912 verfaßte. Während er in *Abigail und Nabal* auch dem Poetischen einen weiten Spielraum einräumte, konzentrierte er sich in seinem Essay über die Seele der Juden fast ausschließlich auf theoretische Aspekte der damaligen „Judenfrage". Wie Buber empfand Zweig „nicht nur den Liberalismus, sondern auch die Orthodoxie" als „unfruchtbar",[34] das heißt verwarf sowohl das Festhalten am Überlieferten als auch die Assimilation und strich statt dessen in einem utopisch-kulturzionistischen Sinne die „innere Erneuerung" als die einzige Lösung eines selbstbewußten Judentums heraus.[35] „Ich bin ziemlich sicher", schrieb Zweig am 17. November 1913 an Buber, „daß das Judentum, wie es sein *wird*, wahrhaft und echt in dem Maße sich herausbilden und vollenden wird, indem es Ihre Gedanken als Leben in sich aufnimmt".[36]

Doch zurück zu Zweigs Drama *Ritualmord in Ungarn*, das mitten in dieser von Buber beeinflußten Wende seines Denkens und Dichtens entstand. Was hat von dieser Konzeption Eingang in die überirdischen Szenen sowie den Läuterungsprozeß des jungen Moritz Scharf gefunden? Da wäre erst einmal die Gottesvorstellung, die hinter diesem Drama steht. Sie entspricht genau jenem „Pluralsingular Elohim", von dem Buber im Vorwort zu seiner *Legende des Baalschem* spricht[37] und den auch Zweig als die „Stimme des Elohim" charakterisiert. Ebenso „buberisch" sind der Prophet Elijahu und der Patriarch Jizchak aufgefaßt, die wie Noah, Habel und der Rabbi Akiba in einer poetisch überhöhten Sprache reden, welche sich bis ins Detail an den Buberschen Sprachduktus dieser Jahre anzulehnen versucht, das heißt sich bemüht, all diesen Figuren eine Würde zu verleihen, die sich nicht nur aus ihrem religiösen Status ergibt. Und zwar spielen sich diese ins Weihevolle stilisierten Szenen, in denen es fast durchweg um das seelische Heil des kleinen Moritz geht, auf vier verschiedenen Ebenen ab.

Auf der höchsten stehen sich die „Stimme des Elohim" und der Teufel Semael gegenüber. Obwohl Semael, zu dem Zweig durch das Buch *Die Sagen der Juden* (1913) von Micha Josef bin Gorion angeregt wurde,[38] alle seine Kräfte aufbietet und nicht nur diverse Unterteufel, sondern auch die Gestalt der Dummheit nach Tisza Eszlar entsendet, um die dortigen Menschen auf seinen Weg, das heißt den Teufelsweg, zu locken, siegt – wie zu erwarten – der große Elohim, der „sein Volk" durch das Fegefeuer antisemitischer Ausschreitungen schickt, damit es um so „geläuterter" daraus hervorgehe.[39] Ja, die Stimme des Elohim erklärt am Schluß dem verzweifelt zu Boden stürzenden Semael, daß auch er, gerade durch seine Tücke und Bosheit, lediglich am „Rad des Maschiach" gedreht und damit die Juden ihrem Heil entgegengeführt habe.[40] Auf der zweiten Ebene befinden sich die Erzväter Jizchak, Noah und Habel, welche zu Anfang erbittert darüber sind, daß Elohim geduldig zusehe, wie Semael „ihr Volk bedränge" und sogar den kleinen Moritz in seine Gewalt zu bekommen suche,[41] bis sie erkennen, daß sich in alledem Gottes Wille manifestiert. Auf der dritten Ebene streiten der Prophet Elijahu und der „Renegat" Jakob Pfefferkorn, der als „niedrigster Judentyp" charakterisiert wird,[42] um die Seele des kleinen Moritz. Den Sieg trägt dabei Elijahu davon, der nicht nur die Dummheit aus der Statue der Justitia verscheucht und damit zur Widerlegung der Ritualmordverdächtigung beiträgt, sondern auch dem kleinen Moritz seinen Gebetsmantel hinterläßt, um ihn wieder auf die rechte Bahn des Glaubens zurückzulenken.

Doch fast noch wichtiger ist die vierte Ebene dieser Auseinandersetzungen. Auf ihr stehen sich, nachdem Moritz Selbstmord begangen hat, als Ankläger der Rabbi Akiba und als Verteidiger der Rabbi Israel Baalschem gegenüber. Während Rabbi Akiba auf Gerechtigkeit, also auf Strafe, dringt, vertritt Rabbi Baalschem das Prinzip der verständnisvollen und damit verzeihenden Liebe. Und es ist Elohim, der am Schluß aus dem Mund Elijahus verkündet, daß in dem Fall des kleinen Moritz nicht Akiba, sondern Baalschem das letzte Wort gehöre. Daraufhin sagt dieser in einem buberisch-zionistischen Sinne, dem die Utopie des läuternden Schmerzes zugrunde liegt: „So spreche ich dir zu, du werdest wiedergeboren im Lande der Väter, in Freiheit, Wissen und Freude. Dort lebe nahe der Erde, ein Bauer, und erweise dich. Denn der Mensch muß eine Weile haben, und muß ein Tor sein für allerlei Leben. Dies aber, was du in jenem kurzen Leben getan, sei dir nicht zur Sünde gerechnet, sondern zum Verdienst. Denn durch dich sind die Seelen entbrannt, die Herzen erschüttert worden und die Funken gehoben. Du warst, als du verrietest, ein Gefäß des Maschiach, ein Bote der Glorie und ein Wagen Gottes.“[43]

Durch diese überirdischen Szenen, die mitten in die „realistischsten“ Vorgänge eingesprengt sind, versuchte Zweig, dieses Drama aus dem Bereich des Niederen, nämlich des Kampfes gegen den Antisemitismus, auf die Ebene eines jüdischen Läuterungs-, wenn nicht gar zionistischen Erweckungsdramas zu heben, um sowohl dem Antisemitismus als auch dem Verbrechen des kleinen Moritz einen höheren Sinn, und zwar den der „Erschütterung“, abzugewinnen. Die einzige Hoffnung bildet also in diesem Drama die Wiedergeburt des Judentums in Palästina, im „Lande ihrer Väter“. Auf gut „buberische“ Weise ruft deshalb der Rabbi Baalschem am Schluß die in der Diaspora versprengten Juden zu einer seelischen Wiedergeburt aus der mystischen Tiefe der eigenen Seele auf. Wie wichtig Zweig diese Einsicht in den Jahren 1913/14 war, geht fast aus allen weiteren Selbstäußerungen über dieses Drama hervor, in denen er die realistische Handlung meist – im Vergleich mit den überirdischen Szenen – als minder gelungen hinstellte. So schrieb er anläßlich der Buchausgabe des *Ritualmords in Ungarn* an Helene Weyl, daß er die „realistische Tönung (Kleinheit) der irdischen Szenen, das Historische“ als einen deutlichen „Mangel dieses Werkes“ empfinde.[44] In einem späteren Brief an sie bemühte er sich, diesen „Fehler“ damit zu entschuldigen, indem er diese Szenen als ein „Dokument menschlicher Leidenschaft“ zu rechtfertigen versuchte.[45]

Unzufrieden mit dem krassen Realismus dieser Partien, begann Zweig daher schon im Mai 1914 mit den ersten Änderungen. „Ich arbeite Ritualmord vertiefend um", schrieb er zu diesem Zeitpunkt an Helene Weyl, „neue Szenen zwei oder drei, gerechter gegen Ungarn; tiefere transzendente Begründung der Motive aller Handlung. Ich nenne es auch vielleicht um: ‚Die Jüdische Tragödie' [und] orientiere Moritz Scharfs Leiden und Tod an Isaacs Opferung."[46] An Buber schickte Zweig sogar eine handschriftliche Kopie des Ganzen und bat ihn, möglichst viele Änderungsvorschläge zu machen. „Ich bitte Sie", schrieb er bereits am 9. März 1914 an ihn, „mir alle Ihre Einwände recht scharf zu sagen, damit ich noch bessern kann, was besserbar ist. Ich gebe zu, der Onody ist zu einseitig, nicht rund genug; er sollte nicht eigentlich als der Böse erscheinen, sondern mehr als der tierisch Getriebene, so wie Bary von der Dummheit getrieben ist."[47] Als ihm Buber die gewünschten Vorschläge machte,[48] beharrte jedoch Zweig in seinen Antwortbriefen recht energisch auf seinen ursprünglichen Ideen. Wieviel er dennoch von Bubers Vorschlägen aufgegriffen hat, läßt sich heute nicht mehr rekonstruieren, da wir nur Zweigs Korrekturexemplar des *Ritualmords in Ungarn*, [49] aber nicht das Manuskript seiner ersten handschriftlichen Niederschrift haben.

Was sich dagegen vergleichen läßt, ist die Druckfassung des *Ritualmords in Ungarn*, die 1914 im Berliner Hyperionverlag erschien, und die 1918 bei Kurt Wolff in Leipzig herausgekommene zweite Auflage dieses Stücks, die den neuen Titel *Die Sendung Semaels* trägt.[50] Zwischen diesen beiden Fassungen bestehen außer der Titeländerung und der Weglassung der 4. Szene des 4. Akts, die Zweig offenbar zu realistisch erschien, keine gravierenden Unterschiede. Auch die zweite Fassung ist nach wie vor ein Doppeldrama und wurde von Zweig nicht in dem Sinne vereinheitlicht wie das zwischen dem 28. Juli und 28. August 1914 geschriebene Drama *Die Umkehr des Abtrünnigen*, in dem es abermals um einen an seinem Volke schuldig werdenden Juden geht, der am Schluß durch den Baalschem auf den rechten Weg gewiesen wird. Im Gegensatz zu dem *Ritualmord in Ungarn* gibt es hier nicht mehrere Ebenen, sondern nur eine, die des Irdischen. Doch auf dieser herrscht durchgehend der gleiche hohe, erhabene Ton, den Zweig kurz zuvor nur auf der Ebene des Überirdischen verwandt hatte.[51] Auch die *Umkehr des Abtrünnigen* sollte auf eine Bubersche Erweckung hinauslaufen. Dafür hatte Zweig noch eine Fortsetzung vorgesehen, die er allerdings nie vollendete. Schließlich sah er sich im August 1914 ganz anderen, wesentlich konkreteren Problemen gegenüber, auf die er erst einmal als Deutscher und nicht als Jude reagierte. Wie viele der gebildeten deutsch-jüdischen Intellektuellen, die mit dem Gedanken der Buberschen „Wiedergeburt" sympathisiert hatten, empfand er den Traum von einem künftigen Zionsland plötzlich als illusorisch, wenn nicht gar irrelevant.

Doch schon anderthalb Jahre später, nach der Erfahrung des Trommelfeuers vor Verdun sowie des ihn zutiefst demütigenden Antisemitismus innerhalb der preußischen Armeehierarchie, brach bei Zweig erneut jener Glauben durch, dem der Gedanke der Neuerweckung des jüdischen Geistes zugrunde lag. In Zweigs Briefen und Aufsätzen der Jahre 1916/17 herrscht daher der gleiche Kulturzionismus, der ihn schon in den Jahren 1913/14 beseelt hatte. Immer wieder schrieb er zu diesem Zeitpunkt, daß die beste „geistige Nahrung" für junge Juden nur in Bubers Zeitschrift *Der Jude* zu finden sei.[52] Manchmal wurde Zweig sogar noch deutlicher und erwog ernstlich, nach Kriegsende ins künftige „Zionsland" auszuwandern. So schrieb er bereits am 26. April 1916 an Buber. „Wir [das heißt Zweig und seine Frau Beatrice] werden noch etwa zwei Jahre in Deutschland sein (nach dem Krieg) und dann ins Morgenland pilgern."[53] Und Buber schloß sich diesen Plänen an, wodurch die innere Verbundenheit der beiden Männer immer größer wurde. Allerdings wollten beide nicht auf die deutsche Kultur verzichten, sondern diese mit ins „Morgenland" hinüberretten. Daß sie mit solchen Zielsetzungen auf seiten der Rechtszionisten auf Widerstand stoßen würden, war ihnen klar. „Wir werden sehr auf der Hut sein müssen", schrieb Zweig Ende 1917, als nach der Balfour-Deklaration der Gedanke an ein künftiges Israel über Nacht viel konkreter wurde, an seinen Freund und Mentor Buber, „alle seine Masken [das heißt die Masken des Rechtszionismus] aufzudecken, auch die kulturfeindliche der Orthodoxie, die als unjüdisch bekämpfen wird, was wir von großen europäischen Kulturwerten mit hinübernehmen wollen."[54]

Und im Rahmen dieser Überlegungen spielte auch sein Drama *Ritualmord in Ungarn*, das er erst im Herbst 1917 in *Die Sendung Semaels* umbenannte, weiterhin eine wichtige Rolle. Trotz des Kriegszustands, das heißt des Militärbündnisses zwischen Deutschland und Österreich-Ungarn, das keine Diffamierung ungarischer Staatsbürger erlaubte, hoffte Zweig weiterhin auf eine möglichst baldige Uraufführung, um damit der Hoffnung auf ein künftiges Zionsland einen weiteren Auftrieb zu geben. Vor allem Buber drängte er gegen Ende des Jahres 1917, sich für eine Aufführung dieses Dramas in Frankfurt einzusetzen.[55] Solange der Krieg andauerte, hatte jedoch keine Bühne ein Interesse, sich an ein so heikles Thema heranzuwagen. Selbst nach dem 9. November 1918 dauerte es noch ein weiteres Jahr, bis Zweigs Stück endlich uraufgeführt werden konnte. Und es hatte auch, wie gesagt, den gewünschten Erfolg. Allerdings war Zweig – durch die Erfahrungen im Wilnaer Soldatenrat und seine Sympathie für den Berliner Spartacusaufstand – zu diesem Zeitpunkt kein unbedingter Vertreter des Buberschen Kulturzionismus mehr und begrüßte daher die Aufführung der *Sendung Semaels* nicht mit der gleichen Begeisterung, die er ihr noch zwei oder drei Jahre zuvor entgegengebracht hätte. Ja, zu diesem Zeitpunkt hatte er auch seine „Auswanderungspläne", auf die er im Januar 1919 in einem Brief an Helene Weyl noch einmal zu sprechen kommt,[56] vorläufig aufgegeben und sich mit seiner Frau in Starnberg bei München niedergelassen, um dort als freier Schriftsteller und Familienvater zu leben.

Wie stark ihn die jüdische Frage auch in den nächsten Jahren weiterbeschäftigte, belegen unter anderem seine Schriften *Das ostjüdische Antliz* (1920) und *Das neue Kanaan* (1925). Aber die in ihnen ausgedrückten Hoffnungen auf einen Staat, in dem Juden und Araber einmal wie in einer „kleinen linken Schweiz" in Freundschaft miteinander leben werden, basieren trotz aller utopischen Züge nicht mehr auf jenen mystisch-mythischen Wiedergeburtsvorstellungen à la Buber, wie er sie in den Schlußszenen seines *Ritualmords in Ungarn* zum Ausdruck gebracht hatte. Damit verglichen, wirken seine neuen Werke wesentlich nüchterner, was Zweig nicht davor bewahrte, von orthodoxer wie von rechtszionistischer Seite als gefährlicher Polititräumer angegriffen zu werden. Aber diese Auseinandersetzungen gehören bereits auf ein neues Blatt der Geschichte der zionistischen Erweckungsbewegung, in die sich Zweig zwar auch in den nächsten drei Jahrzehnten immer wieder einzumischen versuchte, ohne ihr jedoch viel von seiner Geisteshaltung vermitteln zu können.[57]

Bürger zweier Welten?

Zweigs Einstellung zur deutschen Kultur

Obwohl der „Fall Arnold Zweig" in vieler Hinsicht paradigmatisch für breite Schichten des liberalen deutsch-jüdischen Bürgertums und ihrer verehrenden Einstellung zur Kultur jenes Landes ist, in dem sie im Laufe des 19. Jahrhunderts zu vollgültigen Staatsbürgern geworden waren, widerspricht er dennoch in vielem der inzwischen zum Klischee erstarrten Vorstellung vom „Scheitern der deutsch-jüdischen Symbiose". Schließlich wurde sich Zweig der prekären Ambivalenz seiner Bewunderung der deutsch-abendländischen Kulturtraditionen sowie seiner jüdischen Außenseiterrolle nicht erst im Jahr 1933 bewußt, sondern hat darunter bereits seit seiner Schulzeit gelitten und dennoch zeit seines Lebens – unter Wilhelm II., im Ersten Weltkrieg, in der Weimarer Republik, im palästinensischen Exil und zuletzt in der DDR – immer wieder nach integrationistischen Konzepten gesucht, mit denen sich diese beiden Pole seiner Existenz auf einen Nenner bringen ließen. Aus diesem Zwiespalt ergibt sich seine Größe, aber auch seine Problematik, da er ihn ständig vor neue Entscheidungen stellte, ständig irritierte, ständig in neue Krisen verstrickte, das heißt nie in irgendwelchen nationalistischen, religiösen oder ästhetizistischen Einseitigkeiten einen vorschnellen Frieden finden ließ.

Und zwar bahnte sich dieser Zwiespalt bei Zweig schon in seiner Pennälerzeit an. Als Sohn kleinbürgerlicher Juden in Kattowitz aufgewachsen, besuchte er ab 1897 das dortige Gymnasium, wo er durch hochgebildete Studienräte, darunter den bei S. Fischer publizierenden Romancier Karl Bittermann, durch den engen Kontakt mit Mitschülern wie Arnold Ulitz und Ludwig Meidner, durch den Besuch der dortigen Symphoniekonzerte, wo jene „Musik von Bach bis Mahler" erklang, die ihn immer wieder in ihren Bann ziehen sollte,[1] durch das intensive Studium des Violinspiels, durch erste poetische und essayistische Versuche usw. schon als Abiturient zu einem glühenden Vertreter jener Kulturleistungen wurde, die er und seine Freunde – zusätzlich angefeuert durch eine sie alle berauschende Nietzsche-Lektüre – zur höchsten Manifestation, wenn nicht gar einzigen Legitimation des menschlichen Lebens schlechthin erhoben. Doch es werden nicht nur gymnasiale Bildungserlebnisse oder durch Nietzsche vermittelte Anregungen gewesen sein, die Zweig schon als Abiturienten einen solchen Kulturenthusiasmus einimpften; dazu trug sicher auch jener latente oder offene Antisemitismus bei, der ihn bereits als hochempfindlichen, reizbaren Schüler in die Rolle eines Außenseiters drängte. Daher zog sich der junge Zweig immer stärker auf Kunst und Philosophie zurück, von denen er sich – in einem bildungsidealistischen Sinn – eine Überwindung solcher als atavistisch, das heißt ungebildet empfundenen Niedrigkeiten erhoffte.

Die gleiche Tendenz, nämlich sich die Fluchtpunkte seines Lebens nicht auf gesellschaftlicher oder politischer, sondern ästhetischer Ebene zu suchen, ist für Zweigs Studienjahre zwischen 1907 und 1914 an den Universitäten Breslau, Berlin, Göttingen, Rostock und München kennzeichnend, wo er sich weitgehend einem Leben im Geiste und der Kultur hingab, während er die Vorbereitung auf das höhere Lehramt und seine germanistische Dissertation zunehmend vernachlässigte. Wesentlich stärker beschäftigte ihn in dieser Zeit – neben eigenen Schreibversuchen sowie Vorlesungen über Philosophie, Ästhetik und allgemeine Kulturtheorie – die Welt der Theater, Opernhäuser und Konzertsäle, in der er sich wie in einer dem Alltag völlig entrückten Sphäre einzunisten versuchte. „Reichlich beschäftigt mit Studium und Leben", schrieb Zweig später, habe er dadurch von den politischen oder gar „sozialistischen" Tendenzen dieser Ära fast nichts wahrgenommen.[2] Sowohl seine Briefe, Essays und Erzählungen dieser Jahre als auch der erst 1938 publizierte Roman *Versunkene Tage*, der damals noch *Esmonds gute Zeit* hieß, in dem er seine Münchner Kunst- und Studienjahre darstellte, atmen den Geist einer kulturellen Identitätssuche, in deren Umkreis vor allem Namen wie Kant, Goethe, Bach, Beethoven, Wagner und Nietzsche auftauchen. Als bildungsbürgerlicher Dilettant im besten Sinne saugte Zweig erst einmal alles in sich auf, was sich ihm bot, machte die übliche Kunstreise nach Norditalien, begeisterte sich für deutsche Romanik und Gotik, hörte Vorlesungen über Shakespeare, ja schwärmte für geradezu alles, worin er etwas Erhabenes, Großes, Würdevolles, Schönes, Tröstendes, Kompensatorisches erblickte. Doch nicht allein das; durch das Studium der Kunstphilosophie bei Emil Utitz, Moritz Geiger und Max Scheler versuchte er diesem Enthusiasmus für alles ästhetisch Gelungene eine geradezu ins Transzendentale erhobene Bekrönung zu geben.

Dennoch blieb sich Zweig auch in der Phase dieser geradezu weltentrückten Kulturschwärmerei seiner höchst realen jüdischen Herkunft nur allzu deutlich bewußt. Statt diese Herkunft zu verdrängen und sich total zu akkulturieren, bemühte er sich, vor allem mit jenen Studenten, Künstlern, jungen Frauen und Hochschullehrern jüdischer Herkunft einen engeren Kontakt aufzunehmen, die den Zwiespalt zwischen ihrem gesellschaftlichen Außenseitertum und ihrem kulturellen Innenseitertum ebenso schmerzlich empfanden wie er. Dafür spricht die Vorliebe, die er für Professoren wie Utitz, Geiger, Husserl und Scheler, aber auch für junge Frauen wie Helene Joseph und besonders Beatrice Zweig, seine spätere Frau, an den Tag legte, die damals bei Leo König, Ludwig Meidner und Georg Ehrlich Malerei studierte. Doch während die meisten dieser Menschen – nach vielen inneren Kämpfen – ihr Judentum weitgehend ihrer Verehrung der Großleistungen der deutschen Kultur zum Opfer brachten, das heißt sich assimilierten oder ins „Phänomenologische" auswichen, bezog Zweig sogar in diesen Jahren, selbst wenn er sich damit ins Widersprüchliche verstrickte, weder einen eindeutig deutschen noch einen eindeutig übernationalen Standort, sondern betonte – trotz seiner Absage an alle religiösen Aspekte des Jüdischen und aller kulturellen Identifikation mit den deutschen Kulturleistungen – stets seine Zugehörigkeit zu den Juden als „Volk", wobei er sich häufig gefühlszionistischer Argumente bediente.

Und zwar fühlte er sich in dieser Haltung vor allem durch die Schriften Martin Bubers bestärkt, der in seiner *Legende des Baalschem* (1908) sowie seinen *Drei Reden über das Judentum* (1911) – in offener Frontstellung gegen den weitverbreiteten jüdischen Selbsthaß – die deutschen Juden zu einer „Selbstbejahung" ihres innersten Wesens aufgerufen hatte, damit aus dem erträumten „Zion", wie es bei ihm heißt, eines Tages endlich das konkrete „Zionsland" werden könne.[3] Daher wurde auch Zweig zwischen 1910 und 1914 zusehends von zionistischen Anwandlungen ergriffen, ja trug sich zeitweilig sogar mit Auswanderungsplänen, entschied sich jedoch immer wieder, im Bereich der von ihm so hochverehrten deutschen Kultur zu bleiben. Schließlich war er hier zu einem Schriftsteller geworden, der sich rühmen konnte, schon einen gewissen „Namen" zu haben.[4] 1911 waren bei Langen seine *Aufzeichnungen über eine*

Familie Klopfer, 1912 bei Kurt Wolff seine *Novellen um Claudia* und 1913 bei Rowohlt sein Drama *Abigail und Nabal* erschienen. Das war für einen fünfundzwanzigjährigen Autor eine stattliche Bilanz. Aber gerade diese Werke, mit denen Zweig seinen Einzug in die deutsche Literatur hielt, spiegeln zugleich seine innere Ambivalenz dieser Kultur gegenüber wider. So geht es in den *Aufzeichnungen über eine Familie Klopfer*, die sich wie eine ins Ostjüdische abgewandelte Buddenbrooks-Saga lesen, zwar um die Assimilation ins „Westliche", in den Bereich der Kultur, die jedoch bis zur dekadenten Übersättigung, Übersiedelung nach Jerusalem und schließlich zum Selbstmord führt. Ein ähnlicher Widerspruch liegt seiner Erzählung *Quartettsatz von Schönberg* zugrunde. Auch hier wandert der Held des Ganzen nach Palästina aus, besucht jedoch am letzten Abend in Deutschland noch ein Konzert, bei dem am Schluß ein Quartett des Juden Arnold Schönberg gespielt wird, das ihn so mitreißt, daß er sich innerlich gelobt, schon im nächsten Jahr wieder nach Europa, ins Land der Kultur, zurückzukehren. Demzufolge schließt diese Geschichte mit den jubelnden Worten: „O Wiederkehr! O Wiederkehr!"[5]

Doch auch andere Zweigsche Werke dieser Jahre weisen solche Diskrepanzen auf. So wandte er sich in seinem Drama *Ritualmord in Ungarn* (1914) als Liberaler gegen den Antisemitismus, während er ihn als Zionist, da er die Juden zur Volkwerdung zwinge, nicht unbedingt verwarf. Ebenso zwiespältig wirken die Dramen *Abigail und Nabal* (1913) und *Die Umkehr des Abtrünnigen* (1914), in denen die jüdische Thematik hinter der Schwüle des Geschlechterkampfes oder überspitzten Individualkonflikten zurücktritt. Ein wirklicher Erfolg war von all diesen Werken nur seinen *Novellen um Claudia* beschieden, in denen sich eine kleine Gruppe hochgebildeter Menschen, die deutlich an Zweigs Bekanntenkreis gemahnt, geradezu rückhaltlos ihren musischen Neigungen hingibt. Hier, wo sich Zweig in den Bereich der „machtgeschützten Innerlichkeit", sprich: eines ästhetisierenden Sezessionismus, begab, traf er daher den Nerv der bildungsbürgerlichen Schichten dieser Ära höchst genau,[6] während er die gleichen Schichten mit seinen jüdischen Themen entweder provozierte, befremdete oder lediglich langweilte.

Und so blieb bei Zweig der Gegensatz zwischen deutscher Kultur und jüdischer Volkszugehörigkeit bis zum Beginn des Ersten Weltkriegs erst einmal in der Schwebe. Beide Komponenten seines Wesens empfand er als gleich wichtig, konnte sie aber nicht zur Deckung bringen, sondern sie literarisch nur gestalten, wenn er entweder die eine oder die andere Komponente ausschaltete. Daran änderte auch seine Forderung nichts, das Jüdische in Zukunft neben dem Griechischen, Römischen, Deutschen, Romanischen usw. als eine gleichberechtigte Säule der allgemeinen abendländischen Kultur zu betrachten, statt es weiterhin als etwas Minderwertiges anzusehen. All das blieb jedoch rein spekulativ, da keine realen Ereignisse eintraten, die ihn vor wirkliche Entscheidungen gestellt hätten. Aufgerufen, sich politisch und menschlich zu entscheiden, wurde er erst in den ersten Augusttagen des Jahres 1914. Und Zweig entschied sich konkret, das heißt für sein deutsches Vaterland, und nicht abstrakt, das heißt für ein noch nicht existierendes Israel. Allerdings entschied er sich für Deutschland nicht in einem chauvinistischen Sinne, sondern im Sinne einer von vielen bildungsbürgerlichen Intellektuellen dieser Jahre unterstützten Kulturmission, um den rein materiell eingestellten Völkern des Westens endlich ein Vorbild eines ins Höhere, Schönere, Geistvollere tendierenden Strebens zu geben. In diesem Sinne schrieb er am 27. August 1914 an Helene Weyl, geb. Joseph, daß er zutiefst beeindruckt sei, wie durch den Kriegsausbruch „aus einem Volke ichsüchtiger Krämer und patriotisch-politisierender Phrasendrescher ein großes, tüchtiges, deutsches Volk“ geworden sei. „Der fette Bürger, unser Antagonist“, heißt es weiter, „lernt plötzlich wieder sich einordnen, opfern, echt fühlen – er verliert seine moralische Häßlichkeit, er wird schön!“ Und Zweig gestand, daß auch er von der „im tiefsten verbindenden Kraft der ‚Kulturgemeinschaft‘“, die es bisher in dieser Form nur in Ansätzen gegeben habe, geradezu überwältigt worden sei. „Das große Deutschland ist wieder da“, fuhr er fort, „die klare, ungeheuer geniale Kälte der Kantischen Intuition und das Feuer Beethovenscher Allegretti und Scherzi spukt in der deutschen Kriegsführung, die tragende Ordnung ‚romanisch‘-deutscher Fassaden und der gefaßte, schweigsame Griffel Holbeinscher Zeichnungen gibt sich kund im Rhythmus des organisatorischen Lebens der Daheimgebliebenen. Und über allem hängt die furchtlose Nähe des Todes (und des Teufels Schrecken) aus Dürers großem Blatt. Der Ritter reitet.“ Doch nicht allein seinen Bildungsidealismus, sogar sein Judentum brachte Zweig in diese Begeisterung ein, indem er auch als jüdischer Mensch, wie er an Helene schrieb, „einen leidenschaftlichen Anteil an unseres Deutschlands Geschick“ nehme, ja auf seine „ihm eingeborene jüdische Art die deutsche Sache zu seiner Sache“ mache.[7]

In seinen novellistischen und essayistischen Beiträgen der nächsten Wochen und Monate legte daher Zweig eine eindeutig nationalistische Haltung an den Tag, das heißt setzte sich im Sinne aller „wahren Vaterlandsfreunde" für einen „Siegfrieden" ein.[8] Immer wieder bekannte er sich zu Deutschlands Stärke, Deutschlands Größe, Deutschlands erhabener Kulturmission, als gebe es nichts anderes auf der Welt.[9] Als höchstes Leitbild einer solchen Gesinnung schwebte ihm in diesem Zeitraum das Buch *Der Genius des Krieges und der deutsche Krieg* (1915) von Max Scheler vor, von dem er in der *Schaubühne* schrieb, daß es durchaus „repräsentativ" für die besten Vertreter des Deutschtums sei, weil es den Krieg als einen von höchsten Idealen beseelten Aufbruch des deutschen Geistes gegen die Niedrigkeit der englischen Krämergesinnung charakterisiere.[10] Wie lange Zweig diese weltanschauliche Position vertrat, belegt noch sein Aufsatz *Kriegsziele*, der im Dezember 1915 in den *Süddeutschen Monatsheften* erschien und in dem er abermals die nationalistische „Selbstbehauptung" und die damit verbundene Kulturmission als die eigentlichen Antriebe zu diesem Kriege hinstellte.[11]

Doch dieser falsche Idealismus wurde Zweig in den Jahren 1916/17 gründlich ausgetrieben, als er hinter der kulturmissionarischen Maske endlich das wahre Gesicht dieses Krieges erkannte, nämlich sein materielles, imperialistisches, mörderisches. Dieser Gesinnungsumschwung läßt sich auf mindestens drei Ursachen zurückführen: erstens die allgemeine Kriegsmüdigkeit, die sich seit Sommer 1917 auch bei anderen ehemals Kriegsbegeisterten beobachten läßt, welche in den blutigen, unverrückbaren Grabenkämpfen ihren früheren Idealismus verloren; zweitens seine als „Erziehung" empfundene Zeit vor Verdun, wo Zweig erstmals die zähe Renitenz, den bauernschlauen Selbsterhaltungstrieb und die politische Klugheit der gemeinen Soldaten kennen- und schätzengelernt hatte; drittens die revolutionären Umwälzungen, die in Rußland zwischen März und Oktober 1917 stattfanden und zum Friedensschluß zwischen den Mittelmächten und der Sowjetregierung führten. „Der große radikale, aus der Verzweiflung geborene Mut der russischen Proletarier", schrieb er am 25. Dezember 1917 an Agnes Hesse, „hat eine starke Kerze entzündet, und wir hoffen, daß dieses Licht auch bald nach Westen hinüberleuchten wird."[12]

Aber es waren nicht allein die „Erziehung vor Verdun" und das imponierende Auftreten der Bolschewiki, die Zweig 1916/17 zur Abwendung von der geheuchelten wilhelminischen Kulturmission bewogen und zu einem überzeugten Pazifisten werden ließen; auch sein in dieser Kritik am „Vaterländischen" erneut durchbrechendes Judentum trug zu diesem Gesinnungsumschwung bei. Dieser Vorgang wurde vor allem durch seine Versetzung nach „Ober-Ost" ausgelöst, wo er in Bialystok, Kowno und Wilna erstmals mit der Welt des Ostjudentums in Berührung kam, die er als Kind und junger Mann in Oberschlesien nur am Rande kennengelernt hatte. Nach den positiven Erfahrungen mit deutschen Arbeitern vor Verdun und der Kritik an seiner eigenen Hybris waren ihm die sogenannten Ostjuden, um die viele der gebildeten Westjuden einen großen Bogen machten, keine „peinliche Scham" mehr, sondern bereits Brüder im Leid, denen er mit tiefem Respekt entgegentrat. Und so begann Zweig in dieser Zeit erneut mit zionistischen Ideen zu sympathisieren. Wie schon vor dem Kriege wurde er darin durch Buber bestärkt, der 1916 sein Buch *Die jüdische Bewegung* herausbrachte und im gleichen Jahr die Zeitschrift *Der Jude* gründete, an der sich Zweig sofort mit einer Reihe eigener Aufsätze beteiligte. Fern aller jüdischen Orthodoxie und sich lediglich zu einer „atheistischen Religiosität" bekennend,[13] forderte er hier eine gesamtjüdische Solidarität und klagte in aller Offenheit darüber, daß an sämtlichen Fronten dieses Krieges „Juden gegen Juden kämpfen" müßten.[14] Ja, in seinen Briefen an Buber aus der gleichen Zeit wies Zweig wiederholt auf den abgründigen „Antisemitismus" im deutschen Heer hin und bezeichnete sich voller Abscheu vor solchen Phänomenen als einen „staatenlosen Ausländer", der nicht länger gewillt sei, sich zum Deutschtum zu rechnen.[15]

Es nimmt daher nicht wunder, daß Zweig in diesen Monaten mehrfach auf seine alte Idee zurückkam, nach Beendigung der Feindseligkeiten ins künftige „Zionsland" auszuwandern. So schrieb er bereits am 26. April 1916 an Buber, daß er und Beatrice nach dem Kriege „ins Morgenland zu pilgern" gedächten.[16] Und Buber schloß sich diesen Plänen an, wodurch die innere Verbundenheit dieser beiden Männer immer größer wurde. Allerdings wollten Zweig und Buber dabei keineswegs auf die europäische „Kultur" verzichten, sondern diese mit ins „Morgenland" hinüberretten. Daß sie mit solchen Zielsetzungen auf Widerstand stoßen würden, war ihnen bewußt. „Wir werden sehr auf der Hut sein müssen", schrieb Zweig Ende 1917 an Buber, „alle seine Masken [das heißt die Masken des Zionismus] aufzudecken, auch die kulturfeindliche der

Orthodoxie, die als unjüdisch bekämpfen wird, was wir von großen europäischen Kulturwerten mit hinübernehmen wollen."[17] Und auch Beatrice, die sich seit ihrem 15. Lebensjahr als „Zionistin" betrachte und eine „begeisterte Freude für ihren Stamm" empfinde, wie Zweig an Buber schrieb, hegte in diesem Punkte deutliche Zweifel. Dementsprechend erklärte sie im Frühjahr 1917 in einem Brief an Helene Weyl: „Wir wollen nach dem Krieg den Versuch machen, ob man sich ganz für Palästina entscheiden, ob man dort leben kann. Ich glaube eher nein als ja, denn es ist ein junges Land, ohne Kultur."[18]

Doch trotz aller Skrupel, nicht ohne die geliebte „Kultur" leben zu können, kam Zweig – aus Abscheu gegen die kriegsbegeisterten und annexionssüchtigen Deutschen – immer wieder auf diese Auswanderungspläne zurück. Allerdings sah er nur allzu klar voraus, daß das neue „Zionsland" keine pastorale Idylle, sondern ein moderner Industriestaat sein werde. Dennoch vertraute er weiter darauf, daß man im künftigen Israel – durch die „Hingabe, Idealität und Reinheit seiner Beamten" – alle „Übel" des bisherigen Konkurrenz- und Besitzstrebens beseitigen könne.[19] Sobald jedoch Zweig von den tatsächlichen Verhältnissen in Palästina hörte, wurde er wieder „ratlos". „Die Dinge gehen dort rapide vorwärts", schrieb er am 1. Februar 1918 mit deutlich melancholischem Unterton an Buber, „aber sie gehen nicht in unserer Richtung."[20] Um nicht ganz defätistisch zu werden, setzte Zweig schließlich seine letzte Hoffnung im Hinblick auf das erträumte „Zionsland" auf vier Dinge: „Die Kinder, das Land, unser reines Streben und den geheimen Geist des Judentums."[21]

Doch dies war eine schwache Basis für künftige Hoffnungen. Daher scheint Zweig seine „Auswanderungspläne" nach dem Krieg, auf die er im Januar 1919 in einem Brief an Helene Weyl noch einmal zu sprechen kommt,[22] erst einmal verschoben und dann aufgegeben zu haben. Jedenfalls richteten sich Beatrice und er im Winter 1919/20 in Starnberg auf einen längeren Aufenthalt ein, das heißt wollten endlich das langersehnte Familienleben genießen und sich zugleich das ebensolang hinausgeschobene Kind gönnen. Und dies kam im Sommer 1920 auch wirklich zur Welt und erhielt den Namen Michael (sprich: Mikháel) Haran Wolfgang Zweig.[23] Während „Michael Haran" das jüdische Element der beiden Eltern unterstrich, sollte „Wolfgang" auf zwei der höchsten Genien der deutschen Kultur, auf Goethe und Mozart, verweisen. Obwohl das

Glück der Eltern über diesen Sohn groß war, wurde Zweig in der Folgezeit ständig von tiefen Depressionen heimgesucht, das heißt hatte literarische Produktionshemmungen und war auch sonst relativ entschlußunfähig. Sowohl das Weltkriegserlebnis als auch die ungelöste Identitätsfrage belasteten ihn sehr. Um sich in dieser Situation, in der ihm eine Auswanderung in das „kulturlose" Palästina noch zu früh erschien, nicht ganz unnütz vorzukommen, bemühte er sich in seinen essayistischen Schriften zwischen 1919 und 1925 um eine ideologische Synthese aus deutschem Kulturhumanismus, Landauerschem Sozialismus und linksorientiertem Zionismus, bei der allerdings die jüdische Komponente für eine Zeitlang durchaus im Mittelpunkt stand. Dafür sprechen seine vielen Beiträge in Zeitschriften wie *Der Jude*, *Freie zionistische Blätter*, *Die jüdische Rundschau*, *Der neue Orient* usw. sowie seine Bücher *Das ostjüdische Antlitz* (1920) und *Das neue Kanaan* (1925), in denen er immer wieder herausstrich, daß die Ostjuden noch eine homogene „Volkheit" bildeten und sich ihre eigenen „Lieder und Tänze, Sitten und Mythen, Sprachen und Gemeinschaftsformen geschaffen" hätten, während sich unter den Westjuden eine allgemeine „Entjudung" abzeichne.[24] Dementsprechend setzte Zweig in diesen Schriften seine politischen Hoffnungen zeitweilig recht entschieden auf einen „palästinensischen Sozialismus" ostjüdisch-linkszionistischer Prägung, der sich mit den Arabern „auf autonomer Ebene" um ein friedliches Zusammenleben und zugleich um eine „Remediterranisierung" der Juden im Sinne vorderasiatisch-abendländischer Kulturtraditionen bemüht.[25] Daß Zweig mit solchen Anschauungen in Bayern, vor allem während der Zeit des Hitler-Putsches, auf keine große Gegenliebe stieß, war vorherzusehen. Doch anstatt von Starnberg aus direkt ins „Morgenland" auszuwandern, entschied er sich Ende 1923, angesichts der Tatsache, kein Hebräisch zu können und als freier Schriftsteller in Palästina gar kein Auskommen zu finden, mit seiner Familie nach Berlin, in die liberale Metropole der Weimarer Republik, umzuziehen, wo er bereits vorher mit den Herausgebern der *Jüdischen Rundschau* und der *Weltbühne* enge Kontakte aufgenommen hatte.

Und das Berlin der mittzwanziger Jahre mit all seinen Attraktionen zog ihn schnell in seinen Bann. Hier fand Zweig genau das, wonach er sich gesehnt hatte, nämlich ein kaum zu überbietendes kulturelles Angebot und zugleich eine breite Schicht deutsch-jüdischer Intelligenz, in der er sich heimisch fühlen konnte.[26] Nach 1925 tritt daher seine propagandistische Tätigkeit für den Linkszionismus immer stärker in den Hintergrund und weicht einem linksliberalen Engagement im Sinne der *Weltbühne* und zugleich einer neuen Freude am Schriftstellern, zumal eine 1924 im Freudschen Sinne durchgeführte Psychotherapie wenigstens einige seiner neurotischen Hemmungen beseitigt hatte. Und so wandte sich Zweig in diesem Zeitraum nach langer Pause wieder dem Theater zu, beschäftigte sich mit den Werken der neuesten Malerei und Musik, veröffentlichte mehrere Geschichtenbücher, verarbeitete seine Analyse in dem Kurzroman *Pont und Anna* und war im Winter 1926/27 schließlich fähig, den Roman *Der Streit um den Sergeanten Grischa*, der sich jahrelang in ihm angestaut hatte, während 63 Tagen in einem einzigen Zuge herunterzudiktieren.

Alle diese Werke demonstrieren Zweigs früherworbene Kenntnis der großen Werke der deutschen Kulturtradition, aber auch die in Berlin gewonnene Vertrautheit mit den Werken der Weimarer Republik, das heißt versuchen, sowohl Altererbtes als auch Neuhinzugekommenes – im Sinne einer imponierenden Opulenz – als gleichberechtigt nebeneinanderzustellen. Neben den Kantaten und Passionen Bachs und den Werken der von Zweig so geliebten deutschen Kammermusik begegnet man in ihnen immer wieder den Hauptwerken der deutschen Literatur sowie Hinweisen auf bekannte deutsche Gemälde, Statuen und Grafiken, also all dem, was damals zu einem gutbürgerlichen Kulturbewußtsein gehörte. Vor allem Werke der deutschen Musik, die Zweig besonders am Herzen lagen,[27] werden höchst liebevoll beschrieben und ihre Wirkung auf die jeweiligen Hörer dargestellt, wobei sich Zweig – neben Thomas Mann – als einer der großen Meister deutscher Sprachevokation erweist. Aufgrund der politischen, ideologischen und sozialen Erfahrungen, die Zweig seit 1914 gesammelt hatte, bemühte er sich dabei stets, solche beglückenden Kulturerlebnisse in das Lebens- und Gesellschaftsganze zu integrieren, statt sie als sezessionistische Enklaven einer erlesenen Clique hochgebildeter Kulturmenschen hinzustellen, wie er das vor dem Ersten Weltkrieg in den *Novellen um Claudia* getan hatte.

Allerdings währte dieses Gefühl des Zuhauseseins nur kurze Zeit. Schon die berühmt-berüchtigten Septemberwahlen des Jahres 1930, in denen die Nationalsozialisten – aufgrund der verheerenden Folgen der Weltwirtschaftskrise – ihre Mandate im Reichstag fast verzehnfachen konnten, stellten dieses allmähliche Heimischwerden wieder jäh in Frage. Zweig versuchte zwar, vor der durchaus erkannten Gefahr eine Weile die Augen zu schließen, büßte aber seine gerade errungene Sicherheit zusehends ein. Dafür spricht, daß er sich zwischen dem 3. Februar und 6. April 1932 auf eine seit langem geplante Orientreise begab, die ihn über Marseille nach Palästina wie auch in Teile des Libanons führte, wo er sich an Ort und Stelle über den Fortgang der zionistischen Siedlungen wie auch die Möglichkeit einer eigenen Einwanderung in dieses Land informieren wollte. Doch alles, was er sah, bestärkte ihn keineswegs in dem Gefühl, daß dies das „Neue Kanaan" sei. Ja, kurz nach seiner Rückkehr begann er den höchst provokativen Roman *De Vriendt kehrt heim* zu diktieren, dem die Lebensgeschichte des holländischen Dichters Jakob Israel de Haan zugrunde liegt, der 1918 nach Palästina übergesiedelt war, dort jedoch wegen seiner ultra-konservativen, das heißt antizionistischen Gesinnung sowie seiner homosexuellen Beziehungen zu jungen Arabern 1924 von zwei rechten Zionisten in Jerusalem ermordet worden war. Ob sich Zweig bereits beim Diktat dieses Buchs darüber im klaren war, daß ihn dieser Roman bei allen nationalistisch fühlenden Zionisten auf Jahrzehnte hinaus verhaßt machen sollte, sei dahingestellt. Denn wer konnte schon im Sommer 1932 voraussehen, daß es wenige Monate später in Deutschland zur Machtübergabe an die Nationalsozialisten kommen würde? Thomas Mann, Brecht, Döblin, Feuchtwanger, Tucholsky, Ossietzky: keiner von Zweigs Freunden und Bekannten sah das damals voraus. Warum also gerade er? Nicht einmal der 30. Januar 1930, an dem Zweig gerade in Paris weilte, veranlaßte ihn, sofort in Panik auszubrechen. In der Hoffnung, daß sich die SPD zur Wehr setzen oder in Deutschland wenigstens die rechtsstaatliche Idee den Sieg davontragen würde, fuhr er Anfang Februar erst einmal zu Vorträgen nach Wien und in die Tschechoslowakei, genoß in Prag einen ihn beseligenden Konzertabend, bei dem seine zwei Lieblingstrios, nämlich Schuberts op. 99 und Brahms' op. 101, gespielt wurden, und kehrte dann am 21. Februar nach Berlin zurück. Nachdem Zweig Anfang März noch einmal die SPD gewählt hatte, verließ er am 14. März das Deutsche Reich und fuhr über Spindlermühle nach Wien, wohin ihm am 8. Mai auch Beatrice folgte. Hier hörte er wenige Tage später, daß man ihn in Berlin als Zionisten, Sozialisten und Pazifisten auf die „12er Liste der für Deutschland schädlichen Autoren" gesetzt habe.[28] Und damit begann für beide, die sich zwar schon seit 1917/18, wenn nicht noch früher, mit Auswanderungsplänen getragen hatten, sich aber nie von der deutschen Kultur losreißen konnten, ein Exil, das 15 Jahre währen sollte.

Doch jetzt wohin?[29] Wie viele seiner Gesinnungsgenossen ging Zweig erst einmal nach Frankreich, genauer zu Feuchtwanger nach Sanary-sur-mer. Während ein Zionist wie Robert Weltsch in seinem Sammelband *Ja-Sagen zum Judentum* im Frühsommer 1933 alle deutschen Juden aufforderte, endlich den richtigen „Weg", nämlich den nach Palästina, einzuschlagen, das heißt sich der kulturellen Überfremdung zu entledigen und damit den „Zwangscharakter der Assimilation" abzuschütteln,[30] gab sich Zweig noch eine Weile der Illusion einer Wahlniederlage Hitlers und damit einer möglichen Rückkehr nach Deutschland hin. Wie fast allen kulturbewußten deutschen Juden erschien ihm Palästina damals noch als ein weitgehend unterentwickeltes, orientalisches, kulturloses, tropischheißes Land, in dem man als europäisch aufgewachsener Intellektueller niemals wirklich „heimisch" werden könne. Doch je deutlicher es im Laufe des Jahres 1933 wurde, daß Hitler die einmal errungene Macht nicht wieder aufgeben würde, desto eher freundete sich Zweig mit dem Gedanken an, vielleicht doch nach Palästina überzusiedeln (zumal ihn auch Beatrice in diese Richtung drängte), um all seinen linkszionistischen Spekulationen endlich die politische Praxis folgen zu lassen und in Palästina einen Einfluß auf die dortige Entwicklung zu gewinnen.

Das Werk, in dem sich dieser Entscheidungsprozeß am deutlichsten widerspiegelt, ist die im Sommer und Frühherbst in Frankreich geschriebene *Bilanz der deutschen Judenheit 1933*. In diesem Buch setzte sich Zweig drei Ziele, die zugleich zu einer Klärung seiner eigenen Position beitragen sollten: erstens aufzudecken, wie es in Deutschland zu dieser Form eines rabiaten Antisemitismus kommen konnte; zweitens herauszustellen, welche entscheidende Rolle die Juden bei der Entstehung des modernen Deutschland, und zwar auf allen Gebieten, gespielt haben; drittens zu zeigen, worin die Zukunftsmöglichkeiten der aus Deutschland vertriebenen Juden bestehen. Im ersten Abschnitt griff Zweig weitgehend auf jene von Freud hergeleitete Lehre bestimmter Zentralitäts- und Differenzaffekte zurück, die er bereits 1927 in seinem *Caliban* verwendet hatte.[31] Im zweiten Teil strich er vornehmlich die Beiträge der Juden zur deutschen Literatur, Musik und Malerei, zum Theater, Film-, Presse- und Verlagswesen, aber auch zum Handel, zum Sport, zur Politik und zur Arbeiterbewegung heraus. Daß man diese Leistungen – im Rahmen einer Mehrheitsgeschichtsschreibung – fast immer jenem Staate zugeschrieben habe, „als dessen Bürger und in dessen Mitte sie diese Leistungen vollbrachten", fand Zweig, solange in diesem Staat ein Respekt vor dem Andersartigen geherrscht habe, nicht von vornherein verwerflich.[32] Erst als man den Respekt vor diesen Leistungen, wie auf seiten der Nationalsozialisten, in den Dreck gezogen habe, sei den Juden gar keine andere Wahl geblieben, als von der Illusion eines symbiotischen Zusammenlebens mit den Deutschen Abschied zu nehmen und sich wieder auf ihre völkische Eigenart zu besinnen (wobei man allerdings nicht den Fehler machen solle, nun jüdischerseits, wie Zweig schrieb, einem ähnlich gearteten Nationalismus zu verfallen).

Um dieser entwürdigenden Situation, die gegenwärtig alle deutschen Juden zu spüren bekämen, ein für allemal ein Ende zu bereiten, entwarf Zweig gegen Ende seiner *Bilanz* zwei Zukunftsperspektiven, die sich komplementieren sollten, aber doch in einem gewissen Widerspruch zueinander stehen. Die erste war eine eindeutig zionistische. Im Rahmen dieser Ideologie rief Zweig alle deutschen Juden auf, ihre übertriebene „Begeisterung für die deutsche Kultur" aufzugeben und nach Palästina überzusiedeln.[33] Statt weiterhin der traditionellen „Liebe zum deutschen Wesen" zu huldigen und alles „Ostjüdische" geringzuschätzen, empfahl hier Zweig allen von den Nationalsozialisten bedrohten Juden, sich im Sinne der zionistischen Bewegung auf ihre „jüdische Herkunft" zu besinnen und zu erkennen, daß selbst die gelungenste Form der „Assimilation" keine Garantie absoluter „Freiheit" biete.[34] Ja, im gleichen Abschnitt forderte er den Völkerbund in Genf auf, das jüdische Volk nicht länger „im Zustand der Unehrlichkeit zu belassen", sondern es endlich als „nationale Minderheit und als selbständiges Mitglied der Völkergesellschaft" anzuerkennen.[35] Doch um hierbei nicht in die Gleise einer eindeutig nationalistischen Argumentation zu geraten, schloß Zweig seine *Bilanz* mit einer nachdrücklich marxistischen Schlußcoda, in der er erklärte, daß nur eine „sozialistische Welt" den herrschenden „lasterhaften Zirkel von National- und Privategoismen" beseitigen und zu einer „sinnvolleren Gesellschaftsordnung", nämlich einer kultur- und menschheitsbetonten, überleiten könne.[36]

Nach dem Abschluß der *Bilanz* im August 1933 hielt sich Zweig noch eine Weile in Paris auf und schiffte sich dann am 15. Dezember des gleichen Jahres in Marseille nach Haifa ein, wo er von Beatrice und den Kindern, die bereits im September nach Palästina übergesiedelt waren, am Hafen abgeholt wurde. Trotz der guten Absichten, durch seine Übersiedlung nach Palästina auch anderen deutschen Juden ein Beispiel zu geben, belegen schon seine ersten Tagebucheintragungen in Haifa, wie isoliert er sich in diesem Lande vorkam. So schrieb er am 31. Dezember 1933, gleichsam als Summe dieses Jahres, in seinen Taschenkalender lediglich die Worte: „In Palästina. In der Fremde." An dieser Einstellung änderte sich auch in der Folgezeit nichts, so sehr sich Zweig auch mit den völlig andersgearteten Bedingungen abzufinden suchte. Es war weniger der Komfort, der ihm fehlte, als die kulturelle Atmosphäre, das tägliche Gespräch mit anderen deutschen Intellektuellen, zumal er durch seine begrenzte Sehkraft immer weniger lesen konnte und auf einen solchen Kontakt bitter angewiesen war. Während er in Berlin und noch in Sanary-sur-mer und Paris im ständigen Umgang mit anderen „Größen" der deutschen Kultur gelebt hatte, gab es hier fast niemanden, mit dem er sich über die ihn interessierenden literarischen und kulturellen Probleme austauschen konnte. Schließlich war von den deutsch-jüdischen Autoren, Komponisten und Malern fast niemand seinem Beispiel gefolgt; sie waren in Wien, Frankreich, England, der Tschechoslowakei oder anderen westeuropäischen Ländern geblieben. Ja, nicht einmal besuchen wollten ihn seine Freunde in Palästina, als so abgelegen und kulturlos empfanden sie dieses Land. Selbst Feuchtwanger, sein bester Freund, den er gern in Haifa und Jerusalem herumgeführt hätte, schrieb ihm damals ganz unverblümt, daß er sich für die zionistischen „Hibrus" nicht im geringsten interessiere.[37]

Aber auch mit den bereits seit langem in Palästina ansässigen Juden, denen Zweig in der Folgezeit in Haifa, Tel Aviv und Jerusalem begegnete, kam er nur in Ausnahmefällen aus. Von ihnen interessierte sich fast niemand für seine Romane, die in diesen Jahren – wie die *Erziehung vor Verdun* (1935) – noch in fast alle Weltsprachen, außer ins Hebräische, übersetzt wurden. Im Gegenteil. In Palästina wurde er wegen seines Romans *De Vriendt kehrt heim*, seines Festhaltens an der deutschen Sprache sowie seiner sozialistischen Anschauungen von der Mehrheit der nationalistisch eingestellten Juden mehr oder minder scharf abgelehnt. Hier erwartete man keine antifaschistischen, sich auf deutsche Probleme konzentrierenden Romane, sondern prozionistische Bücher von ihm. Hier sollte er sich in den Dienst der „jüdischen Sache“ stellen, Hebräisch lernen und sich möglicherweise zur Religion des Alten Testaments bekehren. Für Deutschsprachiges war in diesem Lande, wenn man von einigen Kleinstverlagen und Minizeitschriften wie *Ariel* und *Menora* einmal absieht, kaum eine Chance.[38] Selbst deutschsprachige Kulturveranstaltungen, die sich aller ideologischen Implikationen enthielten, konnten nur in den Wohnzimmern begüterter Familien stattfinden. Daher schrieb Zweig am 1. September 1935 recht unverhüllt an Freud: „Inzwischen durchlaufe ich mannigfache Krisen. Zum ersten Male stelle ich ohne Affekt fest, daß ich hierher nicht gehöre. Das ist nach zwanzig Jahren Zionismus natürlich schwer zu glauben. Nicht etwa persönlich enttäuscht bin ich, denn es geht uns hier recht gut. Aber alles war irrig, was uns hierher brachte.“[39] Ja, in einem anderen Brief an Freud aus der gleichen Zeit bezeichnete er Palästina als das Land, „das aus hebräischem Nationalismus von mir keine Notiz nimmt“.[40]

Aufgrund dieser Enttäuschung konzentrierte sich Zweig in der Folgezeit immer stärker auf den in Europa ausgetragenen antifaschistischen Kampf und spielte für eine Weile sogar mit dem Gedanken, nach Frankreich oder in die USA auszuwandern. Jedenfalls unternahm er seit 1936, als er endlich einen palästinensischen Paß erhielt, in den nächsten vier Jahren jeden Herbst eine Reise nach Europa, und zwar nicht nur, um alte Freunde zu besuchen, sondern auch, um mit der bitter vermißten „Kultur“ in Berührung zu kommen und zugleich Möglichkeiten einer Auswanderung in ein anderes Land zu sondieren. Aber diese Pläne zerschlugen sich immer wieder, zumal auch seine Finanzlage von Jahr zu Jahr zusehends düsterer wurde. Wofür er sich in diesem Zeitraum am meisten engagierte und was auch seiner Grundanschauung am ehesten entsprach, war die Unterstützung der 1935 auf dem Pariser Kongreß zur Verteidigung der Kultur in Gang gekommenen Volksfrontpolitik. Zweig war darum stolz, als man ihn 1936 auf die Mitgliederliste jenes Ausschusses zur Vorbereitung einer deutschen Volksfront setzte, auf der auch Namen wie Anton Ackermann, Johannes R. Becher, Rudolf Breitscheid, Lion Feuchtwanger, Egon Erwin Kisch, Heinrich Mann, Alfred Meusel, Wilhelm Pieck, Ernst Toller und Bodo Uhse standen.[41] Der Einsatz für eine so große Sache beflügelte ihn selbst aus der Ferne und schlug sich in vielen Essays nieder, die er in diesem Zeitraum für Exilzeitschriften wie *Die neue Weltbühne*, *Das Pariser Tageblatt*, *Die neue deutsche Volkszeitung*, *Die Inter-*

nationale Literatur, Das Wort usw. schrieb. Selbst als nach dem Sieg Francos die Volksfrontpolitik in eine tiefe Krise geriet, ließ Zweig nicht nach, für seine alten humanistischen Kulturideale weiterzukämpfen wie auch weiter Romane und Erzählungen zu schreiben, in denen er den Faschismus in all seinen Spielarten als ein kulturloses und damit barbarisches System angriff.

Wohl am deutlichsten kommt das in seinem bis heute ungedruckten Großessay *Die Alpen oder Europa* zum Ausdruck, welchen er 1940 für den Verlag Whittlesey House abfaßte und von dem er sich eine große Breitenwirkung versprach. In ihm versuchte Zweig in halb soziologischer, halb freudianischer Manier, den Prozeß der „menschheitlichen Vergesellschaftung" von der Steinzeit bis zur Gegenwart an jenem Stück „Erdkruste" darzustellen, wo der „Homo alpinus" zu Hause sei, der trotz aller Zivilisierungsversuche immer wieder zu „Rückfällen in die Steinzeit" neige. Und einer dieser Rückfälle sei, wie wir erfahren, jener „Dämon", jener „Alpen-Gnom", jener „Hysteriker" Hitler, welcher als „Verkörperung des Destruktionstriebes, der in der Seele jedes Menschen hause", an die breiten Massen appelliere, das Joch der Kultur einfach abzuschütteln und wieder zur Barbarei zurückzukehren.[42] Wie bei einigen Neofreudianern der Frankfurter Schule dieser Jahre erscheint also Hitler in diesem Manuskript vor allem als steinzeitlich-alpiner Zivilisationsverächter, dem man nicht nur mit der Sprache der Waffen, sondern auch mit der Sprache der Kultur entgegentreten müsse. In Zweigs zur gleichen Zeit entstandenen Roman *Das Beil von Wandsbek* werden daher die Vertreter des antifaschistischen Widerstands, jedenfalls in ihrer bürgerlichen Spielart, als hochgebildete Kulturmenschen hingestellt, die nicht nur „ihren" Freud und Nietzsche kennen, sondern in gut hanseatischer Tradition auch die Werke eines Bach und Brahms sowie die Meisterwerke der Weltliteratur zu schätzen wissen, während der kleine Nazi, der Schlächtermeister Albert Teetjen, im Verlauf der Handlung immer stärker ins Irrationale absinkt und schließlich zum Wünschelrutengänger wird. Wie sehr sich Zweig, als er während des Krieges in Palästina im hoffnungslosen Abseits saß, nach solchen Kulturmenschen sehnte, geht nicht nur aus diesem Roman, sondern auch aus vielen Vorträgen hervor, die er in diesem Zeitraum über Autoren wie André Gide und Thomas Mann, die Rolle des Dichters in Zeiten der Krise oder *Die Kunst der Erzählung* hielt. Nachdem er letzteren in Tel Aviv im Hause Arnold Czempins, eines früheren Berliner Schauspielers, vor einem Publikum vorgetragen hatte, unter dem sich so illustre Gäste wie Leo Kestenberg und Paul Landau befanden, schrieb er voller Stolz an Feuchtwanger, daß er endlich wieder vor Vertretern des „besten Berliner-W-Publikums" gesprochen habe, die „noch fest in unserem alten Kulturkreis" verankert seien.[43]

Und je schärfer manche der Rechtszionisten in dieser Zeit – wie in der Esther-Cinema-Affäre sowie ihren ständigen Attacken auf die von ihm mitbegründete Zeitschrift *Der Orient* – gegen Zweig auftraten, desto renitenter wurde er in diesem Punkt. Was ihn besonders empörte, war die ideologische Kurzsichtigkeit jener Gruppen, welche im Sinne einer primitiven Kollektivschuldthese alles Deutsche von vornherein als niedrig, ja mörderisch verdammten, das heißt keinen Unterschied mehr zwischen den hohen Kulturleistungen der deutschen Vergangenheit und der faschistischen Barbarei machten, was Zweig höchst provozierend als „Antigermanismus" bezeichnete.[44] Als sich daher 1943 auch in Palästina ein Nationalkmitee Freies Deutschland bildete, dessen Mitglieder bereits jenen Zeitpunkt ins Auge faßten, wo es „Einzelnen oder ganzen Gruppen von Juden", die sich von der „aggressiven zionistischen Siedlungspolitik" abgestoßen fühlten, wieder möglich sein werde, „nach Mitteleuropa zurückzukehren", zögerte Zweig keinen Augenblick, das Ehrenpräsidium dieser Organisation zu übernehmen.[45]

Doch nach dem Ende des Zweiten Weltkriegs dauerte es noch volle drei Jahre, bis sich Zweig entschloß, Palästina endgültig zu verlassen und in einen nichtjüdischen Kulturkreis zurückzukehren. Neben familiären und finanziellen Sorgen beschäftigte ihn dabei die bange Frage, welches Land sich wohl am besten als neues Domizil eignen würde. „Aus Prag wie aus Paris rufen Freundesgruppen", schrieb er am 27. November 1946 an Ludwig Marcuse, „nach Berlin zieht mich mein Haus Kühler Weg 9, nach der Schweiz mein Sohn Adam, nach England die Steuerreduktion, die damit verbunden wäre!"[46] Sogar die USA, für die ihm Feuchtwanger ein Affadavit beschaffen wollte, erwog er eine Weile als möglichen Wohnsitz. Daß sich Zweig, entgegen all diesen Plänen, schließlich für die Sowjetische Besatzungszone (SBZ) Deutschlands entschied, hat sicher nicht nur einen, sondern mehrere Gründe. Die USA erschienen ihm zu weit weg, England erschwerte ihm die Einreise, die West-Berliner Behörden teilten ihm mit, daß er keinen Anspruch auf sein Haus im Kühlen Weg mehr habe usw. Und so entschied er sich, um wieder einen vollwertigen Platz innerhalb des deutschen Kulturlebens einzunehmen, für den östlichen Teil Berlins. Schließlich machte man ihm hier noch die meisten Avancen, während ihn viele der palästinensischen Juden weiterhin als Andersartigen betrachteten und ihn diesen Differenzaffekt deutlich genug merken ließen. Eingefädelt wurde diese Rückkehr durch Louis Fürnberg, der Zweig im April 1948 durch das tschechoslowakische Informationsministerium eine offizielle Einladung zukommen ließ, als Staatsgast in die CSSR zu kommen. Und diese Einladung nahm Zweig, der als deutschschreibender Autor in Palästina keine Zukunft mehr für sich sah, ohne Zögern an. Kurz nach seiner Ankunft in Prag wurde er von Paul Wandel, dem Ersten Vorsitzenden der Zentralverwaltung für Volksbildung in der SBZ, besucht und dann zehn Tage später von Johannes R. Becher brieflich eingeladen, nach Berlin zu kommen und sich mit ihm im Kulturbund zur demokratischen Erneuerung Deutschlands zu betätigen.

Nach seiner Ankunft in Berlin am 18. Oktober 1948 nahm Zweig sofort an einer Reihe von Friedenskundgebungen, Ausstellungen, Konzerten, politischen Veranstaltungen usw. teil, bei denen er häufig kürzere oder längere Ansprachen hielt. Außerdem wurde ihm die Möglichkeit eröffnet, im Schutzverband deutscher Schriftsteller aktiv zu werden, im Rundfunk zu sprechen, mit Vertretern des Aufbau-Verlages über Neuausgaben seiner Romane zu konferieren, für die Tagespresse zu schreiben und an der Humboldt-Universität Vorträge zu halten. Neben politischen Themen wählte er für seine Reden anfangs meist solche, die sich mit jüdischen Fragen oder Problemen des kulturellen Erbes auseinandersetzten, blieb also der Grundthematik seines Lebens auch in dieser Situation treu. Nachdem Zweig in Palästina 15 Jahre im Zustand der Kulturlosigkeit und Nichtanerkennung verbracht hatte, genoß er in diesen Monaten erst einmal das seit langem entbehrte Gefühl, wieder nützlich sein zu können, und zwar für eine Sache, die ihm seit Ende des Ersten Weltkriegs als die wichtigste erschienen war, nämlich für die humanisierende, ja gesellschaftsverwandelnde Funktion von Kultur einzutreten. Und an dieser Gesinnung hielt er, trotz mancher unausbleiblichen Enttäuschungen und Rückschläge, auch in den folgenden Jahren fest. Wo sich ihm die Möglichkeit bot, ob nun bei Tagungen des Kulturbundes, auf den verschiedenen Friedens- und Volkskongressen, bei Schriftstellertreffen oder Dichterjubiläen, immer wieder trug er seine Gedanken zur „Vermenschlichung des Menschen“ durch Kultur vor,[47] und zwar in Ansprachen, die nicht nur sein politisches Engagement für den Frieden und die gesellschaftlich-progressive Rolle der Kunst, sondern auch seine geradezu universalhistorische Bildung demonstrierten. Zweig war daher glücklich, als ihm neben seiner Funktion im Kulturbund im März 1950 auch die Präsidentschaft der neugegründeten Akademie der Künste angetragen wurde, die seinem Verständnis von Kultur am weitesten entgegenkam. Erst nachdem er sich diesen beiden Aufgaben mehrere Jahre voll gewidmet hatte, kamen ihm um 1953 plötzlich Bedenken, wie sinnvoll es sei, über solchen Funktionen seine Pläne als Schriftsteller weiterhin in den Hintergrund zu rücken. Deshalb kehrte er nach diesem Zeitpunkt wieder zu seiner liegengebliebenen Romanproduktion zurück und vollendete drei weitere Romane, und zwar *Die Feuerpause, Die Zeit ist reif* und *Traum ist teuer.*

Daß Zweig trotz seines hohen Alters und bei abnehmender Sehkraft überhaupt noch zu solchen Schwerstarbeiten fähig war, läßt sich nur aus seinem Bemühen erklären, sich auch als Siebzigjähriger weiterhin für den Aufbau eines neuen Deutschland einzusetzen, in das er nicht nur seine sozialistischen, sondern auch seine kulturhumanistischen und freudianischen Anschauungen einbringen wollte. Allerdings mußte er seinen Glauben an die Wichtigkeit der Psychoanalyse oft stark verschlüsseln, da Freud – nach offizieller Meinung – zwischen 1950 und 1970 innerhalb der DDR noch als Vertreter bürgerlich-abwegiger Anschauungen galt. Noch weniger konnte sich Zweig in diesen Jahren öffentlich über die Judenfrage äußern, da der Staat Israel – aufgrund der Freundschaft der UdSSR zu mehreren arabischen Ländern – für den sozialistischen Block zu den weithin ausgeblendeten Unstaaten gehörte. Dennoch ließ sich Zweig auch in diesem Punkt nicht völlig den Mund verbieten oder gar überreden, öffentliche Resolutionen gegen diesen Staat zu unterzeichnen. Trotz seiner Kritik an der offiziellen Politik Israels und seiner tiefen Anhänglichkeit an die deutsche Kulturtradition verzichtete Zweig auch in dieser Situation keineswegs darauf, diese beiden Phänomene, das heißt sein eigenes Judentum und die bürgerlich-humanistische Kultur, nicht nur als antinomischen Gegensatz, sondern auch als dialektisches Wechselspiel zu betrachten. Als daher die Springer-Presse im Herbst 1967 die Meldung verbreitete, Zweig habe in einem Brief erklärt, daß er die Politik der DDR im Hinblick auf die Israel-Frage, wie überhaupt die Politik der DDR, zutiefst ablehne, ließ er am 14. September im *Neuen Deutschland* die unmißverständliche Erklärung einrücken, daß er gegen jede „weitere Verleumdung“ dieser Art unverzüglich „Strafanzeige“ erstatten werde.

Auch aus seinen brieflichen Äußerungen dieses Zeitraums geht eindeutig hervor, daß er weder bereit war, sein Judentum einem einseitig verabsolutierten Sozialismus noch einem ebenso einseitig verabsolutierten deutschen Kulturbewußtsein zu opfern. Selbst in den letzten Jahren seines Lebens gab es in diesem Punkt für ihn kein bloßes „‚Entweder-Oder‘, sondern nur ein individuell artikuliertes, geschichtlich sinnvolles ‚Und‘“. Zweig lehnte deshalb sowohl das „verzweifelte Bemühen um absolute Assimilation in der Diaspora“ als auch die „Verabsolutierung eines ‚Judenstaats‘“ als mögliche Lösungen der Judenfrage ab.[48] Was er akzeptierte, war lediglich ein Judentum, das sich zwar in den Dienst einer nachkapitalistischen, das heißt kultiviert-gesitteten Gesellschaftsordnung in Europa stellt, aber weiterhin auf die Anerkennung seiner Gruppeneigenart als Juden pocht, jedenfalls solange, bis ein wahrhaft humanistisch-orientiertes Staatsgebilde erreicht ist, in dem alle Menschen, und zwar ungeachtet ihres Herkommens, den gleichen Respekt genießen.

Es wäre daher falsch, Zweig aufgrund seiner Entscheidung für die DDR in einen östlichen, das heißt sozialistisch-engagierten, und einen westlichen, das heißt jüdisch-freudianisch orientierten Zweig aufzuspalten. So wie es keine zwei Brechts gibt, gibt es auch keine zwei Zweigs. In dem jüdischen Freudianer steckt zugleich der Sozialist Zweig, so wie in dem Sozialisten zugleich der jüdische Freudianer steckt. Genau betrachtet, lassen sich beide auf die gleiche Grundeinstellung zurückführen, nämlich auf Zweigs früherworbenen Sinn für ein im Sozialen verankertes humanistisches Kulturbewußtsein, das sowohl seiner Schelerschen Liebesethik, seiner kulturmissionarischen Haltung um 1914, seinem Buberschen Kulturzionismus, seinem Landauerschen Gefühlssozialismus, seinem antinarzißtischen Freudianismus, seinem linksliberalen *Weltbühne*-Engagement, seinem militanten Antifaschismus als auch seinen späteren marxistischen Anschauungen zugrunde liegt. Letztlich ist Zweig innerhalb all dieser Wandlungen und Lernprozesse stets derselbe große Humanist geblieben, der diese weltanschaulichen Entwicklungsphasen nicht als willkürliche Abbrüche, sondern als erweiternde Bereicherungen empfand. Und so fehlt seinem Werk sowohl das Zerstückelte als auch das Dogmatisch-Erstarrte. Was in ihm dominiert, ist eher das Fließende, Aufnahmebereite. Man kann das als leichtentzündlich oder gar labil, aber auch als einsichtsvoll, wenn nicht gar weise interpretieren. Jedenfalls hat diese Haltung in Zweig eine affektlose Verständnisbereitschaft, ja geradezu universale Menschlichkeit befördert, die auf einem hohen sozialen Verantwortungsbewußtsein basiert. Zugegeben, dies sind große und goldene Worte. Aber sie klingen aus seinem Munde etwas überzeugender als aus manchem anderen.[49]

Am Endpunkt der Emanzipation

Juden in der Kultur der Weimarer Republik

I

Ein Thema wie „Juden in der Kultur der Weimarer Republik" ist ein lautes Thema. Ihm muß man sich mit einigen Schalldämpfern nähern, wenn man nicht sofort überstimmt oder gar überbrüllt werden will. Lange Zeit sind die meisten Debatten über dieses Thema mit äußerst groben und tagespolitisch aufgeladenen Schlagworten geführt worden. Die Antisemiten haben im Hinblick auf diese Republik und ihre Kultur meist höchst pauschal von „Judenrepublik" und „Judenkultur", das heißt von einer Überproportioniertheit, wenn nicht Dominanz der jüdischen Elemente und damit einer allgemeinen „Verjudung" der von ihnen so gehaßten „Systemzeit" gesprochen. Die Angegriffenen haben dagegen auf solche Vorwürfe lange geschwiegen und erst ab 1933, als man sie plötzlich aus dem deutschen Kulturleben zu entfernen begann, mit ähnlich massiven Argumenten zurückgeschlagen. Zutiefst gekränkt, beleidigt, ja in ihrer politischen, sozialen und kulturellen Identität verletzt, sprachen auch sie mit einem Mal voller Stolz von „ihrer" Republik sowie dem überragenden Anteil der Juden an der Kultur dieser Ära – und lieferten damit den Nazis mit ihrer These von der Überproportioniertheit des Jüdischen ständig neue Munition. Wie bei jedem Streit um Worte ging es auch bei diesem Streit um wesentlich mehr: auf der einen Seite um Macht, um Herrschaft, um die Aufrichtung eines „arischen" Blutgerichts, auf der anderen um ein zu Tode verwundetes Selbstbewußtsein, das vor dem Untergang noch einmal aufzutrumpfen versuchte. Und bei solchen Gegensätzen greift man zwangsläufig zu den massivsten Argumenten, nicht nur auf seiten der Angreifer, sondern auch auf seiten der Angegriffenen.

Die Stimmen der Nazis auf diesem Gebiet sind inzwischen verhallt. Die Stimmen jener Juden, die nach 1933 von einer Dominanz des Jüdischen in der Kultur der Weimarer Republik sprachen, erfreuen sich dagegen bis heute einer beträchtlichen Resonanz. Und hier beginnt meine Frage: Sollen wir diesen Argumenten, die damals als verzweifelte Abwehrreaktionen gemeint waren, weiterhin folgen, oder sollen wir endlich versuchen, diese Dinge in ihren tatsächlichen Proportionen zu sehen, um so ein historisch getreues, mit anderen Worten: unverzerrtes Bild dieser Epoche und ihrer Kultur zu bekommen?

Beginnen wir bei der Behandlung dieser Frage mit den Hauptargumenten der älteren Antisemiten sowie der späteren Nazis über die „Dominanz" der Juden in der Kultur der Weimarer Republik und gehen wir anschließend auf jene deutsch-jüdischen Theoretiker ein, welche nach 1933 die gleiche These mit umgekehrtem Vorzeichen vertraten. Wie bekannt, kam es schon zu Anfang der zwanziger Jahre im Zuge der Freikorpsbewegungen und rechten Putschversuche zu einer wahren Flut antisemitischer Schriften, die im Sinne der verbreiteten Dolchstoßlegende die Juden für den verlorenen Krieg und die „jüdisch inspirierte" Novemberrevolution nebst ihrer kulturellen Begleiterscheinungen, also des Expressionismus und Dadaismus, verantwortlich machten. Im Rahmen dieses Schrifttums, das sich weitgehend auf den gründerzeitlichen und wilhelminischen Antisemitismus stützte und diesen lediglich radikalisierte, galten innerhalb von Politik und Kultur vor allem zwei Dinge als „jüdisch": einerseits alles Ambivalente, Widersprüchliche, Zerrissene, Utopische, Aufmüpfige und Revolutionäre, andererseits alles Modische, Lavierende, Nouveautésüchtige, Clevere und auf Profit Bedachte.[1] Und schon damals sahen die Völkisch-Gesinnten in all diesen Manifestationen eines spezifisch „jüdischen" Phänotyps jene Drahtzieherideologie am Werke, wie sie am eklatantesten in den *Protokollen der Weisen von Zion* zum Ausdruck komme, die in Deutschland erstmals 1919 als Dokument jener roten und goldenen Internationale erschienen, als deren geheime Führer selbstverständlich die Juden angesehen wurden.[2] Ins gleiche Horn stießen zu diesem Zeitpunkt Antisemiten wie Theodor Fritsch in den Neuauflagen seines *Handbuchs zur Judenfrage* sowie Artur Dinter in seinem Romanpamphlet *Die Sünde wider das Blut* (1918), in welchen den Juden eine bewußte „Verpanschung" des arischen Bluts zum Zwecke sinistrer Weltherrschaftspläne angelastet wird. Aufgrund solcher Anschauungen wurde die Weimarer Republik innerhalb dieser Gruppen schon zu Anfang der zwanziger Jahre, wie in Hans Blühers *Secessio Judaica* (1922), als „typisches Judenprodukt" und ihre Kultur, wie in der Schrift *Literatur-*

wissenschaft und jüdische Herkunft (1925) von Adolf Bartels, als typisch „jüdische" Kultur hingestellt.

All das wurde von den Nazi-Kulturtheoretikern im Laufe der zwanziger Jahre begierig aufgegriffen und noch einmal radikalisiert, vor allem nach den ersten Wahlsiegen der Jahre 1928 bis 1930.[3] Als offizielle Vertreter der NSDAP machten dabei vor allem Alfred Rosenberg und Joseph Goebbels von sich reden. So gründete Rosenberg 1928 jenen Kampfbund für deutsche Kultur, der jede jüdische Kulturäußerung von vornherein als „undeutsch" und damit niederrassig, ja „entartet" verdammte. Goebbels publizierte im gleichen Jahr *Das Buch Isidor*, in dem die herrschende Kultur der „Systemzeit" als total „verniggert" und „verjudet" angeprangert wird. Besonders im verjudeten Berlin, dieser „Eiterbeule" Deutschlands, werde mit der deutschen Kultur nur noch Schindluder getrieben. Wohin man auch blicke, heißt es in diesem Pamphlet, machten sich im Kulturleben dieser Stadt zusehends die „jüdischen Schieber" und eine verantwortungslose „jeunesse isidorée" breit. Die einen verkauften selbst die heiligsten Kulturgüter der Deutschen „für dreißig Silberlinge", die anderen liefen skrupellos jedem ausländischen Modeschrei hinterher.[4] Und solche Thesen machten bei vielen Völkisch-Gesinnten schnell Furore. Es gibt wohl kaum eine Nazi-Schrift dieser Jahre, in der nicht unentwegt auf die „Überproportioniertheit" der Juden im Kulturleben hingewiesen und die Gefahr dieser Zustände für die „deutsche Seele" herausgestellt wird. Und zwar wurde dabei den Juden von vornherein jeder Sinn für eine echte, organisch gewachsene Kultur abgesprochen. Wahre Kultur, behaupteten die Nazis, hätten nur Menschen mit Sinn für Tradition, Verwurzelung, Volkheit und Schollebewußtsein, aber nicht jene wurzellosen jüdischen Großstadtmenschen,[5] die nur auf das Geschäft und die Kreierung neuer Ismen bedacht seien.

Am stärksten äußere sich diese „Verjudung", wie wir immer wieder lesen, innerhalb des Presse-, Verlags-, Theater-, Film-, Konzert- und Kritikerwesens – also in all jenen Bereichen, die wir heute als die verschiedenen Branchen der Kulturindustrie bezeichnen würden.[6] Im Bereich der „Judenpresse" wurde dabei gern auf die Macht von Zeitungsmagnaten wie Ullstein und Mosse hingewiesen.[7] Im Hinblick auf das Theater zog man gegen Regisseure wie Max Reinhardt, Leopold Jessner und Viktor Barnowsky, Kritiker wie Alfred Kerr und Schauspieler wie Ernst Deutsch, Max Pallenberg, Fritz Kortner, Elisabeth Bergner und Fritzi

Massary vom Leder. Im Musikbetrieb waren es Dirigenten wie Otto Klemperer und Bruno Walter, Kritiker wie Paul Bekker und Oscar Bie, Operettenkomponisten wie Paul Abraham und Leo Blech, Instrumentalvirtuosen wie Fritz Kreisler und Arthur Schnabel sowie modernistische Tonsetzer wie Arnold Schönberg und Kurt Weill, welche die Nazis wegen ihres Judentums in Grund und Boden verdammten. Von den Filmregisseuren wurden vor allem Fritz Lang und Ernst Lubitsch, von den Verlegern Samuel Fischer und von den Schriftstellern Jakob Wassermann, Franz Werfel, Karl Kraus, Arnold Zweig, Alfred Döblin, Lion Feuchtwanger, Ernst Toller, Else Lasker-Schüler, Stefan Zweig, Max Brod, Kurt Tucholsky, Vicki Baum und Emil Ludwig als „undeutsch" angegriffen, wobei sich neben Adolf Bartels wohl Josef Nadler den unrühmlichsten Lorbeer verdiente.[8]

Führende nationalistisch gesinnte Autoren wie Ernst Jünger und Hanns Johst zogen daraus schon vor 1933 die Folgerung, daß die Juden in Deutschland endlich in aller Offenheit als Juden auftreten sollten, anstatt sich weiterhin als Deutsche auszugeben. So stellte Jünger den herrschenden „Zivilisationsjuden" im Jahr 1930 das Ultimatum, „in Deutschland entweder Jude zu sein oder nicht zu sein".[9] In diesem Lande als Jude *und* Deutscher gelten zu wollen, schrieb er, sei ein leerer „Wahn". Und auch Johst empfahl 1932 den Juden, sich endlich auf ihr eigenes „Volkstum" zu besinnen, statt weiterhin die deutsche Kultur mit ihren deutsch-jüdischen Zwitterprodukten zu verseuchen.[10] Was in solchen Verdikten noch den Charakter einer persönlichen Meinungsäußerung hat, wurde im Frühjahr 1933, wie wir wissen, zur offiziellen Doktrin der neuen Regierung. Jetzt war nur noch von einer „erschlichenen Dominanz" der Juden im deutschen Kulturleben die Rede, der man mit allen Mitteln ein Ende bereiten müsse. Dabei wurden sämtliche Register der faschistischen Sündenbock- und Drahtzieherideologie gezogen, um den Juden eine bewußte „Unterminierung", ja „systematische Vernichtung der arischen Kulturgüter" nachzuweisen, wie es in dem Buch *Das neue Deutschland und die Judenfrage* (1933) von Hans Hauptmann heißt.[11] Und die realen Folgen solcher Thesen ließen nicht lange auf sich warten. Wer es als Jude nicht schon vor 1933 vorgezogen hatte, Deutschland zu verlassen, wurde nach diesem Zeitpunkt rücksichtslos angepöbelt, boykottiert, aus seinem Amt entfernt, gesellschaftlich isoliert, ausgebürgert, eingekerkert oder vertrieben.[12]

Viele deutsche Juden, die bis dahin geglaubt hatten, im „Land der Dichter und Denker" zu leben, reagierten auf diese Terrorakte erst einmal fassungslos. Die meisten von ihnen hatten im Antisemitismus – bei aller Angst vor ihm – vornehmlich ein Wahlmanöver der Nazis gesehen. Daß die Nazis ihre Parolen wirklich in die Tat umsetzen würden, war ihnen nicht in den Sinn gekommen. Ja, manche hofften sogar noch nach 1933, daß sich die Situation wieder „bessern" würde. Gerade die kulturbewußten unter ihnen reagierten daher – ob nun inner- oder außerhalb Deutschlands – auf die Maßnahmen der Nazis erst einmal mit der Geste des beleidigten Stolzes. Haben nicht auch wir, schrieben sie immer wieder, unseren Teil zur Weltgeltung der deutschen Kultur beigetragen und Berlin zur geistigen und kulturellen Hauptstadt der zwanziger Jahre gemacht? Waren nicht die Juden die eigentliche Avantgarde dieses Zeitraums? Genau besehen, behaupteten also diese Gruppen das gleiche, was die Nazis ihnen vorwarfen, nämlich die führende Kulturschicht der Weimarer Republik gewesen zu sein. Deshalb veröffentlichten sie nach 1933 dieselben Listen wie die NS-Kulturtheoretiker und strichen hierbei – wie schon im Rahmen der Abwehrstrategien der zwanziger Jahre[13] – zugleich ihre Loyalität, ja Vaterlandsliebe Deutschland gegenüber heraus. Kurz: sie reagierten verzweifelt „deutsch", rechtfertigten sich als Deutsche, als Träger der deutschen Kultur – und nicht als Vertreter einer spezifisch „jüdischen" Kultur.

Dafür seien an dieser Stelle zwei Beispiele genannt. Erst einmal das Sonderheft *The Jewish Contribution to Modern Life and Thought in Germany*, das die in London erscheinende *Jewish Review* im Juni 1933 herausbrachte. In ihm wurde in Form kurzer lexikonartig angelegter Beiträge alles systematisch aufgelistet, was die Juden zur Kultur der Weimarer Republik beigesteuert hatten, und zwar unter der Perspektive, daß die Tätigkeit der jüdischen Theaterregisseure, Schauspieler, Verleger, Filmproduzenten, Kritiker, Galeristen, Komponisten und Schriftsteller ein „vital and organic element" der deutschen Kultur, das heißt nichts Fremdes, nichts spezifisch Jüdisches gewesen sei. All dies zu eliminieren, wie es bedauernd hieß, werde zwangsläufig zu einer merklichen „impoverishment" der deutschen Kultur führen.[14] Außerdem betonte die *Jewish Review*, daß die Mehrheit der jüdischen Kulturschaffenden von den antisemitischen Maßnahmen der deutschen Regierung total „überrascht" worden sei.[15] Noch massiver äußerte sich Arnold Zweig in seinem im Herbst 1933 in Amsterdam erschienenen Buch *Bilanz der deutschen Judenheit* zu diesen Fragen. Seine Listen der jüdischen

Künstler innerhalb der verschiedenen Teilbereiche des kulturellen Lebens der Weimarer Republik waren mehr als doppelt so lang. Auch in der ästhetisch-ideologischen Rechtfertigungstendenz ging Zweig weit über die *Jewish Review* hinaus und stellte alles Nennenswerte aus diesen Bereichen als ein Ensemble jüdischer Leistungen hin. Vor allem die moderne, zeitgenössische Kunst, schrieb er, sei in diesen Jahren „nur zum kleinen Teil von nichtjüdischen Händlern ausgestellt, Schriftstellern verstanden und Käufern gekauft worden". Die „Juden", heißt es hier wörtlich, „füllten die Theater, kauften die Bücher und Bilder".[16]

Viele dieser Thesen wirken, wie gesagt, bis heute ungebrochen weiter. Besonders im Umkreis der recht nostalgisch gefärbten Weimar-Forschung in den USA wird die Weimarer Republik zum Teil noch immer als „Judenrepublik" und ihre Kultur als „jüdische Kultur" charakterisiert. Aber auch nichtjüdisch-liberale Forscher, die auf das Bild der „Golden Twenties" eingeschworen sind, neigen zu solchen klischeeartigen Verallgemeinerungen. Demzufolge herrscht in den Schriften dieser beiden Gruppen häufig ein höchst konfliktfreies, homogenisiertes, ja geradezu schönfärberisches Bild der „ach so judenfreundlichen" Weimarer Republik. „Jene Juden", sagte Herbert Strauss 1983 in Philadelphia, „die 1929 in Berlin gestorben sind, sind glücklich gestorben, da sie in einem Lande die Augen schlossen, das damals für die Juden das beste in der Welt war."[17] Im Zuge solcher Thesen werden die deutschen Juden dieser Ära immer wieder ins Maßstabsetzende, Vorbildliche stilisiert. „They have become idealized and sanctified", schrieb jüngst Theodore S. Hamerow, „they appear exiting and fascinating, bigger than life."[18]

Wohl am deutlichsten äußert sich diese Tendenz zur Schönfärberei im Bereich der allgemeinen Kulturgeschichte und Kulturtheorie. So heißt es 1968 in Istvan Deaks Buch *Weimar Germany's Left-Wing Intellectuals* im Hinblick auf diese Epoche einfach kurz und bündig: „The Jews were responsible for a great part of German culture."[19] Noch entschiedener erklärte Walter Laqueur 1974 in seiner höchst eloquenten Einführung *Weimar. A Cultural History:* „Without the jews there would have been no ‚Weimar culture'."[20] Ja, selbst Peter Gay schrieb 1979 in seinem Band mit dem provokativen Titel *Freud, Jews and Other Germans:* „Germany's jews were woven into the very texture of German culture", „they were fully German", das heißt eine wohlintegrierte, wenn nicht führende Schicht innerhalb der Weimarer Kultur.[21] Aber auch in anderen Schriften, die sich mit dieser Ära und ihrer Kultur beschäftigen, ist meist recht klischeeartig von *den* Juden und *der* Weimarer Kultur die Rede, als ob dies beides feste Größen seien, an denen es nichts zu deuteln gebe. Doch nicht allein das. In besonders eklatanten Fällen werden diese beiden Größen – ob nun in kritisch-zionistischer oder positiv-liberaler Perspektive – einfach miteinander gleichgesetzt oder zumindest homologisiert. Überhaupt wird auf diesem Gebiet, zum Teil ältester geistesgeschichtlicher Tradition folgend, ständig mit abstrakten Typologien operiert, wodurch die empirischen Fakten der konkreten Politik- und Sozialgeschichte nur allzuoft hinter höchst problematischen Pauschalisierungen verschwinden.

Daher sieht man sich bei der Aufarbeitung dieser Fragen immer wieder mit Thesen konfrontiert, die der historischen Nachprüfung nur in den seltensten Fällen standhalten. Letztlich war auch hier alles viel komplexer und widersprüchlicher, als es auf den ersten Blick erscheint. Genau besehen, hat es nämlich weder *die* deutschen Juden noch *die* Weimarer Kultur gegeben. Beide bestanden aus einer Vielzahl höchst verschiedener sozialer Trägerschichten und ideologischer Affiliationen. Obendrein gerieten beide in den Sog einer höchst rasanten Entwicklung, die in den etwas mehr als vierzehn Jahren von der Novemberrevolution bis zur Machtübergabe an die Nationalsozialisten mindestens drei deutlich voneinander abgehobene Phasen durchlief, die weder die Weimarer Kultur noch die Einstellung der deutschen Juden zu ihr unbeeinflußt ließen: die Phase der politisch-ökonomischen Turbulenz vom Ende des Krieges bis zur Inflation (1918–1923), die Phase der sogenannten relativen Stabilisierung (1923–1929) und die Phase vom Ausbruch der Weltwirtschaftskrise bis zur faschistischen Diktatur (1929–1933). Nur wenn man diese beiden Phänomene – die höchst komplexe Zusammensetzung der deutschen Judenschaft und der Weimarer Kultur sowie die innere Dynamik dieser Jahre – im Auge behält, wird man zu einer Sehweise vorstoßen, die sich nicht sofort von vorgefaßten Begriffen blenden läßt.

II

Bevor wir also das Thema „Juden in der Kultur der Weimarer Republik" ins Zentrum unserer Untersuchung rücken, müssen wir erst einmal einen detaillierten Blick auf die beiden Hauptkomponenten dieser Konstellation – die Juden und die Weimarer Kultur – werfen. Beginnen wir mit der Lage der deutschen Juden dieser Ära. Im Gegensatz zu den Studien von Ernst A. Simon,[22] Eva G. Reichmann[23] und Sidney S. Bolkovsky,[24] die bei ihrer Beurteilung der deutschen Juden der zwanziger Jahre von höchst einheitlichen Gruppenvorstellungen ausgehen, stütze ich mich im folgenden vor allem auf die Arbeiten von Donald L. Niewyk,[25] Esra Bennathan,[26] Gershom Scholem[27] und Monika Richarz,[28] die sich die Mühe gemacht haben, die verschiedenen Einstellungen der deutschen Juden zu Koexistenz, Assimilation, Symbiose, Amalgamierung und Absonderung, das heißt ihre Aufspaltung in Liberale, Patrioten, Zionisten, Kosmopoliten und Linke herauszuarbeiten. Während Niewyk dabei weitgehend im Ideengeschichtlichen bleibt, gehen Bennathan, Scholem und Richarz auch auf die soziale Situation der deutschen Juden zwischen 1918 und 1933 ein, um bei ihren Analysen eine solide Basis unter den Füßen zu haben. Nach ihren Forschungen sank der jüdische Prozentsatz innerhalb der deutschen Bevölkerung zwischen 1875 und 1933 von 1,75 % auf 0,76 %, das heißt von über 600 000 auf rund 500 000 Menschen, ab. Fast 70 % dieser Juden lebten in Großstädten, während von der nichtjüdischen Bevölkerung Deutschlands im Jahre 1925 nur 25,4 % in Großstädten wohnten. Den höchsten Anteil an jüdischer Bevölkerung hatten Berlin, Frankfurt und Breslau. Allein in Berlin lebten um 1925 etwa 31 % aller deutschen Juden. Und zwar gehörten diese Juden weitgehend dem Mittelstand an und hatten ein Durchschnittseinkommen, das doppelt oder dreimal so hoch war wie das ihrer nichtjüdischen Mitbürger. Die Zahl der Selbständigen betrug bei ihnen im Jahr 1933 46 %, während sie bei Nichtjuden nur 16 % betrug. Die meisten deutschen Juden waren in kaufmännischen oder akademischen Berufen tätig. Erstaunlich hoch war der Anteil unter den Ärzten und Anwälten, aber auch die Zahl der im kulturellen Leben Wirkenden war beachtlich. Am höchsten war sie unter Redakteuren und Regisseuren, wo sie bei 5 % lag. Von den Studenten waren 4 %, den Studentinnen 7 % jüdischer Herkunft. Innerhalb dieser Schichten, die wie alle guten Bürger stolz auf Besitz und Bildung waren, herrschte eine steigende „Bereitschaft zur Absorption",[29] eine Tendenz zur Mischehe und eine allmähliche Einschränkung der Kinderzahl. Neben einer kleinen, sehr vermögenden Oberschicht gab es also unter den deutschen Juden einen relativ breiten, wohlverdienenden Mittelstand, für den die jüdische Religion nur noch eine „geringe" Bedeutung hatte.[30] Diese Juden empfanden sich in ihrer Mehrheit als Deutsche oder deutsche Juden, aber nicht als „Angehörige eines jüdischen Volks".[31] Doch neben dieser deutschempfindenden Mehrheit gab es selbstverständlich noch eine Fülle anderer Gruppen. Dazu gehörten vor allem die weiterhin orthodox lebenden Juden, ein überwiegend ostjüdisches Proletariat, das etwa 8,5 % der Juden ausmachte, sowie eine Reihe kleinerer, aber in der Öffentlichkeit stark beachteter Gruppen von deutsch-patriotischen Juden, Zionisten, Kosmopoliten, Linken und Marxisten, die gerade auf dem kulturellen Sektor sehr aktiv waren.

Doch bleiben wir erst einmal bei den wohlhabenden Liberalen, zu denen etwa 60 % der deutschen Juden gehörten. Diese Schichten waren weitgehend emanzipiert und zugleich saturiert. Wie alle Liberalen stimmten sie zu Anfang der zwanziger Jahre fast geschlossen für die Deutsche Demokratische Partei, waren also antimarxistisch, aber tolerant und koalitionsbereit.[32] Als sich die DDP in der zweiten Hälfte der zwanziger Jahre auflöste, gingen sie entweder zu der weiter rechtsstehenden Deutschen Staatspartei oder zur SPD über, in denen sie die Hauptgaranten für den Fortbestand der Weimarer Republik sahen. Die offizielle Interessenvertretung dieser Schichten war der 1893 gegründete Centralverein deutscher Staatsbürger jüdischen Glaubens, der 1930 etwa 60 000 Mitglieder aufwies und im Namen von 300 000 deutschen Juden zu sprechen glaubte. Dieser Centralverein verhielt sich bis 1918 ebenso „kaisertreu",[33] wie er sich in den zwanziger Jahren republiktreu verhielt. Seine Hauptaufgabe sah er im Abwehrkampf gegen den Antisemitismus, während er sonst – als gutliberale Organisation – seinen Mitgliedern in allen religiösen, moralischen und kulturellen Belangen eine weitgehende Freiheit ließ. Dennoch hatte auch der Centralverein seine Ideologie. Wie Rathenau bekannte er sich auf der Grundlage eines „warmen deutschen Vaterlandsgefühls" zu einer „deutsch-jüdischen Weltanschauung" auf der Grundlage der „Humanität", kurz: er erstrebte eine Symbiose „deutsch-jüdischer Durchdringung" und lehnte eine „jüdisch-nationale Lösung der Judenfrage" im Sinne des Zionismus entschieden ab.[34] Das Verbindende zwischen Deutschen und Juden sah er vor allem in der Hochhaltung und Verteidigung der bürgerlich-aufgeklärten deutschen Kulturtraditionen. Nicht gemeinsame „Volkheit" verbindet, schrieb Julius Goldstein 1927 im Sinne des Centralvereins, sondern gemeinsame „Kultur".[35] Ebenso eindeutig erklärte Leo Wolff 1932, daß die „seelische und geistige Physiognomie" der deutschen Juden nicht durch die „Zugehörigkeit zum jüdischen Stamm, sondern durch die zur deutschen Kultur bestimmt" werde.[36] Die deutschen Juden seien stolz darauf, heißt es bei ihm, als Träger „deutscher Kultur" angesehen zu werden und bildeten selbst im Ausland stets einen „Hort deutschen Lebens".[37] Ja, Eva G. Reichmann hielt an ihrem „Ja" zum „deutsch-jüdischen Weg" noch nach 1933 fest und schrieb in ihrem Aufsatz *Vom Sinn deutsch-jüdischen Seins* verzweifelt deutschgläubig: „Das Judentum braucht Deutschland, braucht diese schmerzlich geliebte Wahlheimat seiner geistigen Entwicklung."[38]

Ideologisch wohl am nächsten stand dem Centralverein der im Jahr 1918 gegründete Reichsbund jüdischer Frontsoldaten, der zur Abwehr des im rechten Lager grassierenden Antisemitismus die Wochenschrift *Der Schild* herausgab.[39] Er war nach dem Centralverein die zweitgrößte jüdische Organisation und hatte 1930 etwa 35 000 Mitglieder, ja wuchs nach 1933 – im Zuge der Abwehrstrategien – auf 50 000 Mitglieder an. Außerdem gab er 1933 die Parole aus: „Jeder bleibt auf seinem Posten."[40] Noch patriotischer trat der Verband nationaldeutscher Juden auf, der sich unter der Führung von Max Naumann 1920 vom Centralverein abspaltete.[41] Er unterstützte politisch die DVP, ja später sogar die antisemitische DNVP, um die Rechten von der vaterländischen und strikt antimarxistischen Gesinnung der alteingesessenen und wohlhabenden deutschen Judenschaft zu überzeugen. Aus dem gleichen Grunde setzte er sich scharf von den zionistischen Bestrebungen[42] sowie jenen Ostjuden ab, welche sich in Deutschland, wie Naumann schrieb, die „Schläfenlocken abschnitten, die Scheitel ölten, die Konjunktur erfaßten und Konzertdirektoren, Kunstkritiker oder Schlagerkomponisten wurden".[43] Ja, Naumann griff in der zweiten Hälfte der zwanziger Jahre sogar die Anhänger des Centralvereins als unentschiedene „Zwischenschichtler" an, die sich noch immer als „deutsche Juden" und nicht als „jüdische Deutsche" empfänden.[44] Er begrüßte daher um 1930 die verstärkte Hinwendung zum „deutschen Volkstum" und versuchte, die jüdischen Deutschen als einen weiteren „deutschen Stamm" in die völkische Bewegung einzugliedern.[45] Noch chauvinistischer gebärdete sich jener kleine Kreis innerhalb der deutsch-jüdischen Jugend, der sich im Frühjahr 1933 um Hans-Joachim Schoeps scharte und sich Deutscher Vortrupp. Gefolgschaft deutscher Juden nannte. Seine Parole, mit der er den Kampf für ein „Deutschtum der Juden" aufnahm, lautete: „Bereit für Deutschland".[46] Wie viele junge bürgerliche Idealisten fühlte sich diese Gruppe vor allem von der „bündischen" Seite des Nationalsozialismus angezogen. Doch nicht nur der Vortrupp, auch andere „staatstreue" Juden, welche die gleichen antimarxistischen Ressentiments wie ihre nichtjüdischen Mitbürger hatten, hofften damals auf einen „Einbau der Juden in den neuen Staat".[47] So schrieb etwa der Ansbacher Rabbiner Elie Munk 1933 in seinem Buch *Juden und Umwelt:* „Ich lehne die Lehre des Marxismus vom jüdischen Standpunkt aus ab und bekenne mich zum Nationalsozialismus ohne seine antisemitische Komponente."[48] Ja, selbst Leo Baeck erklärte Ende März 1933 im Zuge der allgemeinen Abwehrstrategien, daß er den „Kampf zur Überwindung des Bolschewismus und die Erneuerung Deutschlands" durchaus begrüße, da in ihm auch eine „Sehnsucht innerhalb der deutschen Juden" zum Ausdruck komme.[49]

Das Gemeinsame all dieser Gruppen – trotz ihrer Unterschiede – war ihre tiefe Verbundenheit mit der deutsch-bürgerlichen Kultur. Im Gegensatz dazu traten sowohl die gesetzestreuen Juden als auch die verschiedenen zionistischen Organisationen der deutschen Gesellschaft und Kultur mit einer wesentlich größeren Reserviertheit entgegen. Während die Orthodoxen, die sich 1920 im Bund gesetzestreuer jüdischer Gemeinden Deutschlands zusammenschlossen, in den kulturellen Debatten der Folgezeit keine gravierende Rolle spielten, machten die Zionisten mit ihrer These, endlich die Gebundenheit an die deutsche Kultur zu überwinden und wieder „bewußte Juden" zu werden, um so mehr von sich reden. Im Sinne des bekannten Ausspruchs von Theodor Herzl: „Der Zionismus ist die Rückkehr zum Judentum vor der Rückkehr ins Judenland",[50] entfachten sie eine nachdrückliche Propaganda für diesen Bewußtwerdungsprozeß. Statt sich zu assimilieren, ob nun in die goldene oder rote Internationale, und damit den Juden in sich selbst zu töten, wie es in dem Buch *Der jüdische Selbsthaß* (1930) von Theodor Lessing heißt, propagierten die Zionisten statt der bisherigen Entjudung der Juden eine bewußte Verjudung der Juden. Statt also weiterhin Mischehen einzugehen und sich mit der deutschen Kultur zu identifizieren, versuchten sie, die kulturinteressierten Schichten der deutschen Juden – unter Berufung auf Martin Buber, Jakob Klatzkin und Robert Weltsch, den Herausgeber der *Jüdischen Rundschau* – nicht nur mit nationaljüdischen, rassentheoretischen oder „völkischen" Gesichtspunkten,[51] sondern auch mit mystisch oder religiös gefärbten Vorstellungen einer jüdischen Kultur für sich zu gewinnen.

Als Organisation war die Zionistische Vereinigung Deutschlands, die seit 1924 unter der Leitung von Kurt Blumenfeld stand, relativ klein und umfaßte 1930 etwa 20 000 Menschen, also bloß 3,5 % der deutschen Juden.[52] Auch ihre Aussiedlungspropaganda war nicht besonders wirksam. So wanderten in den zwanziger Jahren nur 2 000 deutsche Juden nach Palästina aus, von denen fast die Hälfte zurückkehrte.[53] Dennoch ist der Einfluß der Zionisten auf die Debatten über „Juden und deutsche Kultur" in dieser Zeit nicht zu unterschätzen. Vor allem ihre geradezu „schwärmerische Verehrung", ja Romantisierung der „ostjüdischen Welt" verschaffte ihnen unter den Intellektuellen manche Anhänger.[54] Allgemein läßt sich feststellen, daß die zionistische Bewegung in dem Maße wuchs, wie sich der antisemitische Haß von rechts verschärfte. Sie konnte daher 1933 als einzige Organisation von sich behaupten, von Anfang an recht gehabt zu haben. Das kommt am besten in dem Sammelband *Ja-Sagen zum Judentum* zum Ausdruck, den Robert Weltsch noch im gleichen Jahre in Berlin publizierte, worin er die deutschen Juden aufforderte, endlich den einzig richtigen „Weg", nämlich den nach Palästina einzuschlagen und ihr Judentum auch „innere Wirklichkeit" werden zu lassen,[55] das heißt den „Zwangscharakter der Assimilation" und der kulturellen Überfremdung abzuschütteln.[56] Die gleichen Thesen vertrat Joachim Prinz in seinem Buch *Wir Juden*, das 1934 in Berlin erschien und in dem die Rückkehr nach Palästina ebenfalls als Verzicht auf die westliche Kultur verstanden wird.[57] Ja, Alfred Döblin erklärte 1935 in seinem Manifest *Flucht und Sammlung des Judenvolks*, daß all das Gerede von der „Judenbefreiung" nur ein „Scheinmanöver" gewesen sei. Statt weiterhin mit „hündischer Liebe" an den bisherigen „Herrenvölkern" zu hängen und sich im Sinne eines entwürdigenden Fluchtjudentums zu „assimilieren", sah auch er zu diesem Zeitpunkt in Palästina die einzige wirkliche „Heimstätte" aller jüdisch gewordenen Juden.[58]

Soviel zu jenen Gruppen, die sich in deutsch-jüdischen oder jüdisch-nationalen Organisationen zusammenschlossen, das heißt entweder von den Deutschen als deutsche Juden anerkannt werden wollten oder die Rückkehr ins erträumte Alt-Neuland propagierten. All jene deutschen Juden, die sich im gleichen Zeitraum auf kulturellen Sektor als Kosmopoliten, Linksliberale, Linke oder Marxisten verstanden, äußerten sich dagegen zu solchen Fragen viel seltener. Noch am ehesten wurden die Kosmopoliten von der Mehrheit der deutschen Centralverein-Juden als ihresgleichen empfunden. Ihre Zahl war vor allem während der sogenannten Stabilisierungsperiode der Weimarer Republik, also der Zeit der deutsch-französischen Verständigungspolitik, der Völkerbund-Hoffnungen, der Paneuropa-Ideen des Grafen Richard Coudenhove-Kalergi und der ersten Amerikanisierungswelle, recht beträchtlich. Ein besonders typischer Vertreter dieser Richtung war der Romancier Lion Feuchtwanger, der in den Juden die idealen „Vermittlerfiguren" jener sich anbahnenden „europäisch-amerikanischen" Weltzivilisation sah, die auf eine „endgültige Vermischung" aller Völker hinauslaufe.[59] In einer Welt, in der es einmal keine „Grenzen" mehr geben würde, schrieb er, würden die Juden durch ihr „Kosmopolitentum", das heißt ihr „Nichtverwurzeltsein mit dem Boden", sicher auch in der Kultur eine entscheidende Rolle spielen, da sie – neben den Chinesen – nun einmal das „literarischste" Volk der Erde seien.[60]

Die von Feuchtwanger noch technisch-zivilisatorisch anvisierte Weltzivilisation nahm bei den linksliberalen bis linken Juden im Laufe der Jahre immer stärker sozialistische Züge an. Allerdings hielten sich diese Kreise von den bestehenden Linksparteien weitgehend fern. Schließlich stammten ihre Hauptvertreter durchweg aus bürgerlich-konservativen Elternhäusern, hatten also eine beträchtliche Bildung und ein starkes Bewußtsein ihrer Individualität mit auf den Weg bekommen, das sie nicht vorschnell gegen eine Parteibindung aufzugeben gedachten. Sie schlossen sich daher lieber der DDP oder – nach der Auflösung der DDP – der SPD, aber kaum der recht straff gegliederten KPD an.[61] Zudem traten ihnen die Linksparteien nicht unbedingt mit offenen Armen entgegen, um nicht durch projüdische Bekenntnisse in den Verdacht eines Kompromisses mit der Bourgeoisie zu geraten.[62] Um ihre eigene Klassenherkunft zu verschleiern oder auch zu überwinden, machten sich deshalb viele linke Juden im Gefolge Tucholskys gern über die kulturlosen „Raffkes" und „Koofmich-Juden" à la Wendriner lustig. Wohl das wichtigste Organ dieser linken und doch freischwebenden jüdischen Intelligenz war die *Weltbühne.*[63] Viele ihrer Beiträger wandten sich ebenso scharf gegen den Zionismus, in dem sie einen „Rückschritt" ins finsterste Mittelalter sahen, wie gegen jene Centralverein-Anhänger, die sich gegen Ende der Weimarer Republik für die Deutsche Staatspartei, einer

Koalition aus der früheren DDP und dem Jungdeutschen Orden, einsetzten, um so ihre „Tresore und Aufsichtsratsposten" zu retten, wie es in der *Weltbühne* hieß. Im Gegensatz dazu befürworteten viele, die der *Weltbühne* nahestanden, eine sozialistisch-pazifistische Verbrüderung aller Menschen im Sinne einer totalen Assimilation, durch die sich auch die sogenannte Judenfrage von selbst aufheben werde. „In a way", schreibt Istvan Deak in seiner Studie über die *Weltbühne*, „these intellectuals proposed their complete assimilation, not into Germandom, but into a community of progressive Europeans."[64] Da es jedoch eine solche „community" nicht gegeben habe, seien die *Weltbühne*-Autoren, fährt Deak fort, zwangsläufig „homeless" und damit ineffektiv geblieben. Selbst Ernst Toller, bekannt für sein sozialistisches Engagement und neben Tucholsky wohl der berühmteste Beiträger dieser Zeitschrift, schrieb deshalb kurz nach 1933 mit betont subjektivistisch-kosmopolitischer Note: „Eine jüdische Mutter hat mich geboren, Deutschland hat mich genährt, Europa hat mich gebildet, meine Heimat ist die Erde, die ‚Welt' mein Vaterland."[65]

Noch weiter rückten jene Künstler und Intellektuellen vom Judentum ab, die sich in diesen Jahren der KPD anschlossen und die einzig mögliche Liquidierung der Judenfrage – wie schon Karl Marx – in einer proletarischen Weltrevolution sahen. Das entscheidende Manifest dieser Gruppe war das Buch *Der Untergang des Judentums. Die Judenfrage/Ihre Kritik/Ihre Lösung durch den Sozialismus* (1931) von Otto Heller. In scharfer Ablehnung des Zionismus, der längst zu einer „Schachfigur des Weltimperialismus in seinem Kampf gegen die Befreiungsbewegung der Kolonialvölker" geworden sei, wie Heller behauptet, wird hier eine „proletarisch-revolutionäre Lösung" der Judenfrage vorgeschlagen.[66] Ähnliche Thesen finden sich 1932 in dem Aufsatz *Liquidation der Judenfrage* von Alfred Kantorowicz, der darauf hinweist, daß die Sowjetunion in den letzten zehn Jahren aus verachteten jüdischen „Schankwirten, Zwischenhändlern, Schiebern und Wucherern" achtbare „Arbeiter, Bauern und Soldaten" gemacht habe.[67] Und auch Arthur Holitscher pries 1933 die UdSSR als die erste wahrhafte „seelische Heimat" der Juden, weil dort für die Juden die „Einfügung ins Ganze des fortschrittlichen Ideals" bereits zur gesellschaftlichen Realität geworden sei, während die Juden in Palästina „schnorrenden Aposteln" glichen, die von der Gnade des „englischen Imperialismus" und des „kapitalkräftigen" Teils der amerikanischen Judenschaft abhängig seien, weshalb sich in diesem Lande, trotz aller schönen Worte, die vielgerühmten „sozialistischen“ Tendenzen sicher nie durchsetzen würden.[68]

III

Ebenso gespalten wie die deutsche Judenschaft dieser Jahre war die Kultur der Weimarer Republik. Auch hier handelt es sich nicht um eine feste Größe, die sich in einem griffigen Ismus zusammenfassen ließe. Dennoch gibt es immer noch wohlmeinende Nostalgiker, welche sich fast ausschließlich an die liberalen Elemente innerhalb dieser Kultur halten, um sich nicht in ihrem zum Klischee erstarrten Bild der „Golden Twenties“ irritieren zu lassen. Vor allem auf journalistischer Ebene, wo man aus Gründen der Vereinfachung meist das Eindimensionale bevorzugt, wird unter der Kultur dieser Ära weiterhin nur das Innovative, Elegante, Sensationelle verstanden, während man all das unterschlägt, was nicht diesem Bild entspricht. Mit dem üblichen bürgerlich-liberalen Stellvertretungsanspruch in Sachen Kultur gilt in diesem Zusammenhang als Weimarer Kultur noch immer hauptsächlich jener Bereich, der sich am besten mit Namen und Titeln wie Max Reinhardt, Marlene Dietrich, der Piscator-Bühne, dem Dessauer Bauhaus, dem *Querschnitt*, der *Weltbühne*, der *Dreigroschenoper*, Fritz Lang, dem *Berliner Tageblatt*, dem *Blauen Engel*, der Neuen Sachlichkeit, den Kurfürstendammrevuen und ähnlichen Phänomenen umschreiben läßt. Hier besteht also die Weimarer Kultur nur aus den besten liberalen bis linksliberalen Leistungen der sogenannten Stabilisierungsperiode zwischen den Jahren 1923 und 1929.

Diese Leistungen sollen nicht verkleinert werden. Im Gegenteil, man kann sie gar nicht genug rühmen. Doch leider sind sie nicht die einzigen kulturellen Manifestationen dieser Ära, sondern nur ein begrenzter, wenn auch signifikanter Teil eines wesentlich komplexeren kulturellen Zusammenhangs. Schließlich gibt es nicht nur in der Politik, sondern auch in der Kultur dieses Zeitraums, wie uns die Studien zur Weimarer Republik der „politisierten“ Jahre nach 1968 gezeigt haben, neben dem eng umgrenzten Mittelfeld der Liberalen auch das weite Feld der konservativen, religiösen, völkischen und faschistischen Kulturtendenzen sowie das der linken, sozialdemokratischen und kommunistischen Kunst

– ganz zu schweigen von jener „Kunst", die sich in diesen Jahren innerhalb der neuentstehenden Massenmedien ausbreitete. Nur wer sich mit der Vielfalt dieser Erscheinungen genauer auseinandersetzt, wird der Kultur dieser Epoche historisch wirklich gerecht – und bekommt zugleich ein Verständnis dafür, warum sich innerhalb der politischen, ideologischen und kulturellen Polarisierung nicht die liberalen oder im weitesten Sinne „republiktreuen" Kräfte, sondern letzten Endes die Konservativ-Völkischen, die Faschisten durchgesetzt haben.

Zu einem tieferen Verständnis der Weimarer Kultur gelangen also nur jene, die stets die höchst prekäre, gefährdete Position der die Republik unterstützenden Künstler und Intellektuellen innerhalb der allgemeinen Polarisierung im Auge behalten. Außerdem sollte man neben dem ideologischen Stellenwert der einzelnen künstlerischen Äußerungen zugleich ihren jeweiligen historischen Ort in der höchst dramatischen Folge der einzelnen Etappen der Weimarer Republik berücksichtigen, die sich auch künstlerisch in deutlich unterschiedenen Phasen niedergeschlagen haben. Die erste dieser Phasen war die sogenannte Turbulenzphase zwischen 1919 und 1923, in der die unter höchst widerspruchsvollen Bedingungen geschaffene Weimarer Republik noch im Zeichen rechter und linker Putschversuche stand und zugleich eine ökonomische Krise durchmachte, die erst in der 1923 durchgeführten Währungsreform einen vorläufigen Abschluß fand. Künstlerisch entsprach dieser politischen und ökonomischen Turbulenz ein krasses Nebeneinander von monarchistischen, völkischen, soldatisch-nationalistischen und protofaschistischen Tendenzen auf der einen Seite[69] sowie einem linken Novembrismus auf der anderen, der in den Formen eines aktivistischen Expressionismus, eines politisierten Dadaismus und eines ins Sozialistische tendierenden Konstruktivismus in die Geschichte eingegangen ist.

Die zweite Phase der Weimarer Republik, die von 1923 bis 1929 währte, wird meist mit dem Schlagwort der „relativen Stabilisierung" charakterisiert. In ihr kam es politisch zu einer merklichen Annäherung an die Westmächte, vor allem an Frankreich und die USA, die durch den Vertrag von Locarno und den Dawes-Plan untermauert wurde. Das Ergebnis dieser Entwicklung war eine allmähliche Beruhigung der innenpolitischen Situation unter verschiedenen Koalitionsregierungen und ein gewaltiger Anstieg der industriellen Produktion, durch den Deutschland im Jahre 1929 wieder an die zweite Stelle innerhalb der

Weltrangliste rückte. Dies war die Phase der ideologischen Zurücknahme, in der die revolutionären Tendenzen von rechts und links einer Ernüchterung wichen, die weitgehend im Zeichen eines amerikanistischen, fordistischen, tayloristischen Pragmatismus stand, dessen oberstes Prinzip die Rationalisierung und Festigung der kapitalistischen Wirtschaft war. Die Demokratisierungstendenzen dieser Phase hatten daher stets einen unleugbaren Bezug zu den Kommerzialisierungstendenzen der gleichen Zeit. Und so kam es auch ästhetisch zu einer taylorisierten Kultur für die neue Angestelltenklasse, wie Siegfried Kracauer und Theodor W. Adorno diese Entwicklung benannt haben,[70] die zu einer ungeahnten Ausweitung der Massenmedien (Film, Presse, Radio, Schallplatte usw.) führte, neben denen sich die „Neue Sachlichkeit" als der Stil der liberalen Oberklasse mit einer zweitrangigen Rolle begnügen mußte.[71] Aufs Ganze gesehen, setzte sich also in dieser Phase ein demokratisch-kapitalistischer Zwischenstil durch, der von den bisherigen Utopien weitgehend Abschied nahm und sich zu einem Pluralismuskonzept bekannte, bei dem sich die wirtschaftlich Stärkeren notwendig auch als die kulturell Stärkeren erwiesen.

Auf diese trügerisch „stabilisierte" Zwischenphase setzte nach dem Schwarzen Freitag vom Oktober 1929 eine neue Turbulenzphase ein, in der die Polarisierung in rechts und links fast noch schärfere Formen annahm als zwischen 1919 und 1923. Im Gegensatz zu vorher wurde allerdings der Kampf gegen den Kommunismus jetzt nicht mehr von den Freikorps, sondern von den Schlägertruppen der SA geführt. Innerhalb dieser dramatischen Zuspitzung, bei der die Rechten ständig den Buhmann der drohenden „Bolschewisierung Deutschlands" an die Wand malten, schlossen sich große Teile der bürgerlichen Mittelschichten den Nazis an und gaben damit die Republik auf. Wie nicht anders zu erwarten, wurden auch viele Künstler in den Sog dieser Polarisierung hineingezogen und engagierten sich entweder auf faschistischer oder antifaschistischer Seite. Während die „stabilisierenden" Kräfte, denen Autoren wie Thomas Mann zuzuordnen sind, dabei eher zur SPD tendierten, sympathisierten radikal Gesinnte wie Bertolt Brecht, welche das Übel mit der Wurzel beseitigen wollten, eher mit der KPD. Doch selbst solche Versuche waren, wie wir wissen, umsonst, da die meisten Vertreter des Bürgertums lieber in die Arme des Faschismus flüchteten.

IV

Doch nun zur abschließenden Frage: Welche Rolle hat die deutsch-jüdische Intelligenz und die aus ihr hervorgehende Künstlerschaft innerhalb dieses weiten ideologischen und kulturellen Spektrums und zugleich innerhalb dieser höchst dramatischen Entwicklung gespielt? Welchen sozialen Schichten entstammte sie und wie stand sie zu den revolutionären bzw. stabilisierenden Kräften innerhalb dieser Republik? Auch darüber läßt sich nichts Pauschales sagen, so blendend oder zumindest elegant solche Verallgemeinerungen vielleicht wären. Selbst eine solche, wesentlich begrenztere Fragestellung verlangt eine höchst differenzierte Sehweise, die im Rahmen dieses Beitrags nur angedeutet werden kann.

Historisch gesehen, blieben die Juden bis zum Jahr 1848 im Rahmen der deutschen Kultur weitgehend Außenseiter. Zu einer stärkeren Integration der jüdischen Bevölkerung in den allgemeinen Kulturbetrieb kam es erst im Zuge des wirtschaftlichen Aufschwungs und der allgemeinen „Verbürgerlichung" der fünfziger und sechziger Jahre. Von einer wirklichen Teilnahme, ja Teilhabe der Juden an der deutschen Kultur läßt sich jedoch erst seit der wilhelminischen Ära sprechen, wie Peter Gay jüngst nachgewiesen hat.[72] In diesem Zeitraum hatten die reichgewordenen jüdischen Schichten zum erstenmal Gelegenheit, ihren ästhetischen Geschmack zu demonstrieren sowie ihren Töchtern und Söhnen eine gehobene Bildung zuteil werden zu lassen. Sie glichen darin durchaus jenen nichtjüdischen Kommerzienräten, deren Kinder sich in diesen Jahrzehnten ebenfalls vom Parvenügeschmack ihrer Eltern lossagten[73] und sich der modernistisch-verfeinerten, französisch-impressionistischen oder symbolistischen Geschmackskultur der neunziger Jahre zuwandten. Innerhalb der deutsch-jüdischen Künstler gehörten zu dieser Gruppe Maler wie Max Liebermann und Lesser Ury, Graphiker wie Emil Orlik und Th. Th. Heine, Schriftsteller wie Georg Hermann, Alfred Mombert, Karl Wolfskehl, Rudolf Borchardt und Arnold Zweig, während sich in Wien zur gleichen Zeit jüdisch-österreichische Künstler wie Arthur Schnitzler, Peter Altenberg, Richard Beer-Hofmann, Hugo von Hofmannsthal, Karl Kraus, Gustav Mahler und Arnold Schönberg einen Namen machten. Die meisten dieser Künstler blieben wie ihre „anspruchsvollen" Kollegen unter den nichtjüdischen Künstlern im Bereich jener „machtgeschützten Innerlichkeit", die sich ästhetisch als Sezessionismus, das heißt als innerbürgerliche Revolte gegen den protzig-höfischen oder vulgär-kleinbürgerlichen Geschmack, verstand.

Diese Verhältnisse änderten sich erst, als um 1910 mit dem Expressionismus eine Kunstrevolte auf den Plan trat, die im Laufe der Jahre, vor allem unter dem Eindruck des Krieges und der Novemberrevolution, immer stärker ins Aktivistische drängte. Doch auch in dieser Bewegung fällt es schwer, eine spezifisch „jüdische“ Komponente auszumachen. Es gab zwar damals schon Kritiker, die im Hinblick auf den Utopismus von Expressionisten wie Ernst Bloch, Gustav Landauer oder Martin Buber von einem „Express-Zionismus“ sprachen,[74] doch solche Äußerungen sind nicht nur antisemitisch, sondern schlichtweg falsch. Schließlich findet sich der gleiche Utopismus auch bei nichtjüdischen Expressionisten, ja die Neigung zum Anarchisch-Zukunftszugewandten, Neuen, Wilden, Morgenrötlichen teilt der deutsche Expressionismus mit fast allen modernistischen Aufbruchsbewegungen dieser Jahre, sei es nun dem italienischen Futurismus, dem französischen Kubismus, dem russischen Konstruktivismus oder der holländischen Stijl-Gruppe. Bei den Vertretern all dieser Ismen herrscht ein Utopismus, dem eine radikale Romantisierung urältester liberalistischer Laisser-faire- oder Auslebe-Ideologien zugrunde liegt und der daher meist in Schlagworten wie „Natur“, „Erotik“ und „fesselfreies Ich“ kulminiert.[75] Spezifisch „Jüdisches“ ist auch hier, außer dem aufs Äußerste gesteigerten Emanzipationsverlangen, kaum zu entdecken. Interessanterweise ist der Anteil der Juden am Expressionismus in der Musik und der bildenden Kunst relativ marginal. Um so größer ist er dafür auf dem Gebiet der Literatur, wo fast ein Drittel der deutsch-expressionistischen Autoren, also Schriftsteller wie Carl Sternheim, Franz Werfel, Albert Ehrenstein, Ludwig Rubiner, Ernst Toller, Jakob van Hoddis, Alfred Wolfenstein, Kurt Hiller, Else Lasker-Schüler, Ernst Blass, Iwan Goll, Rudolf Leonhard, Ernst Weiss, Gustav Landauer und Kurt Pinthus, jüdischer Herkunft waren.[76] Doch auch auf diesem Gebiet, wie Thomas Anz und Michael Stark schreiben, unterscheidet sich der jüdische Anteil von dem nichtjüdischen in keiner Weise.[77] Das gleiche gilt für den Berliner Dadaismus, wo der Nichtjude George Grosz und der Jude John Heartfield fast wie Zwillingsbrüder auftraten.

Daß sich in denselben Jahren viele deutsch-jüdische Künstler auch ganz anderen Richtungen anschlossen, ist später oft unterschlagen worden. Alle jene gebildeten Juden, die bis 1918 „kaisertreu“ waren – und das war sicher die Mehrheit –, vertraten damals wesentlich konservativere Kulturkonzepte. Sie hielten es weitgehend mit der deutschen Klassik, mit Goethe und Beethoven, und waren – wie ihre „unpolitischen“ Klassenbrüder innerhalb der nichtjüdischen Bourgeoisie – in erster Linie auf bürgerliche Respektabilität und Wahrung der Tradition bedacht. Diese Schichten dachten zum größten Teil deutschnational, verhielten sich auf ihrem rechten Flügel durchaus apologetisch und fanden selbst für den Militarismus und Imperialismus der wilhelminischen Führungskreise die nötigen Rechtfertigungsgründe, um nur ja nicht als „undeutsch“ oder gar „jüdisch“ zu gelten. Dafür spricht nicht nur das patriotische Auftreten eines Max Reinhardt, Alfred Kerr oder Paul Cassirer in der Anfangsphase des Krieges, sondern auch ein Büchlein wie *Die Dichtkunst im Dienste des seelischen Durchhaltens*, das Karl Hilmar 1918 herausbrachte und in dem voller Stolz auf deutsch-jüdische Kriegsgesänge wie Ernst Lissauers *Haßlied gegen England*, Hugo Zuckermanns *Österreichisches Reiterlied*, Leo Sternbergs *Das Vaterland*, Walther Heymanns *Ostpreußischer Landsturm* und Robert Linderers *Deutsches Flaggenlied* hingewiesen wird, die in ihrer vaterländischen Gesinnung, wie es heißt, aus den „Tiefen der deutschen Volksseele“ stammten.[78]

Diese Polarisierung in einen linken und einen rechten Flügel änderte sich erst mit dem Beginn der zweiten Phase der Weimarer Republik, in der sowohl die patriotischen als auch die expressionistischen Elemente zusehends in den Hintergrund traten. Was sich statt dessen in den Vordergrund schob, war ein liberalistisch-pluralistischer Kulturbetrieb, der im Zeichen der bereits erwähnten Dialektik von Kommerzialisierung und Demokratisierung stand, die für alle sogenannt freiheitlich-kapitalistischen Länder charakteristisch ist. Darin etwas spezifisch „Jüdisches“ sehen zu wollen, läßt sich weder ideologisch noch ökonomisch rechtfertigen. Schließlich war die Mehrheit der Nichtjuden im bürgerlichen Lager damals genauso auf Profit und freizügiges Sichausleben bedacht wie die Mehrheit ihrer jüdischen Klassenbrüder. Kein Wunder, daß sich gerade die wohlsituierten Juden während dieses Zeitraums in Deutschland durchaus zu Hause fühlten. Sobald sich die ökonomische Lage – im Zuge der Währungsreform und der US-Kredite – besserte, traten vor allem die Liberalen unter ihnen wesentlich selbstbewußter auf und entfalteten zugleich eine größere Geschäftigkeit als je zuvor, ja verdrängten – angesichts der temporären Schwäche der judenfeindlichen Rechtsparteien – selbst ihre immer noch wache Furcht vor dem Antisemitismus. So wurde etwa die NSDAP in den Jahren zwischen 1923 und 1929 auch auf jüdischer Seite kaum ernst genommen, ja zum Teil offen ausgelacht.[79]

Dieses neue Selbstbewußtsein äußerte sich in fast allen Bereichen und Branchen der herrschenden Kulturindustrie. Aus diesem Grunde wird in der Sekundärliteratur zu diesem Thema immer wieder betont, welch großen Einfluß die Juden damals im Pressewesen gehabt hätten, und auf Zeitungen wie das *Berliner Tageblatt* (Mosse), die *Vossische Zeitung* (Ullstein) und die *Frankfurter Zeitung* (Simon) hingewiesen[80], für die bis 1933 so geistreiche und illustre Kritiker wie Alfred Kerr, Fritz Engel, Alfred Einstein, Monty Jakobs, Arthur Eloesser, Max Osborn, Ernst Heilborn, Siegfried Kracauer und viele andere ihre Essays, Feuilletons, Theaterberichte und Buchrezensionen verfaßten. Ebenso häufig werden in diesem Zusammenhang Zeitschriften wie der *Querschnitt*, das *Tagebuch*, die *Weltbühne*, die *Fackel* oder das *Kunstblatt*, Verleger wie S. Fischer, Rütten & Loening, Ernst Reiss, Georg Bondi, Kurt Wolff, Jakob Hegner und Albert Langen, Galeristen wie Alfred Flechtheim und Paul Cassirer, Filmregisseure wie Lupu Pick, Robert Siodmak, Fritz Lang, Ernst Lubitsch und Max Ophüls, Theaterregisseure wie Max Reinhardt, Leopold Jessner und Viktor Barnowsky sowie Schauspielerinnen und Schauspieler wie Elisabeth Bergner, Fritzi Massary, Lucie Mannheim, Rosa Valetti, Ernst Deutsch, Fritz Kortner, Peter Lorre, Max Pallenberg, Conradt Veidt, Kurt Gerron und Alexander Granach genannt.[81] Innerhalb der Malerei war unter den Juden noch immer Max Liebermann die überragende Größe, während Maler wie Eugen Spiro, Philipp Frank, Rudolf Levy, Jankel Adler oder Manfred Hirzel eher in die Kategorie „ferner liefen" eingereiht wurden. Im Bereich des Musikwesens stachen unter den Juden damals vor allem Dirigenten wie Otto Klemperer, Bruno Walter, Jascha Horenstein und Leo Blech, Solisten wie Fritz Kreisler, Arthur Schnabel und Emanuel Feuermann, Sänger wie Richard Tauber, Vertreter der leichteren Muse wie Leo Fall, Oskar Strauß, Paul Abraham und Rudolf Nelson sowie seriöse Komponisten wie Arnold Schönberg und Kurt Weill hervor. Doch die meiste Aufmerksamkeit zogen auch in diesen Jahren die jüdischen Schriftsteller auf sich, und zwar vor allem Jakob Wassermann, Stefan Zweig, Emil Ludwig, Alfred Döblin, Robert Neumann,

Kurt Tucholsky, Alfred Polgar, Hermann Kesten, Karl Kraus, Lion Feuchtwanger, Arnold Zweig, Egon Erwin Kisch und ehemalige Expressionisten wie Ernst Toller und Franz Werfel.

All dies war äußerst beeindruckend, ja faszinierend, doch es war eine kurze Blüte, die sich obendrein in einem immer stärker zum Kommerz tendierenden Kulturbetrieb entfalten mußte. Schon im Spätherbst des Jahres 1929 kam es im Zuge der allgemeinen Trendwende zu völlig neuen Konstellationen, die im Zeichen eines wachsenden Rechtsdrucks standen. Für viele Juden führte das bereits vor 1933 zu Isolierung, Behinderung, wenn nicht Unterdrückung. Zugegeben, eine Reihe jüdischer Künstler versuchte auch in dieser Ära verzweifelt an ihrem bürgerlichen Liberalismus festzuhalten. Allein der Spielraum dafür wurde immer kleiner. Doch was hätten sie sonst tun sollen? Dem Zionismus standen sie in ihrer Mehrheit noch immer ablehnend gegenüber. Die Rechte sperrte sich gegen sie, die SPD entfaltete – außer der herkömmlichen Erbepflege – keine wirklich bedeutsame Kulturpolitik, und die KPD verlangte eine strikte Parteidisziplin von ihnen. Also verhielten sich die meisten liberal eingestellten Juden, wie ihre liberalen bis linksliberalen Freunde unter den Nichtjuden, erst einmal abwartend. Von einer wirklichen Rechtskurve kann man zu diesem Zeitpunkt nur bei Arnolt Bronnen und zum Teil auch bei Rudolf Borchardt sprechen, von denen sich der eine den Nazis, der andere den Vertretern der Konservativen Revolution anschloß. Dagegen zogen die Kommunisten in diesem Zeitraum wesentlich mehr deutsch-jüdische Intellektuelle und Künstler an. Man denke an Vertreter der Roten Kampfmusik wie Hanns Eisler, Dramatiker wie Friedrich Wolf, Montagekünstler wie John Heartfield, Autoren von Reportagen wie F. C. Weiskopf, Egon Erwin Kisch und Arthur Holitscher, Verleger wie Wieland Herzfelde, Romanciers wie Anna Seghers, Schauspielerinnen wie Helene Weigel oder Kulturtheoretiker wie Walter Benjamin, Ernst Bloch und Georg Lukács, von denen allerdings die meisten damals noch gar nicht in diesem Kontext gesehen wurden, entweder weil sie noch relativ unbekannt waren oder weil sie die sogenannte Judenfrage als Linke innerlich längst „liquidiert" hatten. Diese Künstler oder Theoretiker waren weder deutsch-vaterländisch noch zionistisch-vaterländisch eingestellt. Genau besehen, dachten sie überhaupt nicht völkisch oder national, sondern setzten sich – unter weitgehender Absehung von der eigenen Person – für die inzwischen legendär gewordene „dritte

Sache“ ein. Die meisten von ihnen blieben daher auch im Exil innerhalb der KPD und dann der Volksfront in der vordersten Linie der antifaschistischen Aktionen tätig, ohne ständig die bürgerlich-individualpsychologische Frage nach der eigenen „Identität“ aufzuwerfen oder weiterhin die Möglichkeiten einer „Befreiung in den Kapitalismus“ zu diskutieren.

V

Alles in allem kann man also im Hinblick auf die zwanziger Jahre weder von einer „Judenrepublik“ noch von einer „Judenkultur“ sprechen. Beides sind maßlose Übertreibungen. Die Nationalsozialisten setzten solche Schlagworte von allem im Rahmen ihrer Sündenbock- und Drahtzieherideologien ein. Die deutschen Juden gebrauchten sie dagegen, um mit beleidigtem Stolz darauf hinzuweisen, auch Deutsche oder zumindest deutsche Kulturträger zu sein. Die harten Fakten der ökonomischen, politischen und kulturellen Statistiken sprechen jedoch eine ganz andere Sprache. Besonders in den Bereichen Politik und Wirtschaft sollte man die These vom überragenden Einfluß der Juden drastisch revidieren, wie das unlängst Donald L. Niewyk getan hat.[82] So war etwa von den zehn größten Vermögen in Deutschland gegen Ende der zwanziger Jahre nicht ein einziges in jüdischer Hand.[83] Von den 576 Abgeordneten, die im Reichstag saßen, waren im Frühjahr 1930 nur 13 jüdischer Herkunft.[4] Und auch unter den höheren Beamten befanden sich zu diesem Zeitpunkt lediglich 1,3 % Juden.[85] Selbst auf dem Felde der Kultur sah es nicht viel anders aus. Im Bereich des Theaters und des Musiklebens lassen sich um 1930 lediglich 2,4 % als Juden identifizieren.[86] In der Filmindustrie, die als besonders „verjudet“ galt, wurde der Hauptkonzern, nämlich die UFA, von jenem Alfred Hugenberg geleitet, der 1933 in Hitlers erstem Kabinett eine führende Position erhielt. Von den Zeitungen waren damals über die Hälfte entweder konservativ eingestellt oder konfessionell gebunden und stellten deshalb nur in Ausnahmefällen jüdische Redakteure ein. Sogar auf dem Gebiet der Literatur zogen Autoren wie Thomas und Heinrich Mann, Gerhart Hauptmann, Rainer Maria Rilke, Stefan George, Georg Kaiser, Bertolt Brecht, Leonhard Frank, Erich Maria Remarque, Ernst Glaeser, Erich Kästner, Hermann Hesse, Hans Carossa, Edwin Erich Dwinger, Ina Seidel, Bruno Brehm,

Werner Beumelburg, Josef Magnus Wehner, Hans Grimm und Ernst Jünger in den zwanziger Jahren sicher mehr Leser und Leserinnen an als die genannten deutsch-jüdischen Autoren.

Dennoch war im Bereich des kulturellen Lebens der Einfluß der Juden, wie man ihn auch dreht und wendet, recht beachtlich. Hier kann man nicht allein von quantitativen Gesichtspunkten ausgehen, sondern muß auch die ästhetisch-ideologische Qualität dieses Beitrags berücksichtigen. Allerdings dürfte dabei in Zukunft die deutsch-jüdische Komponente der Weimarer Kultur nicht allein unter bürgerlich-liberaler Perspektive gesehen werden. So ist etwa in der Literatur der Hauptnachdruck allzu lange auf Autoren wie Jakob Wassermann, Stefan Zweig, Emil Ludwig oder Franz Werfel gelegt worden. Erst in den letzten 30 Jahren hat sich allmählich die Erkenntnis Bahn gebrochen, daß die wichtigsten deutsch-jüdischen Vertreter dieser Periode eher Künstler und Intellektuelle wie Walter Benjamin, Theodor W. Adorno, Magnus Hirschfeld, Wilhelm Reich, Georg Lukács, Ernst Bloch, Alfred Döblin, Anna Seghers, Ernst Toller und Arnold Zweig waren. Lediglich auf extrem konservativer Seite wirft man diesen Autoren heute noch vor, durch ihre zersetzende Kritik, ihr unterentwickeltes Heimatbewußtsein sowie ihre Tendenz ins Überpersönliche zum Untergang der Weimarer Republik beigetragen zu haben, indem sie die „Hohlräume des Gefühls" einfach den Nationalsozialisten überlassen hätten. Doch was wäre die Alternative dazu gewesen: sich nicht zu engagieren und ausschließlich ihr eigenes Ich zu kultivieren? Ist das die einzige Haltung, wenn der Faschismus vor der Tür steht? Oder kann man sich eine solche Haltung erst in einer voll emanzipierten, freien, klassenlosen Gesellschaft leisten.[87]

Ein Überlebender aus Deutschland

Zur Radikalität von Arnold Schönbergs zionistischer Wende

Mit Schönbergs modernistisch-elitärer Kompositionstechnik haben sich viele beschäftigt. Sein Judentum, obwohl es in manchem die Grundlage seiner extremen Außenseiterposition innerhalb der „Materialrevolution" der sogenannten Neuen Musik unseres Jahrhunderts bildet, ist dagegen – vor allem in Deutschland – wesentlich weniger beachtet worden.[1] Ja, fast niemand hat es für nötig gehalten, auf Schönbergs Stellungnahmen zum Zionismus hinzuweisen. Es gibt zwar einige Beiträge zu seinem *Survivor from Warsaw* (1946/47) sowie den späten geistlichen Chorwerken *Dreimaltausend Jahre, Moderner Psalm, De profundis* und *Israel Exists Again.*[2] Und auch das von Schönberg im Exil entworfene *Four Point Program* einer Jewish Unity Party hat neuerdings einige Aufmerksamkeit auf sich gezogen.[3] Aber die Herkunft und Eigenart seiner zionistisch-antizionistischen Anschauungen, die bis in die frühen zwanziger Jahre, wenn nicht noch weiter zurückreichen und ihren ersten massiven Ausdruck in dem immer noch unpublizierten Utopiedrama *Der biblische Weg* (1922 – 126/27) gefunden haben, liegen nach wie vor im Dunkeln.[4] Auf dieses Drama – wohl die wichtigste politisch-religiöse Bekenntnisschrift Schönbergs schlechthin – sind bisher nur Alexander L. Ringer[5] und Michael Mäckelmann[6] etwas ausführlicher eingegangen. Allerdings taten sie das vornehmlich im Rahmen von Schönbergs eigener Entwicklung, ohne zugleich den historisch-ideologischen Stellenwert dieses Werks innerhalb der zionistischen Bewegung im allgemeinen zu untersuchen. Dazu sollen im folgenden erste Hinweise gegeben werden.

Im Hinblick auf die frühen zwanziger Jahre hat sich die werkorientierte Schönberg-Forschung bisher fast ausschließlich mit seinen Bemühungen um eine dodekaphonische Reihentechnik beschäftigt, mit der er – im Einklang mit der allgemeinen Wende von spätromantisch-expressionistischen zu konstruktivistisch-neusachlichen Tendenzen – den Durchbruch zu einer exakt durchmathematisierten Kompositionsweise zu erzielen suchte. Wegen seiner sensationellen Radikalität auf diesem

Gebiet, lesen wir immer wieder, sei Schönberg in diesen Jahren zum wichtigsten „Avantgardisten" innerhalb der deutschen, wenn nicht der westlichen E-Musik schlechthin aufgestiegen – ein Prozeß, der seinen bekrönenden Abschluß 1925 in der durch Leo Kestenberg veranlaßten Berufung Schönbergs zum Leiter einer Meisterklasse an der Berliner Akademie gefunden habe.

Im Gegensatz zu dieser relativ einsträngigen Entwicklung hat die eher biographisch orientierte Schönberg-Forschung auch auf die dramatischen Umbrüche in Schönbergs Leben während des gleichen Zeitraums verwiesen. In dem mich interessierenden Zusammenhang spielen dabei vor allem folgende Ereignisse eine wichtige Rolle: die Mattsee-Affäre, der erregte Briefwechsel mit Kandinsky wegen angeblich antisemitischer Umtriebe am Bauhaus sowie der Sturm der Entrüstung, den Schönbergs Berufung an die Berliner Akademie in der deutschnationalen Presse hervorrief. Alle drei Ereignisse sind bekannt und brauchen hier nur kurz referiert zu werden.

Von besonderer Wichtigkeit waren die Ereignisse in Mattsee, einem Erholungsort im Salzburgischen, wo Schönberg im Juni 1921 von der dortigen Hotelverwaltung aufgefordert wurde, sich als „Nichtjude" auszuweisen oder widrigenfalls den Ort zu verlassen, worin Schönberg, der zwar 1898 zum Protestantismus übergetreten war und sich im Ersten Weltkrieg durch eine betont patriotische Haltung ausgezeichnet hatte, aber dennoch sein angestammtes Judentum nicht verleugnen wollte, einen eklatanten Bruch mit jeder Form von Rechtsstaatlichkeit und menschenwürdiger Gesittung sah. Nicht minder empörten ihn die von Alma Mahler ausgestreuten Gerüchte über antisemitische Tendenzen in der Bauhaus-Verwaltung, die er in seiner leicht entzündlichen Art sofort für bare Münze nahm. Demzufolge schrieb er am 20. April 1923 an Kandinsky, daß er aufgrund solcher Demütigungen „endlich kapiert" habe, daß er „kein Deutscher, kein Europäer, ja vielleicht kaum ein Mensch", sondern lediglich ein „Jude" sei.[7] Ähnlich wütend stimmten Schönberg 1925 die antisemitischen Angriffe anläßlich seiner Berufung an die Berliner Akademie, die ein führender Musikkritiker wie Alfred Heuß noch im gleichen Jahr in der *Zeitschrift für Musik* – wegen der von Schönberg propagierten „jüdischen Unnatur" – als einen „Schlag gegen die Sache der deutschen Musik" bezeichnete, „wie er zur Zeit herausfordernder kaum gedacht werden kann".[8]

Auf diese Erniedrigungen und Angriffe hat Schönberg im Laufe der zwanziger Jahre nur privat, aber nicht öffentlich reagiert, um sich nicht noch stärker zu exponieren, als er es durch die Radikalität seiner Musik ohnehin schon tat. Eine solche Haltung muß für ihn, der in allen anderen Dingen von unerbittlicher Wahrheitsliebe war, geradezu unerträglich gewesen sein. Doch, was er sich gestattete, waren nur Implosionen, aber keine Explosionen. Nach außen blieb er ein pflichtbewußter preußischer Beamter, während er sich innerlich immer stärker als unterdrückter, ja geschmähter Jude empfand. Obwohl Schönberg diese Schizophrenie heroisch durchzustehen versuchte, begriff er in diesem Jahrzehnt, wie sinnlos die von ihm angestrebte Assimilation war und wie er als Jude – trotz seiner Berühmtheit – immer wieder auf schützende Eingriffe anderer, wie Kestenbergs, angewiesen blieb und bei einer plötzlichen Wende ins Nationale oder gar Chauvinistische, zu einem Dritten Reich arischer Nation, über Nacht ins Nichts zurückfallen konnte.

Demzufolge begann Schönberg, welcher den anderen Ausweg aus dieser Situation, nämlich den von vielen deutsch-jüdischen Künstlern und Intellektuellen gewählten Weg in den internationalen Sozialismus, zutiefst ablehnte, nach der Mattsee-Affäre auf mehr oder minder heimliche Weise mit dem Zionismus zu sympathisieren, der ihm in der Herzlschen Ausprägung sicher schon seit seinen frühen Wiener Jahren vertraut war.[9] Das früheste Dokument dieser Wende, das wir besitzen, sind jene 24 Zeilen, die Schönberg im Frühjahr 1924 in einem reichlich obskuren, nur wenige Seiten umfassenden und von Rudolf Seiden in Wien herausgegebenen Pamphlet unter dem Titel *Pro Zion! Vornehmlich nichtjüdische Stimmen über die jüdische Renaissancebewegung* publizierte.[10] Während Autoren wie Cornelius Gurlitt, Hugo Bettauer, Franz Theodor Czokor, Walter von Molo, Philipp Scheidemann und Wilhelm von Scholz ihre prozionistischen Bekenntnisse, die sie als Nichtjuden zu nichts verpflichteten, in dieser Broschüre fast durchgehend in einen unerträglichen Phrasenschwall einbetteten, beschränkte sich Schönberg in seinem Beitrag auf *eine* klar herausgestellte These, und zwar die, daß sich Recht stets aus Macht herleite und daher auch die Juden einen eigenen, bis auf die Zähne bewaffneten Staat haben müßten, um sich selbst verteidigen zu können und nicht weiterhin als Staatenlose auf den Schutz anderer angewiesen zu sein. Daraus folgerte er mit glasklarer Schärfe und Militanz: „Die Wiederaufrichtung eines jüdischen Reiches könnte nur so geschehen, wie die ähnlichen Dinge in der Geschichte immer entstanden sind: nicht durch das Wort und die Moral, sondern durch erfolgreiche Waffen und gleiche Interessensvertretung."[11]

Mit einer solchen Äußerung stand Schönberg im Rahmen des damaligen österreichischen und deutschen Zionismus relativ vereinzelt da. Diese Bewegung war in den frühen zwanziger Jahren weder machtvoll noch militant, sondern eine verschwindend kleine Gruppe innerhalb des deutschsprachigen Judentums. Ihre Organisation nannte sich die Zionistische Vereinigung Deutschlands (ZVD), stand seit 1924 unter der Leitung Kurt Blumenfelds und umfaßte etwa 20 000 Menschen, also rund 3,5 Prozent der deutschen Juden.[12] Ihre Hauptthese war, wieder „bewußte", das heißt volkhaft empfindende und zugleich rückkehrwillige Juden zu werden. Statt sich weiterhin zu assimilieren und damit den Juden in sich selbst zu töten, wie es 1930 in dem Buch *Der jüdische Selbsthaß* von Theodor Lessing hieß, verlangten die Zionisten eine verstärkte Schätzung der jüdisch-nationalen Eigenart sowie eine völkerrechtliche Regelung der Palästinafrage zu ihren Gunsten. Statt sich taufen zu lassen, Mischehen einzugehen und sich mit der deutschen Kultur zu identifizieren, gaben sie sich alle Mühe, die intellektuell und religiös interessierten Schichten unter den jungen deutschen Juden – unter Berufung auf so unterschiedliche Geister wie Haam Achad, Martin Buber, Jakob Klatzkin und Robert Weltsch, den Herausgeber der zionistisch orientierten *Jüdischen Rundschau* – bei ihren Rückkehrkonzepten nicht nur mit nationaljüdischen oder gar „völkischen", sondern auch mit mystisch-spirituellen Vorstellungen für eine „selektive Immigration" und einen „allmählichen Aufbau" jüdischer Siedlungen in Palästina für sich zu gewinnen.[13] Dennoch verhallten ihre „Rückkehr"-Parolen weitgehend im Leeren. Insgesamt wanderten in den zwanziger Jahren nur 2 000 deutsche Juden nach Palästina aus, von denen fast die Hälfte zurückkehrte,[14] da sie dieses Land als zu fremd, zu tropisch und vor allem zu kulturlos empfanden.[15]

Für die Wirkungslosigkeit der zionistischen Propaganda lassen sich folgende Gründe ins Feld führen: erstens weil die zionistische Bewegung, welche 1917 aufgrund der Balfour-Deklaration, nämlich das Versprechen, den Juden nach dem Krieg in Palästina eine würdige „Heimstätte" („a national home for the jewish people") zu bereiten, einen gewaltigen Auftrieb erhalten hatte, durch die Zurücknahme dieses Versprechens in dem 1922 vom englischen Kolonialminister Churchill verfaßten *Weiß-*

buch, das dieses Versprechen aus Rücksicht auf die arabische Welt wieder abschwächte, ihre realpolitische Zielrichtung verlor; zweitens weil die von den Gründern der Weimarer Republik verkündete Gleichstellung der Juden mit allen anderen deutschen Staatsbürgern sowie die relative Stabilisierung der politischen, sozialen und ökonomischen Situation in den Jahren nach 1923 zu einer steigenden Selbstsicherheit unter den deutschen Juden beitrug, so daß es selbst überzeugte Zionisten wie Martin Buber und Arnold Zweig, die nach der Verkündung der Balfour-Deklaration noch gewillt waren, nach dem Krieg sofort ins gelobte „Zionsland" auszuwandern, vorzogen, in der Weimarer Republik zu bleiben und auf ihren rechtsstaatlichen Charakter zu vertrauen;[16] und drittens weil die überwältigende Mehrheit der deutschen Juden, die sich in den zwanziger Jahren ebenso „republiktreu" verhielt, wie sie sich vor 1918 „kaisertreu" verhalten hatte,[17] dem Zionismus höchst ablehnend gegenüberstand, das heißt ihn als etwas Ostjüdisches und damit Undeutsches empfand. Diese Schichten, zu denen über 60 Prozent der deutschen Juden zählten und die ihre Interessensvertretungen vor allem im Centralverein deutscher Staatsbürger jüdischen Glaubens sowie im Reichsbund jüdischer Frontsoldaten sahen, waren stolz auf ihre sozialen und ökonomischen Errungenschaften und wollten diese nicht leichtfertig durch eine übermäßige Betonung ihrer jüdischen Andersartigkeit aufs Spiel setzen.[18] Die gleiche Haltung vertraten führende deutsch-jüdische Intellektuelle wie Walther Rathenau, Jakob Wassermann, Stefan Zweig, Emil Ludwig, Lion Feuchtwanger und viele andere, welche die deutsche Kultur oder den Dienst an der Menschheit über jede nationale Einseitigkeit stellten.[19]

Die Sprecher der ZVD und die mit ihnen sympathisierenden Intellektuellen und Künstler hatten darum von vornherein einen schweren Stand. Wie konnten sie Mitte der zwanziger Jahre, als Deutschland zur zweitstärksten Industriemacht der Welt aufstieg und alles auf eine durch steigenden Wohlstand erweiterte Liberalität hindeutete, ihre an diesem Wohlstand und dieser Liberalität partizipierenden jüdischen „Volksgenossen" dafür gewinnen, auf ihr mühsam errungenes Vermögen sowie ihre soziale Absicherung zu verzichten und in ein Land auszuwandern, in dem sie erst einmal Aufgaben wie Urbarmachung des Bodens, Wegebau und Aufforstung, also schwerste körperliche Arbeiten, erwarteten? Daß in diesen Jahren überhaupt jemand mit dem Zionismus sympathisierte, ist daher kaum zu verstehen. Die meisten deutsch-jüdischen Intellektuellen, die sich dennoch zu einer solchen Haltung durchrangen, obwohl sie damit keinerlei Rückkehrabsichten verbanden, taten dies aus folgenden Gründen: zum einen, weil sie sich zwar wie Martin Buber von der jüdischen Orthodoxie abgewandt hatten, aber nicht auf eine spezifisch jüdische Religiosität oder zumindest Spiritualität verzichten wollten, um so jene verhängnisvolle Spaltung des jüdischen Volks in profitorientierte „Schacherjuden", „kleingläubige" Gesetzesanhänger und „entjudete" Intellektuelle, wie sie es selbst nannten, zugunsten einer alle Juden erfassenden neuen „Geistigkeit" zu überwinden, oder zum anderen, weil sie sich, wie Arnold Zweig in seinem Buch *Das neue Kanaan* (1925), als linksliberale Utopiker das zu schaffende Palästina als eine pazifistische, klassenlose, multikulturelle, kleine „linke Schweiz" vorstellen, die einmal ein wichtiges Vorbild für die noch immer im National- und Besitzwahn befangenen Völker Westeuropa werden könnte.[20]

Die Mehrheit der deutschen Zionisten der zwanziger Jahre lehnte deshalb sowohl jedes fanatische Sendungsbewußtsein als auch jeden militanten, auf Gebietsforderungen dringenden Territorialismus – also Haltungen, die vor 1917 unter den Zionisten Rußlands eine zentrale Rolle gespielt hatten – entschieden ab und schloß sich der von Chaim Weizmann, dem Präsidenten der zionistischen Weltorganisation, und den Führern der ZVD befürworteten Politik der „friedlichen Infiltration" Palästina an.[21] Um so erstaunlicher ist das *Pro Zion*-Bekenntnis Schönbergs von 1924, das in seiner offenen Befürwortung militärischer Gewaltanwendung zugunsten eines jüdischen Staats in Palästina in einem schroffen Gegensatz zur pazifistisch-liberalen Haltung der meisten deutschen Zionisten steht, die sich zwar auch für eine jüdische Besiedlung Palästinas einsetzten, denen aber hierbei nicht, wie Schönberg, die militant erzwungene Errichtung eines rein jüdischen Staats, sondern lediglich eine – im Schutze der britischen Mandatsverwaltung – erfolgende Teilbesiedlung Palästinas oder die Gründung eines binationalen Staats auf dem gleichen Territorium vorschwebte, in dem das Verhältnis zwischen Juden und Arabern im Sinne einer friedlichen Zusammenarbeit geregelt wird.

Schönbergs *Pro Zion*-Aufsatz blieb daher in Deutschland weithin unbeachtet. Selbst wenn ihn die Vertreter der *Jüdischen Rundschau* oder zionistische Pazifisten wie Martin Buber, Albert Einstein und Arnold Zweig tatsächlich gelesen hätten, wäre er ihnen sicher viel zu „militant" erschienen. Die meisten dieser Zionisten dachten nicht realpolitisch, sondern „geistig", das heißt religiös, mystisch, literarisch oder kulturbetont. Wenn sie von Zionismus sprachen, also ihren deutsch-jüdischen Zukunftshoffnungen den Charakter einer Zielutopie zu geben versuchten, gerieten sie meist ins Fahrwasser jenes jüdischen Messianismus, der sich in diesen Jahren selbst in den Schriften Gustav Landauers, Ernst Blochs und Walter Benjamins findet. Wegen seiner auffälligen Nähe zu den relativ unklaren Zukunftserwartungen vieler Expressionisten wurde diese Form des Zionismus damals zum Teil in diffamierender Absicht als „Expreß-Zionismus" charakterisiert,[22] um damit das Literarisch-Verquollene oder Wild-Nebulose solcher Konzepte zu umschreiben. In Schönbergs Œuvre ist für diese Haltung vor allem sein Text zu dem Oratorium *Die Jakobsleiter* (1914–17) charakteristisch, in dem Einzelne und kleinere Gruppen auf eine protestantisch-strindbergisch-expressionistisch-theosophisch-swedenborgisch-messianische Weise aus einem Leben der Qual, des Zweifels und der Sünde zu einem Leben in Gott, das heißt einem Leben in Schönheit, Liebe und Seligkeit aufzusteigen versuchen.

Zutiefst verstanden hätten damals das Schönbergsche *Pro-Zion*-Bekenntnis wohl nur die ostjüdischen Fanatiker innerhalb der zionistischen Bewegung, also Aktivisten wie Wladimir Jabotinsky, der im Ersten Weltkrieg Kommandeur der Jewish Legion war, sich 1920 als Führer der Haganah in Jerusalem im Kampf gegen die Araber einen Namen machte, das von der zionistischen Weltorganisation propagierte Konzept einer friedlich Infiltration Palästinas als unwirksam verwarf und die Notwendigkeit einer jüdischen Armee zur Schaffung eines großisraelitischen Staats beiderseits des Jordans befürwortete. Jabotinsky hatte daher 1923 aus Protest gegen die allzu vorsichtig taktierende Politik Chaim Weizmanns die zionistische Führungsgruppe verlassen, unter der Bezeichnung „Betar" eine zionistische Jugendorganisation mit paramilitärischen, ja fast „faschistischen" Zügen gegründet[23] und sich schließlich dem Aufbau einer militanten Zionistenpartei gewidmet, der er im April 1925 den Namen „Zohar" (Union der Zionisten-Revisionisten) gab, um damit schon im Namen seiner Partei kundzutun, daß es ihm in erster Linie um die Rückkehr zum staatsgründenden Elan des frühen Zionismus Herzlscher Prägung ging. Und zwar berief er sich dabei vornehmlich auf die Grundsätze Herzls: „Ein Volk muß sich selbst helfen! Kann es das nicht, so ist ihm nicht zu helfen" sowie „Die Juden, die wollen, werden ihren Staat haben und sie werden ihn verdienen".[24]

So gesehen, hat Schönbergs *Pro Zion*-Bekenntnis fast den Charakter des Revisionistischen. Doch ein solches Argument wäre schwer zu begründen. Die Radikalität dieses Statements wirkt zwar spezifisch ostjüdisch, läßt sich aber zugleich als Ausdruck jener Radikalität verstehen, die für viele Wandlungen und Werke Schönbergs bezeichnend ist. Selbst wenn sich niemand für seine Ideen oder seine Kunst interessiert hätte, hätte dieser Mann dennoch keinen Kompromiß mit ihn anfeindenden oder auch nur mißverstehenden Gruppen geschlossen. Und vor diesem Hintergrund muß auch sein zionistisch-revisionistisches Utopiedrama *Der biblische Weg* verstanden werden, das in seiner Militanz sogar noch über die dem *Pro-Zion*-Statement zugrundeliegende Gesinnung hinausgeht und zugleich einen exakten Plan zur Wiederaufrichtung eines jüdischen Staats mit der dazu notwendigen Waffengewalt entwirft.

Einem Brief an Alban Berg zufolge, geht die Idee zu diesem Stück auf die Jahre 1922–23 zurück,[25] erfuhr jedoch ihre endgültige Ausformung erst in den Jahren 1926–27.[26] Was Schönberg in diesem Drama, das er 1933 in einem Brief an Jakob Klatzkin als den besten Text bezeichnete, den er je verfaßt habe,[27] zum Ausdruck bringen wollte, war zweierlei: den einzig richtigen, nämlich den „biblischen" Weg zur Gründung eines jüdischen Staats darzustellen und zugleich zu zeigen, welche Schwierigkeiten einer solchen Staatsgründung – wegen der inneren Gespaltenheit der Juden und zugleich menschlichen Schwäche ihrer Führergestalten – notwendig im Wege stehen würden.

Im ersten Akt dieses Dramas, der in zwei Bilder aufgeteilt ist, werden vor allem die gegensätzlichen Positionen der in der Diaspora in unzählige Gruppen und Grüppchen zerspaltenen Juden vorgestellt und daraus die Notwendigkeit eines alle Juden zu einem gemeinsamen Willen vereinigenden Führers abgeleitet. Besonders der erste Auftritt, der im Direktionsgebäude einer zionistischen Parteiorganisation spielt, ist rein als Diskussionsszene angelegt. Auf der einen Seite stehen hier Kritiker der Bewegung wie Golban und Gadman, die jene Einwände der liberalen Assimilationsjuden gegen den Zionismus artikulieren, wie sie in den zwanziger Jahren vornehmlich die Vertreter des CV, des Centralvereins deutscher Staatsbürger jüdischen Glaubens, gegen die Herzlianer vorbrachten. Und dazu gehörten vor allem folgende: erstens daß sich die

Juden, worunter sie in diesem Zusammenhang stets die Westjuden verstehen, in der Diaspora in eine zusammenhangslose Schicht von „Gelehrten, Künstlern, Händlern und Wechslern" aufgelöst hätten, der sowohl ein „Arbeiter-" als auch ein „Bauernstand" fehle, die also nie wieder zu einem „Volk" zusammenwachsen könne;[29] zweitens daß die „nationalistische Überheblichkeit" der Zionisten ein Relikt des 19. Jahrhunderts sei, das heutzutage überhaupt keine Relevanz mehr habe (8); und drittens daß daher jeder Versuch, innerhalb der modernen Welt der Technik und Internationalität einen auf völkischen Kriterien beruhenden Judenstaat zu errichten, an das Werk von „Phantasten" und „Dilettanten" gemahne (10), die immer noch nicht eingesehen hätten, daß das Wesen des Judentums in seinen geistigen Einzelleistungen, aber nicht in einem archaisch anmutenden Kollektivwillen bestehe. Wir sind „Intellektuelle", betonen Gadman und Golban, denen nichts ferner liege, als in irgendeinem weit entfernten, tropisch heißen Land in einem „Volk von Bauern und Hirten" aufzugehen (16).

Demgegenüber führen Tamlan, Kolbief, Eldad und Jonston folgende Argumente *für* die Errichtung eines neuen Judenstaats ins Feld: nämlich daß die Juden ohne einen eigenen Staat ständig in der Angst vor neuen Pogromen leben müßten und aufgrund dieser Angst entweder zu einem jüdischen Selbsthaß oder einer ihr eigenes Wesen auslöschenden Anpassung neigten. Um solchen Tendenzen entgegenzuwirken, propagieren sie eine merkliche Abschwächung der jüdischen Überintellektualisierung, eine steigende Wertschätzung sportlicher, vor allem paramilitärischer Übungen, eine durch Lagertraining herbeigeführte Abhärtung, um nicht ständig an Überempfindlichkeit zu leiden, einen konsequenten Verzicht auf zu viele Einzelmeinungen sowie eine damit korrespondierende Anerkennung eines Führers, der alle Juden unter einen nationalen Gesamtwillen stellt. „Nach der Freiheit des Einzelnen fragt man hier allerdings wenig", erklärt Kolbief den verdutzten Liberalen Gadman und Golban, „es liegt uns mehr an der Freiheit aller. Und die eigene Meinung: darüber sind wir hinaus. Uns allen ist bloß wichtig, daß alle einen einzigen Gedanken denken: den, der uns zu einem Volk macht" (8).

Den fähigsten Mann für eine so gigantische Aufgabe sehen Tamlan, Kolbief, Eldad und Jonston in Max Aruns, der überall Bünde organisiere, vielfältige Verträge abschließe, mit führenden Technikern, Industriellen und Finanzleuten im besten Einvernehmen stehe und schließlich im Kaiser von Ammongäa einen Regierungschef gefunden habe, der bereit sei, den Juden aller Länder gegen eine hohe Summe Geldes ein Siedlungsgebiet für etwa 30 Millionen Menschen abzutreten. Diesem Führer bedingungslos zu folgen, sei daher die höchste Pflicht aller volkhaft denkenden Juden. „Es gehört mehr Talent dazu", behauptet Jonston, „sich vereinnahmen zu lassen! Es gehört mehr Verstand dazu, zu erfassen, was dieser Mund spricht, als dazu, es zu kritisieren. Es erfordert mehr Mut und Charakter, mit einem ‚Ja' stützend und stärkend bereitzustehen, wenn der Ausgang einer Sache noch ungewiß ist, als sich hinter ‚Wenn' und ‚Aber' zu verkriechen" (19). Ja, Jonston, der sich als bewußten „Ja-Sager" bezeichnet[30] und in „Disziplin" und „Vertrauen" die beiden höchsten Werte erblickt, sagt sogar noch nachdrücklicher: „Ein Führer kann Widerstand in seiner nächsten Nähe nicht brauchen. In seine Umgebung passen nur solche, die seine Fernwirkung fühlen und begreifen, daß ihr Widerstand nur lästig und zeitraubend wäre. Was ein solcher Führer tut, ist entweder ganz falsch oder ganz richtig. Ein Mittelding gibt es da nicht. Er hat sein Leben dafür eingesetzt. Wir müssen uns, wenn wir das unsere einsetzen, nur schämen, daß wir damit nur ein relativ ebenso großes Opfer bringen" (20).

Dieser Max Aruns erinnert als Realpolitiker und „ehemaliger Schriftsteller" eindeutig an Theodor Herzl, der 1903 von der britischen Regierung ein ebenso großes Gebiet in Uganda zum Zwecke einer jüdischen Staatsgründung erwerben wollte, wie es Aruns in diesem Drama dem Kaiser von Ammongäa abzukaufen versucht. Doch nicht nur das Uganda-Ammongäa-Projekt verbindet Herzl und Aruns, auch ihr Anspruch, charismatisch erwählte „Führer" zu sein, spielt in beider Leben eine entscheidende Rolle.[31] In diesem Punkte dachten Herzl und Schönberg beide wie Max Nordau, der bereits 1898 erklärt hatte, daß die Juden „ein loser Haufen von Individuen ohne organischen Zusammenhang" seien, die erst einmal lernen müßten, ihren zionistischen „Führern eisern zu gehorchen".[32] Doch andererseits wirkt dieser Aruns – im Gegensatz zu dem eindeutig realpolitisch und nicht religiös orientierten Herzl – wie eine seltsame Mischung aus Moses (Max) und Aron (Aruns), der von der altjüdischen Vorstellung eines „unsichtbaren und unvorstellbaren" Gottes besessen ist und von Zeit zu Zeit von mystischen Anwandlungen ergriffen wird. Ja, er hat obendrein, um ihn noch komplizierter zu machen, zugleich den Charakter eines modernen Massendiktators, der selbst die Errungenschaften der neuesten Waffentechnik nicht verschmähen würde, um seine politischen Ziele notfalls mit Gewalt durchzusetzen.

Was Aruns bei seinem Plan einer jüdischen Staatsgründung im Wege steht, sind vor allem zweierlei Dinge: der niedrige „baalsche" Materialismus vieler Juden, die nur an das glauben können, was sie unmittelbar mit ihren eigenen Sinnen erfassen können, sowie jene internationale Allianz aus „Großkapitalisten", „gemäßigten Sozialisten", „Orthodoxen" und Vertretern der „Intelligenzberufsverbände", die allen mit Aruns Sympathisierenden einzureden versuchen, daß sie in Ammongäa lediglich Beschwerlichkeiten wie „Steineklopfen, Straßenarbeit, Landbau u. dgl. m." erwarteten (34). Als echter „Führer" zweifelt jedoch Aruns trotz dieser Hemmnisse keinen Moment an der Realisierungschance seiner Utopie und verlangt auch von seinen Anhängern einen ebenso unerschütterlichen Glauben an die Möglichkeit eines neuen Judenstaats. Obwohl er diesen Staat in Ammongäa errichten will, bleibt sein Endziel letztlich doch Palästina. Um jedoch dieses Ziel erreichen zu können, erklärt er, müsse man erst einmal in Ammongäa ein bevölkerungsreiches „Aufmarschgebiet" schaffen (37), um so die „heranwachsenden Generationen" der Juden – wie damals Moses in der Wüste von Sinai[33] – „an ein gesetzliches Leben zu gewöhnen und zu einem schlagfertigen Kriegsvolk heranzubilden" (38). In seiner Rede vor den Sportorganisationen der auf ihn eingeschworenen Jugendverbände am Schluß des 1. Aktes,[34] die mit Ritualen der „Huldigung, des Fahnenschwenkens und Händehochhebens" beginnt (28), beschwört deshalb Aruns sowohl den Gedanken der körperlichen Ertüchtigung der Juden, um aus „Gelehrten, Künstlern, Händlern und Wechslern" ein zum letzten entschlossenes Volk zu schaffen, als auch die Vorstellung, in einem neuen jüdischen Staat endlich den uralten jüdischen „Gottesgedanken zu Ende zu träumen und zu Ende zu leben" (46).

Doch dann setzen die ersten Komplikationen und Konflikte ein. Das Land in Ammongäa erweist sich zwar als groß genug für die dorthin ausgewanderten Juden, aber Aruns Frau Christine, empört über die schwärmerischen Äußerungen der in Aruns verliebten Linda Rutlin, übergibt in einem Anfall von Eifersucht dem heuchlerischen Sanda, der in Wirklichkeit gar kein Aruns-Anhänger, sondern ein Agent des „Großkapitals" ist, ein wichtiges Geheimdokument. Aber nicht genug damit. Weder die erwarteten Lebensmitteltransporte noch die von General Pinxar entwickelte Strahlenkanone, eine von Aruns sehnsüchtig erwartete Wunderwaffe, die in vielen utopischen Romanen der zwanziger Jahre eine wichtige Rolle spielt,[35] treffen in Ammongäa ein, so daß die blinde Verehrung der Volksmassen für Aruns plötzlich in einen ebenso blinden Haß auf Aruns umschlägt. Obwohl Aruns mit Sturmpatrouillen, Panzerautos und Verhaftungen seine Macht aufrechtzuerhalten sucht, wird er schließlich von den empörten, sich betrogen fühlenden Juden auf offener Straße mit Holzknüppeln erschlagen.

Um jedoch dem Ganzen einen positiven Schluß zu geben, ergreift darauf Guido, einer der Jünger Aruns, die Macht, versichert sich der wieder aufgetauchten Strahlenkanone, die ihm eine ungeahnte Macht über alle anderen Staaten der Welt verleiht, und erklärt dem reumütig versammelten Volk, daß er die Aufgabe seines großen Vorgängers mit allen ihm zur Verfügung stehenden Mitteln zu Ende zu führen gedenke. Er verzichtet dabei zwar auf den Einsatz der besagten Strahlenkanone, aber nicht auf die Gründung eines militärisch schlagkräftigen Staats, in dem sich alle Juden endlich „sicher" fühlen können (102). Wie Aruns stellt er hierbei die Abstreifung aller „materiellen" Fesseln als das höchste Telos der endlich geeinigten Juden hin. „Wir haben ein Ziel", erklärt er, „wir müssen alle den Gedanken vom einzigen, ewigen, unvorstellbaren Gott denken lernen. Wir wollen unser geistiges Leben führen und niemand soll uns dabei stören können. Wir wollen uns geistig vervollkommnen, wollen unseren Gottestraum träumen dürfen – wie alle alten Völker, die die Materie hinter sich haben" (102). Und danach fällt der Vorhang.

Kommen wir zu Folgerungen. Schönbergs Drama *Der biblische Weg* ist, was seine staatlichen Vorstellungen betrifft, für die zwanziger Jahre in mehrfacher Weise ein erstaunliches, ja radikales Werk. Es wendet sich scharf gegen jene Durchschnittszionisten, im Stück durch die Figur des Setouras vertreten, die lediglich an eine jüdische Teilkolonisierung Palästinas dachten, und knüpft noch einmal an das von Herzl propagierte Uganda-Projekt an, das er 1903 auf dem 6. Zionistenkongreß in Basel als eine „Haltestelle für unterwegs" bezeichnet hatte,[36] mit dem er jedoch auf den erbitterten Widerstand der osteuropäischen, vor allem russischen Palästina-Schwärmer gestoßen war.[37] Die sich daraus ergebenden Konflikte hatten Herzl so tief erschüttert, daß er ein Jahr später einem Herzinfarkt erlag. Auf dem 7. Zionistenkongreß im Jahr 1905 wurde darauf das

Uganda-Projekt und mit ihm die Hoffnung auf eine möglichst rasche Realisierung eines neuen Judenstaats vorläufig aufgegeben.

All dies hat in Schönbergs Drama deutliche Spuren hinterlassen, ja läßt das Stück *Der biblische Weg* fast wie ein Herzl-Gedenkstück erscheinen. In ihm wird nach wie vor die alle Kompromisse ausschließende These in den Vordergrund gerückt, daß für jeden bewußten Juden die Verwirklichung eines jüdischen Staats die zentrale Aufgabe seines Lebens sein müsse. Diese These wurde Mitte der zwanziger Jahre, zum Ärger Schönbergs, fast nur noch von den auf Palästina eingeschworenen ostjüdischen Revisionisten oder den sogenannten Territorialisten vertreten, die jetzt in Angola oder Argentinien statt in Uganda nach möglichen jüdischen Siedlungsgebieten Ausschau hielten und nach 1933 unter anderem von Alfred Döblin publizistisch unterstützt wurden.[38] Ebenso radikal ist die in Schönbergs Stück vertretene Forderung nach wehrsportlichen Trainingslagern, die Hoffnung auf eine militärische Wunderwaffe sowie die Vorstellung, Ammongäa nur als „Aufmarschgebiet" für größere Gebietseroberungen zu benutzen. In all diesen Abschnitten wendet sich Schönberg scharf gegen jene deutschen ZVD-Anhänger, die aufgrund ihrer pazifistisch-liberalen Gesinnung jede Gewaltanwendung ablehnten und einen „Legionärsmilitarismus" im Sinne der Revisionisten, wie ihn Arnold Zweig nannte,[39] als eklatanten Verstoß gegen die Menschenrechte verwarfen.

Doch jenseits solcher realpolitischen Zielsetzungen liegt die eigentliche Radikalität dieses Utopiedramas letztlich in der Hoffnung auf eine Verwirklichung der jüdischen Gottesidee. In diesem Punkt knüpfte zwar Schönberg zum Teil an jene Tendenzen an, die von manchen Zeitgenossen als „Expreßzionismus" empfunden wurden, verschärfte sie jedoch einerseits ins Militante, andererseits ins Mystisch-Religiöse. Während Gustav Landauer, Martin Buber und Ernst Bloch mit solchen Vorstellungen auch anarchistische oder anarcho-sozialistische Zielsetzungen verbanden, ging es Schönberg – in entschiedener Ablehnung aller sozialistischen Konzepte und ebenso entschiedener Befürwortung eines autokratischen, wenn nicht gar theokratischen Staatssystems, dem das Konzept des „erwählten Volkes" zugrunde liegt – fast ausschließlich um die Idee der Volkwerdung, die von jedem Juden eine durch nichts eingeschränkte „Hingabe" verlange. Trotz der sportlichen Ertüchtigung und der Wunderwaffe, die auf die zwanziger Jahre hinzuweisen scheinen, hatte er letztlich etwas Biblisches im Sinn, nämlich jenen abhärtenden Marsch durch die Wüste, mit dem auch Moses „sein" Volk für einen neuen Krieg und einen neuen Staat zusammengeschweißt habe.

Und so ist dieses Stück, obwohl in ihm ständig von „Führer", „Volk" und „Abhärtung" die Rede ist, letztlich kein faschistisches, nur auf politische Stärke und anschließende Weltherrschaft eines blutsmäßig ausgezeichneten Volks drängendes Drama, sondern ein Stück, das trotz aller rabiaten, von tiefer Verletztheit zeugenden Einzelzüge im Bereich mystisch-spiritueller Tendenzen bleibt. Es lebt zutiefst aus dem Glauben an „einen einzigen, unsterblichen, ewigen, unvorstellbaren Gott", der einst, wie es unklugerweise heißt, „in seiner reinsten Form die Welt beherrschen wird", verzichtet jedoch gegen Ende nachdrücklich auf jede Form der „Rache und Gewalt" (101). Für die nahe Zukunft, erklärt Guido in seiner Schlußansprache, werde es für die Juden, trotz der ihnen zur Verfügung stehenden Strahlenkanone, mit der sie alle anderen Völker in die Knie zwingen könnten, erst einmal darum gehen, sich „als Volk sicher zu fühlen", „keinen wie immer gearteten Einfluß auf andere Völker auszuüben" und sich vornehmlich der Aufgabe ihrer eigenen „Vergeistigung" zu widmen (102).

Wie wir wissen, hat Schönberg dieses Drama nicht publiziert, sondern kurz nach seiner Fertigstellung mit der Arbeit am Text seiner Oper *Moses und Aron* begonnen, der inhaltlich in vielen Punkten an den *Biblischen Weg* anknüpft.[40] Doch auch die Arbeit an diesem Werk hielt Schönberg weitgehend geheim, um sich nicht wegen der immer schärfer werdenden antisemitischen Angriffe unnötig zu exponieren. Obwohl man ihn auf deutschnationaler Seite ständig reizte, anpöbelte oder ins Abseits zu drängen versuchte, hoffte er weiterhin, sich seine Position an der Berliner Akademie und seinen künstlerischen Wirkungskreis durch eine äußerliche Anpassung und akademische Wohlanständigkeit zu erhalten. Und er tat das, obwohl er innerlich bereits seit Anfang der zwanziger Jahre ein fanatischer Zionist war, dem alles Nichtjüdische immer suspekter erschien. Erst die Machtübergabe an die Nationalsozialisten am 30. Januar 1933 „befreite" ihn aus diesem geradezu unerträglich werdenden Konflikt. Und er tat das mit einer Radikalität, die er in der Öffentlichkeit bisher nur in seinen Kompositionen, aber nicht in seinen politischen und religiösen Anschauungen zum Ausdruck gebracht hatte. Bereits im Mai dieses Jahres, nachdem er Deutschland verlassen hatte, entwarf er in

Paris ein *Programm* zum Aufbau einer neupalästinensischen Partei, das er unter anderem an Ernst Toch, Jakob Klatzkin und Max Reinhardt verschickte und in dem er die Juden aller Länder aufrief, sich angesichts des deutschen Faschismus zu einer großen Sammlungsbewegung zu vereinigen und einen eigenen Staat zu gründen. In ihm und in anderen Notizen aus dieser Zeit erklärte er: „Wir Juden haben seit 2000 Jahren nicht im eigenen Interesse gehandelt, sondern in dem der Gastländer. Und dadurch nämlich haben wir den Instinkt für den eigenen Vorteil, für das Interesse des eigenen Volkes verloren"[41] oder noch schärfer: „Es ist notwendig, sich abzuwenden von den westlichen Gütern; wir sind Asiaten und nichts Wahrhaftiges verbindet uns mit dem Westen."[42] Es war daher nur konsequent, daß sich Schönberg im Zuge dieser radikalen Abwendung von allem „Europäischen" am 24. Juli 1933 in einer Pariser Synagoge wieder in die jüdische Glaubensgemeinschaft aufnehmen ließ und hierbei Marc Chagall als einen seiner Zeugen aufbot.[43]

Als Künstler hoffte Schönberg der von ihm ins Auge gefaßten Partei die nötige Unterstützung zu geben, indem er Max Reinhardt aufforderte, sein Stück *Der biblische Weg* möglichst umgehend in London zu inszenieren.[44] Doch aus diesem Plan wurde nichts. Ebensowenig wurde aus Schönbergs Plan, im Spätsommer 1933 in Frankreich die Oper *Moses und Aron* abzuschließen.[45] Wahrscheinlich war er in diesen Wochen und Monaten innerlich viel zu erregt, um sich auf ein so großes Werk konzentrieren zu können. Wesentlich wichtiger war ihm zu diesem Zeitpunkt erst einmal die unmittelbare Aktion. „Ich halte das für wichtiger als meine Kunst", schrieb er im Hinblick auf sein politisches Engagement, „und ich bin entschlossen – wenn ich für eine solche Tätigkeit geeignet bin – nichts anders mehr zu machen, als für die nationale Sache des Judentums zu arbeiten."[46] Ja, an anderer Stelle schrieb er noch entschiedener: „Ich bringe das Opfer meiner Kunst für die Sache des Judentums und ich bringe es mit Begeisterung, denn mir ist nichts höher, als mein Volk."[47] Demzufolge konzipierte er am 12. und 13. August erst einmal einen *Entwurf für eine jüdische Einheitspartei* und formulierte auch in anderen Kurzessays wie *Jüdische Religion*, *Zionismus*, *Boykott* und *Der Internationalismus der Juden* immer aufs neue seine Gedanken zur Judenfrage, die meist auf eine Stärkung des „mosaischen Glaubens" und des „nationalen Bewußtseins" zugunsten der bisherigen „Zersplitterung" und „Überintellektualisierung" hinausliefen.[48] Obwohl er seine Ideen nicht als zionistisch verstand, stellte sich daher auch bei ihm immer wieder die Folgerung ein: „*Palästina ist unser Land.* Dort gehören wir hin. Dort müssen wir wieder hingelangen."[49] „Warum wir Juden Palästina lieben und der Gedanke daran uns mit Rührung erfüllt?", fragte er sich zu diesem Zeitpunkt immer wieder und gab darauf die Antwort: „Weil es das Land ist, das unsere Vorfahren erworben haben, indem sie es mit ihrem Blut erkämpft und mit ihrem Blut in zahllosen Kriegen verteidigt haben: darum war es ihr Land und darum wünschen wir so heiß, daß es wieder unser Land werde."[50]

Doch die letzte Konsequenz, nämlich sich umgehend nach Tel Aviv oder Haifa einzuschiffen, zog Schönberg daraus nicht. Schließlich war er bereits 59 Jahre alt und zudem „nichts" als ein Komponist, für den es in Palästina überhaupt keinen seinen Talenten entsprechenden Wirkungskreis gegeben hätte. Daher nahm er im Herbst 1933 einen Lehrauftrag am Malkin Conservatory in Boston an, der ihm das bitter nötige Einkommen garantierte und ihm zugleich die Möglichkeit eröffnete, Europa endgültig den Rücken zu kehren und in den Vereinigten Staaten, dem Land mit dem zweitgrößten jüdischen Bevölkerungsanteil in der Welt, einen effektiven Propagandafeldzug für die von ihm geplante jüdische Einheitspartei aufzuziehen. Und so schiffte er sich am 25. Oktober in Frankreich ein und traf am 1. November in Boston ein (und hat daraufhin Europa nie wiedergesehen). Seine Kurse am Malkin Conservatory wie auch die Weiterarbeit an eigenen Kompositionen interessierten ihn anfangs wenig, da er noch zu sehr mit seinen eigenen politischen Plänen beschäftigt war. Bereits im November/Dezember dieses Jahre hielt er auf englisch erste Reden vor jüdischen Organisationen in Boston und New York, in denen er ein „Four-Point Program" seiner neuen „Jewish Unity Party" vorstellte, das auf folgenden Postulaten beruhte: „I. The fight against Anti-Semitism must bei stopped. II. A United Jewish Party must be created. III. Unanimity in Jewry must be enforced with all means. IV. Ways must be prepared to obtain a place to erect an independent Jewish State."[51]

Doch dieser Plan, so energisch ihn Schönberg auch propagierte, fand unter us-amerikanischen Juden wenig Anklang. Die meisten von ihnen fühlten sich in den Vereinigten Staaten relativ wohl und hatten keine Absicht, nach Palästina auszuwandern. Und jene, die wirklich nach Palästina umsiedeln wollten, waren bereits in anderen zionistischen Verbänden organisiert. Obendrein existierte in den dreißiger Jahren auch in den USA ein unübersehbarer Antisemitismus, den viele der us-amerikanischen Juden nicht durch ein militantes Beharren auf ihrem „Anderssein" unnötig verschärfen wollten. Daher sah sich Schönberg – nach mehreren Anläufen – schließlich gezwungen, in all diesen Fragen etwas „realistischer" zu denken. Und so besann er sich schon 1934, als er anläßlich seines 60. Geburtstags Glückwunschbriefe aus aller Welt erhielt, wieder auf seine frühere Rolle als Komponist und Musikpädagoge und gab das unentwegte Politisieren auf. Da er jedoch an der Ostküste – wegen der extremen klimatischen Umschwünge – ständig mit asthmatischen Anfällen zu kämpfen hatte und offenbar auch von der vielgepriesenen New Yorker Judenschaft etwas enttäuscht war, lehnte er in diesem Jahr sogar ein Lehrangebot der Juillard School of Music ab und zog mit seiner Familie nach Los Angeles um, wo sich nicht nur seine Gesundheit schnell verbesserte, sondern er sich durch Musikprofessuren, erst an der University of Southern California (USC) und dann ab 1936 an der University of California at Los Angeles (UCLA) sowie durch private Unterrichtsstunden eine ausreichende finanzielle Grundlage verschaffte, um nebenher auch wieder seiner eigenen Kompositionstätigkeit nachgehen zu können.[52]

Das soll nicht heißen, daß Schönberg in den folgenden Jahren seinen so vehement vertretenen Plan einer „Jewish Unity Party" völlig aufgab. Seinen hinterlassenen Papieren zufolge arbeitete er an seinem „Four-Point Program" bis mindestens 1939 weiter.[53] Aber solche Pläne verloren gegen Mitte der dreißiger Jahre viel von ihrer bisherigen Dringlichkeit. In Los Angeles – weit entfernt von den damaligen Zentren der Politik – wurde ihm immer bewußter, wie unsinnig es gewesen wäre, seine Kunst völlig dem Dienst einer neupalästinensischen Propaganda zum „Opfer" zu bringen, für die zu diesem Zeitpunkt in den USA überhaupt keine reale Wirkungschance bestand. Also fügte er sich ein, gab die erforderlichen Kurse an der Universität und machte sich privat wieder ans Komponieren. Doch trotz dieser scheinbaren Assimilation stand auch in Los Angeles sein Leben weiterhin im Zeichen einer nicht aufhebbaren Diskrepanz. Was Schönberg auch tat, alles blieb von tiefen Widersprüchen durchzogen: einerseits vertrat er eine prononciert zionistische Gesinnung, deren letzte Konsequenz eine sofortige Umsiedlung nach Palästina gewesen wäre, andererseits paßte er sich wie in Berlin abermals an eine ihn nicht verstehende und nur widerwillig akzeptierende Gesellschaft an, die ebenfalls nicht ganz frei von antisemitischen Affekten war; einerseits sagte er sich von seiner deutsch-österreichischen Herkunft radikal los, andererseits sprach, empfand und dachte er weiterhin „deutsch", ja komponierte sogar „deutsch", wie ihm seine us-amerikanischen Bekannten versicherten; einerseits lebte er in Los Angeles in einer Hollywood-Welt, in der fast ausschließlich eine gefällige, ja sentimental-verkitschte Film- und Gebrauchsmusik florierte und seine eigenen Werke kaum eine Chance hatten, aufgeführt zu werden, andererseits hielt er selbst hier hartnäckig an seiner bisherigen dodekaphonischen Kompositionsweise fest. Kurz: auch in Kalifornien blieb Schönberg der unangepaßte Außenseiter, der – wie schon in Wien und Berlin – einerseits an dieser Außenseiterrolle litt, in ihr jedoch andererseits die einzige Legitimationsbasis seiner menschlichen und künstlerischen Existenz erblickte.

Daher trat Schönberg auch in den USA weitgehend so auf, wie er bereits vor 1933 aufgetreten war: nämlich als selbsterwählter Vertreter, ja Hauptrepräsentant der zwölftönigen und damit – in seinen Augen – avanciertesten Form moderner E-Musik schlechthin. Immer wieder verschanzte er sich hinter der aristokratischen Pose eines verkannten Genies, dessen wahre Bedeutung man erst „einige Jahrzehnte" später erkennen werde.[54] In diesem Punkt vertrat er weiterhin jenes zwischen 1900 und 1930 in Europa weitverbreitete Konzept einer künstlerischen Avantgarde, deren Hauptcharakteristikum darin bestand, daß sie durch den Gebrauch neuer, „gewagter" Stilmittel ihrer eigenen Zeit weit vorauszueilen versuchte. Dem Faktum, daß momentan eine „reaktionäre Bewegung" in der Musik dominiere, worunter Schönberg vor allem die Wendung ins Neoklassizistische à la Strawinsky verstand, setzte er deshalb stets die Hoffnung entgegen, daß die „Neue Musik", wie es in seiner paradoxen Formulierung heißt, eines Tages sicher wieder „zur Komposition mit 12 Tönen zurückkehren" werde.[55]

Doch trotz all dieser Stilisierungen ins Geniehafte, Unerkannte, ja Prophetische, mit denen er sein durch die Vertreibung aus Deutschland stark beschädigtes Ich immer wieder zu stabilisieren versuchte, überkam Schönberg gerade in diesen Jahren stets die kalte Wut, wenn er sich klar machte, wie wenig er an sich von seiner us-amerikanischen Umwelt beachtet wurde. Sein besonderer Zorn galt dabei Dirigenten wie Arturo Toscanini, Sergej Koussewitzky, Bruno Walter, ja selbst Otto Klemperer, der seit 1933 das Philharmonische Orchester von Los Angeles leitete,[56] die immer nur die „Klassiker" spielten, statt sich auch einmal für seine Werke einzusetzen. Daher weigerte sich Schönberg schon 1934, in Los Angeles ein Bankett zu Ehren Klemperers zu besuchen. „Sie werden erkennen müssen", schrieb er bei dieser Gelegenheit an den offiziell Gefeierten, „daß man mich mit einem noch so guten Butterbrot nicht abspeisen kann."[57] „Offen gesagt", erklärte er an anderer Stelle, „ich bin sehr enttäuscht, daß sich nicht Kreise der Gesellschaft für mein Tun interessieren: daß nicht gewürdigt wird, was ich für das künftige Kulturniveau der Stadt leiste."[58] Wohlwollende, die ihm rieten, sich in solchen Dingen doch etwas konzilianter oder zumindest diplomatischer zu verhalten, fertigte er bei solchen Anlässen gern mit der hochfahrend-ironischen Bemerkung ab: „Eher werde ich Amerika zerstören!"[59]

In diesem Punkte teilte also Schönberg den üblichen Bildungshochmut vieler „alter Europäer", die in Los Angeles die „Beiunskis" hießen, weil sie ständig die Bemerkung „Bei uns – in Wien – war alles besser" im Munde führten.[60] Wie viele der deutsch-österreichischen Emigranten dieser Jahre vermißte er an den Durchschnittsamerikanern geradezu alles, was er mit Begriffen wie „Kultur" oder „höherer Geistigkeit" verband. Es herrsche hier eben ein eklatanter „Mangel an Vorbildung", schrieb Schönberg immer wieder.[61] Besonders erbittert war er über die mangelnde Hochschätzung wahrhaft „seriöser" Musik in diesem Lande. „Die Einstellung der Amerikaner", heißt es in einem seiner Briefe, „ist immer auf Massenproduktion gerichtet, und sie versuchen jetzt dasselbe mit der Musik – Musik am laufenden Band zu erzeugen."[62] Gegenüber einem solchen „Geschäftsbetrieb", bei dem es nur um Profit gehe,[63] vertrat Schönberg auch künstlerisch stets das „Recht der kleinsten Minorität",[64] wie er sich ausdrückte, ja verteidigte noch schärfer denn je zuvor das Prinzip der totalen „Autonomie" in allen künstlerischen Belangen. „Wenn es Kunst ist, dann ist es nicht für die Menge", schrieb er apodiktisch an William S. Schlamm, „und wenn es für die Menge ist, dann ist es keine Kunst."[65] Unterstützt wurde er in solchen Anschauungen lediglich von einer kleinen Koterie ergebener Anhänger, für die Schönberg weiterhin der zentrale Bezugspunkt in ihrem Leben blieb. Neben Eduard Steuermann und Fritz Stiedry gehörte dazu vor allem Rudolf Kolisch, der wichtigste Geiger und Quartettleiter des Schönberg-Kreises, der in einem Gedicht mit dem Titel *Schönbergs Sendung* mit huldigender Geste erklärte:[66]

> Charakter vor allem beweist du; nicht weichst Du der Drohung.
> Aufrecht Du gehst Deinen Weg; nicht folgst Du der Lockung.
> Distanzierst Dich vom Mob der erfolgreichen Kriecher.
> Einsam mußt Du nun tragen des Genies Schicksal [...]
> Freundlich nicht steht Dir bei die Schar der Genossen; sie
> Hassen Dich, denn vor Dir sie fühlen sich klein.
> Geschäftig versuchen sie, Deine Wege zu kreuzen,
> Die Wirkung zu schmälern und all' das zünft'ge Gesindel ver-
> Bündete sich mit den Mächten des Tages, den Stärkern zu stürzen.

In seinen Hauptkompositionen dieser Jahre blieb deshalb Schönberg seiner weitgehend verpönten, ja zum Teil scharf abgelehnten dodekaphonischen Methode treu.[67] Das gilt vor allem für sein *Viertes Streichquartett* (1936), sein *Violinkonzert* (1936), sein *Klavierkonzert* (1942) wie auch sein *Streichtrio* (1946), denen meist eine einzige Zwölftonreihe zugrunde liegt. Im Gegensatz zu seinen Kompositionen der zwanziger Jahre haben jedoch diese Werke eine „größere Direktheit und Faßlichkeit".[68] Sie sind weder so schreihaft-bizarr noch so technisch-ausgeklügelt wie seine früheren Zwölftonwerke, sondern erwecken in ihrer ernsten Strenge fast den Eindruck des „Klassischen". Daß Schönberg in den gleichen Jahren auch Tonales geschrieben hat, ist ihm oft als Rückfall oder Anpassung verübelt worden. Davon kann jedoch keine Rede sein. Denn auch seine nicht-dodekaphonischen Werke der dreißiger und vierziger Jahre wie seine *Suite für Streichorchester in G Dur* (1934), seine *Zweite Kammersymphonie* (begonnen 1909, abgeschlossen 1939), seine *Variationen über ein Rezitativ für Orgel in d-Moll* (1940) und seine *Variationen für ein Blasorchester in g-Moll* (1944) sind alles andere als leichtverständlich, das heißt ebenso wenig „eingängig" wie seine zwölftönigen Kompositionen. Auch sie sind in einer „wenig anziehenden, von nachregerischem Dickicht überwachsenen Landschaft angesiedelt", wie es Ernst Krenek in seinem Aufsatz *Amerikas Einfluß auf eingewanderte Komponisten* höchst zutreffend formuliert hat.[69] Schönberg selbst verteidigte sie entweder als Gelegenheitswerke oder als „Vorstufen zu einem neuen Weiterschreiten",[70] also als Werke für Anfänger oder Schulorchester. Dementsprechend schrieb er 1944 an Fritz Reiner, der zu diesem Zeitpunkt das Pittsburgh Orchestra leitete, über seine *Variationen für Blasorchester:* „Ja, es ist nicht eines meiner Hauptwerke; das kann jeder sehen, denn es ist keine Komposition in zwölf Tönen. Es ist eines jener Werke, die man schreibt, um sich an seiner eigenen Virtuosität zu erfreuen und, andererseits, um einer Gruppe von Amateuren – hier den Blasorchestern – etwas Besseres zum Spielen zu geben.“[71]

Soviel zum Technischen oder auch im abstrakten Sinne Geistigen seiner Werke dieser Jahre. Doch wie verhielt sich Schönberg eigentlich gegenüber inhaltlichen Fragen? Berief er sich auch in dieser Hinsicht weiterhin auf das Prinzip der totalen Autonomie – oder verraten seine Werke der späten dreißiger und frühen vierziger Jahre auch etwas von seinen politischen oder religiösen Anschauungen? Wo brachte er in ihnen eigentlich seine Erbitterung über das Auseinanderbrechen der deutsch-jüdischen Symbiose zum Ausdruck? Beginnen wir mit den spezifisch deutschen Elementen. Werden sie von Schönberg in diesem Zeitraum völlig eliminiert? Keineswegs. Schließlich war er sich trotz des tiefen Grabens, der ihn von seiner Herkunft trennte, weiterhin höchst bewußt, daß er als Komponist in der Nachfolge der Linie Bach-Beethoven-Brahms stand und mit seinen Werken nach wie vor zur Weltgeltung der deutschen Musik beitrug. Das hatte Alban Berg bereits 1933 vorhergesehen, als er Schönbergs lauthals verkündete Wendung zum „Asiatischen“ mit den Worten kommentierte: „Selbst wenn ich seine Abkehr vom Okzident menschlich für möglich halte (ich glaub's ja nicht, oder zumindest seine Zuwendung zum Orient halte ich nicht für möglich), so besteht für mich die unerschütterliche Tatsache seines musikalischen Schaffens, für die es nur eine Bezeichnung gibt: deutsch.“[72]

Für die Richtigkeit dieser Sätze spricht nicht nur Schönbergs hartnäckiges Festhalten an seiner bisherigen Kompositionsweise, sondern auch seine an der UCLA und in seinen Privatstunden praktizierte Lehrmethode, die sich fast ausschließlich auf die Analyse bekannter Meisterwerke der deutschen Musik von Bach, Haydn, Mozart, Beethoven, Schubert, Schumann und Brahms beschränkte, während er andere Komponisten nur streifte.[73] Außerdem orchestrierte Schönberg 1937 mit großer Liebe das Brahmssche *Klavierquartett in g-Moll*[74] und ging 1948 daran, die drei deutschen Volkslieder „Es gingen zwei Gespielen gut“, „Der Mai tritt ein mit Freuden“ und „Mein Herz in steten Treuen“ für gemischten Chor a capella zu setzen. Beide dieser Bemühungen zeugen von einer tiefen Vereinsamung in Los Angeles, die Schönberg immer wieder durch eine Rückversicherung bei dem zu überwinden versuchte, was er unter älterer „Kultur" verstand. Aus diesem Grunde schreckte er selbst nach dem Kriege, als es in den Vereinigten Staaten zu einer verbreiteten Haßwelle gegen Deutschland kam, nicht davor zurück, sich nachdrücklich für Dirigenten oder Komponisten wie Richard Strauss, Hans Pfitzner und Wilhelm Furtwängler einzusetzen, die für ihn keine Nazis, sondern „Kulturmenschen", das heißt Menschen höherer Art waren.[75]

Das spezifisch „Jüdische", das man in seinen Werken dieser Jahre erwartet, spielt dagegen eine erstaunlich geringe Rolle. Während Schönberg 1934 noch geschrieben hatte: „Eine nationale jüdische Musik zu schaffen, ist mir eine heilige Aufgabe und besonders interessant für die Juden, die in großer Zahl sowohl früher als auch in unseren Tagen dazu beigetragen haben, daß die arische Musik so vollkommen wurde, wie sie heute ist, denn wir können unsere geistige Überlegenheit zeigen, indem wir diese neue jüdische Musik schaffen",[76] treten solche Zielsetzungen bei ihm im Laufe der dreißiger Jahre allmählich in den Hintergrund. Das hängt sowohl mit seiner Erbitterung über die us-amerikanischen Juden, die sich gegen sein dodekaphonisches Werk weitgehend sperrten und höchstens die *Verklärte Nacht* gelten ließen, als auch mit Berichten zusammen, die er aus Palästina erhielt, wo man auf „künstliche" Weise, wie er 1938 an Jakob Klatzkin schrieb, eine „jüdische Originalmusik zu erzeugen" versuche und für seine eigenen „Leistungen" überhaupt kein Verständnis aufbringe.[77] Deshalb setzte Schönberg sein Werk nach 1934/35 erst einmal da fort, wo er 1933 stehengeblieben war: beim Dodekaphonischen und beim Deutschen. Selbst Werke wie die *Jakobsleiter* und *Moses und Aron* blieben aus diesem Grunde in der Schublade. Erst 1937 entwickelte er Neuansätze auf diesem Gebiet, indem er eine mehrteilige *Jüdische Symphonie* entwarf,[78] die einen ausgesprochen programmatischen Charakter haben sollte und deren Sätzen er folgendes Ideengerüst unterlegte: „I. Predominance (superiority) provokes envie (sic). II. a) What they think about us, b) what we think about them, c) conclusion. III. The sacred feasts and costumes – Die heiligen Feste und Gebräuche. IV. The day will come."[79] Diese Symphonie gedieh jedoch nie über die Planungsphase hinaus. Das einzige Werk, das Schönberg bis Kriegsende komponierte und das einen eindeutig jüdischen Charakter hat, ist sein *Kol nidre für Sprecher, gemischten Chor und Orchester*, welches der Rabbiner

Jakob Sonderling bei ihm bestellt hatte und das Schönberg am 4. Oktober 1938, am Vorabend des Jom-Kippur-Festes, in Los Angeles selbst uraufführte. Das Kol nidre ist ein liturgischer Text, „dessen wesentlicher Inhalt darin besteht, alle im Widerspruch zum mosaischen Glauben geleisteten Gelübde für nichtig zu erklären und die reuigen Sünder wieder in die jüdische Glaubensgemeinschaft aufzunehmen", der also für Schönberg eine höchst existentielle Bedeutung hatte.[80] Statt sich am Jom Kippur lediglich von all jenen Verpflichtungen, „die man während des Jahres eingegangen war, zu lösen", wie es dem früheren Brauch entsprach, verstand er diesen Text dahingehend, daß sich durch das Kol nidre „alle, die freiwillig oder zum Schein den christlichen Glauben angenommen hatten, wieder mit ihrem Gott versöhnen dürfen".[81]

Und damit kommen wir zur letzten Phase in Schönbergs Leben, den Jahren zwischen 1945 und 1951. Während seine Werke von 1934/35 bis 1945 weitgehend im Zeichen einer merklichen Diskrepanz zwischen modernistisch-elitären und jüdisch-volkhaften sowie dodekaphonischen und tonalen Zielsetzungen stehen, kam es gegen Kriegsende in seinem Denken und Schaffen zu einer gewissen Vereinheitlichung in Richtung auf ein neujüdisches Programm, in dem er zwar auch manche seiner früheren Denk- und Kompositionsweisen „aufzuheben" versuchte, das aber dennoch viel geschlossener wirkt als das Denken und Schaffen seines ersten us-amerikanischen Jahrzehnts. Und zwar wurde dieser Wandlungsprozeß durch eine Fülle verschiedener Ursachen ausgelöst: seine Pensionierung, die Schönberg plötzlich in tiefe Armut stürzte, die ersten Symptome einer Herzschwäche, die ihn mit der Unabweislichkeit des Todes konfrontierte, das gleichbleibende Gefühl der Fremdheit in den USA, die kaum zu fassenden Nachrichten über Auschwitz und andere nazistische Vernichtungslager, die verstärkte Wichtigkeit des Religiösen sowie die Meldungen über den Befreiungskampf des jüdischen Volkes, der 1948 zur Gründung des Staates Israel führte. All dies verunsicherte Schönberg in seiner forcierten Hybris, verinnerlichte ihn und gab damit seinem Werk eine neue inhaltliche Qualität.

Dafür sprechen unter anderem folgende Fakten: erstens sein 1946 komponiertes *Streichtrio*, das er kurz nach seinem ersten Herzinfarkt schrieb und in dem er dem Gefühl der Todesnähe, aber auch der nochmaligen Errettung einen zutiefst bewegenden Ausdruck verlieh; zweitens sein Gesuch an die Guggenheim Foundation, ihm durch die Verleihung eines

Stipendiums die Möglichkeit zu verschaffen, endlich die *Jakobsleiter* sowie *Moses und Aron* abzuschließen (das jedoch abgelehnt wurde);[82] drittens seine größere Nachsicht mit den ihn und sein Werk mißverstehenden us-amerikanischen Juden; sowie viertens seine 1946/47 komponierte Kantate *A Survivor from Warsaw* für Sprecher, Männerchor und Orchester, in der er die Schuld seiner Abtrünnigkeit und zugleich seine Rückbesinnung auf den jüdischen Glauben zu verarbeiten suchte. Und zwar bediente sich Schönberg hierfür eines kurzen Textes, in dem ein Überlebender des Warschauer Aufstandes zwischen dem 19. April und dem 16. Mai 1943 den Tag der endgültigen Niederlage beschreibt, an dem die letzten Juden von den deutschen Soldaten zum Abtransport in ein Massenvernichtungslager zusammengetrieben werden und sich im Zustand der totalen Erniedrigung plötzlich auf ihren alten Gott besinnen, den sie so lange vergessen hatten, und spontan das Gebet *Sch'ma Yisroel* („Höre, Israel") intonieren und damit jene Glaubensgewißheit demonstrieren, die den Juden in den letzten 2000 Jahren immer wieder über die Vernichtung hinweggeholfen hat.[83]

Wie schon in seiner *Ode to Napoleon* von 1942 für Sprecher, Klavier und Streichquartett, in der Schönberg dem Dämon Napoleon (sprich: Hitler) den wahren Volkshelden Washington (sprich: Roosevelt) entgegengestellt hatte,[84] verwandte er auch im *Survivor from Warsaw* wiederum einen Sprecher, um auch diesem Werk eine weit über das Ästhetische hinausgehende politische und religiöse Unmittelbarkeit zu geben. Daß ihm dies gelungen ist, steht wohl außer Frage. Der *Überlebende aus Warschau* wirkt darum so überzeugend, weil es dem späten Schönberg in diesem Werk gelang, alles, was ihn in diesen Jahren bewegte, auf einen Nenner zu bringen: Das Erschrecken über seine eigene Trägheit des Herzens, das Mitleid mit den gemordeten Brüdern und Schwestern, die neue Bekräftigung im Glauben und zugleich die Hoffnung auf ein Erez Israel, in dem die Juden endlich nach ihren eigenen Gesetzen und Vorstellungen leben können. Und zwar faßte er das alles in einer einzigen, äußerst knappen, nur acht Minuten währenden Szene zusammen, die im Pianissimo beginnt und mit einer im Fortissimo vorgetragenen Glaubensgewißheit schließt – und der wie in all seinen Zentralwerken seit 1925 eine einzige Zwölftonreihe zugrunde liegt.[85] Sprachlich spielt sich das Ganze – trotz der Kürze der Zeit – auf drei Ebenen ab: der des Englischen des Erzählers, bei der sich Schönberg „ganz wörtlich" an den vorgegebenen

Text hielt,[86] der des Deutschen auf der Ebene des die Kommandos erteilenden Feldwebels und schließlich der des Hebräischen im *Sch'ma Yisroel* der in den Tod marschierenden Juden gegen Ende. Der Unerbittlichkeit des Textes entspricht dabei eine Unerbittlichkeit der Musik, die genauso kalt wirkt wie der trockene, das heißt keinesfalls „gesungene" Text des Sprechers.[87] Was also dominiert, ist eine Musik, die jedes Abrutschen ins Sentimentale vermeidet und sich nur am Schluß in der lautstark vorgetragenen Bekräftigung im Glauben auch ein Zitat aus der traditionellen jüdischen Liturgie gestattet, das jedoch so geschickt in den Duktus des Reihencharakters eingebettet ist, daß es nur von bereits Eingeweihten als ein solches verstanden werden kann.[88] Und damit fand Schönberg in diesem Werk endlich seine „Identität", nämlich die Identität mit dem Leiden und Glauben seines Volkes, das nur seine Religion vor der Auslöschung bewahrt hatte. Indem er Auschwitz als seinen Ort erkannte, fühlte sich auch Schönberg – jenseits seiner deutsch-österreichischen Herkunft, Sprache, Bildung und Musikalität – plötzlich als glaubensbewußter Jude. *A Survivor from Warsaw* ist daher sein überpersönlichstes und zugleich sein persönlichstes Werk, weil hier im Schicksal seines Volkes auch sein eigenes Schicksal mitverhandelt wird.

Daß dieses Werk manche seiner bisherigen Bewunderer, die in ihm – wie etwa Theodor W. Adorno – vor allem einen unerbittlichen Avantgardisten gesehen hatten, dem jede Indienstnahme seiner Musik als Korruption ins Affirmative erschien, als geradezu unverzeihlich empfanden, konnte nicht ausbleiben. Da Adorno weiterhin fest an seinem Prinzip der „Verweigerung", wenn nicht gar der „totalen Negation" festhielt,[89] mußte es zwischen diesen beiden Männern notwendig zu schweren Mißverständnissen kommen.[90] Während Adorno einen nichtzionistischen Antiutopismus vertrat, der keine „Lösung" der bestehenden Konflikte anerkannte, ja überhaupt nichts Richtiges im Falschen fand,[91] weshalb er Schönberg vorwarf, in seinem *Überlebenden aus Warschau* „durch's Eingedenken an Erfahrungen, welche der Kunst schlechterdings sich entziehen", den „ästhetischen Bereich" verlassen zu haben,[92] schlug Schönberg in den wenigen Jahren, die ihm noch vergönnt waren, immer nachdrücklicher den von ihm als richtig erkannten biblischen Weg ein. Die Gründung des Staates Israel war daher für ihn eins der zentralen Erlebnisse seiner letzten Lebensjahre. Allerdings blieb sein Verhältnis zur jüdischen Religion auch in diesem Zeitraum – im Sinne der *Jakobsleiter* und des *Moses und Aron* – das eines Suchenden, für den nach alter jüdisch-mystischer, aber auch deutsch-expressionistischer Tradition, wie sie Martin Buber in seinen *Ekstatischen Konfessionen* zusammengefaßt hatte, nicht allein Gott, sondern auch das Ziel des Lebens etwas ewig Unerreichbares ist, das sich nur in Momenten der Steigerung, des Gebets, der Ekstase, also im Zustand der religiösen Verzückung anzudeuten scheint, ohne je wirklich greifbar zu werden.[93]

Dementsprechend sind Schönbergs letzte Kompositionen ausschließlich, und zwar im politischen und zugleich persönlichen Sinn, jüdisch-religiöse. Das Chorwerk *Dreimaltausend Jahre*, das er 1949 komponierte, steht ganz im Zeichen der „Wiederkehr Gottes" ins gelobte Land.[94] Darauf folgte 1950 als sein letztes abgeschlossenes Werk der Psalm *De profundis* für sechsstimmigen Chor a capella, den er dem Staate Israel widmete. Die Werke *Israel Exists Again* und *Moderner Psalm* aus den gleichen Jahren blieben dagegen Fragment. Ja, Schönberg erlebte noch kurz vor seinem Tode, daß ihn der Staat Israel im April 1951 zum Ehrenpräsidenten der Israel Academy of Music in Jerusalem ernannte. In seinem Dankschreiben an den israelitischen Staat erklärte er, daß es schon „seit vier Dekaden" sein „sehnlichster Wunsch" gewesen sei, ein „residierender Bürger dieses Staates" zu werden.[95] Ob er sich jedoch in diesem Land wirklich zu Hause gefühlt hätte, sei dahingestellt. Schließlich kann ein lebenslanges Außenseitertum, das sich immer wieder als Sezessionismus, als Intellektualismus, als Elitismus, ja als offene Massenverachtung geäußert hatte, nicht über Nacht in eine Liebe für ein ganzes Volk umschlagen. Doch vor diese Entscheidung wurde Schönberg aufgrund seines hohen Alters und seines angegriffenen Gesundheitszustandes nicht mehr gestellt. Drei Monate später starb er in Los Angeles im Alter von 77 Jahren, ohne je wieder europäischen Boden betreten zu haben oder gar ins Land seiner Urväter zurückgekehrt zu sein.[96]

German Jews Beyond Judaism

Der Fall Gerhard/Israel/George L. Mosse

Bei der Beschäftigung mit dem Schicksal jener Menschen, die nach 1933 Deutschland aus politischen und/oder rassischen Gründen verlassen mußten, hat sich die Exilforschung der sechziger und siebziger Jahre vornehmlich für die Linken unter den Vertriebenen interessiert, die sich im Exil – mit primär deutscher Identität – im antifaschistischen Kampf engagiert hatten und nach der militärischen Niederlage des Hitler-Regimes, sobald sie es konnten, in eine der vier alliierten Besatzungszonen zurückgekehrt waren. Als die „Zeit des Exils" galt damals noch ausschließlich die Zeitspanne von 1933 bis 1945 oder höchstens bis 1950,[1] während als Exilanten nur diejenigen bezeichnet wurden, die sich im Hinblick auf ihre politische und menschliche Identität als rückkehrwillige „Deutsche" klassifizieren ließen.

Mit all jenen, die es nach 1945 vorzogen, weiterhin in den Ländern zu bleiben, in welche sie das Exil mehr oder minder zufällig verschlagen hatte, hat sich dagegen die Exilforschung erst seit den achtziger Jahren etwas ausführlicher beschäftigt, als neben der Frage des politischen Engagements – die vor allem den DDR-Forschern und den sogenannten Achtundsechzigern als vordringlich erschienen war – auch Fragen der persönlichen Identität, der Geschlechtszugehörigkeit, der Mentalitätsbefindlichkeit sowie der beruflichen und familiären Situation in den Vordergrund traten. Erst jetzt ging man auch der Frage nach, warum die meisten Exilanten nicht nach Deutschland oder Österreich zurückgekehrt, sondern in Ländern wie den USA, England oder Israel geblieben waren, entweder weil sie sich dort eingebürgert und verheiratet hatten oder weil sie sich durch die Vertreibung und die folgenden Auschwitzgreuel so sehr in ihrer früheren Identität verunsichert fühlten, daß sie sich entschlossen, deutschen Boden nur noch besuchsweise oder überhaupt nicht mehr zu betreten.[2]

Am verbreitetsten war diese Haltung unter denjenigen deutschsprachigen Exiljuden, die im Exil ihre ehemalige Identität entweder völlig aufgaben und sich auf die Traditionen des Judentums besannen, an der deutsch-jüdischen Symbiose nur im privaten Bereich festhielten oder das deutsche Element ihrer bisherigen deutsch-jüdischen Assimilationshaltung im Exil – im Gefolge einer zweiten Assimilation – durch das englische oder amerikanische ersetzten. Bei vielen ging das nicht ohne tiefe Identitätskrisen ab, ja blieb sogar im Leben der noch in Deutschland geborenen, aber im Exil großgewordenen Kinder dieser Exilanten ein bis heute wichtiger Bezugspunkt innerhalb ihrer menschlichen, beruflichen und politischen Selbstfindungsprozesse. Manche von ihnen, die heute noch leben, fühlen sich daher in ihrer deutsch-englisch-jüdischen oder deutsch-amerikanisch-jüdischen Tripelexistenz weiterhin im Exil und reisen, falls es ihr Vermögen oder ihr Beruf ermöglicht, zwischen den USA, Israel sowie mehreren europäischen Ländern, darunter auch der Bundesrepublik Deutschland und Österreich, unruhig hin und her. Ich greife als paradigmatischen Fall für eine solche Haltung den deutsch-amerikanisch-jüdischen Historiker George L. Mosse heraus, der neben seiner Bascom-Weinstein-Professur an der University of Wisconsin-Madison in den USA in den letzten zwanzig Jahren zeitweilig auch die Koebner-Professur an der Hebrew University in Jerusalem innehatte sowie Gastprofessuren an den Universitäten Amsterdam, München, Cambridge/England, Paris, Tel Aviv und Cornell/USA wahrnahm und der 1991 einem Buch, das jene Gespräche enthält, die Irene Runge und Uwe Stelbrink mit ihm in Berlin geführt haben, den Titel *Ich bleibe Emigrant* gab.

George L. Mosse wurde am 20. September 1918 als Gerhard Lachmann Mosse in Berlin geboren. Hans Lachmann, sein Vater, hatte die einzige Tochter des bekannten Zeitungsverlegers Rudolf Mosse geheiratet und somit ein Geschäftsimperium übernommen, dessen Kronjuwel das *Berliner Tageblatt*, die angesehenste Zeitung Deutschlands, ja eine der fünf oder sechs einflußreichsten Zeitungen der Welt war. In diesem Blatt, dem Theodor Wolff, einer der Mitbegründer der Deutschen Demokratischen Partei, als Chefredakteur vorstand, überwog seit den siebziger Jahren ein staatsverbundener, aber freiheitlicher Ton. Schon Rudolf Mosse war betont liberal, hatte den ihm von Bismarck angetragenen Adelstitel ausgeschlagen und es gelassen hingenommen, daß die Hohenzollernfamilie das *Tageblatt* offen boykottierte.[3] Doch ansonsten herrschten sowohl im Großelternhaus als auch im Elternhaus Mosse, dem gesellschaftlichen Rang dieser Familie entsprechend, durchaus bürgerlich-konservative Gepflogenheiten. Die Mosses hielten auf Respektabilität und hätten etwa Theodor Wolff, weil er mit einer Schauspielerin verheiratet war, nie zum Diner eingeladen. Außerdem stifteten sie ein Lehrlingsheim sowie einen Mädchenhort und taten viel zur Unterstützung der schönen Künste. Rudolf Mosse ließ die gesamte Familie von Anton von Werner und Franz von Lenbach, sein Schwiegersohn von Sabine Lepsius und Moritz Oppenheimer porträtieren. Zudem verkehrte Hans Lachmann Mosse mit dem Architekten Erich Mendelssohn, der den berühmten Umbau des Mosse-Hauses vornahm, und war mit den Furtwänglers befreundet, mit denen die Familie Mosse bis 1932 regelmäßig in Sankt Moritz Sylvester feierte.[4] Ja, bei großen Gesellschaften, die er in seinem Hause gab und an denen – neben den bereits Genannten – auch Paul Hindemith, Bronislaw Hubermann, Rosa Bonheur und Joseph Schmidt teilnahmen, wurde selten über Politik, sondern fast immer über ästhetische Fragen gesprochen.[5]

Der kleine Gerhard – dessen Name noch heute auf der Glocke der Schenkendorfer Kirche im Brandenburgischen prangt, die sein Vater dieser Gemeinde, in der die Mosses ein Schloß aus dem 18. Jahrhundert besaßen, im Jahr 1928 als Ersatz für die im Ersten Weltkrieg eingeschmolzene Glocke gestiftet hatte – wuchs daher in einem exponierten, aber zugleich großbürgerlich abgeschirmten Milieu auf. Seine Eltern waren so vermögend, daß sie ihm, als er zehn Jahre alt wurde, ein Auto mit Chauffeur zur Verfügung stellten. Da er sich in der Schule als zu ungebärdig erwies, wurde er zur weiteren Erziehung in die Vorschule Hermannsberg des berühmten Internats Salem am Bodensee gesteckt. Hier herrschte zwar ein mit leichten antisemitischen Obertönen vermischter deutsch-nationaler Geist, der ihm jedoch wegen seiner sportlich-selbstsicheren Art nicht viel zu schaffen machte. Auch bei Besuchen in Berlin sah er sich selten antisemitischen Affekten ausgesetzt. Erst 1931/32 mußte er miterleben, wie in seinem Charlottenburger Elternhaus nachts die Fenster eingeworfen wurden und anläßlich des Jom-Kippur-Festes, an dem er mit seinen Eltern und Geschwistern die Reformsynagoge in der Johannisstraße aufsuchte, eine Polizeiabsperrung die jüdischen Gläubigen gegen die von der NSDAP aufgeputschten Fanatiker schützen mußte. Doch sein Vater war kein „Alarmist". Er glaubte als ehemaliger Offizier des Ersten Weltkriegs, als Sympathisant des Centralvereins deutscher Staatsbürger jüdischen Glaubens und als Vorstand der jüdischen Reformgemeinde[6] fest an die Rechtsstaatlichkeit der Weimarer Republik und hätte es als eine Schwächung der Republik empfunden, aus Gründen der persönlichen Absicherung vorsorglich Devisen ins Ausland zu überweisen. Er litt zwar darunter, daß er im *Völkischen Beobachter* oft niederträchtig angegriffen wurde, vertraute jedoch auf Hindenburg, der ihm noch kurz vor der Machtübergabe an die Nationalsozialisten versicherte, daß er auch unter der Kanzlerschaft Hitlers seine schützende Hand über ihn und seine Familie halten werde.

Während sich andere jüdische Zeitungsverleger wie Ullstein und Simon, dem die *Frankfurter Zeitung* gehörte, aus Angst vor einem möglichen „Dritten Reich" zu diesem Zeitpunkt bereits bei den Nationalsozialisten anbiederten, blieb Hans Lachmann Mosse „republiktreu" und betrachtete das Anwachsen der NSDAP seit den berüchtigten Septemberwahlen des Jahres 1930 nur als einen vorübergehenden Spuk. Hitler gehört im *Berliner Tageblatt* nicht auf die erste Seite, pflegte er zu sagen, sondern auf die Seiten der *Ulk*-Beilage.[7] Er und Theodor Wolff unterstützten daher im *Tageblatt* bis zur letzten Minute die republikverbundene Deutsche Staatspartei, die aus der Deutschen Demokratischen Partei hervorgegangen war und sich mit dem Jungdeutschen Orden vereinigt hatte. Doch zu diesem Zeitpunkt war, wie wir wissen, der Sieg der Nationalsozialisten kaum noch aufzuhalten. Als sich deshalb Hindenburg am 30. Januar 1933 entschloß, Hitler die Macht zu übergeben, setzten sich die Mosses mit mehreren Redakteuren und Kritikern, darunter Theodor Wolff und Alfred Kerr, sofort nach Zürich ab, wo sie am Limmatkai ihre größte Auslandsfiliale hatten, und fuhren dann weiter nach Paris. Erst jetzt mußten sie erkennen, daß sie zwar in der Weimarer Republik aufgrund ihrer Zeitungen eine einflußreiche Rolle gespielt hatten, aber dennoch als Juden – trotz aller Assimilationsbemühungen – Außenseiter geblieben waren. Obwohl sie sich als gute Bürger mit einer betont konservativen Moral ausgezeichnet, im Ersten Weltkrieg ihre patriotische Pflicht und Schuldigkeit getan und trotz ihrer Aufgeschlossenheit für alles Liberale, Moderne, Avantgardistische nie irgendwelche „linken" Tendenzen unterstützt hatten, gehörten sie plötzlich neben anderen „unerwünschten Elementen", wie Zigeunern, Homosexuellen, Zeugen Jehovas, Freimaurern und Geistesgestörten, zu den vom neuen Reich Verfemten. Und das war nach so vielen Erfolgen eine bittere Einsicht.

Nach dem 30. Januar 1933 sahen sich also die Mosses von einem auf den anderen Tag nicht nur ihrer Zeitungen, das heißt vor allem des *Berliner Tageblatts*, des *8-Uhr-Abendblatts* und der *Volkszeitung*, sondern auch ihres Bankkontos, ihrer Berliner Stadtwohnung, ihrer Gemäldesammlung und ihres Schenkendorfer Schlosses beraubt. Alle Einnahmen – ob nun die aus den Zeitungen, dem Mosse Buch- und Musikverlag sowie der Redaktion des Reichsadreßbuchs und des Reichstelephonbuchs – waren mit einem Schlag versiegt. Geblieben war ihnen jedoch ihre große internationale Annoncenexpedition,[8] die sie auch im Exil noch eine Weile weiterführten, obwohl Göring und Goebbels, wohl aus Spionagegründen, selbst diese gern an sich gerissen hätten und die Mosses sowie Theodor Wolff aufforderten, nach Berlin zurückzukehren und als Ehrenarier das *Berliner Tageblatt* im Sinne des neuen Regimes weiterzuführen. Doch das lehnte Hans Lachmann Mosse entschieden ab.

Der inzwischen sechzehnjährige Gerhard wurde 1934 von seinem Vater in einem von Quäkern geführten Internat, der Bootham School in York, untergebracht. Dort vollendete er, der bereits in Berlin mit seiner Gouvernante Englisch gesprochen hatte, seine Oberschulbildung. Deutsch sprach er seitdem nur noch im Familienkreis. Im Gegensatz zu den gehobenen Schichten Englands, in denen die Toleranz zum guten Ton gehörte, herrschte in den Unterschichten damals noch ein starkes antisemitisches Ressentiment. Doch das bekümmerte den Schüler Mosse kaum. Sein politisches Grunderlebnis dieser Jahre war der spanische Bürgerkrieg, in dem er sich auf seiten der Republikaner engagierte und sich mit dem Erzbischof von York und späteren Erzbischof von Canterbury William Temple an Geldsammlungen zugunsten der von Franco in Madrid eingeschlossenen Spanier beteiligte. 1937 ging er an die Universität Cambridge. Erst wußte er nicht, was er studieren sollte; dann entschied er sich für das Gentleman's Fach „Englische Geschichte". Unter englischer Geschichte verstand man damals in Cambridge vor allem die Geschichte des Mittelalters und der frühen Neuzeit, weshalb sich der Student Mosse auf die englische Reformationsgeschichte spezialisierte. Zugleich wurde er in Cambridger 1938 Mitglied des Socialist Club und beteiligte sich an den Sammelaktionen einer betont antizionistischen Hilfsorganisation für jüdische Emigranten aus Österreich.

Da sein Vater, der von Paris aus seine internationale Annoncenexpedition in Zürich weitergeführt hatte, 1939 ein Einreisevisum in die USA erhielt, konnte im August desselben Jahres auch sein Sohn Gerhard noch als „Minderjähriger", also kurz vor seinem 21. Geburtstag, auf dessen Visum und mit einem vom Londoner NS-Konsulat ausgestellten Reisepaß unter dem Namen „Israel Gerhard Mosse" ebenfalls in die Vereinigten Staaten einwandern, wodurch ihm das Schicksal anderer nach England geflohener junger deutscher und österreichischer Männer jüdischer Herkunft erspart blieb, nämlich als „Aliens" nach Kriegsbeginn in Kanada oder Australien in einem Internierungslager eingesperrt zu werden. In den USA erhielt er als Bootham Boy sofort ein Stipendium an dem von Quäkern geleiteten Haverford College und studierte dort – jetzt als George L. Mosse – vor allem englische Geschichte und Literatur, während ihm die deutsche Geschichte und Literatur sowie die Geschichte des Judentums weiterhin recht unvertraut blieben. 1941 bewarb er sich nach Erhalt des B.S. um ein Graduiertenstipendium. Die Columbia University lehnte ihn mit dem Bescheid ab, daß die „jüdische Quote bereits gefüllt" sei, während ihm Harvard das Holzer-Stipendium verlieh, das auf Anweisung seines Stifters nur an einen Studenten aus Berlin-Charlottenburg vergeben werden durfte. Als er sich nach Pearl Harbor auf dem zuständigen Wehrdienstbüro melden mußte, um auf seine Kriegstauglichkeit untersucht zu werden, sagte ihm der dortige jüdische Colonel: „We dont't take Prussians in the American Army" – und ließ ihn wieder gehen.

Darauf studierte er weiter an der Harvard University englische Geschichte der Frühmoderne, wurde Mitglied des anglikanischen Oratory of St. Michael and St. Martin unter Father Hastings Smythe, das sich auch sozialistischen Gedanken öffnete und an dessen Messen sogar Arbeiterführer aus Boston teilnahmen. 1944 erhielt er an der University of Iowa im Fach Geschichte eine Anstellung als Instructor, die 1946, nach der Verteidigung seiner Doktorthese über *The Struggle for Sovereignty in England, from the Reign of Queen Elizabeth to the Petition of Right*, in eine Assistenzprofessur umgewandelt wurde. Während er in Harvard kaum auf Antisemitismus gestoßen war, gab es in Iowa, wo er als erster Jude an der Geschichtsabteilung unterrichtete, durchaus solche Affekte.[9] Auch am Department of History der University of Wisconsin-Madison, an das er 1955 als Associate-Professor berufen wurde, nachdem er 1953 sein Buch *The Reformation* herausgebracht hatte, war er der erste Jude. Auch hier beschäftigte er sich anfangs noch intensiv mit englischer Geschichte und veröffentlichte 1957 seine Studie *The Holy Pretence, a Study of Christianity and Reason of State from William Perkins to John Winthrop.*

Doch seit der Mitte der fünfziger Jahre entwickelte er zugleich ein wachsendes Interesse für die zu seinem Lehrauftrag gehörende Europäische Kulturgeschichte, das weit über seine bisherigen religions- und verfassungsgeschichtlichen Untersuchungen zur englischen Geschichte des 16. und 17. Jahrhunderts hinausreichte und sich 1961 erstmals in dem höchst erfolgreichen Buch *The Culture of Western Europe: The Nineteenth and Twentieth Centuries* niederschlug. Mit dieser Wendung ins Kulturgeschichtliche war gleichzeitig ein immer stärkeres Interesse an der deutsch-jüdischen Geschichte verbunden, die ihn bisher nur am Rande beschäftigt hatte. George Mosse war zwar zwischen 1949 und 1952 mehrfach in der Bundesrepublik gewesen, um an Wiedergutmachungsverhandlungen teilzunehmen, und hatte 1951 als Tourist auch erstmals Israel besucht. Doch erst jetzt holte ihn die lange verdrängte Vergangenheit zusehends ein, wozu um 1960 vor allem folgende Ereignisse beitrugen: erstens die ihn aufwühlende Lektüre von Büchern wie *The Final Solution: The Attempt to Exterminate the Jews in Europe 1939–1945* von Gerald Reitlinger und *The Destruction of the European Jews* von Raul Hilberg, die beide 1961 erschienen; zweitens die Begegnungen mit Gerhard/Gershom Scholem und Hugo Bergmann in Jerusalem, die ihm Richard Lichtheim vermittelt hatte und die zum Abbau seiner bisherigen, aus der liberalen Weimarer Familientradition stammenden antizionistischen Haltung führten; drittens die allmähliche Linkspolitisierung der Universitätsszene in Madison, die 1959 in der Gründung der Zeitschrift *Studies on the Left* ihren ersten Höhepunkt erlebte; sowie viertens der Zustrom politisch interessierter jüdischer Studenten aus New York, die durch ihr Studium bei George L. Mosse, Harvey Goldberg und William Appleman Williams mit jener marxistischen Tradition bekannt wurden, zu der nicht nur orthodoxe Kommunisten wie Georg Lukács, sondern auch linke Außenseiter wie Walter Benjamin, Ernst Bloch, Theodor W. Adorno, Max Horkheimer und Herbert Marcuse sowie Gefühlssozialisten wie Kurt Eisner, Gustav Landauer und Ernst Toller gehörten, deren Mischung aus „Jewishness“ und „Humanist Socialism“ diese Studenten höchst anziehend fanden, ja durch die sie selber wieder zu ihrem eigenen Judentum zurückfanden.[10]

Das entscheidende Buch dieser Wende ist Mosses Buch *The Crisis of German Ideology: The Intellectual Origins of the Third Reich* (1964). Im Gegensatz zu anderen Büchern über den deutschen Faschismus, die in den fünfziger Jahren erschienen waren, wird hier das Hitler-Regime weder als ein Aufstand niederer Dämonen noch als paradigmatischer Fall eines totalitären Herrschaftssystems, weder als zynisch-nihilistische Gangsterdiktatur noch als Produkt einer im deutschen Wesen verankerten militärischen Aggressivität,[11] sondern als zwangsläufiges Ergebnis einer tiefgehenden völkischen Sehnsucht interpretiert, der eine bis ins 18. Jahrhundert zurückreichende Vorgeschichte zugrunde liegt und die in Zeiten sozio-ökonomischer Krisen stets die Juden zu Sündenböcken abgestempelt hat. Dieses Konzept, das heißt bei der Aufdeckung der Ursachen des Nationalsozialismus bis zur nationalen Variante des deutschen Pietismus und den deutschtümelnden Proklamationen der Befreiungskriegsära zurückzugehen,[12] hat Mosse darauf in vielen Aufsätzen, aber auch Büchern weiterentwickelt und ausdifferenziert. Es sei hier nur auf *Nazi Culture* (1966), *The Nationalization of the Masses: Political Symbolism and Mass Movements in Germany, from the Napoleonic Wars Through the Third Reich* (1975), *Toward the Final Solution: A History of European Racism* (1977), *Masses and Man: Nationalist and Fascist Perspectives on Reality* (1980) sowie *Nationalism and Sexuality: Respectability and Abnormal Sexuality in Modern Europe* (1985) hingewiesen. Durch diese Bücher, von denen die meisten in mehreren Auflagen und Übersetzungen ins Deutsche, Italienische, Spanische, Hebräische, Französische und Polnische erschienen, etablierte er sich als einer der führenden, wenn nicht der führende amerikanische Historiker in Fragen des Nationalsozialismus.

Im Verlauf dieser Studien wurde ihm immer deutlicher, wie eng die Geschichte der Juden in Deutschland mit den verschiedenen Phasen der Abwendung von den kosmopolitisch-toleranten Vorstellungen der Aufklärung des 18. Jahrhunderts und dem immer stärker werdenden Sog in Richtung auf einen deutschen Einheitsstaat zusammenhängt. Immer dann, erklärte er, wenn aus Gründen einer ökonomischen Konjunktur ein etwas liberalerer Zeitgeist herrschte, wie in der zweiten Phase des Wilhelminischen Reichs oder der Phase der sogenannten relativen Stabilisierung der Weimarer Republik zwischen 1923 und 1929, hätten sich die Juden relativ ungestört am deutschen Geistesleben beteiligen können. Wenn es jedoch aufgrund politischer und sozio-ökonomischer Krisen zu Frustrierungen der nationalen Sehnsüchte gekommen sei, wären sie, wie in den Hep-Hep-Pogromen des Jahres 1819 oder im Zuge der Weltwirtschaftskrise nach 1929, sofort massiven Verfolgungen ausgesetzt gewesen. Das gleiche gelte für Zeiten chauvinistischer Hochgefühle, wie etwa die Jahre nach der Gründung des Zweiten Reiches, als vulgäre Antisemiten wie Heinrich von Treitschke, Richard Wagner, Eugen Dühring, Paul de Lagarde, Adolf Stoecker und Konsorten von sich reden machten, oder die Ära des Dritten Reiches, die ganz im Zeichen des Triumphs der nationalen Idee gestanden habe.

Und so verfestigte sich bei Mosse allmählich die Überzeugung, daß die deutsch-jüdischen Intellektuellen, die sich seit dem 18. Jahrhundert – im Zuge ihrer Assimilation ins „Westliche" – den humanistischen Bildungsidealen der Aufklärung angeschlossen hätten, als die Entwicklung zur Nationalisierung einsetzte und der ehemals liberale Geist der deutschen Aufklärung und Klassik zusehends erstickt wurde, fast die einzigen gewesen seien, die trotz der radikal veränderten Zeitsituation an den noblen Hoffnungen ihrer ersten Assimilationsphase festgehalten hätten. Zur Stützung dieser Sehweise ließen sich im Hinblick auf das 19. Jahrhundert vor allem Autoren wie Ludwig Börne, Heinrich Heine, Berthold Auerbach und Karl Emil Franzos anführen, die trotz der immer stärker werdenden Tendenzen ins Nationale nicht daran dachten, ihre liberalaufklärerischen Positionen aufzugeben, und sich zu einem Deutschtum bekannten, das auf dem „Herrlichsten und Heiligsten" beruht, was „Deutschland hervorgebracht hat". Und zwar verstanden sie darunter „jene Humanität, jene allgemeine Menschen-Verbrüderung, jenen Kosmopolitismus, dem unsere großen Geister, Lessing, Herder, Schiller, Goethe, Jean Paul, dem alle Gebildeten in Deutschland immer gehuldigt haben", wie Heine 1835 mit scharfen Ausfällen gegen den katholisch-restaurativen oder nationalistisch-verbohrten Ungeist der deutschen Romantik erklärte.[13] Wenn die Deutschen diese Vorstellungen zu ihren höchsten Idealen erheben würden, erklärte der gleiche Heine neun Jahre später im Vorwort zu *Deutschland. Ein Wintermärchen*, einer der schärfsten Abrechnungen mit den forcierten Nationalisierungstendenzen in Deutschland, dann könne, wie es dort heißt, ruhig „ganz Europa", ja „die ganze Welt deutsch werden!"[14]

Im Gefolge solcher Anschauungen vertrat Mosse in den siebziger und achtziger Jahren immer wieder die These, daß sich das Schicksal der deutschen Juden nur vor dem Hintergrund der Spannung zwischen Nationalisierung und Assimilation, völkischer Sehnsucht und kosmopolitischem Bildungsbewußtsein verstehen lasse. In einem deutlichen, wenn auch selten scharf formulierten Gegensatz zu jenen deutschen Juden, die nach Auschwitz nur noch die negativen Aspekte am Deutschtum hervorhoben und die gesamte deutsche Geschichte in die braune Sauce präfaschistischer und faschistischer Tendenzen einzurühren versuchten, hielt Mosse unbeirrt an jenen humanistischen Bildungsidealen des 18. Jahrhunderts fest, die in den Schriften eines Wilhelm von Humboldt ihre nobelste Ausprägung erfahren hätten. Während sich andere immer stärker über den Typ des deutschen Bildungsbürgers lustig machten und ihm seine angeblich verlogene Charaktermaske abzureißen versuchten, erschien ihm, wie schon vielen liberalen deutschen Juden des 19. und frühen 20. Jahrhunderts, die deutsch-humanistische Bildungsvorstellung der vollentwickelten Persönlichkeit weiterhin als jenes Ideal, ohne das der Assimilationsprozeß der deutschen Juden überhaupt keinen Sinn gehabt hätte. Trotz der inzwischen stattgefundenen nationalistischen Auswüchse und Greuel beschwor er darum nach wie vor die Ideen jener „Humanität" und „allgemeinen Menschen-Verbrüderung", von denen schon Heine gesprochen hatte. Nicht die Aufklärung ist für ihn gescheitert, wie er heute sagt, sondern das Bemühen jener, die sich nicht konsequent für sie eingesetzt haben. Das Projekt Aufklärung erscheint ihm daher in jenem geschichtlichen Prozeß, der bis heute anhält, ja in vielen Ländern eine neue Schärfe angenommen hat, indem es sich einem nationalen oder religiösen Fundamentalismus auf der einen sowie weltweiten massenmedialen Verdummungsbemühungen auf der anderen Seite gegenübersieht, weiterhin als das wichtigste Telos der Geschichte schlechthin.

Wohl seinen überzeugendsten Ausdruck hat Mosse dieser Gesinnung in seinem Buch *German Jews Beyond Judaism* (1985) gegeben, in dem er im Detail nachzuweisen versuchte, wie sich viele deutsche Juden, angesichts der auf ein Zweites und dann ein Drittes Reich hindrängenden Tendenzen, aufgrund ihres von einem humanistischen Bildungsbewußtsein getragenen Liberalismus als Juden jenseits des Judaismus als die besseren Deutschen ausgezeichnet hätten.[15] Während andere Minderheiten innerhalb des alten deutschen Reichs, wie Polen, Ungarn und Tschechen, an ihrer Sprache und Kultur, aber auch an dem Traum eines eigenen Nationalstaats festgehalten hätten, hätten die Juden – vor dem Heraufkommen der zionistischen Staatsidee – ihre Zukunftshoffnung lediglich in dem Weg aus der Enge des Ghettos in die weite Welt der deutschen Kultur gesehen. Die meisten deutschen Juden hätten daher auf Vernunft und Bildung geschworen, das heißt sich als deutsche Aufklärer empfunden. Und zwar exemplifizierte er das vor allem an vier Gruppen: erstens, an deutsch-jüdischen Populärschriftstellern wie Berthold Auerbach, Jakob Wassermann, Emil Ludwig und Stefan Zweig, denen es in ihren Schriften nie allein „um Unterhaltung", sondern stets zugleich um die „Verbreitung von Bildungsidealen" und die Erziehung zu einem „kritischen Gebrauch des Verstandes" gegangen sei,[16] deren Ideale also bis in die zwanziger Jahre auf der bildungsbürgerlichen Überzeugung beruht hätten, daß sich die „Menschheit nicht in der Masse, sondern als Individuen auf die Universalität zu entwickeln würde";[17] zweitens, an deutsch-jüdischen Gelehrten wie Sigmund Freud, Hermann Cohen, Aby Warburg, Erwin Panofsky und Ernst Cassirer, die nie Fachspezialisten gewesen seien, sondern sich als Träger eines höheren Bildungsbewußtseins gefühlt hätten; drittens, an jenen deutsch-jüdischen Linksintellektuellen von Karl Marx und Ferdinand Lassalle bis hin zu Kurt Eisner, Georg Lukács, Theodor W. Adorno, Max Horkheimer, Walter Benjamin und Herbert Marcuse, von denen ebenfalls viele die Kunst, ob nun die Literatur oder die Musik, als den besten „Weg zur Erreichung des richtigen Bewußtseins" empfunden hätten;[18] und schließlich viertens an den deutschen Zionisten, die sich wie Martin Buber, Robert Weltsch, Hans Kohn und Hugo Bergmann sowohl für eine Humanisierung des zionistischen Nationalismus als auch für die Beibehaltung der deutschen Kulturgüter in Palästina und dann Israel eingesetzt hätten.

Nichts ist leichter, als diese These auf George L. Mosse selber anzuwenden. Auch er ist ein Populärschriftsteller im allerbesten Sinn, ein deutsch-jüdischer Gelehrter und Bildungsbürger, ein kosmopolitisch gesinnter Linksintellektueller sowie ein am Gedanken des humanistischen, das heißt nicht-religiösen Universalismus festhaltender Zionist, der sich in diesem Band ein treffendes Selbstbildnis gezeichnet hat. Ja, nicht nur das; er hat sich in den letzten Sätzen dieses Buchs eindeutig in die von ihm so liebevoll ausgemalte Bildungstradition des deutschen Humanismus eingereiht, „die einst Deutschen und Juden Raum für Freundschaft und gegenseitiges Verstehen" gewährt habe.[19] Es waren die „Liberalen und Linksintellektuellen" innerhalb des „deutsch-jüdischen Bildungsbürgertums", heißt es hier selbstbewußt, die während des Hitler-Regimes im Exil „mehr als jede andere Einzelgruppe für die Erhaltung von Deutschland ‚besserem Selbst' – durch Diktatur, Krieg, Holocaust und Niederlage hindurch – sorgten".[20] In dieser These liegt das „verborgene Pathos in Mosses ansonsten denkbar unpathetischen Buchs", wie Aleida Assmann in ihrer Einleitung zur deutschen Ausgabe der *German Jews Beyond Judaism* einsichtsvoll schrieb.[21] Im Gegensatz zu Scholem, der es als „Blasphemie" bezeichnete, von einem „deutsch-jüdischen Gespräch" oder gar einer „deutsch-jüdischen Symbiose" zu sprechen,[22] hält also Mosse hartnäckig an den historischen Tatsachen dieses Dialogs und der ihm zugrunde liegenden ideologischen Symbiose fest.

Selbst der Holocaust bedeutet für ihn, trotz aller tiefen Betroffenheit, kein Ende des deutsch-jüdischen Dialogs. Das kommt nirgends so bewegend zum Ausdruck wie in der Antrittsvorlesung, die er im Wintersemester 1982/83 als erster Inhaber der neueingerichteten Gastprofessur für Jüdische Geschichte an der Universität München unter dem Titel *Gedanken zum deutsch-jüdischen Dialog* hielt und die – im Hinblick auf die in ihr aufgeworfenen Fragen – an menschlicher Größe und politischer Tragweite ihresgleichen sucht. Die deutschen Juden, die sich in das Bildungsbürgertum hineinemanzipierten und selbst im Zeitalter der Nationalisierung an einer „Mischung aus Bildung und Aufklärung" festhielten, werden hier nicht als eine politisch verblendete Schicht, sondern als eine bis heute relevante Alternative zu den Fehlentwicklungen der deutschen Geschichte hingestellt, da sie sich in ihrem „Humanitätsideal" sowohl von den deutschen Tendenzen ins Volkhafte als auch von der jüdisch-orthodoxen Dogmatik distanziert hätten.[23] Doch nicht nur darum, auch wegen ihrer Neigung zu linksintellektuellen Ansichten werden sie gepriesen. Sogar auf diesem Gebiet hätten sie eine humane Zwischenlösung angestrebt, nämlich einen „Sozialismus, der das Ideal der Menschlichkeit konkretisiere".[24] Für sie sei der Sozialismus „Teil eines Prozesses der Vermenschlichung" gewesen, heißt es hier, kurz: ein „Sozialismus ohne Terror, ohne eine Diktatur des Proletariats", wie er sich bei Kurt Eisner, Gustav Landauer und Ernst Toller finde. Diese drei hätten nicht nur den Klassenkampf, sondern auch Humanität, Bildung, Kunst angestrebt. Und diese Haltung des deutschen Judentums, erklärte Mosse zur Verwunderung einiger seiner Zuhörer und Zuhörerinnen, sei ein bis heute unerfülltes Postulat. Eine solche Haltung habe zwar im „Zeitalter der Massen", wie er weiter sagte, einen illusionären Charakter, da sie zu idealistisch, zu utopisch sei.[25] Aber ohne Utopien gebe es nun einmal keinen Fortschritt. Das habe vor allem die Studentengeneration der sechziger Jahre begriffen, für welche dieses Erbe – vermittelt durch Ernst Bloch, Walter Benjamin und die Mitglieder der Frankfurter Schule – von zentraler Bedeutung gewesen sei.

Auch Mosses politische Haltung zehrt also weiter von einem Glauben an Bildung, Humanität und utopischen Sozialismus, in dessen Mittelpunkt die Vernunft des Einzelnen gegen die verblendete, mit dogmatischen Gesichtspunkten manipulierte Masse steht. Er sieht darum den deutsch-jüdischen Dialog zwar als unterbrochen, aber nicht als beendet an. Er ist keiner, der sich von der verbreiteten Aufklärungsschelte beeindrucken läßt, sondern will weiter „kritische Außenseiter" heranbilden. In seiner Rede *The Legacy of the German Jews*, die er 1992 in Madison hielt, beklagte er deshalb eindringlich, daß die heutigen Universitäten – im Gegensatz zu den sechziger Jahren – keine Bildungsinstitute mehr seien, die jungen Menschen ein eigenes, kritisches Denken zu vermitteln suchten, sondern sich in Handelshochschulen oder Karriereanstalten verwandelt hätten – und vertrat die Ansicht, daß man überall, ob nun in Madison, Jerusalem oder Berlin, die nötige „Zivilcourage" aufbringen müsse,[26] um nicht von dieser Tendenz zur Eindimensionalität überrollt zu werden.

Eine solche Haltung lebt – wie jede Haltung, die sich nicht mit fanatischen Einseitigkeiten oder einem geistigen Mitläufertum begnügt – aus einem intellektuellen Oppositionsgeist und allen damit verbundenen „Widersprüchen" im doppelten Sinne des Worts. Nichts ist daher einfacher, als auf die vielen eklatanten Diskrepanzen in dieser Haltung hinzuweisen. So bedauert Mosse einerseits, daß man seine Familie 1933 aus Deutschland vertrieben und ihm damit die Möglichkeit genommen habe, den Beruf seines Vaters zu übernehmen und in dem Haus, in dem er geboren sei, auch zu sterben, während er andererseits ebensogern betont, daß er ohne die Erfahrung dieser Vertreibung vielleicht nur ein reicher, verwöhnter „Nichtsnutz" geworden wäre, also das Exil als seine „Rettung" empfinde. Einerseits ist er ein deutscher Bildungsbürger, der selbst die Musik des Antisemiten Wagner liebt, andererseits ein vom Schicksal gezeichneter Jude, der nicht an billigen Versöhnungsgesten zwischen Deutschland und Israel interessiert ist, sondern mit seinen Ansichten sowohl die Reaktionäre unter den Deutschen als auch die Reaktionäre unter den Juden provozieren möchte. Einerseits ist er ein

Linker, der sich auf die humanen Traditionen innerhalb des deutsch-jüdischen Sozialismus beruft, andererseits ein Liberaler, der allen politischen Konkretisierungen des Sozialismus kritisch gegenübersteht und sich deutlich vom Marxismus distanziert.[27] Einerseits ist er ein Jude, der stolz darauf ist, daß sich niemand in seiner Familie – im Gegensatz zu den Ullsteins und Simons, den anderen jüdischen Zeitungsverlegern der Weimarer Republik – taufen ließ, andererseits ein deutscher Jude jenseits des Judaismus, der im Judentum keine Sache der Religion, sondern eine Haltung erblickt, die ihre eigene Emanzipation von orthodoxer Glaubensstrenge zu Humanität und Kultur zur Emanzipation der gesamten Menschheit erweitern möchte. Einerseits ist er stolz darauf, aus Berlin zu stammen und hat mit deutlicher Genugtuung an den 750-Jahrfeiern dieser Stadt teilgenommen, in der es in Wilmersdorf einen Rudolf-Mosse-Platz gibt, während er andererseits den Gesprächen mit Irene Runge und Uwe Stelbrink, die kurz darauf im Berliner Dietz-Verlag, einem alten linken Verlag, erschienen, den Titel *Ich bleibe Emigrant* gab.

Ja, es gäbe noch mehr solcher Widersprüche. Aber letztlich sind diese Diskrepanzen gar nicht so widerspruchsvoll, wie sie auf den ersten Blick erscheinen. Wer seine Position im „Zeitalter der Massen" als „kritischer Außenseiter" definiert, also trotz weltweiter religiöser und nationaler Erweckungsbewegungen weiterhin gegen Krieg und Fremdenhaß, moralische Vorurteile und geistige Verbohrtheiten anzuschreiben versucht, muß notwendig in einen Gegensatz zur real existierenden Gesellschaft und zum Teil auch zu sich selbst geraten. Allerdings fühlt sich Mosse dabei keineswegs als enfant perdu, sondern zieht seine Hoffnung nach wie vor aus der Tatsache, daß sich der deutsch-jüdische Dialog über Fragen einer linksliberalen Humanisierung der politischen Verhältnisse inzwischen zu einem deutsch-jüdisch-amerikanischen Dialog erweitert hat und manche der von ihm für eine Vermenschlichung des politischen Diskurses als vorbildlich herausgestellten deutschen Juden auch in der politischen und kulturellen Diskussion der Vereinigten Staaten, wie etwa der Zeitschrift *New German Critique* oder den Schriften von Fredric Jameson, eine wichtige Rolle spielen.

Man gebe sich deshalb nicht mit der Aufdeckung solcher angeblichen Widersprüche zufrieden. George L. Mosse ist niemand, der aufgrund seiner Widersprüche an einer „beschädigten" Identität leidet. Er hat wie alle bedeutsamen Menschen nicht nur eine Identität, sondern eine Tripel- oder Quadrupelidentität. Daher ist er im Gegensatz zu allen, die nur eine feste Identität haben, sich also nur als Deutscher, als Jude, als Frau usw. fühlen und dabei manchmal zu fatalen Einseitigkeiten, wenn nicht gar einem ausgrenzenden Fanatismus neigen, ein Mensch vieler Facetten. Er ist zwar auch Jude, auch Deutscher, auch Liberaler, auch Gelehrter, auch Kritiker moralischer Vorurteile, aber zugleich in seinem Denken, seinen Schriften und seinem menschlichen Verhalten wesentlich mehr als nur Jude, nur Deutscher, nur Liberaler, nur Gelehrter, nur Kritiker menschlicher Vorurteile, weil ihn die Fülle seiner Identitäten stets vor irgendwelchen politischen, religiösen, nationalen oder akademischen Einseitigkeiten bewahrt hat. Wenn sich also manche der hier aufgezeigten Widersprüche nicht ohne weiteres auflösen lassen, so laste man das nicht ihm an, sondern den immer noch ungelösten Problemen unserer politischen, sozialen und kulturellen Verhältnisse, die sich nur lösen ließen, wenn wir eines Tages einen Zustand erreichten, in dem nicht nur die Freiheit, sondern auch die Gleichheit und Brüderlichkeit keine unerfüllten Postulate mehr wären. Erst dann könnten aus den immer noch geschmähten Außenseitern endlich die von allen akzeptierten Innenseiter einer wahrhaft gerechten und zugleich pluralistisch-toleranten Gesellschaft werden.[28]

Unbequeme Entscheidungsfragen

Totalitarismus und jüdisches Selbstverständnis

Mit Begriffen wie „Totalitarismus“ und „jüdisches Selbstverständnis“ begibt man sich auf ein ideologisches Glatteis, auf dem einem schlimme Ausrutscher passieren können. Dennoch sind solche Termini nicht ganz zu umgehen. Schließlich haben sie sich in den Politik-, Geistes- und Sozialwissenschaften auf breitester Ebene als begriffliche Abbreviaturen durchgesetzt, welche trotz ihrer pauschalisierenden Abstraktheit zu feststehenden Größen geworden sind, die eine gewisse Eigendynamik entwickelt haben. Dennoch sollte man nicht aufhören, sie immer wieder zu hinterfragen und auf ihren sozio-politischen Aussagewert zu überprüfen. Genauer betrachtet, ist nämlich der Gebrauch dieser beiden Termini nur dann sinnvoll, wenn man sie nicht als strukturalistisch-unkonkrete Klischees für alles und jedes, sondern lediglich als historisch genau umrissene und damit nur situativ zu verstehende Begriffe verwendet. Mit anderen Worten: statt sie ihrer geschichtlichen Besonderheit zu berauben, wie das im Bereich journalistischer, völkerpsychologischer oder massenmedialer Verallgemeinerungen nur allzu häufig geschieht, sollten sie endlich wieder auf ihren höchst konkreten Entstehungszusammenhang zurückgeführt werden.

Beginnen wir mit dem Begriff „Totalitarismus“, der nicht einfach Unterdrückung oder Gewaltherrschaft bedeutet. Falls man ihn so verstehen würde, müßten fast alle älteren Staatsgebilde – also schon die Regierungsformen der Antike, des Mittelalters und der frühen Neuzeit – als „totalitär“ oder „totalitaristisch“ bezeichnet werden. Schließlich waren schon sie keine sogenannten freien oder offenen Gesellschaftsformationen, worin viele der heutigen Liberalen den Gegensatz zu totalitären Regimen sehen. Bereits in ihnen herrschte gnadenlose Gewalt, Ausbeutung der unteren Volksklassen zugunsten der oberen Zehntausend, kulturelle Gleichschaltung, geistige Bevormundung, wenn nicht gar strenge Zensur, ja Hinrichtung oder Verbrennung Andersgläubiger usw. Trotzdem werden solche Regime nur selten als „totalitaristisch“

bezeichnet, sondern dieses Adjektiv nur im Hinblick auf bestimmte Staatsformen des 20. Jahrhunderts verwendet. Und zwar führen die Vertreter solcher Anschauungen dabei als Entlastungsmomente der antiken und mittelalterlichen Formen absoluter Intoleranz gern zwei Thesen ins Feld: erstens daß innerhalb der älteren Gewaltregime nicht alle Menschen gleichgeschaltet waren, sondern sich für die Oberschichten stets gewisse Freiräume eröffnet hätten, und zweitens daß hinter diesen Regimen häufig wertbetonte Weltbilder, wie die Pax romana oder das Sacrum imperium, gestanden hätten, während sich in modernen Gewaltregimen, wie dem Faschismus und dem Stalinismus, lediglich ein tyrannischer Zynismus zu erkennen gebe.

Auf der Grundlage solcher Unterscheidungen landen Argumentationen dieser Art zwangsläufig bei dem Gegensatzpaar „echte Totalität" versus „angemaßter Totalitarismus", um in solche höchst pauschalen Verallgemeinerungen wenigstens *ein* ideologisches Unterscheidungsmerkmal einzubringen. In einigen Aspekten trifft diese Sehweise sicher zu. Allerdings bleibt sie viel zu allgemein, um sie an bestimmten Regimen oder Epochen historisch konkretisieren zu können. Gehen wir deshalb erst einmal auf die realgeschichtlichen Ursprünge des modernen Totalitarismusbegriffs ein. Genau besehen, konnte sich ein solcher Begriff sowie die mit ihm bezeichnete Sache erst dann entwickeln, als sich in den neuzeitlichen Städten ein liberal gesinntes Bürgertum von den älteren Totalitätskonzepten religiöser und politisch-absolutistischer Herrschaft zu befreien begann, also seit dem Humanismus des 16. und dann verstärkt seit der Aufklärung des 18. Jahrhunderts. Erst als dieses Bürgertum im Zuge der gesteigerten Naturausbeutung und damit Beschleunigung der ökonomischen Produktionsrate in der Lage war, den alleinigen Herrschaftsanspruch der bisherigen Oberschichten in Frage zu stellen, ging es dazu über, ideologische Leitziele wie Toleranz und Emanzipation, kurz: Leitziele einer für diese Klasse günstigen Privilegienerweiterung aufzustellen. Von Antitotalitarismus war dabei allerdings noch nicht die Rede. Schließlich strebte der dritte Stand in seinem Glauben an ein allgemeines Weltbürgertum und eine vom kategorischen Imperativ geregelte Humanität im 18. Jahrhundert selber noch nach ideologischer Totalität, das heißt einer Synthese von „Freiheit, Gleichheit und Brüderlichkeit". Doch dieses Streben scheiterte schon in der Französischen Revolution, genauer: am Sieg der Gironde über die Jakobiner, und reduzierte sich später in vielen europäischen Ländern, darunter auch Deutschland, auf einen ökonomischen Bereicherungsdrang, der sich aller höheren Ziele entledigte und zu kapitalistischer Industrialisierung, Naturausbeutung, Kolonialismus und Imperialismus führte.

Lediglich die Arbeiterbewegung, die sich im Gegenzug dazu bildete, versuchte noch eine Weile an den großen Totalitätskonzepten der Aufklärung des 18. Jahrhunderts festzuhalten, wurde jedoch in Deutschland von der Mehrheit der neureichen Bourgeoisie als „Mob" abqualifiziert, der alles „Edle" auf die Ebene des Niedrigen herabziehe,[1] statt sich sinnvoll in die wilhelminische bzw. Weimarer Gesellschaftspyramide einzuordnen und damit den angeblich „höheren" Zwecken der Nation zu dienen. Was die Bürgerlichen nach 1918 als „Demokratie", also Volksherrschaft, verteidigten, empfanden daher die sich radikalisierenden Arbeiterparteien nur noch als Fassadenparlamentarismus, dem es an einem gesamtgesellschaftlichen Totalitätsdenken mangele, das heißt der lediglich die Aufrechterhaltung der bisherigen Klassengesellschaft im Auge habe. In Opposition dazu vertraten die Kommunistische Partei Deutschlands und die Nationalsozialistische deutsche Arbeiterpartei – die eine mehr das Soziale, die andere mehr das Rassisch-Völkische betonend – Konzepte einer wahren Volksherrschaft, um sich als Repräsentanten einer besseren Zukunft zu qualifizieren. Da das Bürgertum im Nationalsozialismus das kleinere Übel sah, unterstützte es in der ökonomischen Krise zwischen 1929 und 1933 weitgehend die NSDAP gegen die KPD und verhalf dieser schließlich zur Diktatur.

Eine neue Situation im Hinblick auf die Frage nach einer gesamtgesellschaftlichen Verantwortung ergab sich für die Bourgeoisie erst nach der militärischen Niederlage des NS-Regimes im Sommer 1945. Weil der Kommunismus weiterhin der Hauptfeind des deutschen, jetzt westdeutschen Bürgertums blieb, schloß sich diese Klasse nach der amerikanischen Aufkündigung des Stalin-Roosevelt-Pakts und dem Beginn des Kalten Krieges mehrheitlich dem von Churchill und Truman verkündeten Neuen Kurs gegen die Sowjetunion an. Auf ideologischer Ebene eignete sich zur Unterstützung dieses Kurses am besten die These, die der gesamten Welt verhaßten Nazi-Greuel mit den stalinistischen Gewalttaten gleichzusetzen, woraus sich im Westen schnell die weitverbreitete „Braun gleich Rot"-Argumentation ergab. Allerdings wirkte sich diese These in der Praxis recht unterschiedlich aus. Während sie den westdeutschen Führungsschichten eine höchst willkommene Entlastung bot, indem sie von der anfangs aufgestellten Kollektivschuldthese ablenkte und das Phänomen „Gewaltherrschaft" in einen wesentlich größeren Rahmen rückte, also die These von der Alleinschuld der Deutschen abschwächte, mußte die gleiche These bei den noch immer im westlichen Ausland lebenden deutschen Antifaschisten zu einer ideologischen Aufspaltung in mindestens zwei Lager führen.

Die entschiedenen Linken unter den aus Deutschland Vertriebenen ließen sich durch solche groben Pauschalierungen in ihrer Parteinahme für den Sozialismus nur in Ausnahmefällen beirren und kehrten in ihren Spitzenvertretern und -vertreterinnen so schnell wie möglich in die frühere Heimat zurück, um sich dort in den Dienst des Aufbaus eines neuen Deutschland zu stellen. In concreto bedeutete das, daß sie 1947/48 in den sowjetisch besetzten Teil Deutschlands gingen, aus dem sich im Herbst 1949 – im Zuge des Kalten Krieges – die Deutsche Demokratische Republik entwickelte.[2] Wesentlich schwieriger gestalteten sich solche Entscheidungsfragen für die bürgerlichen Liberalen unter diesen Emigranten, die zwar in der späten Weimarer Republik und dann im Exil zum Teil mit linksliberalen Ideen sympathisiert hatten, aber dem Sozialismus, vor allem in der Form des Sowjetkommunismus, von Anfang an mit tiefem Mißtrauen begegnet waren. Ich meine damit – exemplarisch gesprochen – Autoren und Autorinnen wie Karl R. Popper, Hannah Arendt, Theodor W. Adorno und Max Horkheimer, die nach dem Bekanntwerden der Moskauer Schauprozesse und dann der Auschwitz-Greuel eine immer tiefere Abneigung gegen jede Form des politischen Kollektivismus entwickelten, den sie als „Totalitarismus" empfanden. Und damit war ein Schlagwort auf dem ideologischen Tisch, das in den folgenden Jahrzehnten eine kaum zu überschätzende Rolle in den politischen Auseinandersetzungen der beiden großen Weltlager spielen sollte.

In den Schriften dieser Vier, die nach 1933 in England bzw. Amerika Zuflucht gesucht hatten, findet sich demzufolge in der Nachkriegszeit immer wieder jenes dystopische Bild eines kleinbürgerlichen oder proletarischen Mobs, der auf jede höhere Zielsetzung verzichtet und sich willenlos in eine faschistische oder kommunistische Massengesellschaft einordnet, die eindeutig „totalitäre" Züge habe, da sie jede Andersartigkeit, jedes sich sperrende Element zu liquidieren trachte. Selbst ihre bisherige

Abneigung gegen den Kapitalismus und seinen massenmedial standardisierten Kulturbetrieb trat deshalb in ihren Publikationen zusehends hinter einer spezifisch antitotalitaristischen Sicht zurück, die schließlich bruchlos in die Ideologie des Kalten Krieges einmündete.[3] Das ließe sich sowohl an Poppers Buch *The Open Society and Its Enemies* (1945), Adornos und Horkheimers *Dialektik der Aufklärung* (1947) als auch Arendts *The Origins of Totalitarianism* (1951) nachweisen, in denen – trotz beachtlicher Einsichten in die Manipulierbarkeit der Massen durch marktwirtschaftliche „Social engineering"-Taktiken – die westliche Form der Demokratie zum höchsten politischen Ideal erhoben wird, die es mit allen Mitteln gegen die Gefahren einer neuen Pöbel- oder Mobherrschaft zu verteidigen gelte.[4]

Dieser massive Einsatz für eine „offene Gesellschaft" gegen jede Form eines ideologisch-utopischen Staatskonzepts ist im Hinblick auf Popper, Arendt, Adorno und Horkheimer von den Hauptvertretern und -vertreterinnen des Antitotalitarismus nach 1945 häufig als eine spezifisch „jüdische" Geisteshaltung bezeichnet worden. Und zwar haben dafür viele Liberale, vor allem im anglo-amerikanischen Bereich, eine Reihe völkerpsychologischer oder mentalitätsgeschichtlicher Argumente ins Feld geführt, die meiner Meinung nach jeder sozialen oder ideologischen Grundlage entbehren. Genau besehen, hat es nämlich „das" Jüdische – als eine von anderen Völkern unterschiedene Kategorie – weder früher noch heute gegeben. Spätestens seit dem 18. Jahrhundert haben sich die Juden in der Diaspora in eine Unzahl höchst verschiedener Gruppen aufgespalten, deren Anschauungen von ultra-orthodox bis ultra-assimiliert reichten und immer noch reichen. Die Ideologien, die der auf Assimilation drängende Flügel unter ihnen aufgriff, waren durchweg die gleichen emanzipatorischen Anschauungen, welchen auch die anderen unterdrückten Bevölkerungsschichten jener Länder huldigten, in denen die Juden entweder seit Jahrhunderten ansässig waren oder wo sie sich im Laufe des 18. und 19. Jahrhunderts niedergelassen hatten. Nach der Aufhebung der Ghettoschranken gehörten dazu in Deutschland vor allem die Ideale der weltbürgerlichen Aufklärung und dann des bürgerlichen Liberalismus,[5] an denen die assimilierten Juden auch dann noch festzuhalten versuchten, als sich die Mehrheit der deutschen Bourgeoisie in den Befreiungskriegen von 1812–1815 und verstärkt in den Jahren nach 1871, der sogenannten Gründerzeit, immer stärker nationalistischen

Anschauungen zuwandte und damit ihren älteren Liberalismus verriet. Im Gegenzug dazu versuchten die Liberalen unter den deutschen Juden dieser Tendenz zum Nationalismus, so gut sie es vermochten, durch eine Betonung all jener ideologischen Konzepte entgegenzuwirken, die in Richtung auf Toleranz, Emanzipation, Pluralismus, Europäertum oder gar Weltzivilisation zielten.

Doch neben diese Liberalen trat seit der Mitte des 19. Jahrhunderts auch eine Gruppe jüdischer Theoretiker und Politiker, welche ihre Hoffnung nicht auf den bürgerlichen Liberalismus, sondern einen aus der Arbeiterbewegung hervorgehenden Sozialismus setzten und wie Karl Marx und Ferdinand Lassalle für einen radikalen Umsturz der bestehenden gesellschaftlichen Verhältnisse eintraten. Den von ihnen gegründeten Bewegungen schlossen sich um die Jahrhundertwende und dann verstärkt in der Weimarer Republik eine Reihe von jüdischen Politikern und Autoren wie Eduard Bernstein, Rosa Luxemburg, Kurt Eisner, Ernst Toller, Gustav Landauer, Georg Lukács, Ernst Bloch, Walter Benjamin, Hanns Eisler, Lion Feuchtwanger, Kurt Tucholsky, Anna Seghers, Arnold Zweig und Friedrich Wolf an, die in der SPD und später der KPD die einzigen wirksamen Gegenkräfte zum heraufziehenden Nationalsozialismus sahen. Ja, je weiter die deutsche Bourgeoisie in den zwanziger Jahren, vor allem nach dem Schwarzen Freitag von 1929, nach rechts abdriftete und schließlich in ihren konservativen Gruppierungen nicht nur den Sozialismus, sondern auch den Liberalismus als artfremden, das heißt „jüdischen" Import diffamierte, desto nachdrücklicher sahen sich manche der liberalen Juden gezwungen, nach links abzuwandern. Daher waren sie im Reichstag schließlich nur noch in den Reihen der Sozialdemokraten und Kommunisten vertreten.[6]

Doch diese Linken blieben innerhalb der deutschen Judenheit auch in diesen Jahren eine Minderheit. Die Liberalen unter den deutschen Juden, ob nun die CV-Juden, das heißt die Leser der Zeitung des Centralvereins deutscher Staatsbürger jüdischen Glaubens, oder die Anhänger der Deutschen Demokratischen Partei, die sich um das *Berliner Tageblatt* scharten, schreckten selbst angesichts der faschistischen Gefahr, und zwar meist wegen ihrer finanziellen Wohlsituiertheit, vor einem Engagement auf seiten der Linken, als den entschiedensten Kämpfern gegen eine Machtübernahme durch die NSDAP, zurück. Als ehemals kaisertreue und jetzt republiktreue Juden, die weiterhin auf die Unverbrüchlichkeit des deutschen Rechtsstaates vertrauten, der ihnen 1919 die absolute Gleichstellung auf allen Gebieten des gesellschaftlichen und politischen Lebens zugesichert hatte, gerieten sie dadurch nach 1930 in eine schwierige Situation. Im rechten Lager, mit anderen Worten: bei ihren gut- bis bestbürgerlichen Klassenbrüdern, fanden sie kein Entgegenkommen mehr, da selbst die Deutschnationale Volkspartei eines Alfred Hugenberg antisemitisch eingestellt war. Bei den Linken, den Parteien der Arbeiter und Arbeitslosen, fühlten sich diese Juden, die mehrheitlich Kaufleute, Ärzte oder Anwälte waren, sozial und finanziell fehl am Platze.[7] Und die Deutsche Demokratische Partei, der sie bisher ihre Stimme geschenkt hatten, verlor in diesen Jahren rapide an Einfluß und war schließlich – obwohl eine führende Tageszeitung wie das *Berliner Tageblatt* unter Theodor Wolff sie noch bis zum Januar 1933 aktiv unterstützte – im Reichstag nur noch mit den zwei Mandaten der Deutschen Staatspartei vertreten. Kurzum: viele der liberal gesinnten Juden sahen sich plötzlich von beiden Seiten vom „Pöbel“, vom „Mob“ in die Zange genommen – und stellen in ihren feuilletonistischen Schriften, wie denen eines Siegfried Kracauer oder des frühen Theodor Wiesengrund, wie sich Adorno damals noch nannte, den Kulturbetrieb um 1930 als einen der marktwirtschaftlichen Homogenität hin, in dem die Stimme des Individuums, sprich: des bürgerlichen Ich immer stärker zu verschwinden drohe.[8]

Als diese Gruppen, von denen viele nicht wegen ihrer politischen Ansichten, sondern allein wegen ihrer „rassischen“ Zugehörigkeit zum Judentum nach 1933 Deutschland verlassen mußten, gingen sie fast ausschließlich in westliche Demokratien wie Frankreich, England oder die USA. Wegen der weiterwirkenden Weltwirtschaftskrise mußten sie zwar in diesen Ländern anfangs mit einem finanziellen und sozialen Statusverlust rechnen, den sie aber mit dem Vertrauen zu kompensieren versuchten, in diesen Ländern – als den aufgeklärtesten Staaten der Welt – als Juden willkommen geheißen oder wenigstens toleriert zu werden. Dies war jedoch in vielen Fällen keineswegs der Fall. So gab es etwa in England und Frankreich, gerade in den ärmeren Schichten, mit denen viele deutsche Juden in diesen Jahren erstmals in Kontakt kamen, durchaus einen mehr oder minder latenten Antisemitismus, der von rechten Gruppierungen immer neu angefacht wurde. Selbst die USA erwiesen sich nicht als das ideale Einwandererland, wie manche dieser Juden gehofft hatten. Hier gab es in den dreißiger Jahren nicht nur strenge Einwandererquoten, sondern auch einen recht offenen Antisemitismus, der einerseits eine christliche Fundierung hatte, also in den Juden wie eh und je die schuldbeladenen „Christ Killers" sah, andererseits auf einer ökonomisch motivierten Judenfeindlichkeit basierte, die gerade in den schlimmsten Zeiten der Weltwirtschaftskrise, den Jahren 1930–32 und 1936–38 durch ihre Sündenbockargumente immer wieder neuen Auftrieb erhielt.[9] Daher sahen sich die liberalen deutschen Juden, die keinerlei religiösen oder politischen Gruppierungen angehörten und stets auf die Mündigkeit des Einzelnen geschworen hatten, auch in diesem Land häufig an den Rand gedrängt und zogen ihre letztmögliche Selbstachtung nur noch aus dem Gefühl, kritische und darum gefährdete Außenseiter in einer Welt zu sein, in der sich überall – statt der erhofften Aufklärung und individuellen Selbstverwirklichung – eine durch die amerikanisch-kapitalistische, deutsch-faschistische und sowjetisch-kommunistische Propaganda geförderte Pöbelmentalität verbreite, durch die für den Einzelnen, falls er sich nicht völlig ins Reservat seiner Innenwelt zurückziehe, kaum noch ein lebenswerter Spielraum übrig bleibe. Zur Untermauerung dieser Thesen wurde dabei gern auf dystopische Romane wie Aldous Huxleys *Brave New World* (1932) oder George Orwells *Nineteen Eighty-Four* (1949) hingewiesen, die sich sowohl anti-kapitalistisch als auch antifaschistisch oder antikommunistisch deuten ließen.

Und vor diesem Hintergrund muß auch die Beteiligung der aus Deutschland vertriebenen Juden an der Entstehung der Totalitarismustheoreme nach 1945 gesehen werden. Letztlich liegt den aus dieser Situation entstandenen Schriften, wie denen von Popper, Arendt, Adorno und Horkheimer, kein spezifisch „jüdisches", sondern eher ein spezifisch bürgerlich-liberales Selbstverständnis zugrunde, dessen Ursprünge bis weit in das 18. oder 19. Jahrhundert zurückreichen. „Jüdisch" ist daran nur die etwas schärfer pointierte Abwehrhaltung, welche die Juden als Vertreter einer sozialen Minderheit bereits seit Jahrhunderten gegen Konzepte wie Volk, Nation, kulturelle Standardisierung, Diktatur des Proletariats, Schmelztiegelideologie, staatliche Allmacht, religiöse Einheitsvorstellungen, rassistische Sehweisen usw. entwickelt hatten, durch die sie sich in ihrer Existenz stets bedroht oder zumindest ausgegrenzt fühlten. So und nur so gesehen, kann man in dieser Haltung notfalls eine spezifisch „jüdische" Komponente erblicken.[10] Aber letztlich wären die antitotalitaristischen Argumentationstheoreme auch ohne die starke Beihilfe der aus Deutschland vertriebenen liberal gesinnten Juden entstanden. In dem Moment, als der Kalte Krieg ausbrach, mußte es im Westen zwangsläufig dazu kommen, die im Sommer 1945 bekanntgewordenen Auschwitz-Greuel mit den stalinistischen Greueln gleichzusetzen, um eine ideologische Superwaffe ersten Ranges gegen den Kommunismus zur Hand zu haben. Dies war ein Argument, dessen sich in der Folgezeit *alle* westlichen Verfechter des Kalten Krieges – ob nun die jüdischen oder nichtjüdischen unter ihnen – mit der Parole „Braun gleich Rot" bedienten.[11]

Darum ist es letztlich sinnlos, die historisch spezifische Totalitarismustheorie der späten vierziger und frühen fünfziger Jahre allein aus einem als konstant ausgegebenen „jüdischen Selbstverständnis" ableiten zu wollen, das vielleicht in der älteren Ghettoexistenz einmal gesellschaftliche Realität war und auch innerhalb der zionistisch eingestellten Gruppen weiterhin forciert wurde, aber auf die westlich-liberalen Juden überhaupt nicht mehr zutraf. Viele von ihnen waren in erster Linie außenseiterische Intellektuelle und hingen, wie andere Außenseiter moderner Massengesellschaften, an einem bürgerlichen Ichbegriff, der ihnen als das Höchste in der Welt erschien. Für Religionen, Utopien oder politische Ideologien, außer der der bürgerlichen Freizügigkeit, hatten sie deshalb nicht viel übrig. All dem traten sie mit der Haltung des allgemeinen Ideologieverdachts entgegen, das heißt der Aufforderung, sich nirgends zu engagieren, um nie in die Gefahr zu geraten, politisch oder sozial vereinnahmt zu werden. Arendt wandte sich dementsprechend gegen den „Mob", Popper gegen die „Utopien", Adorno gegen alle staatlich empfohlenen „Ideologien". Indem sie solchen Verlautbarungen stets mit einem handfesten Antifaschismus und zugleich Antikommunismus verbanden, wurden sie im Rahmen der westlichen Welt geradezu über Nacht zu beliebten Kronzeugen aller sich um 1950 formierenden Antitotalitarismustheoreme, also ebenfalls ideologisch „vereinnahmt", wenn auch im Sinne der im Westen favorisierten Ideologie der Nichtideologie.

Auf dieser Ebene gab es schließlich zwischen den Vertretern dieser Gruppe und den ideologischen Drahtziehern der Strategie des Kalten Krieges kaum noch nennenswerte Unterschiede. Ob nun die Frankfurtisten von der Notwendigkeit eines allgemeinen „Ideologieverdachts" sprachen oder BRD-Theoretiker die These aufstellten, daß die westdeutsche Bundesrepublik – im Unterschied zu ihren östlichen Nachbarn – keiner besonderen Ideologie bedürfe, sondern lediglich ein „ökonomisches Rahmengebilde" sei, innerhalb dessen „dem persönlichen Bereicherungsdrang des Einzelnen so wenige Schranken wie nur möglich entgegengestellt werden"[12] sollten: beide Argumentationsweisen liefen letztlich – von intellektuellen Niveauunterschieden und ökonomischen Parvenügefühlen einmal abgesehen – ideologisch auf das gleiche hinaus. Im Rahmen dieses Neoliberalismus waren keine klar definierten „Werte" mehr gefragt. Was hier zählte, war vornehmlich eine auf dem wirtschaftlichen oder geistigen Durchsetzungsdrang beruhende Ichhaftigkeit. Hier herrschte eine Vorstellungswelt, die sich letztlich aller positiv gesetzten Normen entzieht, das heißt die bürgerliche Ideale der Französischen Revolution auf die Freizügigkeit des Einzelnen reduzierte, statt die Freiheit aller oder gar die Gleichheit und Brüderlichkeit aller ins Auge zu fassen.

Hüten wir uns, eine solche Ideologie der Ideologielosigkeit als spezifisch „jüdisch" zu bezeichnen. Sie läßt sich letztlich überhaupt nicht auf ein bestimmtes Volk oder einen Staat wie die USA zurückführen, sondern ist im späten 18. Jahrhundert mit der „Befreiung in den Kapitalismus" in die Welt getreten, hat sich im Zuge des Manchester-Liberalismus rasant ausgebreitet und wird so lange dominierend bleiben, wie der rücksichtslose Raubbau aller natürlichen Rohstoffe den Ober- und Mittelklassen der sogenannten Ersten Welt eine auf einem gesteigerten Wohlstand beruhende Freizügigkeit erlaubt, zu der eine bindungslose, unverantwortliche, unsolidarische Haltung auf geistiger und ökonomischer Ebene gehört, die keinerlei kollektive Sympathiegefühle – weder für die Armen im eigenen Lande, die Völker der Dritten Welt oder die schamlos ausgebeutete Natur – mehr zu kennen scheint. Zugegeben, all das sehen wir heute wesentlich schärfer, als es die Vertreter der Totalitarismustheoreme um 1950 sehen konnten, die in einen relativ engen ideologischen Rahmen eingespannt waren, in dem es lediglich Gegensatzpaare wie frei oder unfrei, offen oder geschlossen, demokratisch oder kommunistisch gab. Und damit glaubte man, bereits alles gesagt zu haben.

Auch die aus Deutschland vertriebenen Juden, die sich während des gleichen Zeitraums im Rahmen des Kalten Krieges auf seiten des sozialistischen Lagers engagierten, waren sich der Konsequenzen ihrer Entscheidung sicher nicht in dem Maße bewußt, wie wir das heute sind. Allerdings konnten sie für ihre Entscheidung damals viele gewichtige Gründe ins Feld führen: erstens hatten sie in der Zeit zwischen 1929 und 1933 erlebt, daß die Kommunisten den aktivsten Widerstand gegen die anschwellende braune Flut geleistet hatten, während die bürgerlichen Liberalen scharenweise zu den Nationalsozialisten übergelaufen waren; zweitens hatten die kommunistisch dominierten Organisationen auch im Exil die meisten Aktionen gegen den deutschen Faschismus eingeleitet und zugleich manchen Linken ein finanzielles Existenzminimum garantiert; drittens sahen sie in der Roten Armee den eigentlichen Befreier Europas von einer nazistischen Diktatur und nicht in den Amerikanern, die zwei Jahre mit der Errichtung einer „Zweiten Front" gezögert hatten; viertens glaubten sie nicht, daß ein Dritter Weltkrieg von der Sowjetunion ausgehen würde, in der die Nazi-Armeen zwischen 1941 und 1945 im Sinne der Hitler-Parole „Diese lächerlichen hundert Millionen Slawen müssen weg"[13] über 20 Millionen Menschen umgebracht hatten; fünftens erschien ihnen die Idee des Sozialismus wesentlich höherstehend, ja edler als die des bürgerlichen Liberalismus, da sie weniger auf Konzepten wie Konkurrenz und Durchsetzungsvermögen als auf Vorstellungen wie sozialer Gerechtigkeit und gesamtgesellschaftlicher Solidarität beruht; und sechstens erhofften sie sich, sofern sie Künstler waren, von einer sozialistischen Gesellschaft eine wesentlich stärkere Förderung der Künste als von einer bürgerlich-liberalen, in der auch die Kunst dem marktwirtschaftlichen Gesetz von Angebot und Nachfrage unterworfen wird und daher selbst das bedeutsame kulturelle Erbe, wie sie das in den Vereinigten Staaten erlebt hatten, zugunsten minderwertiger Unterhaltungskünste in den Hintergrund treten muß.

Und so gingen nicht nur viele der nichtjüdischen, sondern auch viele der jüdischen Linken in den späten vierziger Jahren aus den USA oder anderen westlichen Exilländern in die sowjetische Besatzungszone, weil sie dort konkrete Zusicherungen einer Arbeitsmöglichkeit und damit einer gesicherten Existenz erhielten. In die drei westlichen Besatzungszonen oder die ehemalige Bundesrepublik siedelten dagegen in diesem Zeitraum von den bekannteren deutsch-jüdischen Theoretikern nur Karl Löwith, Theodor W. Adorno und Max Horkheimer über, die dort wegen ihrer Antitotalitarismusthesen sofort großen Anklang fanden und zu Hauptsprechern jenes konformistischen Nonkonformismus wurden, der schon immer eins der Lieblingskonzepte des bürgerlichen Liberalismus war. Von den Schriftstellern unter den deutschen Juden erregte in diesem Zusammenhang lediglich Alfred Döblin für kurze Zeit ein gewisses Aufsehen, der als französischer Kulturoffizier und gläubiger Katholik nach Westdeutschland kam, dort jedoch nicht recht Fuß fassen konnte, da er mehrheitlich als ehemaliger jüdischer Linker abgelehnt wurde und darum nach wenigen Jahren, nach der Einstellung seiner Zeitschrift *Das goldene Tor*, wieder nach Frankreich zurückkehrte, ja seinen letzten Roman in der DDR herausbrachte, da er in der ehemaligen Bundesrepublik keinen Verleger dafür finden konnte.

Um so mehr Juden unter den linken Politikern, Wissenschaftlern und Schriftstellern siedelten dagegen, wie gesagt, aus den verschiedensten westlichen Ländern, darunter den USA, England, Palästina, der Schweiz und Mexiko, in die sowjetische Besatzungszone über. Dazu gehörten unter anderem Alexander Abusch, Ernst Bloch, Hermann Budzislawski, Paul Dessau, Gerhard Eisler, Hanns Eisler, Louis Fürnberg, Klaus Gysi, John Heartfield, Stephan Hermlin, Wieland Herzfelde, Stefan Heym, Rudolf Hirsch, Ernst Kamnitzer, Alfred Kantorowicz, Georg Knepler, Jürgen Kuczinsky, Hans Mayer, Ernst Hermann Meyer, Walther Pollatscheck, Anna Seghers, Alex Wedding, Helene Weigel, Franz Carl Weiskopf, Friedrich Wolf, Arnold Zweig usw. Und sie taten das sowohl aus sozialistischer Überzeugung als auch, weil sie sich in mehreren westlichen Staaten nach dem Ausbruch des Kalten Kriegs Verhören ausgesetzt sahen, vom FBI gespitzelt wurden, um ihre Staatsbürgerschaft bangten, keine Re-enter Permits mehr erhielten, deportiert werden sollten, nicht mehr verlegt wurden und was es sonst noch an peinlichen Drangsalen gegen Linke gab. Vor allem in den USA fühlten sich viele so gefährdet, daß selbst ein Halblinker wie Thomas Mann, nachdem man ihn wegen seines Weimarer Goethe-Vortrags im Kongreß öffentlich als Handlanger des Stalinismus angegriffen hatte,[14] es vorzog, die Vereinigten Staaten zu verlassen und sich in die neutrale Schweiz zu begeben. Lediglich Lion Feuchtwanger kam im Zuge der durch J. Edgar Hoover und Joseph McCarthy ausgelösten Kommunistenhetze mit relativ heiler Haut davon, mußte jedoch erleben, daß ihm in Los Angeles – nach demütigenden Verhören – als Sympathisanten des Kommunismus die Staatsbürgerschaft verweigert wurde.[15] Und mit solchen Maßnahmen befanden sich Hoover und McCarthy durchaus in Übereinstimmung mit der

Mehrheit der amerikanischen Bevölkerung, die damals – den üblichen Meinungsumfragen zufolge – am liebsten alle Kommunisten aus den Vereinigten Staaten ausgewiesen oder ins Gefängnis geworfen hätte.

Ebenso unerquickliche Verhältnisse herrschten in dieser Hinsicht während der fünfziger Jahre in der Bundesrepublik. Im Zeitalter des Kalten Kriegs, der Politik der Stärke und des KPD-Verbots wurden auch hier ehemals antifaschistisch gesinnte Linke gnadenlos unter Druck gesetzt, ins Gefängnis geworfen oder einfach zu Unpersonen erklärt, und zwar gleichgültig ob sie Juden waren oder nicht. Schließlich war von Hitler zu Adenauer, vom Dritten Reich zur westdeutschen Bundesrepublik, der Hauptfeind Nr. 1 die Sowjetunion geblieben. Um diese Kontinuität nicht allzu deutlich werden zu lassen, verschleierte man dieses Faktum entweder mit den eingängigen „Braun gleich Rot"-Parolen der Totalitarismustheoretiker oder belegte die braune Vergangenheit einfach mit einem generellen Tabu, was zu dem allseits bekannten Phänomen der „unbewältigten Vergangenheit" führte. Im Zuge solcher ideologischer Machinationen wurden selbst die Auschwitz-Greuel weitgehend unter den Tisch gekehrt und damit jede tiefere Auseinandersetzung mit der Judenfrage von vornherein ausgegrenzt, um sich mit einem erleichterten Gewissen dem Wirtschaftswunderelan und dem steigenden Wohlstand breitester klein- und mittelbürgerlicher Schichten hingeben zu können.

Eine Änderung in diesem Punkte setzte in Westdeutschland erst nach dem Jerusalemer Eichmann-Prozeß und dem Frankfurter Auschwitz-Prozeß in den frühen sechziger Jahren ein. Sie führten zu ersten ernsthaften Bemühungen, den deutschen Faschismus nicht einfach zu verdrängen oder mit dem Sowjetkommunismus, wenn nicht gar dem Sozialismus schlechthin gleichzusetzen. Daß es dabei zu einer Wiederentdeckung des antifaschistischen Exils und überhaupt des linken Widerstands gegen das Dritte Reich kam, konnte nicht ausbleiben. Und im Gefolge dieser ideologischen Kursänderung, die in der sogenannten Achtundsechziger Bewegung ihren ersten Höhepunkt erlebte,[16] kam es zwangsläufig auch zu einer kritischen Auseinandersetzung mit den bisherigen, nur allzu griffig gehandhabten Totalitarismustheoremen und einer immer positiver werdenden Bewertung der verschiedenen linken deutschen Traditionen.[17] Im Zuge dieser Wiederaneignung stießen viele Westdeutsche erstmals auf jüdische Linke wie Walter Benjamin, Ernst Bloch, Hanns Eisler, John Heartfield, Georg Lukács, Wilhelm Reich,

Anna Seghers usw., die ihnen plötzlich wichtiger wurden als die konformistisch-nonkonformistisch eingestellten Vertreter der Frankfurter Schule, in denen die Aufgeklärteren unter ihnen in den frühen sechziger Jahren ihre wichtigsten Vorbilder gesehen hatten. Jedenfalls waren nach diesem Zeitpunkt bei den Vertretern und Vertreterinnen des eher linken als antiautoritären Flügels der Achtundsechziger Bewegung die Schriften Adornos und Horkheimers, wie auch die Arendts und Poppers, mit einem Mal „out", während sie das *Prinzip Hoffnung* von Bloch oder *Die Zerstörung der Vernunft* von Lukács, die gegen Mitte der fünfziger Jahre einmal Haupttexte der jungen Intelligenz in der DDR gewesen waren, als aufwühlende Offenbarungen begrüßten. Statt Braun weiterhin mit Rot gleichzusetzen, wurde im Zuge einer immer intensiveren Vergangenheitsbewältigung von diesen Schichten – im Gefolge von Reinhard Kühnl, Wolfgang Fritz Haug und Berthold Hinz – das Braune mehr und mehr mit dem Kapitalistischen oder Liberalen gleichgesetzt, das heißt beide als „Formen bürgerlicher Herrschaft" angeprangert.[18] In Anlehnung an manche Thesen der älteren Linken erschien also den politisch Radikaleren unter den Achtundsechzigern die sogenannte freie Marktwirtschaft, vor allem in ihrer spätkapitalistischen Phase, wie es jetzt hieß, als ausgesprochen „totalitär". Ja, wegen ihrer „Social engineering"-Taktiken und ihres „Konsumterrors" empfanden sie manche fast als faschistisch, das heißt als eine bewußte Herabwürdigung aller Menschen zu willenlosen Konsumenten und Konsumentinnen. Auf dieser Argumentationsebene wurden zwar auch einige Thesen Adornos und Horkheimers mit aufgegriffen, vor allem die These von der manipulierenden Wirkung der Massenmedien, aber letztlich die älteren Totalitarismustheoreme, die im Zuge des Kalten Kriegs ihre Hauptverve aus der Gleichsetzung von Braun und Rot gezogen hatten, jetzt zusehends gegen die angebliche Homologie von Braun, Schwarz und Gelb ins Feld geführt.

Kommen wir zu ersten, ebenso vorsichtigen wie vorläufigen Folgerungen. Einiges dürfte inzwischen etwas klarer geworden sein: erstens, daß der Begriff „Totalitarismus" ein äußerst dehnbarer Terminus ist und von den verschiedenen politischen Gruppen jeweils im Sinne ihrer eigenen politischen Strategien ausgelegt wurde und immer noch wird, wobei sich allerdings die Totalitarismustheoreme aus der Zeit der ersten Phase des Kalten Krieges, also den Jahren 1947 bis 1955, hinter denen ein gewaltiger Medienapparat stand, als die wirksamsten erwiesen haben und daher von den meisten Menschen bis heute mit diesem Begriff verbunden werden; zweitens, daß der Begriff „Totalitarismus" kein spezifisch wissenschaftlicher, sondern ein weitgehend strategischer ist, mit dem die Neoliberalen alle ihnen als bedrohlich erscheinenden Gesellschaftsordnungen, vor allem die faschistischen und stalinistischen unter ihnen, als „undemokratisch" zu entlarven suchten, um sich auf diese Weise zu einer bürgerlichen Freizügigkeit zu bekennen, die in der unveräußerlichen Einmaligkeit und schrankenlosen Selbstrealisierung des mündig gewordenen Individuums den eigentlichen Sinn der Menschheitsentwicklung erblickt; und drittens, daß der Begriff „Totalitarismus" von den Linken – einmal ebenso vereinfacht gesprochen – lediglich im Ankampf gegen den Faschismus und Hochkapitalismus verwendet wurde, während sie den Sozialismus in seiner edelsten Form, nämlich den Kampf um die Freiheit und Gleichheit aller Menschen und nicht nur der bürgerlichen Individuen ausdrücklich davon auszunehmen versuchten.

Die gleichen Differenzierungen sollten wir im Hinblick auf ein wie immer geartetes „jüdisches Selbstverständnis" machen. Es gibt keine besondere, unverwechselbare „jüdische" Eigenart, wie es auch keine besondere, unverwechselbare deutsche, russische oder amerikanische Eigenart gibt. Dies sind völkerpsychologische Klischees, die durch den geschichtlichen Verlauf immer wieder ad absurdum geführt werden. Was es gibt, sind lediglich politische und sozio-ökonomische Voraussetzungen, die sich jedoch keineswegs als absolut determinierend auswirken, sondern kritisch eingestellten Menschen genug Spielraum für persönliche Entscheidungen lassen. Solche Entscheidungen blieben vor allem den in Deutschland lebenden Menschen nicht erspart, die sich im Laufe des 20. Jahrhunderts mit einem Geschichtsverlauf auseinandersetzen mußten, in dem es keine Gnade der frühen oder späten Geburt gab, sondern wo alle – ob nun so oder so – Farbe bekennen mußten. Wie wichtig dabei die ideologischen Differenzen waren, sollte uns gerade die Geschichte der deutschen Juden vor Augen führen. Trotz der äußeren Bedrohung schlossen sie sich nicht zu einer einheitlichen Gruppe zusammen, sondern entschieden sich – je nach Klassenzugehörigkeit, Bildung, Mentalität und jeweiliger Situation – für die gleichen politischen Gruppierungen wie die nichtjüdischen Liberalen oder Linken um sie herum – und hätten sich in einer Minderheit selbst gewissen rechten oder rechtsradikalen Parteien wie den Nationalsozialisten angeschlossen, falls diese nicht antisemitisch eingestellt gewesen wären.

Hüten wir uns demnach im Hinblick auf die deutschen Juden vor irgendwelchen vorschnellen Verallgemeinerungen. Auch sie waren, von wenigen Zionisten abgesehen, nicht in erster Linie Juden, sondern Deutsch-Nationale, Bürgerlich-Liberale, Linksliberale, Sozialdemokraten oder Kommunisten, welche sich zu denselben politischen Anschauungen bekannten wie die sie umgebenden Deutschen. Daher entwickelten die liberalen Juden in bezug auf den Totalitarismus kaum andere Vorstellungen als die zwischen 1947 und 1955 in der damaligen westlichen Welt vorherrschenden. Das gleiche gilt für die Linken unter ihnen. Wie andere Sozialisten schworen sie wegen der Moskauer Schauprozesse oder des Hitler-Stalin-Paktes entweder à la Arthur Koestler und Manès Sperber dem Kommunismus ab oder bekannten sich auch nach 1945, vor allem nach dem Ausbruch des Kalten Krieges, weiterhin zur Sowjetunion und besiegelten diese Anschauung mit ihrer Übersiedlung in die sowjetische Besatzungszone oder die spätere Deutsche Demokratische Republik.

Jude oder Jüdin zu sein, bedeutet also nicht eo ipso bürgerlich-liberal zu denken, wie es im anglo-amerikanischen Bereich oft heißt, sondern kann vieles beinhalten. Und unter diesen ideologischen Varianten spielt auch das Linke weiterhin eine wichtige Rolle, wie uns gerade die jüngsten Ereignisse wieder belehrt haben. Schließlich legen auch Juden wie Hans Mayer – entgegen dem liberalen Vorurteil, daß sie aufgrund ihrer Außenseiterrolle eigentlich antikommunistisch eingestellt sein müßten – noch immer eine deutliche Sympathie für die Aufbruchsphase der DDR an den Tag[19] oder engagieren sich wie Jürgen Kuczinsky, Gregor Gysi und Stefan Heym in den neuen Bundesländern für die PDS. Im Gegensatz zu den Liberalen sehen daher manche der unbelehrbaren Kalten Krieger, aufgrund der gleichen ideologischen Vorurteilsstruktur wie schon die deutschen Faschisten vor ihnen, gerade in den Juden weiterhin wichtige Begründer und Wegbereiter des sozialistischen Totalitarismus. Wie wir wissen, mußten wegen solcher Verdächtigungen in den letzten Jahren viele Juden die ehemalige Sowjetunion verlassen, da sie sich dort – nachdem das kommunistische Regime den alten russischen Antisemitismus einige Jahrzehnte lang in Schach gehalten hatte – angesichts des neuen Nationalismus, ja Chauvinismus ihres Lebens nicht mehr sicher fühlten. So sagte etwa jüngst der russisch-jüdische Pianist Anatol Ugorski im deutschen Fernsehen, als er nach seiner Ankunft in Berlin-Marzahn gefragt wurde, warum er eigentlich St. Petersburg verlassen habe: „Ich liebe St. Petersburg. Aber ich konnte als Jude nicht mehr in einer Stadt leben, in der uns die Nationalisten plötzlich die Schuld am Kommunismus in die Schuhe schoben."

Aufgrund all dieser ideologischen Winkelzüge könnte man fast sagen: so viele Weltanschauungen – so viele Antitotalitarismustheorien, aus denen sich vor allem die bürgerlichen Liberalen und die nationalistischen Demagogen immer wieder die ihnen günstigsten ausgewählt haben. Von den Auswirkungen solcher Machinationen blieb auf ideologischer Ebene in den letzten Jahrzehnten fast keiner der mittel- oder osteuropäischen Juden verschont, die sich in Zeiten ausgeprägter Fremdenfeindlichkeit entweder für Anpassung oder für Opposition entscheiden mußten. Seien wir daher im Hinblick auf sie – vor allem nach dem Scheitern der früheren deutsch-jüdischen sowie der slawisch-jüdischen Symbiose – in politischer Hinsicht von besonderer Nachsicht. Statt ihnen einerseits eine opportunistische Anbiederung, andererseits eine mit kommunistischen Parolen liebäugelnde Selbstaufgabe vorzuwerfen, sollten wir stets die gesellschaftliche Exponiertheit ihrer Situation im Auge behalten, die ihnen manchmal gar keine andere Wahl ließ. Doch zugleich sollten wir nicht vergessen, daß es unter ihnen – wie unter allen politisch denkenden Menschen – auch viele Wissenschaftler und Künstler gab, die sich aus tiefster Überzeugung für den bürgerlichen Liberalismus oder einen proletarisch orientierten Sozialismus entschieden. Ob wir diese Entscheidung im Einzelfall richtig finden, ist eine andere Sache. Allerdings hängt das manchmal nicht nur von ihrer, sondern auch von unserer Gesinnung ab.[20]

Eine Identität ist nicht genug

Heines Vermächtnis an Deutsche, Juden und Amerikaner

Wohl kaum ein deutscher Dichter, neben Goethe, hat die literarische Weltöffentlichkeit im 19. Jahrhundert so bewegt wie Heine. Beginnen wir mit den positiven Seiten dieser Rezeption. Am meisten gelesen und bewundert wurden die Werke Heines in jenen westlichen Ländern, die eine gelungene bürgerliche Revolution hinter sich hatten und in denen eine liberale, kritische Öffentlichkeit entstanden war, die genug Toleranz aufwies, selbst das „jüdische“ Element in seinen Werken zu übersehen und sich an all dem in Heines Œuvre zu erfreuen, was ihren Neigungen zum Subjektiven, Modernen, Lebensbejahenden, Aufmüpfigen, Frechen, Erotischen, kurz: Emanzipatorischen im weitesten Sinne entgegenkam. Zu diesen Ländern gehörten vor allem Frankreich, England, Holland und die Vereinigten Staaten, die stolz auf ihre demokratischen Grundrechte waren und daher in Heine in erster Linie einen Freiheitstribunen erblickten, der sich in seinen Werken nicht nur für die Befreiung des sogenannten Dritten Stands, sondern auch die Befreiung der Polen, der Italiener, der Juden, der Indios, der schwarzen Sklaven, wie überhaupt aller Unterdrückten und Entrechteten, ausgesprochen hatte.

Doch nicht nur dieser Aspekt seines Werks, auch Heines „Realistik“ in der Darstellung der bürgerlichen Gesellschaft, vor allem der weiterbestehenden moralischen Einschränkungen, begeisterte damals alle jugendlichen Leser seiner Gedichte und Reisebilder. Besonders sein *Buch der Lieder* (1827), in dem es immer wieder um die frustrierten Gefühle jener bürgerlichen Intellektuellen geht, die von jungen Frauen – wegen ihres mangelnden Kleingelds, ihrer noch unsicheren Berufsaussichten und daher mangelhaften Pensionschancen – zu ungunsten irgendwelcher älteren Geldsäcke schnöde zurückgewiesen werden,[1] wurde immer wieder vertont, nachgedichtet und in Hunderttausende von Stammbücher eingetragen: als so realistisch und zeitgemäß empfand das damalige Publikum diese Gedichte, mit denen es sich geistig, seelisch und erotisch voll identifizieren konnte.[2] In England,[3] Holland,[4] Frankreich[5] und den

Vereinigten Staaten,[6] Ländern, in denen die politische Liberalität der moralischen Freizügigkeit weit vorausgeeilt war und sich deshalb auf letzterem Sektor immer neue Frustrierungen ergaben, erschienen demzufolge in der zweiten Hälfte des 19. Jahrhunderts unzählige Heine-Übersetzungen (vor allem seiner Gedichte, weniger seiner großen politischen Essays und Zeitungskommentare), wurden Loreley-Brunnen aufgestellt (wie in New York) und bei Soireen immer wieder Heine-Lieder in den Vertonungen von Schumann, Schubert, Mendelssohn-Bartholdy, Robert Franz und vielen anderen vorgetragen, die schließlich einen solchen Popularitätsgrad erreichten, daß sie fast den Charakter von Volksliedern annahmen. Zwischen Heines Tod im Jahr 1856 und dem Ersten Weltkrieg war darum Heine in diesen Ländern, von wenigen Ausnahmen abgesehen, *kein* „Streitobjekt“, sondern ein allseits bewunderter Dichter, dessen Wirkung sich allerdings im Laufe der Jahre immer stärker aus dem Kritisch-Aufmüpfigen ins Bürgerlich-Affirmative verschob, was vor allem in den süßlichen, unironischen Übersetzungen der viktorianischen Ära zum Ausdruck kommt.[7] Hier wurde also Heine zusehends aus dem Liberalen ins Status-quo-Bezogene, ja Salonhafte verfälscht. Ja, auf der Ebene der Stammbuchverse galt er schließlich als jener bedauernswerte Malaimé oder Dichter der „unrequited love“, in dem sich alle sentimental-verlogenen „Seelchen“ dieser Zeit wiederzuerkennen glaubten.

In Ländern, in denen die Liberalen damals noch zu den ersten oder letzten Sturmläufen einer politischen Demokratisierung ansetzten, also Ländern wie Italien,[8] ja zum Teil auch Spanien[9] und einigen südamerikanischen Staaten[10] galt dagegen Heine nicht nur als Dichter des *Buch der Lieder*, sondern wurde von der bürgerlichen Intelligenz, die sich noch mit einer Außenseiterrolle begnügen mußte, auch als Autor kritischer Essays und rebellischer Zeitgedichte geschätzt, den man für die eigenen politischen und sozialen Ziele einzusetzen versuchte. Das gleiche trifft auf jene osteuropäischen Intellektuellengruppen zu, die ihren Emanzipationskampf gegen die hegemonialen Tendenzen der Preußen, Österreicher und des Zarenreichs unter noch ungünstigeren Voraussetzungen antraten. Hier, vor allem in Rußland, Polen, Serbien, Böhmen und Ungarn, erfreute sich deshalb Heine bei kritischen Liberalen oder sogenannten „Volksfreunden“ zeitweilig eines hohen politischen Ansehens, zumal viele dieser Rebellen jüdischer Herkunft waren und sich sogar mit diesem Element in Heines Werken identifizieren konnten. Daher war er auch in den bürgerlichen Intellektuellenkreisen dieser Länder bis zum Ersten Weltkrieg kein „Streitobjekt".[11]

Noch positiver rezipiert wurden die Werke Heines von den damaligen sozialistischen Arbeiterbewegungen innerhalb Europas und der Vereinigten Staaten.[12] Das trifft bereits auf Karl Marx zu, der Heine in den frühen vierziger Jahren in Paris kennenlernte und sofort für seine Pläne und Absichten zu gewinnen suchte. Doch auch später, im Londoner Exil, ließ er nie von seiner Bewunderung für Heine ab und fügte in seine Schriften immer wieder Zitate dieses Dichters ein. Allerdings ging das Heine-Bild von Marx weit über das bürgerlich-liberale Heine-Bild hinaus. Er sah in diesem Autor nicht nur einen Champion der Auflehnung gegen den Puritanismus der bürgerlichen Moralvorstellungen, nicht nur einen kritischen Außenseiter mit starker Ichbezogenheit, nicht nur einen aufmüpfigen Kritiker der letzten Relikte des Ancien régime. Heine war zwar auch für Marx ein bürgerlicher Liberaler, aber zugleich mehr, ja wesentlich mehr als ein bloßer Freigeist. Statt sich wie andere Liberale mit einer Kritik am Feudalismus und der christlichen Staatsreligion zu begnügen, habe Heine, wie Marx schrieb, trotz mancher witzelnden Seitenhiebe, in denen sich ein gewisser Geistaristokratismus manifestiere, nie ein Hehl aus seiner Sympathie, ja Parteinahme für *alle* unterdrückten Klassen und Völker gemacht, das heißt sei nicht nur für die Befreiung der Juden, sondern auch der Iren, Polen und schwarzen Sklaven eingetreten.

Durch diese Sehweise wurde Heine im Rahmen der späteren marxistischen Ästhetik zu einem nicht mehr in Frage zu stellenden Vorbild eines kritischen, engagierten Schriftstellers, der sich sowohl durch Parteilichkeit, Volkstümlichkeit und Realismus als auch philosophische Durchdringung ausgezeichnet habe. Vor allem in Deutschland, und zwar von Franz Mehring bis zu Georg Lukács, findet sich deshalb innerhalb der linken Tradition immer wieder dasselbe Heine-Bild, nämlich das eines Dichters, in dem das „klassische Jahrhundert der bürgerlich-progressiven Literatur" von 1750 bis 1848 seine letzte, emanzipatorisch gesinnte Bekrönung erlebt habe.[13] Als 1949 die DDR gegründet wurde, stieg daher Heine in diesem Staat, dessen Germanistik sich weitgehend an Lukács orientierte, schnell zum Leitbild eines „streitbaren Humanisten" auf, wie ihn Hans Kaufmann nannte, dessen hundertster Todestag 1956 in Weimar fast mit dem gleichen feierlichen Aufwand begangen wurde wie 1949 der zweihundertste Geburtstag Goethes.[14] Auch hier war also

Heine kein Streitobjekt, sondern ein vollintegrierter deutscher Linker, der mit der Charakterisierung „unser Heine" ausgezeichnet wurde. Alle Redner hoben ihn auf den Piedestal, eine historisch-kritische Saekularausgabe seiner Werke wurde geplant, an der sich auch Franzosen und Amerikaner beteiligen sollten, und die ersten wichtigen Publikationen erschienen über ihn. Allerdings ging bei dieser „Einhelligkeit" manches verloren. So wurde in Weimar fast gar nicht über seine erotische Aufmüpfigkeit oder sein Judentum geredet. Das wäre zu diesem Zeitpunkt noch nicht „pc", noch nicht „politically correct" gewesen. Damals, in der neugegründeten DDR, die sich im Sinne ihrer Vollstreckerthese, nämlich die politische und soziale Realisierung des bürgerlichen Humanismus in die Wege zu leiten, war also Heine noch ein Deutscher, ein liberaler Demokrat, ein Freund von Marx und was sich sonst noch zu seiner Legitimierung als Vorläufer eines besseren, anderen Deutschlands ins Feld führen ließ.

Soviel – einmal sehr vereinfacht gesprochen – zu den weitgehend positiven Rezeptionsweisen Heines im späten 19. und frühen 29. Jahrhundert, die ihren bürgerlich-affirmativen Höhepunkt im viktorianischen England und ihren sozialistisch-affirmativen Höhepunkt in der Heine-Verehrung des Ostblocks und der frühen DDR erlebten. Dagegen war die bürgerliche Rezeption Heines in Deutschland von Anfang an eine höchst gemischte.[15] Eine positive Wirkung hatten hier anfangs nur seine *Harzreise* (wegen ihrer witzig-treffenden Schilderung des damaligen Studentenmilieus) und sein *Buch der Lieder* (wegen der bereits besprochenen Realistik in der Charakterisierung des bürgerlichen Liebes- und Heiratsmilieus). Zum Glück habe ihr Autor, schrieben die damaligen Rezensenten, in diesen Werken alle „Nacktheiten und Schamlosigkeiten ausgeschlossen" und sich nur auf das beschränkt, worin sich ein „tiefes, zartes Gemüt" ausdrücke.[16] Und solange Heines Werke so gelesen wurden, also bis zu seiner Übersiedlung nach Paris, erfreute er sich auch in Deutschland, von störrischen Antisemiten und klerikalen Duckmäusern einmal abgesehen, eines relativ hohen Ansehens. Das änderte sich erst, als er seine liberale Freiheitsrhetorik auch auf den Bereich der Moral ausdehnte und sich in seinen Schriften der frühen dreißiger Jahre zu einer freien Sinnlichkeit saint-simonistischer Prägung bekannte und damit alle angeblichen Tugendapostel bis zur Weißglut ärgerte (oder erregte). Die deutsche Kritik lehnte darum in ihrer bürgerlich-konservativen Variante den späteren Heine fast einhellig ab und warf ihm vor, sich nach den edlen, verinnerlichten, schmachtenden, entsagungsbereiten, leidenden Gedichten des *Buch der Lieder* in seinem Gedichtzyklus *Verschiedene* auf die Ebene der Prostituiertenlyrik, der französischen Laszivität, der sexuellen „Lüderlichkeit" begeben zu haben, mit anderen Worten: all das „offen" ausgesprochen zu haben, was sich die bürgerlichen Ehrenmänner dieser Zeit – im Sinne der damals herrschenden doppelten Moral – nur unter dem Deckmantel eines sorgfältig verheimlichten „Seitensprungs" oder kurzen Abstechers ins Moulin-rouge- oder Place-Pigalle-Milieu erlaubten.

Die diffamierenden Adjektive, die man in diesem Umkreis verwandte, waren meist obszön, öde, tot, gemein, ausgebrannt, charakterlos, egoistisch, verderbt, frivol, sensualistisch, verdorben, lüstern oder poesielos. Ja, in besonders scharfen Rezensionen fielen im Hinblick auf Heines gewagte Erotismen sogar Worte wie „französelnd" oder „jüdelnd", um den angeblich zutiefst „undeutschen" Charakter einer solchen hemmungslosen Freizügigkeit anzuprangern. Und so blieb Heine bis ins frühe 20. Jahrhundert bei jenen bürgerlichen Konservativen, die sich so viel auf ihre moralische Respektibilität zugute hielten, weiterhin der Sänger des *Buch der Lieder*. Wohl der beste Beleg dafür ist, daß bürgerliche Männergesangvereine an Heines Grab in Paris mit urteutschen Bierbaßstimmen und ranziger Verdrängungsgesinnung gern seine *Loreley* in der Vertonung Silchers anstimmten, weil sie nur noch den frühen Heine kannten, während der spätere, sexuell-offene Heine bereits wieder aus dem öffentlichen Bewußtsein verschwunden war. Und diese Form der Heine-Verehrung hielt im Rahmen des deutschen Bildungsbürgertums zum Teil bis in dieses Jahrhundert an, ja führte schließlich dazu, daß selbst die Nationalsozialisten, die sonst an Heine alles ablehnten, im Fall der *Loreley* eine Ausnahme machten und dieses Gedicht unter der verlogenen Bezeichnung „Verfasser unbekannt" als deutsches Volkslied in ihre Schulbücher aufnehmen ließen.

Soviel zur höchst gemischten Rezeption der Heineschen Liebeslyrik in Deutschland, bei der man zu Anfang sehr genau zwischen einer identifikatorisch-positiven Aufnahme der frühen Gedichte und einer scharfen Ablehnung der späteren saint-simonistisch gefärbten Gedichte unterscheiden muß. Doch im Laufe der Zeit, je tiefer der Stern Heines am Himmel der deutschen Bildungsbourgeoisie sank, wurde auch seine frühe Lyrik mehr und mehr zu einem erbitterten Streitobjekt. Während in den zwanziger und dreißiger Jahren des vorigen Jahrhunderts diese Lyrik noch als besonders „gemütvoll" galt, wurde später, vor allem im Hinblick auf die angeblich wesentlich „tiefer" empfundene Lyrik Goethes oder Eichendorffs, von den Konservativen unter den deutschen Literaturkritikern selbst das *Buch der Lieder* immer stärker abgewertet. Was einst als „leidend" und „verinnerlicht" gegolten hatte, erschien plötzlich vielen national-bewußten Deutschen, die so stolz auf ihren „wesenhaften Geist" oder ihre „arteigene Substanz" waren, als leeres Geklingel, als geheuchelt, als verlogen, als undeutsche, falsche Romantik, wenn nicht gar als jüdische Anbiederungstaktik, hinter der – trotz aller gemütsverheißenden Metaphern – stets die lüstern-geile Gesinnung eines jüdischen Emporkömmlings stehe. Während also die Linken gerade das Engagement, die Parteilichkeit, die Realistik und damit das „Echte" an Heines Gedichten herausstrichen, setzte sich in diesem Lager immer stärker die Meinung durch, daß Heine lediglich ein Poseur, ein Scharlatan, ein „Dichterjude" sei, der inmitten der Welt des echten Deutschtums einen Basar mit „falschen Volksliedern" eröffnet habe und dem selbst einige der besten Literaturkritiker auf den Leim gegangen seien. Von romantischer Volksseele oder deutscher Gemütstiefe könne daher im Hinblick auf seine Gedichte keine Rede sein.

Diesem offenen oder verdeckten Antisemitismus fielen sogar einige bürgerliche Assimilationsjuden des frühen zwanzigsten Jahrhunderts zum Opfer, welche die antisemitischen Klischees ihrer Umgebung zum Teil so ernst nahmen, daß sie an ihrem eigenen „Wesen" zu zweifeln begannen, wenn nicht gar zu einem jüdischen Selbsthaß neigten. Ein gutes Beispiel dafür wäre Karl Kraus, der in seiner Schrift *Heine und die Folgen* (1910) dem Autor der *Reisebilder* und der späteren Liebesgedichte zum Vorwurf machte, der deutschen Sprache durch seine Tendenz zu einem erotisierten Feuilletonismus so stark „das Mieder gelockert" zu haben, daß sich heute jeder Feuilletonschreiber berechtigt fühle, sich auf die gleiche, unziemliche Weise an ihr vergreifen zu können.[17] Ähnliche Stimmen finden sich im Umkreis Stefan Georges. Vor allem Friedrich Gundolf und Rudolf Borchardt hatten als konservative deutsch-jüdische Bildungsbürger für Heine nicht viel übrig,[18] während sie an Goethe nicht die geringste Kritik duldeten, und selbst den „Meister aus Bingen" wesentlich höher als den „Schreiberling aus Düsseldorf" stellten. Manche dieser Klischees wirkten zum Teil bis in die vierziger und fünfziger Jahre unseres Jahrhunderts weiter. So sprach Theodor W. Adorno, der sich vor 1933 noch stolz zu seinem „Wiesengrund" bekannt hatte, zwar nach 1945 aus jüdischer Solidarität weiterhin von der „Wunde Heine", lehnte jedoch – wie Kraus, Gundolf und Borchardt – die Lyrik des *Buch der Lieder* als unpoetisch und damit unauthentisch ab.[19]

Wenn schon der Dichter des *Buch der Lieder* von den deutschen Bildungsbürgern zum Teil so scharf angegriffen wurde, um wieviel schärfer muß die Kritik der deutschen Nationalisten an Heine gewesen sein. Diese Schichten schmähten Heine von Anfang an als einen zwar talentierten, aber zutiefst fragwürdigen, wurzellosen Parasiten am deutschen Volkskörper, kurz: als miesen „Dichterjuden", der sich der Maske der Volkstümlichkeit und Menschenrechtsgesinnung nur bediene, um sich in der deutschen Volksseele einzunisten und dort seine unterminierende Wühlarbeit zu beginnen. Die ersten, die in Deutschland so argumentierten, waren die Befreiungskrieger, Jahnschen Turner und Burschenschafter, welche bereits in den zwanziger und dreißiger Jahren des 19. Jahrhunderts, als sie von den Mächten des Ancien régime wegen ihrer deutschnationalen Tendenzen noch unterdrückt wurden, alle antifranzösischen und zum Teil antisemitischen Klischees dieser Ära gegen Heine zu mobilisieren versuchten. Da sie selbst von einem aus völkischem Geiste wiedervereinigten Deutschland träumten, sahen sie in Heine, obwohl sich dieser immer wieder zur deutschen Form der Humanität bekannte, lediglich einen liberal-zersetzenden, monomanisch-egoistischen, artfremd-semitischen, kosmopolitisch-unverbindlichen Kritikaster und Ruhestörer. Und je stärker diese deutschbewußte Gesinnung wurde, die sich unentwegt am alten Germanentum und an der mittelalterlichen Kaiserherrlichkeit berauschte, desto schärfer wurden die Ausfälle gegen Heine innerhalb dieses Lagers. Die Vertreter der Erbkaiserpartei im Paulskirchenparlament, die Nationalliberalen nach Königgrätz sowie die Chauvinisten der Gründerzeit, also all jene, die sich zur führenden Rolle der Hohenzollerndynastie in Deutschland bekannten, konnten in Heine, der sich bis zu seinem letzten Atemzug zu Idealen wie Aufklärung, Humanität, Kosmopolitismus, ja Menschheitsverbrüderung bekannt hatte, nicht viel anfangen.

In ihren Reihen bildete sich daher nach 1870–71 jene Fronde gegen alles Nicht-Nationalbezogene heraus, die nicht nur sämtliche Einflüsse des Erz- und Erbfeindes Frankreich in Deutschland zu tilgen suchte, sondern sich auch, wie in den Schriften eines Heinrich von Treitschke, Adolf Stoecker, Paul de Lagarde, Richard Wagner, Wilhelm Marr, Eugen Dühring und Konsorten, zu einem offenen Antisemitismus bekannte. Daß sich Friedrich Nietzsche nicht zu diesem Lager schlug, ja Heine in seinen späten Schriften offen lobte, hat letztlich nur mit seinem Haß auf Wagner zu tun. Während also die guten Bildungsbürger, obwohl auch sie ihren alten Liberalismus längst ad acta gelegt hatten und mit geschwellter Brust an den Sedan- und Kaisergeburtstagsfeiern teilnahmen, noch immer an jenen Heine-Liedern hingen, bei denen man sich, wie Frau Jenny Treibel in Fontanes gleichnamigem Roman, mit geheuchelter Sentimentalität eine verstohlene Träne leisten konnte, liefen die nicht so guten Bildungsbürger um die Jahrhundertwende bereits reihenweise zu den „Völkischen" über. Als daher 1906, anläßlich Heines fünfzigstem Todestag, Pläne zu Heine-Denkmälern auftauchten, waren die Gegner solcher Ideen bereits in der überwältigenden Überzahl. Und so wurde aus diesen Denkmälern nichts, ja der Streit um sie löste mehr ungute, als gute Gefühle aus. Zugegeben, es gab auch Verteidiger solcher Pläne, aber dies waren in den meisten Fällen Juden, wie Alfred Kerr. Und auch aus diesem Faktum wurde Heine auf seiten der Völkischen ein weiterer Strick gedreht. Wer also aus diesem Streit gestärkt hervorging, waren jene bereits präfaschistisch zu benennenden Antisemiten, die es wie Adolf Bartels oder Theodor Fritsch als eine „nationale Schande" empfunden hätten, wenn neben Denkmälern von Goethe, Schiller und Bismarck auch Denkmäler des „Juden" Heine aufgestellt worden wären.[20] Diese Antisemiten taten daher alles, um in ihren Literaturgeschichten und Judenlexika einen semitisch-zersetzenden Schriftsteller wie Heine als widerlichen Blutegel am deutschen Wirtskörper hinzustellen. Ihr Ideal war eine „judenreine", arisch-germanische Literatur, in der man auf Autoren wie Börne, Heine, Auerbach, Franzos, Schnitzler, Hofmannsthal, Altenberg, Kraus usw. getrost verzichten könne. Und zwar wurden solche Urteile von nun an nicht mehr religiös oder mentalitätsmäßig, sondern zusehends rassisch begründet – und so die ominöse Blutsfrage zum entscheidenden Kriterium gemacht.

An dieser Einstellung zu Heine änderte sich selbst in der Weimarer Republik nicht viel. Besonders die Germanistik dieses Zeitraums, in der es nur einen einzigen jüdischen Ordinarius, und zwar den deutschnational gesinnten Friedrich Gundolf gab, distanzierte sich nicht nur von allem „Republikanischen", das sie mit der Ideologie der verhaßten „Sozis" gleichsetzte, sondern auch von allem Undeutschen – und damit auch von Heine. In diesem Punkte konnten also die Nationalsozialisten 1933 bruchlos an bereits bestehende Traditionen anschließen, ja sich leisten, Heine einfach totzuschweigen, und brauchten sich nicht einmal zu Ausfällen gegen diesen Autor herabzulassen. Es gab zwar auch einen Mann wie Julius Streicher, der im *Stürmer* mit Schaum vorm Mund von Heine als der „Judensau vom Montmartre" sprach, aber die Zeitungskritik und die Literaturwissenschaft dieser Jahre ging einfach zur Tagesordnung über und beschäftigte sich fast ausschließlich mit Autoren, die ihr als deutschbewußt erschienen, während sie sich mit obsolet gewordenen Fremdlingen, wie Heine, kaum noch abgab.

Um so stärker beriefen sich dagegen die linksorientierten Politiker und Autoren, welche nach 1933 aus Deutschland vertrieben wurden und mehrheitlich Juden waren, im Exil auf „ihren" Heine, in dem sie eine ihnen zutiefst verwandte Identifikationsfigur zu entdecken glaubten. Sie sahen in Heine vor allem den im französischen Exil lebenden deutschen Juden, den erbitterten Feind jeder Form des Nationalismus sowie den mit allen linksliberalen bis linken Ideen einer allgemeinen Emanzipation der Menschheit sympathisierenden Schriftsteller und politischen Agitator. Und so stieg Heine zwischen 1933 und 1945 im deutschsprachigen Exil zum meistzitierten Autor aller antifaschistisch gestimmten Schriftsteller auf, der selbst dem „großen" Goethe, dem Hauptkronzeugen alles Guten im deutschen Wesen, zeitweilig den Rang ablief.

Nach der militärischen Niederlage der Nationalsozialisten und damit dem Ende des Zweiten Weltkriegs schien im Hinblick auf Heine eine völlig neue Situation gegeben zu sein. Aber war sie wirklich so neu? Zugegeben, eins änderte sich: die nazistisch-rassistische Sicht Heine verschwand. Sie war nach Auschwitz nicht weiter zu vertreten. Aber auf anderen Ebenen blieben die Fronten in der Einschätzung Heines als politisierendem Schriftsteller weitgehend die gleichen. Wie stark das sozialistische Lager Heine weiterhin zu einem der großen Vorbilder einer übernationalen, linken Gesinnung verklärte, haben wir gehört. Aber im „Westen", was immer man darunter verstehen mag, blieb Heine – aufgrund der offenen, pluralistischen Struktur der dortigen Staaten – nach wie vor ein Streitobjekt, über das man sich zum Teil genauso erbittert in die Haare geriet wie bereits im späten 19. und frühen 20. Jahrhundert.[21]

Allerdings lassen sich hierbei, im Hinblick auf die verschiedenen Länder, in denen Heine in der politischen und kulturellen Öffentlichkeit noch immer ein wichtiger Bezugspunkt war und ist, gravierende Unterschiede feststellen. Wohl am wenigsten Streit gab es damals in jenen Demokratien des Westens, in denen, wie bereits ausgeführt, eine erfolgreiche bürgerliche Revolution nicht nur dem Dritten Stand zur Freiheit verhalf, sondern auch den Boden für eine weitgehende Toleranz und dann Akzeptanz der verschiedenen Minderheiten bereitete – also Ländern wie Holland, England, Frankreich und Italien. Hier ist also Heine wohlgelitten und wird als Vertreter der bürgerlichen Liberalität geehrt, ohne daß damit auf zeitgenössische Probleme angespielt würde. Ausnahmen bildeten dagegen in der Nachkriegszeit – und auch später – lediglich Länder wie die Bundesrepublik, Israel und die Vereinigten Staaten, in denen die Einstellung zum Judentum, wenn auch unter höchst verschiedener Perspektive, bis heute eine wichtige Rolle spielt. Schließlich handelt es sich bei der Bundesrepublik um ein Land, in dem es fast keine Juden, bei Israel um ein Land, in dem es – neben Palästinensern – fast nur Juden gibt, und bei den USA um ein Land, in dem die Juden zwar nur eine Minderheit bilden, aber im Hinblick auf die öffentliche Meinungsbildung eine wichtige Rolle spielen.

Fassen wir unter dieser Perspektive erst einmal die westdeutsche Heine-Rezeption ins Auge. Hier wurde nach dem Zweiten Weltkrieg über seine Werke, wie über alle an die faschistische Vergangenheit erinnernden Phänomene, lange Zeit geschwiegen. Während man in der DDR Heine bereits 1956 als großen deutschen Gesellschaftskritiker feierte und sein *Wintermärchen* in den Kanon der Schullektüre aufnahm, blieb es hierzulande fast zwanzig Jahre still um ihn. Und als man Heine – im Zuge der Achtundsechziger Bewegung – als politischen Dichter wiederzuentdecken begann, wurde er zwar ins geistige Leben zurückintegriert, aber falsch oder zumindest einseitig vereinnahmt. Statt einen deutsch-jüdischen Demokraten in ihm zu sehen, galt er von nun an fast ausschließlich als ein mit allen Wassern gewaschener deutscher Liberaler. Damit wurde Heine zwar offiziell rehabilitiert, aber zugleich gedankenlos „entjudet". Besonders einfach machte es sich in dieser Hinsicht ein Rechtsliberaler wie Fritz J. Raddatz, der sowohl das Jüdische als auch das Linke aus seinem Werk weitgehend entfernte und Heine als einen

Liberalen seiner Art, nämlich einen unverbindlichen Literaten „zwischen allen Stühlen" präsentierte, dem es letztlich nur um das eigene Prestige und Wohlergehen gegangen sei. Etwas engagierter bekannten sich dagegen Linksliberale wie Hans Magnus Enzensberger[22] und Jürgen Habermas[23] zu Heine, die in ihm einen Prototyp jenes aufgeklärten liberalen Intellektuellen sahen, von dem es in Deutschland – im Gegensatz zu Frankreich – leider nur allzu wenige Vertreter gegeben habe. Doch die Judenfrage wurde auch von ihnen selten thematisiert.

Diese Aufgabe blieb den wenigen westdeutschen Juden innerhalb des liberalen Lagers vorbehalten, die sich nach 1945 weiterhin mit solchen Problemen auseinandersetzten. Zu dieser Gruppe gehörten Theodor W. Adorno mit seinem Aufsatz *Die Wunde Heine*,[24] Marcel Reich-Ranicki mit seinen erbitterten Tiraden auf dem Düsseldorfer Heine-Kongreß des Jahres 1972 sowie Hans Mayer mit den Heine-Abschnitten in seinem Buch *Außenseiter* von 1975.[25] Diese Autoren, die sich nicht einfach als Deutsche, sondern als „Deutsche auf Widerruf" fühlten, wie es Mayer formulierte,[26] sahen in Heine – nach der sogenannten Kristallnacht und den Auschwitz-Verbrechen – nicht nur einen liberalen, sondern auch und vor allem einen jüdischen Außenseiter, der sich ebensowenig in die deutsche Geschichte integrieren lasse wie ihr eigenes Leben. Für sie blieb im Fall Heines und in ihrem Fall weiterhin vieles unaufgelöst, vieles eine „Wunde", die sich nicht wieder schließe. Sie wiesen daher immer wieder erbittert darauf hin, daß der Nachdruck der zehnbändigen ostdeutschen Heine-Ausgabe, die Hans Kaufmann herausgegeben hatte, in Westdeutschland wegen mangelnden Interesses verramscht worden sei, daß es in der Bundesrepublik der fünfziger und sechziger Jahre keine Heine-Feiern oder Heine-Kongresse gegeben habe, daß die Universität Düsseldorf fast zwanzig Jahre gebraucht habe, um sich zu der Bezeichnung Heinrich-Heine-Universität durchzuringen usw.

Mit einer völlig anderen Optik betrachteten dagegen jene Intellektuellen, die in Israel lebten, den Fall Heine. Während Heine in der Bundesrepublik seit den siebziger Jahren – nach vielen Vorbehalten – allmählich als deutscher Demokrat ins Kulturleben zurückintegriert wurde, vollzog sich in diesem Land – aus Gründen der nationalen Selbstrechtfertigung – die Reintegration Heines wesentlich langsamer. Hier galt Heine in den Augen vieler Zionisten lange Zeit als ein Renegat, der sich taufen ließ und sich damit von seinem Volk abgewandt habe. Sie sahen daher in

Heine weniger einen Juden als einen Deutschen, der es nicht wert sei, in den Kanon des Vorbildlichen aufgenommen zu werden.[27] So war es etwa in Tel Aviv noch in den sechziger Jahren unmöglich, eine Straße nach ihm zu benennen.[28] Wie in Lion Feuchtwanger, in Anna Seghers, in Arnold Zweig und anderen linksorientierten deutsch-jüdischen Assimilanten sahen viele Zionisten in Heine lange Zeit einen westlichen Zivilisationsliteraten, der sich im Zuge seiner Anpassung an das Deutsche und dann das Französische weitgehend „entjudet" habe und von dessen ursprünglich jüdischem Wesen bei diesen Wandlungsprozessen nur wenig übriggeblieben sei. Jedenfalls war das die Meinung der nationalistisch gesinnten Gruppen unter den Intellektuellen, während Linksliberale wie Walter Grab, die weiterhin im Sinne eines von den Idealen der Französischen Revolution inspirierten Kosmopolitismus argumentierten und sich dementsprechend auch zu Heine bekannten,[29] zu einer relativ kleinen Minderheit gehörten.

Der dritte Staat, in dem – wegen des relativ hohen jüdischen Bevölkerungsanteils und des gleichbleibenden Interesses an deutscher Geschichte und Kultur – noch immer ein starkes, zum Teil sogar ins Aktuelle umschlagendes Interesse an Heine besteht, sind die Vereinigten Staaten. Statt ihm – wie in anderen westlichen Demokratien – eine geräumige, aber wenig beachtete Nische in der Ehrengalerie der Geschichte anzuweisen, wo man ihn von Zeit zu Zeit bestaunen kann, ohne irgendwelche Konsequenzen daraus zu ziehen, steht er in diesem Land noch mitten im Spannungsfeld der Diskussion. Und zwar hängt das damit zusammen, daß Heine, nachdem er zwischen 1933 und 1945 von den Exilanten so stark in den Vordergrund gerückt worden war, seit den späten vierziger Jahren – im Zuge der heftigen Reaktionen gegen alles Deutsche und dem Beginn der Hexenjagd gegen alles Linke in der McCarthy-Ära – in den Vereinigten Staaten in ein ideologisches Spannungsfeld geriet, in dem es von politischen Affekten nur so wimmelte. Nach diesem Zeitpunkt war Heine in den USA nicht mehr nur ein guter deutsch-jüdischer Liberaler und Verfasser sentimentaler Liebesgedichte, sondern auch ein prononcierter Radikaldemokrat, ein mit Marxschen Gedankengängen sympathisierender, wenn nicht gar sie vorwegnehmender Linkshegelianer, ein seinem Volk abtrünnig gewordener Assimilationsjude oder ein im Laufe seines Lebens wieder zum Judentum zurückgekehrter Autor.

Auf diese Weise entwickelte sich in den Vereinigten Staaten eine Fülle an Heine-Bildern, die fast noch größer ist als die in der Bundesrepublik oder in Israel. Schließlich leben in diesem Lande nicht nur Amerikaner ohne jüdische oder deutsche Bindungen, sondern neben alteingesessenen orthodoxen und liberalen Juden sowie Vertretern der deutsch-jüdischen Emigration und deren Kindern auch viele liberale und konservative Nachkriegsdeutsche, die sich aufgrund ihres verschiedenen Herkommens und ihrer unterschiedlichen Bildungstraditionen von Heine entweder abgestoßen fühlen oder ihn – jeder/jede auf seine/ihre Weise – in ihr Weltbild zu integrieren versuchen. In diesem Lande ist daher das Spektrum möglicher Reaktionen auf Heine von deutsch-amerikanischer, deutscher, deutsch-jüdischer, jüdisch-amerikanischer und orthodox-jüdischer Seite her besonders breit und besonders intensiv, während die Reaktionen von seiten liberaler Amerikaner, falls sie überhaupt mit Heine vertraut sind, eher gedämpft oder höflich-interessiert ausfallen.

Ein nichtjüdischer Deutscher wie ich muß daher in diesem Lande bei wohlwollenden Vorträgen über Heine, neben der besagten höflich-interessierten Haltung liberaler Amerikaner, Deutsch-Amerikaner oder Deutscher, auf seiten der jüdischen Intelligenz auf mindestens vier Reaktionen gefaßt sein: erstens eine zustimmend liberale aus den Reihen jener kosmopolitisch gesinnten Juden, die Heine als einen der ihren empfinden und sich geschmeichelt fühlen, wenn sich auch andere für ihn interessieren und ihn hochschätzen; zweitens eine freundlich-erstaunte, wenn nicht gar verwunderte, daß ein Deutscher, von dem man das gar nicht erwartet hätte, überhaupt so freundliche Worte über einen jüdischen Autor wie Heine findet; drittens eine kritisch-wohlwollende, die jedoch manchmal mit dem guten Rat verbunden ist, als Deutscher lieber die Finger von Heine zu lassen, da man einen solchen Autor nur verstehen könne, wenn man zweitausend Jahre „Judenschmerz“ hinter sich habe; und schließlich viertens eine orthodox-kritische, wenn nicht gar feindselige, die jedes Wohlwollen für den „Filou“ Heine radikal ablehnt und ihn heute noch beschuldigt, sich durch seine Assimilation von seinem Volk abgewandt und sich nicht nur der erotischen Libertinage, sondern auch dem Flirt mit marxistischen Gedankengängen hingegeben zu haben.

All das sind – nach den Schandtaten der deutschen Faschisten – höchst verständliche Parteinahmen, Legitimationsstrategien und Indienstnahmen, die hier keineswegs als ungerechtfertigt oder gar lächerlich abgelehnt werden sollen. Im Gegenteil, es gehört nun einmal zum Signum wahrhaft großer Autoren, daß sie ihr Publikum spalten. Und das tut Heine bei all denen, die über das Scheitern der deutsch-jüdischen Symbiose nach wie vor betroffen sind, bis auf den heutigen Tag. Man werte daher solche Stellungnahmen nicht von vornherein als ideologisch verbohrt, parteipolitisch oder gar funktionalisierend ab. Wer sich als Zoon politikon versteht und weiß, daß mehr oder weniger jede Ansicht, die wir äußern, parteipolitisch ist, wird solche Reaktionen nicht als besonders kränkend empfinden. Wenn es um zentrale Fragen der eigenen Weltanschauung oder der eigenen Identität geht, urteilt fast jeder im Sinne seines Herkommens, seiner Bildung, seiner Nationalität sowie der jeweils herrschenden Zeitstimmung, und zwar nicht nur in der Politik, sondern auch im Bereich der sogenannten objektiven Wissenschaften. Auch hier projizieren wir – in einem mehr oder minder starken Maße – in die überlieferten Fakten gern unsere eigenen Ansichten und Fragestellungen hinein, selbst wenn wir uns noch so neutral zu geben versuchen. In den Geisteswissenschaften gibt es nun einmal keine unumstößlichen Wahrheiten, keine strengen Gesetzmäßigkeiten, sondern nur in ständigem Fluß Befindliches, vor allem, wenn es sich – wie in unserem Falle – um weiterwirkende Meinungs- und Identitätsfragen handelt.

Daß also Heine nach wie vor ein Streitobjekt ist, spricht weniger gegen als für ihn. Allerdings sollten wir ihn in Zukunft nicht allein für engumrissene deutsche, jüdische oder bürgerlich-liberale Zwecke in Dienst nehmen, so sehr sich das im Rahmen bestimmter Legitimationsstrategien anzubieten scheint, sondern bei der Auseinandersetzung mit seinen Werken stets die Multiplizität seiner Identitäten mitbedenken,[30] und zwar nicht nur um der sogenannten historischen Gerechtigkeit willen, sondern auch um endlich einen geschärfteren Sinn für komplexe Identitätsfragen zu bekommen und irgendwelchen ideologischen Einseitigkeiten aus dem Wege zu gehen. Schließlich thematisiert Heine diese Fragen in seinen Werken ständig selber. Er ist überhaupt für alle sich von ihm betroffen Fühlenden ein Autor, der aufgrund seiner Mehrfachidentität jede naive Selbstgewißheit in Frage stellt, der seine Leser und Leserinnen zu einer doppelten, wenn nicht drei- oder vierfachen Optik zwingt, ja der sie sogar auf der Ebene der höchstpersönlichen Identität zutiefst irritiert – und damit nicht zur Ruhe kommen läßt. Er ist ein Schriftsteller, der ihnen nicht nur das Prekäre der deutsch-jüdischen Symbiose sowie das Versagen des deutschen Liberalismus vor Augen führt, sondern sie auch im Hinblick auf ihre eigene Problematik als bürgerliche Intellektuelle in Frage stellt, da er sie durch das Irrlichternde und zugleich Insistierende seiner alle Status-quo-Vorstellungen ironisierenden Pointen stets aufs Neue mit der Privilegiertheit ihrer gesellschaftlichen und ideologischen Position konfrontiert. Bei ihm löst sich nichts in ständische, religiöse oder nationale Einheitskonzepte auf, die eine idealistisch postulierte Geborgenheit versprechen. Im Gegenteil, bei ihm bleibt alles uneingelöster Anspruch, alles Forderung, sich nicht vorschnell mit der schlechten Wirklichkeit abzufinden, sondern dieser Wirklichkeit stets mit neuen kritischen oder utopischen Intentionen entgegenzutreten.

Und damit hat Heine den Liberalen aller Länder ein irritierendes Erbe hinterlassen. An ihm wird nämlich deutlich, daß Liberalismus nicht nur Egoismus, Durchsetzungsverlangen, Selbstrealisierung, Erfolgsstreben, Kulinarismus, hedonistische Genußsucht, kurz: narzißtisches Egoboosting zu sein braucht, sondern daß Liberalismus auch Engagement, soziales Gewissen, Solidarität mit anderen Unterdrückten sowie scharfe Gesellschaftskritik beinhalten kann. Denn wer außer ihm hat im Lauf seines Lebens in Deutschland *alle* diese Konzepte bis zum Exzeß ausgelebt und zugleich einige zentrale Lehren daraus gezogen? In seiner deutschen Frühphase spielte Heine gegen die Restriktionen der Metternichschen Restauration erst einmal die ungezügelte, fesselfreie Subjektivität aus, das heißt brach Skandale vom Zaun, provozierte die etablierten Größen seiner Zeit, stellte seinen Weltschmerz zur Schau und zeigte damit in aller Offenheit, daß man als deutsch-jüdischer Liberaler in dieser Art von Gesellschaft notwendig anecken muß. In seinen ersten Pariser Jahren huldigte er dagegen, von saint-simonistischen Vorstellungen beflügelt, einem ebenso provozierenden Hedonismus und gab sich dem Traum hin, daß die höchste Form der Freiheit im Genuß von „Nektar und Ambrosia, Musik, Komödien und lachendem Nymphentanz“ bestehe.[31] In diesem Zeitraum erschien ihm daher das Konzept der Gleichheit oder Gleichberechtigung weniger wichtig. Ja, er machte sich zum Teil unverblümt über es lustig und sah das Telos seines Lebens vornehmlich in einer libertären Erotik und privilegierten Freiheitlichkeit. Erst in den späten Pariser Jahren, als Heine die Hinfälligkeit alles Körperlichen höchst bitter am eigenen Leibe erfahren mußte, erinnerte er sich – aufgrund der eigenen Leiden – wieder der Juden,

Schwarzen sowie anderer unterdrückter Klassen und Völker und stellte schließlich die ethische Verantwortlichkeit über den liberalen Traum einer erotisch-kulinarischen Privilegiertheit.[32]

Diese Entwicklung bewahrte Heine vor der ideologischen Flachheit jener Liberalen dieser Ära, die über dem Kampf um die Erweiterung der eigenen Freiheit nur allzu leicht die Misere jener Schichten vergaßen, denen es erst einmal um die materielle Grundabsicherung ihrer Existenz ging, bevor sie sich überhaupt den Luxus einer geistigen oder hedonistischen Freiheit leisten konnten. Man sollte daher Heine nicht nur für eine eindimensionale Verfreiheitlichung im Sinne bloßer Privilegienerweiterung in Anspruch nehmen. Vor allem den Werken seiner frühen und seiner letzten Phase liegt eine höchst einsichtsvolle, dialektisierende Optik zugrunde, die neben den Veränderungen im geistigen Überbau auch die Verhältnisse an der materiellen Basis im Auge behält. Und diese Optik bewahrte ihn vor jener parasitären Form des bürgerlichen Liberalismus, der geradezu automatisch auf den Fortschritt im Sinne einer durch nichts eingeschränkten Freiheit vertraut, ja in der Euphorie dieses rein individualistisch gesehenen Fortschritts jeden Sinn für Solidarität, Parteilichkeit, Gemeinwohl verliert und den Fortschritt einfach mit dem Abstreifen aller bisherigen Normen, Bindungen, Verantwortungen usw. gleichsetzt.

Leider ist diese libertinistische Haltung in den letzten fünfzehn Jahren unter westlichen Liberalen immer stärker geworden. Bei ihnen wurde es daher Mode, auch Heine lediglich als einen Intellektuellen „zwischen allen Stühlen" hinzustellen und seine Neigung zur Unverbindlichkeit, zum Spiel, zum ständigen Witzeln herauszustreichen. Sie sehen in Heine – wegen seiner Mehrfachidentität – einen Autor, der sich auf nichts „festlegen" lasse, sondern sich jeder ideologischen Klemme mit einem höchst raffinierten Opportunismus entzogen habe. Und diese Haltung, lesen wir etwa bei Fritz J. Raddatz, sei gerade das Gute an ihm,[33] mit der er ein Vorbild für heutige Intellektuelle abgebe, denen im Rahmen der technokratisch-verwalteten Welt ebenfalls nur noch dieser Ausweg ins Private oder Ästhetische übrigbleibe.

Während man also Heine früher vor allem gegen die Antisemiten verteidigen mußte, sollte er heute eher gegen die falschen Erben seines Liberalismus in Schutz genommen werden, die ihn weitgehend im Sinne ihrer eigenen Privilegiertheit oder ihres ideologischen Opportunismus auszulegen versuchen. Was die Vertreter solcher Vorstellungen bewußt übersehen, ist Heines Sinn für soziale Differenz, für Unterdrückung, für Leiden, der ihn stellenweise weit über den herkömmlichen bürgerlichen Liberalismus hinaushebt und in die Nähe jener frühsozialistischen Utopien rückt, die bereits eine Gesellschaft anvisierten, in der die Freiheit der Privilegierten nicht mehr auf der Unterdrückung und Ausbeutung der Unterprivilegierten beruht (wie das heute zum Teil noch immer der Fall ist). Wo daher Heine seinen Werken neben einer kritischen Absicht auch eine utopische Intention gibt, ist er weit mehr als ein landläufiger bürgerlicher Liberaler. Hier ist er ein linkshegelianischer Deutscher, ein frühsozialistischer Franzose und zugleich ein auf volle Emanzipation bestehender Jude, der aufgrund dieser Mehrfachidentität eine wesentlich schärfere Optik auf die bestehenden Zustände entwickelte als die meisten seiner liberalen Zeitgenossen, die sich wegen der Selbstverständlichkeit ihrer nationalen und ständischen Zugehörigkeit zwar auch ins Gesellschaftskritisch-Reformerische vorwagten, aber damit selten einen spezifisch systemverändernden oder gar utopischen Zugriff verbanden. Dies taten in den meisten Fällen nur die An-den-Rand-Gedrängten, die Querköpfe, die Außenseiter. Und Heine war einer der bedeutendsten unter ihnen.

Anmerkungen

Unerwiderte Sympathie
Heinrich Heine und die Burschenschaft

1 Vgl. hierzu u. a. Eberhard Galley: Heine und die Burschenschaft. Ein Kapitel aus Heines politischem Werdegang zwischen 1819 und 1830. In: Heine-Jahrbuch 11, 1972, S. 66 ff., und Manfred Windfuhr: Heinrich Heine zwischen den progressiven Gruppen seiner Zeit. Von den Altliberalen zu den Kommunisten. In: Zeitschrift für deutsche Philologie. Sonderheft: Heine und seine Zeit, 1972, S. 3 ff.

2 Vgl. Heine-Chronik. Hrsg. von Fritz Mende, München 1975, S. 18 ff.

3 Hans-Georg Werner: Geschichte des politischen Gedichts in Deutschland von 1815 bis 1840, Berlin 1969, S. 101.

4 Allerdings hatte Heine bereits um 1815 ein recht patriotisches „Deutschland"-Gedicht geschrieben.

5 Vgl. hierzu allgemein Paul Wentzke: Geschichte der Deutschen Burschenschaft, Heidelberg 1919; Günter Steiger: Aufbruch. Urburschenschaft und Wartburgfest, Leipzig 1967, Willi Schröder: Burschenturner im Kampf um Einheit und Freiheit, Berlin 1967 sowie Walter Grab und Uwe Friesel: Noch ist Deutschland nicht verloren. Eine historisch-politische Analyse unterdrückter Lyrik von der Französischen Revolution bis zur Reichsgründung, München 1970.

6 Vgl. Walter Kanowsky: Vernunft und Geschichte. Heinrich Heines Studium als Grundlegung seiner Welt- und Kunstanschauung, Bonn 1975, S. 67–83.

7 Ebd., S. 13 ff.

8 Heinrich Heine: Säkularausgabe, Berlin–Paris 1970 ff., Bd. 20, S. 31. Im folgenden als HSA abgekürzt.

9 HSA, Bd. 20, S. 33.

10 Vgl. Kanowsky (wie Anm. 6), S. 121.

11 Vgl. Begegnungen mit Heine. Hrsg. von Michael Werner, Hamburg 1973, Bd. 1, S. 49.

12 So Galley (wie Anm. 1), S. 71.

13 Zit. in ebd., S. 71.

14 Ebd., S. 73.

15 HSA, Bd. 20, S. 50.

16 Karl Immermann: Werke in fünf Bänden. Hrsg. von Benno von Wiese, Frankfurt–Wiesbaden 1971 ff., Bd. 5, S. 702. Vgl. hierzu auch Wolfgang Kuttenkeuler: Heinrich Heine und Karl Immermann. Produktivität eines wechselseitigen Mißverständnisses. In: Zeitschrift für deutsche Philologie. Sonderheft: Heine und seine Zeit, 1972, S. 99 f.

17 HSA, Bd. 20, S. 70.

18 HSA, Bd. 20, S. 106.

19 Werner (wie Anm. 3), S. 103.

[20] Brief vom 1. September 1822. In: HSA, Bd. 20, S. 57.
[21] HSA, Bd. 20, S. 84.
[22] HSA, Bd. 20, S. 107.
[23] Vgl. Walter Grab: Ein Mann, der Marx Ideen gab. Wilhelm Schulz. Weggefährte Georg Büchners. Demokrat der Paulskirche, Düsseldorf 1979, S. 21.
[24] Peter Brückner: „Bewahre uns Gott vor irgendeiner Revolution". Die Ermordung des Staatsrats von Kotzebue durch den Studenten Sand, Berlin 1975, S. 41.
[25] Werner (wie Anm. 3), S. 44 ff.
[26] Vgl. Francis G. Gentry: Mittelalterfeiern im 19. Jahrhundert. In: Deutsche Feiern. Hrsg. von Reinhold Grimm und Josef Hermand, Wiesbaden 1977, S. 9–25, und meinen Aufsatz: Das offene Geheimnis. Caspar David Friedrichs nationale Trauerarbeit. In ders.: Sieben Arten an Deutschland zu leiden, Königstein 1979, S. 24 ff.
[27] HSA, Bd. 20, S. 148.
[28] Vgl. meinen Aufsatz: Nordsee III. Zur Dialektik des Fortschritts. In ders.: Der frühe Heine, München 1976, S. 81–101.
[29] Vgl. Kanowsky (wie Anm. 6), S. 142 ff.
[30] Ebd., S. 147.
[31] Vgl. Günter Oesterle: Integration und Konflikt. Die Prosa Heinrich Heines im Kontext oppositioneller Literatur der Restaurationsepoche, Stuttgart 1972, S. 38 ff., und Jost Hermand: Heines „Ideen" im „Buch Le Grand". In: Internationaler Heine-Kongreß 1972. Hrsg. von Manfred Windfuhr, Hamburg 1973, S. 370 ff.
[32] Kanowsky (wie Anm. 6), S. 303.
[33] Ebd., S. 303.
[34] Vgl. hierzu Walter Grab: Saul Ascher. Ein jüdisch-deutscher Spätaufklärer zwischen Revolution und Restauration. In: Jahrbuch des Instituts für Deutsche Geschichte der Universität Tel-Aviv 6, 1977, S. 131–179.
[35] Vgl. Brückner (wie Anm. 24), S. 8.
[36] Vgl. meinen Aufsatz: Werthers Harzreise. In ders.: Von Mainz nach Weimar. 1793–1919. Studien zur deutschen Literatur, Stuttgart 1969, S. 129–151.
[37] HSA, Bd. 20, S. 57.
[38] Vgl. Heine-Chronik, S. 27 f.
[39] Vgl. dazu meinen Kommentar in: Düsseldorfer Ausgabe 6, Hamburg 1973, S. 414–417.
[40] Vgl. Galley (wie Anm. 1), S. 75 ff.
[41] Heinrich von Treitschke: Deutsche Geschichte im 19. Jahrhundert, Leipzig 1897, Bd. 1, S. 389, 440, 442.
[42] Vgl. Marx/Engels: Über Kunst und Literatur. Hrsg. von Manfred Kliem, Frankfurt a. M. 1968, Bd. 2, S. 471.
[43] Ursprünglich Vortrag auf einer Konferenz des Instituts für Deutsche Geschichte der Universität Tel-Aviv im Mai 1982. Erstdruck in: Gegenseitige Einflüsse deutscher und jüdischer Kultur. Hrsg. von Walter Grab, Tel-Aviv 1982, S. 114–136.

„Was ist des Deutschen Vaterland?"
Ludwig Börne contra Wolfgang Menzel

1 Vgl. Erwin Schuppe: Der Burschenschaftler Wolfgang Menzel. Eine Quelle zum Verständnis des Nationalsozialismus, Frankfurt a. M. 1952, S. 6 ff.

2 Heinrich Heine: Sämtliche Schriften. Hrsg. von Klaus Briegleb, München 1968 ff., Bd. 2, S. 240.

3 Vgl. Eberhard Galley: Heine und die Burschenschaft. Ein Kapitel aus Heines politischem Werdegang zwischen 1819 und 1830. In: Heine-Jahrbuch 11, 1972, S. 66 ff.

4 Vgl. Jost Hermand: Werthers Harzreise. In ders.: Von Mainz nach Weimar. 1793–1919. Studien zur deutschen Literatur, Stuttgart 1969, S. 129–151.

5 Wolfgang Menzel: Die deutsche Literatur, Stuttgart 1828, Bd. 2, S. 205 ff.

6 Heine: Sämtliche Schriften, Bd. 1, S. 455.

7 Karl-Heinz Götze: Grundpositionen der Literaturgeschichtsschreibung im Vormärz, Frankfurt a. M. 1980, S. 98.

8 Heine: Sämtliche Schriften, Bd. 5, S. 30.

9 Ebd., Bd. 2, S. 322 ff.

10 Vgl. Das Junge Deutschland. Texte und Dokumente. Hrsg. von Jost Hermand, Stuttgart 1966, S. 369.

11 Zit. in Schuppe (wie Anm. 1), S. 29.

12 Heinrich Laube: Das Junge Europa. Erste Abteilung: Die Poeten, Leipzig 1833, Bd. 1, S. 109 f.

13 Vgl. Jost Hermand: Caspar David Friedrichs nationale Trauerarbeit. In ders.: Sieben Arten an Deutschland zu leiden, Königstein 1979, S. 1–42.

14 Wie sehr Menzel diese Entwicklung befördert hat, beweisen seine Bücher „Preußen und Österreich im Jahr 1866" (1866), „Was hat Preußen für Deutschland geleistet?" (1869) und „Roms Unrecht" (1871).

15 Nachgedruckt in: Politische Avantgarde 1830–1840. Eine Dokumentation zum „Jungen Deutschland". Hrsg. von Alfred Estermann, Frankfurt a. M. 1972, Bd. 1, S. 41–64.

16 Ebd., Bd. 1, S. 43.

17 Ebd., Bd. 1, S. 63.

18 Ebd., Bd. 1, S. 64.

19 Vgl. Ingrid und Günter Oesterle: Der literarische Bürgerkrieg. Gutzkow, Heine, Börne wider Menzel. Polemik nach der Kunstperiode und in der Restauration. In: Demokratisch-revolutionäre Literatur in Deutschland: Vormärz. Hrsg. von Gert Mattenklott und Klaus Scherpe, Kronberg 1975, S. 155 ff.

20 Vgl. Deutsche Revue und Deutsche Blätter. Zwei Zeitschriften des Jungen Deutschland. Hrsg. von Alfred Estermann, Frankfurt a. M. 1971, S. 1 ff.

21 Wolfgang Menzel: Geist der Geschichte, Stuttgart 1835, S. 79.

22 Vgl. Jost Hermand: Stänker und Weismacher. Zur Dialektik eines Affekts, Stuttgart 1971, S. 7 f.

23 Vgl. Politische Avantgarde (wie Anm. 15), Bd. 1, S. 67–101.

24 Vgl. Verboten! Das Junge Deutschland 1835. Literatur und Zensur im Vormärz. Hrsg. von Jan-Christoph Hauschild, Düsseldorf 1985, S. 37 ff.

25 Heine: Sämtliche Schriften, Bd. 5, S. 32.

26 Zit. in Ludwig Börne: Sämtliche Schriften. Hrsg. von Inge und Peter Rippmann, Düsseldorf 1964 ff., Bd. 5, S. 766.

27 Ebd., Bd. 5, S. 770.

28 Zit. in Helmut Bock: Ludwig Börne. Vom Gettojuden zum Nationalschriftsteller, Berlin 1962, S. 387.

29 Börne: Sämtliche Schriften, Bd. 5, S. 781.

30 Zit. in Börne, Bd. 3, S. 933.

31 Ebd., Bd. 3., S. 954.

32 Zit. in ebd., Bd. 3, S. 1050.

33 Ebd., Bd. 5, S. 785 f.

34 Heine: Sämtliche Schriften, Bd. 4, S. 104.

35 Börne: Sämtliche Schriften, Bd. 3, S. 904.

36 Ebd., Bd. 3, S. 925.

37 Ebd., Bd. 3, S. 888 f.

38 Ebd., Bd. 3, S. 953.

39 Ebd., Bd. 3, S. 905 und 937.

40 Ein gutes Beispiel einer faschisierten Sehweise des Menzel-Börne-Streits bietet der Aufsatz von Friedrich Sengle: Baruch Börne als Kritiker Deutschlands und der deutschen Dichtung. In: Weltkampf. Die Judenfrage in Geschichte und Gegenwart, 1941, S. 129–144.

41 Vgl. Heinrich Hubert Houben: Verbotene Literatur von der klassischen Zeit bis zur Gegenwart, Bremen 1928, Bd. 1, S. 78 f.

42 Erstdruck in: Ludwig Börne. 1786–1986. Hrsg. von Alfred Estermann, Frankfurt a. M. 1986, S. 199–210.

Zweierlei Geschichtsauffassung
Heines *Rabbi von Bacherach*

1 Vgl. hierzu allgemein Jost Hermand: Streitobjekt Heine. Ein Forschungsbericht. 1945–1975, Frankfurt a. M. 1975.

2 Zur Entstehungsgeschichte vgl. u. a. Franz Finke: Zur Datierung des „Rabbi von Bacherach". In: Heine-Jahrbuch 4, 1965, S. 26–35; Hartmut Kircher: Heinrich Heine und das Judentum, Bonn 1973, S. 200 ff.; Rainer Feldmann: Heinrich Heine: Der Rabbi von Bacherach, Diss. Paderborn 1984, S. 44–60; Gerhard Höhn: Heine-Handbuch. Zeit, Person, Werk, Stuttgart 1987, S. 359 f., und Manfred Windfuhr: Der Rabbi von Bacherach. Zur Genese und Produktionsästhetik des zweiten Kapitels. In: Heine-Jahrbuch 29, 1989, S. 88–117.

3 Heinrich Heine: Säkularausgabe, Bd. 21, Berlin–Paris 1970, S. 370.

4 Vgl. den Kommentar zum „Rabbi von Bacherach" in Heinrich Heine: Sämtliche Schriften. Hrsg. von Klaus Briegleb, Bd. 1, München 1968, S. 832.

5 Saekularausgabe (wie Anm. 3), Bd. 21, S. 370.

6 Vgl. Kircher (wie Anm. 2), S. 10 ff.

7 Vgl. hierzu auch Heines Brief an Moses Moser vom 25. Juni 1824.
8 Kircher (wie Anm. 2), S. 100.
9 Saekularausgabe (wie Anm. 3), Bd. 20, S. 192.
10 Sämtliche Schriften (wie Anm. 4), Bd. 1, S. 490.
11 Ebd., Bd. 1, S. 491.
12 Ebd., Bd. 1, S. 498.
13 Ebd.
14 Kurzfassung eines Vortrags auf der Vormärz-Tagung der Büchner-Arbeitsstelle an der Universität Marburg im Juni 1990. Wesentlich erweiterter Erstdruck in: Romantik im Vormärz. Hrsg. von Burghard Dedner und Ulla Hofstaetter, Marburg 1992, S. 129–146.

Eine Geschichte aus dem Osten
Der Pojaz von Karl Emil Franzos

1 Georg Büchner: Sämtliche Werke und handschriftlicher Nachlaß. Hrsg. von Karl Emil Franzos, Frankfurt a. M. 1879, S. 12.
2 Vgl. Sibylle Hubach: Galizische Träume. Die jüdischen Erzählungen von Karl Emil Franzos, Stuttgart 1986, S. 113–152.
3 Vgl. Karl Emil Franzos: Der Pojaz. Hrsg. von Jost Hermand, Königstein 1979, S. 31–39.
4 Ebd., S. 7.
5 Vgl. Karl Emil Franzos: Die Geschichte des Erstlingswerks, Stuttgart 1895, S. 224–227.
6 Der Pojaz, S. 1–5.
7 Ebd., S. 7.
8 Vgl. hierzu die Einleitung zu: Geschichten aus dem Ghetto. Hrsg. von Jost Hermand, Frankfurt a. M. 1987, S. 7–21.
9 Leopold Kompert: Geschichten einer Gasse, Berlin 1865, S. 9.
10 Karl Emil Franzos: Die Juden von Barnow, 8. Aufl., Stuttgart 1907, S. 17.
11 Vgl. Andrea Wodenegg: Das Bild der Juden Osteuropas. Ein Beitrag zur komparatistischen Imagologie an Textbeispielen von Karl Emil Franzos und Leopold von Sacher-Masoch, Frankfurt a. M. 1987, S. 56 f.
12 Karl Emil Franzos: Die Juden von Barnow (wie Anm. 10), S. VIII.
13 David Friedländer: Über die Verbesserung der Israeliten im Königreich Polen, Berlin 1819, S. 27.
14 Karl Emil Franzos: Aus Halb-Asien. Kulturbilder aus Galizien, der Bukownia, Südrußland und Rumänien, Leipzig 1876, S. X.
15 Zit. in Wodenegg (wie Anm. 11), S. 55.
16 Ebd., S. 54.
17 Karl Emil Franzos: Die Geschichte des Erstlingswerks (wie Anm. 5), S. 223.
18 Zit. in Mary Lynne Martin: Karl Emil Franzos: His Views on Jewry, Diss. Wisconsin 1968, S. 83.
19 Vgl. meinen Aufsatz: Zur Literatur der Gründerzeit. In: Deutsche Vierteljahresschrift für Literaturwissenschaft und Geistesgeschichte 41, 1967, S. 202–232.

20 Karl Emil Franzos: Der Pojaz (wie Anm. 5), S. 6.

21 Leicht veränderte Fassung des Erstdrucks in Jost Hermand: Unbequeme Literatur. Eine Beispielreihe, Heidelberg 1971, S. 107–127.

Deutsch-jüdische Zerrissenheit
Gustav Mahlers *1. Symphonie*

1 Bruno Walter: Gustav Mahler, Wien 1937, S. 107.

2 Paul Stefan: Gustav Mahler, München 1910, S. 87.

3 Richard Specht: Gustav Mahler, 3. Aufl., Berlin 1922, S. 174.

4 Natalie Bauer-Lechner: Erinnerungen an Gustav Mahler, Wien 1923, S. 148.

5 Paul Bekker: Mahlers Symphonien, Berlin 1921, S. 64.

6 Hans Ferdinand Redlich: Bruckner and Mahler, London 1955, S. 181.

7 Kurt Blaukopf: Gustav Mahler oder Der Zeitgenosse der Zukunft, Wien 1969, S. 88.

8 Alphons Silbermann: Mahler-Lexikon, Bergisch Gladbach 1986, S. 117 f.

9 Walter (wie Anm. 1), S. 112.

10 Columbia Records 5794.

11 Constantin Floros: Gustav Mahler. Die geistige Welt Gustav Mahlers in systematischer Darstellung, 2. Aufl., Wiesbaden 1987, S. 54 ff., 155.

12 Gustav Mahler: Briefe. Hrsg. von Friedrich Löhr, Wien 1925, S. 477.

13 Ebd., S. 480.

14 Vgl. hierzu Alexander L. Ringer: „Lieder eines fahrenden Gesellen" Allusion und Zitat in der musikalischen Erzählung Gustav Mahlers. In: Das musikalische Kunstwerk. Geschichte, Ästhetik, Theorie. Hrsg. von Hermann Danuser u. a., Laaber 1988, S. 590.

15 Vgl. Richard Hamann und Jost Hermand: Gründerzeit, Berlin 1965, S. 103 ff.

16 Specht (wie Anm. 3), S. 176.

17 Stefan (wie Anm. 2), S. 7.

18 Vgl. Anm. 10.

19 Vgl. Hans Joachim Schaefer: Gustav Mahler in Kassel, Kassel 1982, S. 32–35.

20 Silbermann (wie Anm. 8), S. 11.

21 Zit. in ebd., S. 10.

22 Ebd., S. 11.

23 Ebd., S. 12. – Vgl. hierzu auch Henry A. Lea: Gustav Mahler. Man on the Margin, Bonn 1985, S. 43–66, und Susan M. Filler: Mahler as Jew in the Literature. In: Essays for Dika Newlin. Hrsg. von Theodore Albrecht, Kansas City 1988, S. 65–85.

24 Alma Mahler: Erinnerungen an Gustav Mahler. Frankfurt a. M. 1971, S. 137.

25 Theodor W. Adorno: Mahler. Eine musikalische Physiognomik, Frankfurt a. M. 1960, S. 38, 47.

26 Ebd., S. 55, 96, 99, 49.

27 Eine bescheidene Vorstufe zu diesem Beitrag bildet mein Aufsatz: Der vertonte „Titan". In: Hesperus. Blätter der Jean-Paul-Gesellschaft 29, 1965, S. 1–5.

1 Vgl. hierzu Volker Ebersbach: Heinrich Mann. Leben, Werk, Wirken, Leipzig 1982, S. 58–65, und Bernd M. Kraske: Heinrich Mann als Herausgeber der Zeitschrift „Das Zwanzigste Jahrhundert". In: Heinrich Mann. Das essayistische Werk. Hrsg. von Rudolf Wolff, Bonn 1986, S. 7–24.

2 Heinrich Mann: Reaktion. In: Das Zwanzigste Jahrhundert. Blätter für deutsche Art und Wohlfahrt 5, April 1895, S. 1.

3 Jüdischen Glaubens. In: Das Zwanzigste Jahrhundert 5, August 1985, S. 45.

4 Ebd., S. 459 f.

5 Ebd., S. 462. – Vgl. hierzu auch Heinrich Manns Aufsatz: Zur Psychologie der Juden. In: Das Zwanzigste Jahrhundert, November 1895.

6 Vgl. Kraske (wie Anm. 1), S. 20.

7 Der weibliche Umsturz. In: Das Zwanzigste Jahrhundert 5, Juni 1895, S. 260.

8 Vgl. Gerhard Loose: Der junge Heinrich Mann, Frankfurt a. M. 1979, S. 231.

9 Vgl. ebd., S. 257, 259.

10 Vgl. Jost Hermand: Arnold Zweig, Reinbek 1990, S. 16–28.

11 Vgl. meinen Aufsatz: Heines „Wintermärchen". Zum Topos der deutschen Misere. In: Jost Hermand: Sieben Arten an Deutschland zu leiden, Königstein 1979, S. 49.

12 Vgl. Heinrich Mann: Entdeckung Zolas. In ders.: Sieben Jahre. Chronik der Gedanken und Vorgänge, Berlin 1929, S. 408–12.

13 Heinrich Mann: Essays, Bd. 1, Berlin 1954, S. 13.

14 Ebd., S. 10.

15 Ebd., S. 9.

16 Ebd., S. 197.

17 Ebd., S. 201 f.

18 Ebd., S. 216.

19 Ebd., S. 222.

20 Vgl. meinen Aufsatz: Zweigs Judentum. In: Jost Hermand: Engagement als Lebensform. Über Arnold Zweig, Berlin 1992, S. 15 ff.

21 Thomas Mann: Betrachtungen eines Unpolitischen. In: Gesammelte Werke, Bd. 12, Frankfurt a. M. 1960, S. 56.

22 Vgl. Heinrich Mann: Texte zu seiner Wirkungsgeschichte in Deutschland. Hrsg. von Renate Werner, München 1977, S. 74.

23 Vgl. hierzu Alfred Kantorowicz: Zola-Essays – Betrachtungen eines Unpolitischen. Die paradigmatische Auseinandersetzung zwischen Heinrich und Thomas Mann. In: Heinrich Mann. Werk und Wirkung. Hrsg. von Rudolf Wolff, Bonn 1984, S. 54 ff.

24 Heinrich Mann: Der Antisemitismus und seine Heilung. In ders.: Sieben Jahre, S. 554 f.

25 Ursprünglich Vortrag auf der Dreyfus-Konferenz des Moses Mendelssohn Zentrum der Universität Potsdam im Mai 1994. Erstdruck in: Dreyfus und die Folgen. Hrsg. von Julius H. Schoeps und Hermann Simon, Berlin 1995, S. 234–250.

Literarischer Buberismus
Ritualmord in Ungarn von Arnold Zweig

1 Vgl. hierzu Jost Hermand: Arnold Zweig, Reinbek 1990, S. 54.

2 Vgl. Der Kleist-Preis. Eine Dokumentation. Hrsg. von Helmut Sembdner, Berlin 1968, S. 59 f.

3 Vgl. Stephen Shearier: Das junge Deutschland: The Late Expressionist Association in Berlin, Diss. masch. Wisconsin 1986, S. 62–78.

4 So schrieb Franz Kafka am 28. Oktober 1916 nach der Lektüre von Zweigs „Ritualmord in Ungarn" an Felice Bauer: „Bei einer Stelle mußte ich zu lesen aufhören und mich auf das Kanapee setzen und laut weinen. Ich habe schon seit Jahren nicht geweint." In: Franz Kafka: Briefe an Felice, Frankfurt a. M. 1967, S. 738.

5 Vgl. Maritta Rost: Bibliographie Arnold Zweig, Berlin–Weimar 1987, Bd. 2, S. 425 f.

6 Ebd., S. 427–433.

7 Zweig fand diese Reaktion ausgesprochen „kalt", wie er in einem Brief an Helene Weyl vom 4. November 1919 schrieb (Arnold-Zweig-Archiv, Berlin, im folgenden als AZA abgekürzt).

8 Vgl. das Vorwort meines Buches „Unbequeme Literatur. Eine Beispielreihe", Heidelberg 1971, S. 7–20.

9 Vgl. Eberhard Hilscher: Arnold Zweig. Leben und Werk, Berlin 1967, S. 43 f.; Eva Kaufmann: Arnold Zweigs Weg zum Roman, Berlin 1967, S. 27–30; Manuel Wiznitzer: Arnold Zweig. Das Leben eines deutsch-jüdischen Schriftstellers. Königstein 1983, S. 23; und Hans-Harald Müller: Der Krieg und die Schriftsteller. Der Kriegsroman der Weimarer Republik, Stuttgart 1986, S. 122–125.

10 So Bernhard Diebold in seiner Rezension der „Sendung Semaels" in der „Frankfurter Zeitung" vom 30. Oktober 1919.

11 Vgl. Anm. 4, S. 735.

12 So berichtete die „New York Times" über den Prozeß in Tiszla Eszlar auf der ersten Seite am 14. und 16. Juli 1882 sowie am 26. Juni, 19. und 20. Juli und 10. August 1883.

13 Beatrice Zweig: Erinnerungen. In: Das Magazin, 1978, H. 1, S. 12.

14 Vgl. Hilscher (wie Anm. 9), S. 181.

15 Vgl. Hermand (wie Anm. 1), S. 54.

16 Brief an Martin Buber vom 21. Januar 1914 (AZA).

17 Brief an Helene Weyl vom 28. Dezember 1913 (AZA).

18 Die beste neuere Darstellung dieses Prozesses bietet das Buch von Andrew Handler: Blood Libel in Tiszlaeszlar, New York 1980.

19 Über die Aktualität solcher Ritualmordverdächtigungen vgl. auch Stefan Rohrbacher: Ritualmordbeschuldigungen am Niederrhein. Christlicher Aberglaube und antijüdische Agitation im 19. Jahrhundert. In: Menora. Jahrbuch für deutsch-jüdische Geschichte, 1990, S. 299–319.

20 Arnold Zweig: Die Zeit ist reif, Berlin 1960, S. 256–260.

21 Vgl. meinen Aufsatz „Tiefstes Elend – höchste Kunst. Alban Bergs ‚Wozzeck'". In: Jost Hermand: Beredte Töne. Musik im historischen Prozeß, Frankfurt a. M. 1991, S. 132.

22 Vgl. Jost Hermand: Der erste „Sozialrevolutionär" unter den großen deutschen Dichtern. Zum Büchner-Bild Arnold Zweigs und Adam Kuckhoffs. In: Zweites Internationales Georg

Büchner Symposium. Hrsg. von Burghard Dedner und Günter Oesterle, Frankfurt a. M. 1990, S. 514–521.

23 Zit. in: Arnold Zweig. 1887–1968. Werk und Leben in Dokumenten und Bildern. Hrsg. von Georg Wenzel, Berlin–Weimar 1978, S. 45.

24 In Zweigs Umbruchsexemplar heißt es in seiner Handschrift auf der ersten Seite: „Hinter diese Seite ein besonderes Blatt mit der Widmung ‚Gewidmet Martin und Paula Buber'" (AZA).

25 Vgl. hierzu Hans-Harald Müller: Arnold Zweig und der Zionismus. In: Arnold Zweig. Hrsg. von Bernd Hüppauf. Text + Kritik, 1989, Nr. 104, S. 11, und Jost Hermand: Arnold Zweigs Judentum. In: Jüdische Intelligenz in Deutschland. Hrsg. von Jost Hermand und Gert Mattenklott, Berlin 1988, S. 73–78.

26 Brief an Martin Buber vom 17. November 1913 (AZA).

27 Brief an Martin Buber vom 22. Oktober 1913 (AZA).

28 Brief an Helene Weyl vom 27.–29. September 1914 (AZA).

29 Martin Buber: Drei Reden über das Judentum, Frankfurt a. M. 1911, S. 29.

30 Martin Buber: Die Geschichten des Rabbi Nachman, Frankfurt a. M. 1906, S. 15 f.

31 Martin Buber: Die Legende des Baalschem, Frankfurt a. M. 1908, S. III f.

32 Ebd., S. VI.

33 Ebd., S. VI.

34 Brief an Martin Buber vom 17. November 1913 (AZA).

35 Vgl. hierzu auch Ariane Schierloh: Jüdische Identität. Zu ihrer Spiegelung in den Schriften von Arnold Zweig. FU Berlin, Magisterarbeit, 1988, S. 16 f. (AZA).

36 Brief an Martin Buber vom 17. November 1913 (AZA).

37 Buber: Baalschem (wie Anm. 31), S. III.

38 Vgl. Die Sagen der Juden. Hrsg. von Micha Josef bin Gorion, Frankfurt a. M. 1913, S. 245–348. Vgl. hierzu auch den Brief an Martin Buber vom 17. November 1913 (AZA) und den Hinweis auf bin Gorion in Arnold Zweig: Ritualmord in Ungarn, Berlin 1914, S. 125.

39 Zweig: Ritualmord (wie Anm. 38), S. 12.

40 Ebd., S. 120.

41 Ebd., S. 45.

42 Ebd., S. 60.

43 Ebd., S. 122 f.

44 Brief an Helene Weyl vom 27.–29. September 1914 (AZA).

45 Brief an Helene Weyl vom 4. November 1919 (AZA).

46 Brief an Helene Weyl vom 25. Mai 1914 (AZA).

47 Brief an Martin Buber vom 9. März 1914 (AZA).

48 Briefe von Martin Buber an Arnold Zweig vom 4. März und 18. März 1914 (AZA).

49 In diesem Korrekturexemplar sind vor allem die jüdischen Namen in eine korrektere Schreibweise verbessert worden (AZA).

50 Vgl. Wenzel (wie Anm. 23), S. 54.

51 Wie bewußt sich Zweig dieser Anlehnung war, geht aus einem Brief an Martin Buber vom 3. April 1919 hervor, wo es heißt: „Was man den ‚literarischen Buberismus' nennen kann, war ja entkeimt aus der feierlichen und würdevollen Haltung Ihrer Sprache, die man aufzufassen nicht recht imstande war." (AZA)

52 Brief an Martin Buber vom 31. Oktober 1917 (AZA).

53 Brief an Martin Buber vom 26. April 1916 (AZA).

54 Brief an Martin Buber vom 27. Dezember 1917 (AZA).

55 Briefe an Martin Buber vom 31. Oktober und 27. Dezember 1917 (AZA).

56 Brief an Helene Weyl vom 2. Januar 1919 (AZA).

57 Ursprünglich Vortrag auf der 2. Tagung der Internationalen Arnold Zweig Gesellschaft in Gent im März 1991. Mein Dank für vielfältige Auskünfte gilt wiederum Ilse Lange (Berlin-Niederschönhausen). Der Erstdruck dieses Aufsatzes erschien in: Deutsch-jüdische Geschichte im 19. und 20. Jahrhundert. Hrsg. von Ludger Heid und Joachim H. Knoll, Sachsenheim 1992, S. 359–380.

Bürger zweier Welten?
Arnold Zweigs Einstellung zur deutschen Kultur

1 Arnold Zweig: Lebensabriß, Rudolstadt 1956, S. 154.

2 Zit. in: Arnold Zweig 1887–1968. Werk und Leben in Dokumenten und Bildern. Hrsg. von Georg Wenzel, Berlin 1978, S. 18 f.

3 Martin Buber: Drei Reden über das Judentum, Frankfurt a. M. 1911, S. 29.

4 Zit. in: Georg Wenzel, S. 24 f.

5 Arnold Zweig: Das zweite Geschichtenbuch, München 1923, S. 111.

6 Vgl. hierzu das Kapitel „Die ästhetisch-dekorative Phase“. In: Richard Hamann/Jost Hermand: Stilkunst um 1900, München 1973, S. 222–324.

7 Brief an Helene Weyl vom 27. August 1914, Arnold-Zweig-Archiv (AZA).

8 Vgl. Arnold Zweig: Über Japan. In: Die Schaubühne, 1915, S. 293 f.

9 Vgl. Arnold Zweig: Blick auf Bismarck. In: Die Schaubühne, 1915, S. 293 f.

10 Arnold Zweig: Der Genius des Krieges. In: Die Schaubühne, 1915, S. 368.

11 Arnold Zweig: Kriegsziele. In: Süddeutsche Monatshefte, Dezember 1915, S. 281 f.

12 Brief an Agnes Hesse vom 25. Dezember 1917, Staatsbibliothek Berlin.

13 Brief an Martin Buber vom 26. April 1916, (AZA).

14 Brief an Martin Buber vom 1. Januar 1916, (AZA).

15 Brief an Martin Buber vom 5. Februar 1915, (AZA).

16 Brief an Martin Buber vom 26. April 1916, (AZA).

17 Brief an Martin Buber vom 27. Dezember 1917, (AZA).

18 Brief an Helene Weyl vom 16.–27. April 1917, (AZA).

19 Brief an Martin Buber vom 1. Februar 1918, (AZA).

20 Ebd.

21 Ebd.

22 Brief an Helene Weyl vom 2. Januar 1919, AZA.

23 Vgl. Brief an Helene Weyl vom 26. Juli 1920, AZA.

24 Arnold Zweig: Das ostjüdische Antlitz, Berlin 1920, S. 30.

25 Ebd., S. 98.

26 Vgl. Jost Hermand/Frank Trommler: Die Kultur der Weimarer Repulik, München 1978, S. 128 ff.

27 Vgl. hierzu u. a. Zweigs Aufsatz „Grammophonie" (um 1926). In: Neue deutsche Literatur, 1982, Nr. 7, S. 54–62.

28 Eintragung in Zweigs Taschenkalender vom 14. Mai 1993, (AZA).

29 Vgl. zum folgenden meinen Aufsatz „Jetzt wohin? Arnold Zweigs ‚Bilanz der deutschen Judenheit 1933'". In: Arnold Zweig, Poetik, Judentum und Politik. Hrsg. von David Midgley und Hans-Harald Müller, Bern 1989, S. 202–218.

30 Ja-Sagen zum Judentum. Eine Aufsatzreihe der „Jüdischen Rundschau" zur Lage der deutschen Juden. Hrsg. von Robert Weltsch, Berlin 1933, S. 6 f., und Robert Weltsch: Die Judenfrage für den Juden. In: Gegen die Phrase vom jüdischen Schädling. Hrsg. von Heinrich Mann, Prag 1933, S. 366 ff.

31 Arnold Zweig: Caliban oder Politik und Leidenschaft. Versuch über die menschlichen Gruppenleidenschaften dargetan am Antisemitismus, Potsdam 1927, S. 55.

32 Arnold Zweig: Bilanz der deutschen Judenheit 1933. Ein Versuch, Amsterdam 1934, S. 127.

33 Ebd., S. 301.

34 Ebd., S. 305.

35 Ebd., S. 312.

36 Ebd., S. 315.

37 Vgl.u. a. Lion Feuchtwanger/Arnold Zweig, Briefwechsel. 1933–1958. Hrsg. von Harald von Hofe, Berlin–Weimar 1984, Bd. 1, S. 246.

38 Vgl. Kunst und Literatur im antifaschistischen Exil 1933–1945. Bd. 5, Leipzig 1980, S. 588.

39 Sigmund Freud/Arnold Zweig, Briefwechsel. Hrsg. von Ernst L. Freud, Frankfurt 1968, S. 119.

40 Brief an Sigmund Freud vom 7. Oktober 1935, (AZA).

41 Vgl. Wenzel (wie Anm. 2), S. 232.

42 Arnold Zweig: Die Alpen oder Europa, S. 164 ff., (AZA).

43 Lion Feuchtwanger/Arnold Zweig: Briefwechsel (wie Anm. 37), Bd. 1, S. 290.

44 Orient, 1943, Nr. 38, S. 8.

45 Brief an Erich Weinert vom 1. August 1944. Abgedr. in Wenzel (wie Anm. 2), S. 302.

46 Wenzel (wie Anm. 2), S. 237.

47 Vgl. Arnold Zweig: Die Vermenschlichung des Menschen. In: Aufbau. Kulturpolitische Monatsschrift. Hrsg. vom Kulturbund zur demokratischen Erneuerung Deutschlands, 1949, Nr. 2, S. 124–130.

48 Achim von Borries: Nachwort zu Arnold Zweigs: Bilanz der deutschen Judenheit, Köln 1961, S. 317.

49 Ursprünglich Vortrag auf einer Konferenz des Steinheim-Instituts für deutsch-jüdische Geschichte in Duisburg im April 1988. Erstdruck in: Juden als Träger bürgerlicher Kultur in Deutschland. Hrsg. von Julius H. Schoeps, Sachsenheim 1989, S. 67–90.

Am Endpunkt der Emanzipation
Juden in der Kultur der Weimarer Republik

1 Vgl. hierzu Hans Helmuth Knütter: Die Juden und die deutsche Linke in der Weimarer Republik, Düsseldorf 1971, S. 23 ff.

2 Walter Mohrmann: Antisemitismus. Ideologie und Geschichte im Kaiserreich und in der Republik, Berlin 1972, S. 119.

3 Vgl. meinen Aufsatz: Bewährte Tümlichkeiten. Der völkisch-nazistische Traum einer ewig-deutschen Kunst. In: Die deutsche Literatur im Dritten Reich. Hrsg. von Horst Denkler und Karl Prümm, Stuttgart 1976, S. 102 ff.

4 Joseph Goebbels: Das Buch Isidor. Ein Zeitbild voll Lachen und Haß, Berlin ^{2}1929, S. 135.

5 Vgl. George L. Mosse: Culture, Civilization, and German Anti-Semitism. In ders.: Germans and Jews, New York 1970, S. 48 ff.

6 Vgl. hierzu die offizielle Literaturliste der Nazis zum Thema „Judentum". In: Das Schrifttum des Nationalsozialismus von 1919 bis zum 1. Januar 1934. Hrsg. von Erich Unger, Berlin 1934, S. 115–118.

7 Vgl. den Beitrag „Judenpresse" in der 34. Auflage des von Theodor Fritsch herausgegebenen „Handbuchs zur Judenfrage" (1933), S. 295 ff.

8 Josef Nadler: Die Juden und die Literatur. In: Europäische Revue 8, 1932, S. 520.

9 Ernst Jünger: Über Nationalismus und Judenfrage. In: Süddeutsche Monatshefte 27, 1929/30, S. 845.

10 Hanns Johst: Volk im Volke. In: Klärung. 12 Autoren/Politiker über die Judenfrage, Berlin 1932, S. 123.

11 Hans Hauptmann: Die systematische Vernichtung der arischen Kulturgüter. In: Das neue Deutschland und die Judenfrage, Leipzig 1933, S. 151, 161 und 194.

12 Vgl. Verfolgung Vertreibung Vernichtung. Dokumente des faschistischen Antisemitismus. Hrsg. von Kurt Pätzold, Frankfurt a. M. 1984.

13 Vgl. Arnold Paucker: Der jüdische Abwehrkampf gegen Antisemitismus und Nationalsozialismus in den letzten Jahren der Weimarer Republik, Hamburg 1968, S. 62 ff.

14 V. Grubwieser: The Jewish Contribution to Modern German Literature. In: The Jewish Review, Juni/September 1933, S. 51.

15 The Jewish Review, Oktober/Dezember 1933, S. 26.

16 Arnold Zweig: Bilanz der deutschen Judenheit, Köln 1961, S. 177.

17 Anläßlich der German American Tricentennial-Feiern im Annenberg Center, Philadelphia, Oktober 1983.

18 Theodore S. Hamerow: Cravat Jews und Caftan Jews. In: Commentary, Mai 1984, S. 29.

19 Istvan Deak: Weimar Germany's Left-Wing Intellectuals. A Political History of the „Weltbühne" and Its Circle, Berkeley 1968, S. 28 f.

20 Walter Laquer: Weimar. A Cultural History 1918–1933, New York 1974, S. 73.

21 Peter Gay: Freud, Jews and Other Germans, New York 1979, S. 161.

22 So behandelt Ernst A. Simon die „German Jewry" einfach als homogene Gruppe. Vgl. seinen Aufsatz „How Jewish was German Jewry?" In: Perspectives on German-Jewish History in the 19th and 20th Centuries, Jerusalem 1971, S. 19.

23 Eva G. Reichmann behauptet, daß die deutschen Juden vor 1933 „fast geschlossen auf der politischen Linken" gestanden hätten. Vgl. dies.: Größe und Verhängnis deutsch-jüdischer Existenz, Heidelberg 1974, S. 190.

24 Sidney S. Bolkovsky erklärt, daß sich alle Weimarer Juden der Selbstillusion hingegeben hätten, im Lande der perfekten Emanzipation zu leben. Vgl. ders.: The Distorted Image: German Jewish Perceptions of Germans and Germany 1918–1935, New York 1975, S. 145.

25 Donald L. Niewyk: The Jews in Weimar Germany, Baton Rouge 1980, S. 178 ff.

26 Esra Bennathan: Demographische und wirtschaftliche Struktur der Juden. In: Entscheidungsjahr 1932. Zur Judenfrage in der Endphase der Weimarer Republik. Hrsg. von Werner E. Mosse, Tübingen 1965, S. 88 ff.

27 Gershom Scholem: On the Social Psychology of Jews in Germany: 1900–1933. The Problematic Symbiosis. Hrsg. von David Bronsen, Heidelberg 1979, S. 12 ff.

28 Jüdisches Leben in Deutschland. Selbstzeugnisse zur Sozialgeschichte 1918–1945. Hrsg. von Monika Richarz, Stuttgart 1982, S. 14 ff. – Übrigens schrieb Alfred Wiener in seinem Buch „Das Judentum in politischer, wirtschftlicher und kultureller Hinsicht", das 1924 im Berliner Philo-Verlag erschien: „Das Judentum ist keine *Einheit*, sondern eine *Vielheit*; genau so bunt, genau so politisch, so wirtschaftlich zerrissen wie das deutsche Volk. Einen irgendwie überstaatlichen Bau des Judentums gibt es nicht und kann es nicht geben. Der ‚jüdische Geist' ist nicht *besser*, aber auch nicht *schlechter* als der Geist der Umwelt, in dem er lebt." (S. 21) Er fügte dieser Bemerkung sogar noch den weisen Satz hinzu: „Wir deutschen Juden wünschen uns keine *Antisemiten*, wir wünschen uns auch keine *Philosemiten*, keine Judenfreunde – wir wünschen uns *Justosemiten*, die auch den deutschen Juden nicht nach den Zeitungen und mit Vorurteilen, sondern lediglich nach den *Leistungen*, die der Wahrheit und der Wirklichkeit entsprechen, beurteilen." (ebd.)

29 Richarz (wie Anm. 28).

30 Ebd., S. 26.

31 Ebd., S. 26.

32 Zur Vorgeschichte dieser Haltung vgl. Jakob Toury: Die politischen Orientierungen der Juden in Deutschland. Von Jena bis Weimar, Tübingen 1966, S. 170 ff.

33 Vgl. Eva Reichmann-Jungmann: Der Centralverein deutscher Staatsbürger jüdischen Glaubens. In dies.: Größe und Verhängnis (wie Anm. 23), S. 22 ff.

34 Ebd., S. 27, 29 und 31.

35 Julius Goldstein: Deutsche Volks-Idee und Deutsch-Völkische Idee, Berlin 1927, S. 149.

36 Leo Wolff: Von den deutschen Juden. In: Krisis. Ein politisches Manifest. Hrsg. von Oscar Müller, Weimar 1932, S. 234.

37 Ebd., S. 240.

38 Eva G. Reichmann: Vom Sinn deutsch-jüdischen Seins (1934). In dies. (wie Anm. 23), S. 59.

39 Vgl. Ulrich Dunker: Der Reichsbund jüdischer Frontsoldaten 1919–1938, Düsseldorf 1977.

40 Ebd., S. 115.

41 Vgl. Richarz (wie Anm. 23), S. 31.

42 Vgl. hierzu schon Alfred Preyser: Nationaldeutsche Juden und ihre Lästerer, Berlin 1920, S. 14.

43 Max Neumann: Der Weg zum Deutschtum. In: Gegen die Phrase vom jüdischen Schädling. Hrsg. von Heinrich Mann u. a., Prag 1933, S. 307.

[44] Max Naumann: Nationaldeutsches Judentum. In: Süddeutsche Monatshefte 27, 1929/30, S. 825.

[45] Ebd., S. 826.

[46] Hans-Joachim Schoeps: „Bereit für Deutschland". Der Patriotismus deutscher Juden und der Nationalsozialismus. Frühe Schriften 1930 bis 1939, Berlin 1970, S. 11.

[47] Ebd., S. 13.

[48] Elie Munk: Judentum und Umwelt, Frankfurt 1933, S. 34 f.

[49] Zit. in Schoeps (wie Anm. 46), S. 12.

[50] Zit. in: Monumenta Judaica. 2000 Jahre Geschichte und Kultur der Juden am Rhein, Köln 1963, S. 398.

[51] Vgl. Mosse (wie Anm. 5), S. 131.

[52] Zur Geschichte des Zionismus in Deutschland vgl. Stephen M. Poppel: Zionism in Germany 1897–1933. The Shaping of Jewish Identity, Philadelphia 1977.

[53] Vgl. Richarz (wie Anm. 28), S. 35, und Monumenta Judaica (wie Anm. 50), S. 401.

[54] Richarz (wie Anm. 28), S. 34.

[55] Ja-Sagen zum Judentum. Eine Aufsatzreihe der „Jüdischen Rundschau" zur Lage der deutschen Juden. Hrsg. von Robert Weltsch, Berlin 1933, S. 6 f.

[56] Robert Weltsch: Die Judenfrage für den Juden. In: Gegen die Phrase vom jüdischen Schädling (wie Anm. 43), S. 366 ff.

[57] Joachim Prinz: Wir Juden, Berlin 1934, S. 117.

[58] Alfred Döblin: Flucht und Sammlung des Judenvolks, Amsterdam 1935, S. 8 f.

[59] Gegen die Phrase vom jüdischen Schädling (wie Anm. 43), S. 354 f.

[60] Ebd., S. 356.

[61] Vgl. hierzu die Statistiken bei Gabrielle Michalski: Der Antisemitismus im deutschen akademischen Leben in der Zeit nach dem I. Weltkrieg, Frankfurt 1980, S. 44.

[62] Vgl. Kütter (wie Anm. 1), S. 153 ff., und George L. Mosse: The Left in the Face of National Socialism. The Jewish Question. In: Perspecitves on German-Jewish History in the 19th and 20th Centuries, Jerusalem 1971, S. 83 ff.

[63] Vgl. Alf Enseling: Die Weltbühne. Organ der intellektuellen Linken, Münster 1962, S. 141 ff.

[64] Deak (wie Anm. 19), S. 25.

[65] Ernst Toller: Eine Jugend in Deutschland, Hamburg 1963, S. 161.

[66] Otto Heller: Der Untergang des Judentums. Die Judenfrage/Ihre Kritik/Ihre Lösung durch den Sozialismus, Wien–Berlin 1931, S. 7.

[67] Alfred Kantorowicz: Liquidation der Judenfrage. In: Klärung (wie Anm. 10), S. 168.

[68] Arthur Holitscher: Die Juden in der heutigen Zeit. In: Gegen die Phrase vom jüdischen Schädling (wie Anm. 43), S. 314 ff.

[69] Auch der Band „Die Kultur der Weimarer Republik" (1978) von Jost Hermand und Frank Trommler geht in der Darstellung dieser Polarisierung, obgleich er sie zu berücksichtigen sucht, längst nicht weit genug.

[70] Vgl. Helmut Lethen: Neue Sachlichkeit 1924–1932. Studien zur Literatur des „Weißen Sozialismus", Stuttgart 1970, S. 93 ff.

[71] Vgl. meinen Aufsatz: Einheit in der Vielheit? Zur Geschichte des Begriffs „Neue Sachlichkeit". In: Das literarische Leben in der Weimarer Republik. Hrsg. von Keith Bullivant, Tübingen 1976, S. 71 ff.

[72] Peter Gay: Begegnungen mit der Moderne. Deutsche Juden in der deutschen Kultur. In: Juden im Wilhelminischen Deutschland 1890–1914. Hrsg. von Werner E. Mosse, Tübingen 1976, S. 241 ff.

[73] Vgl. Jost Hermand: Der gründerzeitliche Parvenü. In: Aspekte der Gründerzeit. Hrsg. von Eberhard Roters, Berlin 1974, S. 7 ff.

[74] Vgl. Richard Hamann und Jost Hermand: Expressionismus, Berlin 1975, S. 247 ff.

[75] Vgl. ebd., S. 111 ff.

[76] Vgl. Hans Tramer: Der Beitrag der Juden zu Geist und Kultur. In: Deutsches Judentum in Krieg und Revolution 1916–1923. Hrsg. von Werner E. Mosse, Tübingen 1971, S. 333 ff.

[77] Expressionismus. Manifeste und Dokumente zur deutschen Literatur 1910–1920. Hrsg. von Thomas Anz, Stuttgart 1982, S. 374.

[78] Karl Hilmar: Die deutschen Juden im Weltkriege, Berlin 1918, S. 36.

[79] Vgl. Jost Hermand: Hilfloser Antifaschismus? Bemühungen um eine kritische Darstellung der Nationalsozialisten in der Literatur der Weimarer Republik. In: Diskussion Deutsch, H. 59, 1981, S. 215 ff.

[80] Vgl. etwa E.G. Lowenthal: Die Juden im öffentlichen Leben. In: Entscheidungsjahr 1932 (wie Anm. 26), S. 61 ff.

[81] Zum Anteil der Juden am Theaterleben der Weimarer Republik vgl. Fritz Engel: Theater. In: Juden im deutschen Kulturbereich. Hrsg. von Siegmund Kaznelson, 2. Aufl., Berlin 1959, S. 206 ff., und Bernt Engelmann: Deutschland ohne Juden. Eine Bilanz, München 1970, S. 99 ff.

[82] Niewyk (wie Anm. 25), S. 32.

[83] Friedrich von Oppeln-Bronokowski: Gerechtigkeit! Zur Lösung der Judenfrage, Berlin 1932, S. 48.

[84] Vgl. The Jews in Nazi Germany. A Handbook of Facts Regarding Their Present Situation, New York 1935, S. 12 f.

[85] Ebd., S. 10.

[86] Ebd., S. 10.

[87] Ursprünglich Vortrag auf einer Tagung der Evangelischen Akademie in Arnoldsheim im Oktober 1984. Erstdruck in: Juden in der Weimarer Republik. Hrsg. von Walter Grab und Julius H. Schoeps, Sachsenheim 1986, S. 9–37.

Ein Überlebender aus Deutschland
Zur Radikalität von Arnold Schönbergs zionistischer Wende

[1] Vgl. u.a. Peter Gradenwitz: Gustav Mahler und Arnold Schoenberg. In: Leo Beack Institute Year Book 5, 1960, S. 262–284; Alexander L. Ringer: Arnold Schoenberg and the Politics of Jewish Survival. In: Journal of the Arnold Schoenberg Institute 3,1, 1979, S. 10–48; Leonard Stein: Schoenberg's Jewish Identity: A Chronology of Source Material. In: Ebd., S. 3–9; Michael Mäckelmann: Arnold Schönberg und das Judentum, Hamburg 1984; Pamela C. White: Schoenberg and the God-Idea: The Opera „Moses und Aron", Ann

Arbor, 1985, und Alexander L. Ringer: Arnold Schoenberg: The Composer as Jew, Oxford 1990.

2 Vgl. u. a. Dika Newlin: Self-Revelation and the Law: Arnold Schoenberg in His Religious Works. In: Yuval Studies of the Jewish Music Research Center, Jerusalem 1968, S. 204–220, und Alexander L. Ringer: Faith and Symbol: On Arnold Schoenberg's Last Musical Utterances. In: Journal of the Arnold Schoenberg Institute 6,1, 1982, S. 80–95.

3 Vgl. Jost Hermand: A Survivor from Germany. Schönberg im Exil. In: Exil. Literatur und die Künste nach 1933. Hrsg. von Alexander Stephan, Bonn 1990, S. 104–117.

4 Für kürzere Hinweise auf das Drama „Der biblische Weg" vgl. Gradenwitz (wie Anm. 1), S. 273–278; Willi Reich: Arnold Schönberg oder Der konservative Revolutionär, Wien 1968, S. 206–209, und Eberhard Freitag: Arnold Schönberg, Reinbek 1973, S. 126–127. Längere Zitate und Textauszüge finden sich bei Gradenwitz (wie Anm. 1), S. 274–276, und Alexander L. Ringer: The Composer als Jew (wie Anm. 1), S. 227–229 (beide in englischer Übersetzung) sowie bei Mäckelmann (wie Anm. 1), S. 80–99 (im deutschen Original).

5 Ringer: The Composer as Jew (wie Anm. 1), S. 56–68.

6 Mäckelmann (wie Anm. 1), S. 70–138.

7 Arnold Schoenberg: Letters. Hrsg. von Erwin Stein, London 1964, S. 88.

8 Alfred Heuß: Arnold Schönberg – Preußischer Kompositionslehrer. In: Zeitschrift für Musik, 1925, S. 583–585.

9 Alexander L. Ringer: The Composer as Jew (wie Anm. 1), S. 123.

10 Pro Zion! Vornehmlich nichtjüdische Stimmen über die jüdische Renaissancebewegung. Hrsg. von Rudolf Seiden, Wien 1924, 2. Folge, S. 33–34.

11 Ebd., S. 34.

12 Vgl. u. a. Richard Lichtheim: Die Geschichte des deutschen Zionismus, Jerusalem 1954, S. 147–241, und Kurt Blumenfeld: Ursprünge und Art einer zionistischen Bewegung. In: Leo Baeck Institute Bulletin 4, 1954, S. 129–140.

13 Blumenfeld (wie Anm. 12), S. 135.

14 Vgl. Jüdisches Leben in Deutschland. Selbstzeugnisse zur Sozialgeschichte 1918–1945. Hrsg. von Monika Richarz, Stuttgart 1982, S. 35.

15 Vgl. hierzu allgemein meine Monographie: Arnold Zweig, Reinbek 1990, S. 37–47.

16 Vgl. meinen Aufsatz: Arnold Zweigs Judentum. In: Jüdische Intelligenz in Deutschland. Hrsg. von Jost Hermand und Gert Mattenklott, Berlin 1988, S. 77.

17 Nicht nur die CV-Anhänger, auch die deutschen Zionisten stellten sich im August 1914 als „stammenstolze Juden" mit „ganzem Herzen, ganzer Seele und ganzem Vermögen" in den Dienst „Alldeutschlands". Vgl. Jüdische Rundschau 19, 7. August 1914, S. 343.

18 Vgl. hierzu u. a. Wanda Kampmann: Deutsche und Juden. Die Geschichte der Juden in Deutschland vom Mittelalter bis zum Beginn des Ersten Weltkriegs, Frankfurt a. M. 1989, S. 430 ff.

19 Vgl. George L. Mosse: Jüdische Intellektuelle in Deutschland zwischen Religion und Nationalismus, Frankfurt a. M. 1992, S. 45 ff.

20 Vgl. Hermand (wie Anm. 15), S. 44 f.

21 Vgl. u. a. Josef Heller: Geschichte des deutschen Zionismus, Berlin 1935, S. 128 f., und Lichtheim (wie Anm. 12), S. 238 ff.

22 Vgl. Jost Hermand: Expressionismus als Revolution. In ders.: Von Main nach Weimar. Studien zur deutschen Literatur. 1793–1919, Stuttgart 1969, S. 350 f.

23 Die Bezeichnung „faschistisch" findet sich sowohl bei Walter Laqueur: A History of Zionism, London, 1978 S. 361 ff., als auch im Vorwort zu: Zionismus. Texte zu seiner Entwicklung. Hrsg. von Julius H. Schoeps, Wiesbaden 1983, S. 26.

24 Zit. in Richard Lichtheim: Revisionismus (1938). In: Zionismus. Hrsg. von Julius H. Schoeps, S. 264.

25 Arnold Schoenberg: Letters (wie Anm. 7), S. 164.

26 Ebd., S. 126.

27 Ebd., S. 181. – Vgl. zur Chronologie der Entstehung des Drama „Der biblische Weg" auch Mäckelmann (wie Anm. 1), S. 121.

28 Allerdings wird das Spektrum der in den zwanziger Jahren bestehenden zionistischen Organisationen, also Bewegungen wie Poale Zion, der Weltverband der Hechaluz, die volkssozialistische Gruppe Hapoel Hazair, die Arbeiterorganisation Histadrut, die genossenschaftlich orientierte Kwuzot-Bewegung usw., stark verkürzt wiedergegeben. Ein gutes Bild der in Deutschland bestehenden Spannungen innerhalb des ZVD bieten die anläßlich der 21. Delegiertenkonferenz in der „Jüdischen Rundschau" abgedruckten Debatten zwischen Ernst Simon, Nahum Goldmann, Richard Lichtheim und Kurt Blumenfeld (27. August 1926, S. 477–482).

29 „Der biblische Weg" wird im folgenden nach dem mir freundlicherweise vom Arnold Schoenberg Institut (Los Angeles) zur Verfügung gestellten Typoskript zitiert.

30 „Ja-Sager" nannten sich 1903 die Befürworter von Herzls Uganda-Projekt. Vgl. Heller (wie Anm. 21), S. 52.

31 Vgl. hierzu u. a. Mäckelmann (wie Anm. 1), S. 110, und E. Randol Schoenberg: Arnold Schoenberg und Albert Einstein: Their Relationship and Views on Zionism. In: Journal of the Arnold Schoenberg Institute 10,2, 1987, S. 134–187.

32 Max Nordau: Aufgaben des Zionismus. In: Zionismus (wie Anm. 23), S. 91 f.

33 Auch Max Nordau spricht von dem für die Juden nötigen „Wüstendrill". Ebd., S. 94.

34 Die Gläubigsten unter den deutschen Zionisten waren die Vertreter der Jugendorganisationen. Vgl. Blumenfeld (wie Anm. 12), S. 137.

35 Vgl. Jost Hermand: Der alte Traum vom neuen Reich. Völkische Utopien und Nationalsozialismus, Frankfurt a. M. 1988, S. 177 ff., 164 ff.

36 Heller (wie Anm. 21), S. 51.

37 Vgl. ebd., S. 50–55, und Kampmann (wie Anm. 18), S. 416–420.

38 Vgl. meinen Aufsatz: Entscheidungsjahr 1933. Zionistischer Utopismus bei Schönberg, Döblin und Zweig. In ders.: Engagement als Lebensform. Über Arnold Zweig, Berlin 1992, S. 104–106.

39 Arnold Zweig: Das neue Kanaan, Berlin 1925, S. 32.

40 Vgl. hierzu White (wie Anm. 1), S. 21–80.

41 Zit. in Mäckelmann (wie Anm. 1), S. 212.

42 Ebd., S. 45.

43 Vgl. Leonard Stein: Schoenberg's Jewish Identity: A Chronology of Source Material. In: Journal of the Arnold Schoenberg Institute 3, 1979, H. 1, S. 6.

44 Arnold Schönberg: Ausgewählte Briefe. Hrsg. von Erwin Stein, Mainz 1958, S. 197.

45 Ebd., S. 198.

46 Zit. in Freitag (wie Anm. 4), S. 133.

47 Zit. in Mäckelmann (wie Anm. 1), S. 232.

48 Ebd., S. 232.

49 Ebd., S. 249.

50 Ebd., S. 249.

51 Zit. in Ringer: The Composer as Jew (wie Anm. 1), S. 38.

52 Vgl. hierzu: Walter H. Rubsamen: Schoenberg in America. In: Musical Quarterly 25, 1951, S. 469–489; Jan Meyerowitz: Arnold Schönberg, Berlin 1967, S. 65 ff.; Hans H. Stuckenschmidt: Arnold Schönberg. Leben – Umwelt – Werk, Zürich 1974, S. 339 ff., und Willi Reich: Arnold Schönberg oder Der konservative Revolutionär, Wien 1968, S. 297 ff.

53 Ringer: Jewish Survival (wie Anm. 1), S. 44.

54 Schönberg (wie Anm. 44), S. 261.

55 Ebd., S. 280.

56 Vgl. hierzu Stuckenschmidt (wie Anm. 52), S. 358, und Freitag (wie Anm. 4), S. 143.

57 Schönberg (wie Anm. 44), S. 207.

58 Ebd., S. 211 f.

59 Zit. in Stuckenschmidt (wie Anm. 52), S. 365.

60 Vgl. David Raskin: Schönberg als Lehrer in Los Angeles. In: Verdrängte Musik. Berliner Komponisten im Exil. Hrsg. von Habakuk Traber und Elmar Weingarten, Berlin 1987, S. 136.

61 Schönberg (wie Anm. 44), S. 279.

62 Ebd., S. 279.

63 Ebd., S. 283.

64 Ebd., S. 246.

65 Zit. in Stuckenschmidt (wie Anm. 52), S. 429.

66 Abgedr. in: Journal of the Arnold Schoenberg Institute 4, 1980, S. 15.

67 Andere verloren wegen ihres Eintretens für die „Zwölftönigkeit" damals in den USA ihre Stellungen. Vgl. Ernst Krenek: America's Influence on Its Emigre Composers. In: Writings of German Composers. Hrsg. von Jost Hermand und James Steakley, New York 1984, S. 276 ff.

68 Meyerowitz (wie Anm. 52), S. 31.

69 Krenek (wie Anm. 67), S. 104.

70 Zit. in Reich (wie Anm. 52), S. 254.

71 Schönberg (wie Anm. 44), S. 233.

72 Zit. in Mäckelmann (wie Anm. 1), S. 237.

73 Vgl. Rubsamen (wie Anm. 52), S. 473.

74 Schönberg (wie Anm. 44), S. 223.

75 Vgl. Stuckenschmidt (wie Anm. 52), S. 431 und 499.

76 Zit. in Mäckelmann (wie Anm. 1), S. 277.

77 Schönberg (wie Anm. 44), S. 221.

78 Zit. in Mäckelmann (wie Anm. 1), S. 277.

80 Reich (wie Anm. 52), S. 263.

81 Schönberg (wie Anm. 44), S. 227.

[82] Ebd., S. 243.

[83] Vgl. allgemein Reinhold Brinkmann: Ästhetische und politische Kriterien der Kompositionskritik. In: Darmstädter Beiträge zur Neuen Musik 13, 1973, S. 28–41.

[84] Vgl. Rübsamen (wie Anm. 52), S. 36; Reich (wie Anm. 52), S. 269 ff.; Hans-Werner Heister: Zum politischen Engagement des Unpolitischen. In: Herausforderung Schönberg. Hrsg. von Ulrich Dibelius, München 1974, S. 34 ff., und Matthias Hansen: Ode an Napoleon. Zum antifaschistischen Engagement Arnold Schönbergs. In: Forum. Musik in der DDR. Hrsg. von Matthias Hansen und Christa Müller, Berlin 1976, S. 79–88.

[85] Vgl. hierzu u. a. Klaus Schweizer: Ein Überlebender aus Warschau. In: Melos 41, 1974, S. 365–371; Wilfried Gruhn: Zitat und Reihe in Schönbergs „Ein Überlebender aus Warschau". In: Zeitschrift für Musiktheorie 5, 1974, H. 1, S. 29–33, und Christian Martin Schmidt: Schönbergs Kantate „Ein Überlebender aus Warschau". In: Archiv für Musikwissenschaft 33, 1976, S. 174–188 und 261–277.

[86] Reich (wie Anm. 52), S. 283.

[87] Schönberg (wie Anm. 44), S. 269.

[88] Vgl. Charles Heller: Traditional Jewish Material in Schoenberg's „A Survivor from Warsaw". In: Journal of the Arnold Schoenberg Institute 2, 1979, H. 1, S. 69–74.

[89] Vgl. Jost Hermand: Die Metapher „heile Welt". Zu Adornos Antiutopismus. In ders.: Orte. Irgendwo. Formen utopischen Denkens, Königstein 1981, S. 113.

[90] Vgl. Jan Maegaard: Schönberg hat Adorno nie leiden können. In: Melos 41, 1974, S. 262.

[91] Hermand (wie Anm. 89), S. 113.

[92] Zit. in Schweizer (wie Anm. 85), S. 366.

[93] Vgl. Heller (wie Anm. 88), S. 73.

[94] Vgl. hierzu allgemein Mäckelmann (wie Anm. 1), S. 331 ff. und 364 ff.

[95] Schönberg (wie Anm. 44), S. 297.

[96] Der erste Teil dieses Beitrags wurde im März 1988 auf einer Tagung der University of Florida in Gainesville, der zweite Teil im März 1993 auf einer Tagung der Internationalen Arnold Schönberg Gesellschaft in Duisburg vorgetragen. Der Erstdruck des zweiten Teils findet sich in dem Buch: Exil. Literatur und die Künste nach 1933. Hrsg. von Alexander Stephan, Bonn 1990, S. 104–117.

German Jews Beyond Judaism

Der Fall Gerhard/Israel/George L. Mosse

[1] Repräsentativ hierfür sind die beiden großen Untersuchungen von Hans-Albert Walter: Deutsche Exilliteratur 1933–1950, Darmstadt 1972 ff., sowie: Kunst und Literatur im antifaschistischen Exil 1933–1945, Leipzig 1979 ff.

[2] Vgl. meinen Aufsatz: Der geteilte Himmel. Exilliteratur im Verlagsprogramm der vier Besatzungszonen 1945–1949. In: Frühe DDR-Literatur. Hrsg. von Klaus Scherpe und Lutz Winckler, Berlin 1988, S. 11–32.

[3] Zu den Details seiner Biographie vgl. u. a. Sterling Fishman: GLM. An Appreciation. In: Political Symbolism in Modern Europe. Essays in Honor of George L. Mosse. Hrsg. von

Seymour Drescher, David Sabean und Allan Sharlin, New Brunswick 1982, S. 275–294, sowie: Ich bleibe Emigrant. Gespräche mit George L. Mosse. Hrsg. von Irene Runge und Uwe Stelbrink, Berlin 1991. Dort nicht angeführte Einzelheiten verdanke ich Unterhaltungen mit George L. Mosse zwischen 1958 und 1995.

4 Nach dem 30. Januar 1933 brach Furtwängler jede Beziehung zur Familie Mosse ab.

5 Vgl. hierzu allgemein den Aufsatz: Juden in der Kultur der Weimarer Republik, In: Juden in der Weimarer Republik. Hrsg. von Walter Grab und Julius H. Schoeps, Sachsenheim 1986, S. 9–37, in diesem Band S. 136–159.

6 So arbeitete Hans Lachmann Mosse lange an einer neuen Liturgie für die Jüdische Reformgemeinde in Berlin, der er Händels Largo, Haydns Kaiserquartett sowie Werke von Gluck, Mozart, Beethoven, Mendelssohn-Bartholdy und Manfred Lewandowski unterlegte und für die er die Berliner Philharmoniker engagierte. In der Kontroverse, ob Wilhelm Furtwängler oder Bruno Walter der größte Dirigent sei, entschied er sich für Furtwängler. Der Gedanke, sich für Walter einzusetzen, nur weil dieser Jude war, lag ihm noch fern. Vgl. zur Liturgie der jüdischen Reformgemeinde in Berlin, die aus ihrem Gebetbuch sämtliche Passagen strich, „die einer Rückkehr nach Palästina das Wort redeten", auch den: Wegweiser durch das jüdische Berlin, Berlin 1987, S. 101–107.

7 Vgl. hierzu auch meinen Aufsatz: Hilfloser Antifaschismus? Bemühungen um eine kritische Darstellung der Nationalsozialisten in der Literatur der Weimarer Republik. In: Diskussion deutsch 59, 1981, S. 211–228.

8 Diese Annoncenexpedition hatte bereits Rudolf Mosse aufgebaut, der als junger Mann die erste Expedition dieser Art, nämlich die für die „Gartenlaube", eingerichtet hatte.

9 Vgl. zu seinen antisemitischen Erfahrungen in den USA: Response by George Mosse. In: George Mosse, on the Occasion of his Retirement 17. 6. 1985, Jerusalem 1986, S. 27.

10 Vgl. hierzu auch die instruktiven Aufsätze von Paul Breines: Germans, Journals, and Jews – Madison, Marxism, and Mosse. A Tale of Jewish-Leftist Identity Confusion in America. In: New German Critique 20, 1980, S. 81–103, und With George Mosse in the 1960s. In: Political Symbolism (wie Anm. 3), S. 185–199. Vor kurzem haben sich George L. Mosse und andere noch einmal über die symbiotische Struktur des German-Jewish Leftism in den sechziger Jahren geäußert. Vgl. George Mosse, New Left Intellectuals/New Left Politics. In: History and the New Left, Madison/Wisconsin 1950–1970. Hrsg. von Paul Buhle, Philadelphia 1990, S. 233–238; Paul Breines, The Mosse Milieu. In: Ebd., S. 246–251, sowie Tom Bates: Rads. The 1970 Bombing of the Army Math Research Center at the University of Wisconsin and Its Afermath, New York 1992, S. 67 ff., und Jost Hermand: Madison, Wisconsin, 1959–1973. Der Einfluß der Exilanten auf die Entstehung der Neuen Linken. In: Kulturtransfer im Exil. Jahrbuch für Exilforschung 13, 1995, S. 52–67.

11 Vgl. Kontroversen um Hitler. Hrsg. von Wolfgang Wippermann, Frankfurt a. M. 1986.

12 Im Hinblick auf den Geist der Freiheitskriege von 1812–1815 stimme ich nicht ganz mit Mosse überein. Vgl. meinen Aufsatz: Dashed Hopes: On the Painting of the Wars of Liberation. In: Political Symbolism (wie Anm. 3), S. 216–238. Zu seinen neuesten Ansichten in dieser Frage vgl. The Jews and the Civil Religion of Nationalism. In: Western Nationalism. Hrsg. von Jehuda Reinharz und George L. Mosse, London 1992.

13 Heinrich Heine: Sämtliche Schriften. Hrsg. von Klaus Briegleb, München 1968 ff., Bd. 3, S. 379.

14 Ebd., Bd. 4, S. 574 f.

15 Vgl. zu dieser These auch Wanda Kampmann: Deutsche und Juden. Die Geschichte der Juden in Deutschland vom Mittelalter bis zum Beginn des Ersten Weltkrieges, Frankfurt a. M. 1992, S. 50. Vgl. zu diesem Buch und zu Mosses Faschismusstudien auch Steven E. Aschheim: Between Rationality and Irrationalism: George L. Mosse, the Holocaust, and European Cultural History. In: Simon Wiesenthal Center Annual 5, 1988, S. 187–202, und: George Mosse – The Man and the Work. In: George Mosse, on the Occasion of His Retirement (wie Anm. 9), S. 11–18.

16 George L. Mosse: Jüdische Intellektuelle in Deutchland zwischen Religion und Nationalismus, Frankfurt a. M. 1992, S. 58.

17 Ebd., S. 60.

18 Ebd., S. 98.

19 Ebd., S. 125.

20 Ebd.

21 Ebd., S. 12.

22 Gershom Scholem, Wider den Mythos vom deutsch-jüdischen Gespräch. In: Bulletin des Leo Baeck Instituts 27, 1964, S. 278–281.

23 George L. Mosse: Gedanken zum deutsch-jüdischen Dialog, in: Chronik der Ludwig-Maximilians-Universität München 1982/83, München 1984, S. 55.

24 Ebd., S. 56.

25 Ebd., S. 57.

26 Vgl. George L. Mosse: Die lückenlose Geschichte. Ernst Noltes Antwort an seine Kritiker. In: Frankfurter Allgemeine Zeitung vom 19. 1. 1988.

27 Vgl. Mosse: Ich bleibe Emigrant (wie Anm. 3), S. 51.

28 Ursprünglich auf englisch gehaltener Vortrag auf einer Konferenz zu Problemen der deutsch-jüdischen Symbiose zu Ehren George L. Mosses in Madison/Wisconsin im Oktober 1993. Deutscher Erstdruck in: Jahrbuch für Antisemitismusforschung 3, 1994, S. 178–193.

Unbequeme Entscheidungsfragen
Totalitarismus und jüdisches Selbstverständnis

1 Vgl. hierzu meinen Essay: Liberté – Égalité – Fraternité. Die Postulate einer unvollendeten Revolution. In: Freiheit – Gleichheit – Brüderlichkeit. Hrsg. vom Germanischen Nationalmuseum, Nürnberg 1989, S. 31–40.

2 Vgl. Peter Mertz: Und das wurde nicht ihr Staat. Erfahrungen emigrierter Schriftsteller mit Westdeutschland, München 1985, und meinen Aufsatz: Der geteilte Himmel. Exilliteratur im Verlagsprogramm der vier Besatzungszonen (1945–1949). In: Frühe DDR-Literatur. Hrsg. von Klaus Scherpe und Lutz Winckler, Berlin 1988, S. 11–32.

3 Vgl. Peter Uwe Hohendahl: The Displaced Intellectual? Adorno's American Years Revisited. In: Die Resonanz des Exils. Hrsg. von Dieter Sevin, Amsterdam 1992, S. 110–120.

[4] Vgl. zu dieser These vor allem Hannah Arendt: Elemente und Ursprünge totaler Herrschaft, München 1993, S. 528–545.

[5] Vgl. hierzu George L. Mosse: Jüdische Schriftsteller in Deutschland zwischen Religion und Nationalismus, Frankfurt/Main 1992.

[6] Juden in der Weimarer Republik. Hrsg. von Walter Grab und Julius H. Schoeps, Stuttgart 1986, S. 9 ff.

[7] Vgl. hierzu mein Buch: Arnold Zweig, Reinbek 1990, S. 72 f.

[8] Vgl. Helmut Lethen: Neue Sachlichkeit 1924–1932. Studien zur Literatur des „Weißen Sozialismus", Stuttgart 1970, S. 101–113.

[9] Vgl. mein Nachwort zu dem Band Charles Chaplin: Die Schlußrede aus dem Film „Der große Diktator", Hamburg 1993, S. 32–38.

[10] So schreibt etwa Peter Sloterdijk, daß dem „emanzipierten Judentum" ein „gewisser außerseiterischer, zur Kritik prädestinierter Blick anhafte". In: Kritik der zynischen Vernunft, Frankfurt a. M. 1983, Bd. 1, S. 101.

[11] In Westdeutschland wurde vor allem die 1947 gegründete Zeitschrift „Der Monat" zum Sprachrohr dieser Ideologie.

[12] Vgl. Jost Hermand: Kultur im Wiederaufbau. Die Bundesrepublik Deutschland 1949–1965, München 1986, S. 251–261.

[13] Henry Picker: Hitlers Tischgespräche im Führerhauptquartier, München o.J., S. 294 f.

[14] Vgl. Thomas Mann im Urteil seiner Zeit. Dokumente 1891–1955. Hrsg. von Klaus Schröter, Hamburg 1969, S. 412 f.

[15] Vgl. Alexander Stephan: Lion Feuchtwanger. Die FBI-Akte. In: Resonanz des Exils (wie Anm. 3), S. 66–79.

[16] Vgl. Jost Hermand: Die Kultur der Bundesrepublik Deutschland 1965–1985, München 1988, S. 384–431.

[17] Vgl. Linke Tendenzen in der Germanistik nichtsozialistischer Länder seit 1967. Hrsg. von Jost Hermand. In: Jahrbuch für Internationale Germanistik 11, 1979, H. 2, S. 57–121 und 12, 1980, H. 1, S. 32–81.

[18] In schärfster Form bei Reinhard Kühnl: Formen bürgerlicher Herrschaft. Liberalismus – Faschismus, Reinbek 1971.

[19] Vgl. Hans Mayer: Der Turm von Babel. Erinnerung an eine Deutsche Demokratische Republik, Frankfurt a. M. 1991.

[20] Ursprünglich Vortrag an der Technischen Hochschule Darmstadt im Dezember 1994.

Eine Identität ist nicht genug
Heines Vermächtnis an Deutsche, Juden und Amerikaner

[1] Vgl.hierzu Erhard Weidl: Die zeitgenössische Rezeption des „Buches der Lieder". In: Heine-Jahrbuch 14, 1975, S. 3–23, und meinen Aufsatz: Vom „Buch der Lieder" zu den „Verschiedenen". Heines zweimalige Partnerverfehlung. In: Heinrich Heine. Ästhetisch-politische Profile. Hrsg. von Gerhard Höhn, Frankfurt a. M. 1992, S. 214–235.

2 Vgl. allgemein Erich Mayser: H. Heines „Buch der Lieder" im 19. Jahrhundert, Stuttgart 1978.

3 Vgl. u. a. Sol Liptzin: The English Legend of Heinrich Heine, New York 1964.

4 Vgl. Hermann Uyttersprot: Heinrich Heine en zyn invloed in de Nederlandse Letteren. Oudenaarde 1953.

5 Vgl. Louis P. Betz: Heine in Frankreich. Eine literatur-historische Untersuchung, Zürich 1895, und Günter Schweig: Die politische Dichtung Heines im französischen Urteil, Diss. Saarbrücken 1952.

6 Vgl. Gerhard Weiss: Die Aufnahme Heinrich Heines in Großbritannien und den Vereinigten Staaten von Amerika. Diss. Mainz 1955, und Armin Arnold: Heine in England und Amerika. A. Bibliographical Check-List. London 1959.

7 Vgl. Alexander J. Schüssler: Die englischen Übersetzungen von Heinrich Heines „Buch der Lieder", Diss. Mainz 1953.

8 Vgl. Anne Fiedler Nossing: Heine in Italia nel secolo decimonono, New York 1948, und Luciano Zagari: Heine in der italienischen Kritik. In: Heine-Jahrbuch 4, 1965, S. 513–530.

9 Vgl. Udo Rusker: Heine in der hispanischen Welt. In: Deutsche Vierteljahrsschrift für Literaturwissenschaft und Geistesgeschichte 30, 1956, S. 474–510, und Claude R. Owen: Heine im spanischen Sprachgebiet. Eine kritische Bibliographie, Münster 1968.

10 Vgl. Hanna Geldrich: Heine und der spanisch-amerikanische Modernismo, Bern 1971.

11 Vgl. Aleksandr L'ovic Dymsik: Heinrich Heine in Rußland und in der Sowjetunion. In: Weimarer Beiträge 4, 1958, S. 535–544; Vill'gel'm Levik: Heine und die russische Poesie. In: Heinrich Heine. Streitbarer Humanist und volksverbundener Dichter, Weimar 1974, S. 414–424; Marija Lazarevna Tronskaja: Heine in der russischen revolutionär-demokratischen Kritik. In: Ebd., S. 404–413; Waclaw Kubacki: Heinrich Heine und Polen: In: Heine-Jahrbuch 5, 1966, S. 90–106; Reinhard Lauer; Heine in Serbien. Die Bedeutung Heinrich Heines für die Entwicklung der serbischen Literatur 1847–1918, Meisenheim 1961; und Paul Reimann: Heine und die tschechische Literatur. In ders.: Von Herder bis Kisch, Berlin 1961, S. 28–33.

12 Vgl. Paul Reese: Zur Geschichte der sozialistischen Heine-Rezeption in Deutschland, Frankfurt a. M. 1979.

13 Repräsentativ hierfür ist der Aufsatz von Georg Lukács: Heinrich Heine als nationaler Dichter. In ders.: Deutsche Literatur in zwei Jahrhunderten, Neuwied 1964, S. 273–333.

14 Vgl. Jost Hermand: Phasen der Heine-Rezeption nach 1945. In ders.: Streitobjekt Heine. Ein Forschungsbericht 1945–1975, Frankfurt a. M. 1975, S. 23–25 und 36–38.

15 Vgl. hierzu u. a. Erika Schmohl: Der Streit um Heinrich Heine, Diss. Marburg 1955; Eberhard Galley: Heinrich Heine im Widerstreit der Meinungen 1825–1956, Düsseldorf 1967; Helmut Koopmann: Heinrich Heine und Deutschland. Aspekte seiner Wirkung im 19. Jahrhundert. In: Nationalismus in Germanistik und Dichtung. Hrsg. von Benno von Wiese und Rudolf Henß, Berlin 1967, S. 312–333; Jost Hermand: Heines frühe Kritiker. In: Der Dichter und seine Zeit. Hrsg. von Wolfgang Paulsen, Heidelberg 1970, S. 113–133; die Buchreihe: Heinrich Heines Werk im Urteil seiner Zeitgenossen. Hrsg. von Eberhard Galley und Alfred Estermann, Hamburg 1982 ff.; und Johannes Weber: Libertin und Charakter. Heinrich Heine und Ludwig Börne im Werturteil deutscher Literaturgeschichtsschreibung 1840–1918, Heidelberg 1984.

[16] Vgl. hierzu auch meinen Aufsatz: Vom „Buch der Lieder" zu den „Verschiedenen" (wie Anm. 1), S. 29 ff.

[17] Vgl. Mechthild Borries: Ein Angriff auf Heinrich Heine. Kritische Betrachtungen zu Karl Kraus, Stuttgart 1971, und das Kraus-Kapitel in Paul Peters: Heinrich Heine „Dichterjude". Die Geschichte einer Schmähung, Frankfurt a. M. 1990, S. 131–172.

[18] Ebd., S. 159–169.

[19] Theodor W. Adorno: Die Wunde Heine. In ders.: Texte und Zeichen, Frankfurt a. M. 1956, S. 291–295.

[20] Vgl. Adolf Bartels: Heinrich Heine. Auch ein Denkmal (1906) und F. Werner: Fort mit der Schmach eines öffentlichen Heine-Denkmals (1913).

[21] Vgl. Hermand (wie Anm. 14), S. 25–35.

[22] In Gesprächen mit dem Autor.

[23] Jürgen Habermas: Heinrich Heine und die Rolle der Intellektuellen in Deutschland. In: Merkur Nr. 448, 1986, S. 453–468.

[24] Vgl. Peters (wie Anm. 18).

[25] Hans Mayer: Außenseiter, Frankfurt a. M. 1975, S. 207–223.

[26] Hans Mayer: Ein Deutscher auf Widerruf. Erinnerungen, Frankfurt a. M. 1982.

[27] So beschäftigt sich der von Mark H. Gelber herausgegebene Sammelband „The Jewish Reception of Heinrich Heine" (Tübingen 1992) bezeichnenderweise fast ausschließlich mit dem Zeitraum vor 1945.

[28] Vgl. Jeffrey L. Sammons: Heinrich Heine. The Elusive Poet, New Haven 1969, S. 451.

[29] Walter Grab: Heine und die deutsche Revolution von 1848. In: Der späte Heine 1848–1856. Hrsg. von Wilhelm Gössmann und Joseph A. Kruse, Hamburg 1982, S. 147–173.

[30] Zu den besten neueren Studien auf diesem Gebiet gehört Michael Werner: Heinrich Heine. Über die Interdependenz von jüdischer, deutscher und europäischer Identität in seinem Werk. In: Juden im Vormärz und in der Revolution von 1848. Hrsg. von Walter Grab und Julius H. Schoeps, Stuttgart 1987, S. 9–28. Vgl. hierzu auch meinen Aufsatz: Der „deutsche" Jude H. Heine. In: Dichter und ihre Nation. Hrsg. von Helmut Scheuer, Frankfurt a. M. 1993, S. 257–272.

[31] Heinrich Heine: Sämtliche Schriften. Hrsg. von Klaus Briegleb, München 1967 ff., Bd. 3, S. 570.

[32] Vgl. hierzu Jost Hermand: Gewinn im Verlust. Zu Heines Geschichtsphilosophie. In: Heinrich Heine, 4. Aufl., Text + Kritik, Nr. 18/19, 1982, S. 49–70.

[33] Vgl. Fritz J. Raddatz: Heine. Ein deutsches Märchen, Hamburg 1977, und die blendende Kritik an dieser Sicht in dem Aufsatz von Robert C. Holub: Zwischen allen Stühlen. Zum Bankrott der liberalen Heine-Legende. In: Heinrich Heine (wie Anm. 32), S. 117–128.

[34] Ursprünglich auf englisch gehaltener Vortrag auf der Tagung „Heinrich Heine and the Occident" des German Department der Cornell University im September 1988. Deutscher Erstdruck in Jost Hermand: Mehr als ein Liberaler. Über Heinrich Heine, Frankfurt a. M. 1991, S. 161–180.

Namenregister

Sabine Schilling/ Inge Stephan/ Sigrid Weigel (Hg.)

Jüdische Kultur und Weiblichkeit in der Moderne

(Literatur-Kultur-Geschlecht, Große Reihe, Band 2)
1994. 320 Seiten. Broschur. ISBN 3-412-00492-8

Die Verbindungen von jüdischer Kultur und Weiblichkeit nach dem Ende der Salonkultur und nach dem Verschwinden des damit verbundenen Topos einer „jüdisch-weiblichen Kultur" aus der Geschichtsschreibung bilden das Thema des Bandes. In zahlreichen Porträts jüdischer Frauen des 19. und 20. Jahrhunderts werden die Spuren einer vergessenen Geschichte rekonstruiert: sowohl die Bilder und kulturellen Deutungsmuster, mit denen Jüdinnen sich konfrontiert sahen, als auch die Orte und Lebensmuster, die ihnen zur Verfügung standen, und die philosophisch-literarischen Entwürfe, die aus diesen Konstellationen hervorgegangen sind.

Willy Cohn

Verwehte Spuren

Erinnerungen an das Breslauer Judentum vor seinem Untergang

Herausgegeben von Norbert Conrads
(Neue Forschungen zur Schlesischen Geschichte, Band 3)
1995. VIII, 776 S. 12 Abb. Gb. ISBN 3-412-10394-2

Das Tagebuch des Jahres 1941 hat Willy Cohn bereits zu einem bedeutenden Zeugen für das Breslauer Judentum werden lassen. Die Katastrophe, die der Nationalsozialismus für das deutsche und europäische Judentum mit sich brachte, sah er kommen und erlebte sie auch, denn er gehörte mitsamt seiner Familie zu den ersten Opfern des Holocaust. Angesichts der nahenden Gefahr schrieb Cohn die Geschichte des Breslauer und schlesischen Judentums für die Nachwelt nieder, in die er die Geschichte seiner Familie bettete. Den bis 1933 reichenden Teil, der einen faszinierenden Einblick in Bedeutung und Kultur der Juden in Breslau bietet, konnte Cohn wenige Tage vor seiner Deportation fertigstellen und an einem sicheren Ort deponieren.
